영혼 돌봄을 위한
해석과 분별

최창국 지음

기독교문서선교회

기독교문서선교회(Christian Literature Center: 약칭 **CLC**)는 1941년 영국 콜체스터에서 켄 아담스에 의해 시작되었으며 국제 본부는 미국의 필라델피아에 있습니다.

국제 CLC는 59개 나라에서 180개의 본부를 두고, 약 650여 명의 선교사들이 이동도서차량 40대를 이용하여 문서 보급에 힘쓰고 있으며 이메일 주문을 통해 130여 국으로 책을 공급하고 있습니다.

한국 CLC는 청교도적 복음주의 신학과 신앙서적을 출판하는 문서선교 기관으로서, 한 영혼이라도 구원되길 소망하면서 주님이 오시는 그날까지 최선을 다할 것입니다.

Interpretation and Discernment for Care of the Soul

Written by
Chang-Kug Choi

Korean Edition
Copyright © 2018 by Christian Literature Center
Seoul, Korea

저자 서문

인간은 영적 존재요 경험을 통해 자라가는 실체이다. 인간 존재는 끊임없이 갈망하며 살아간다. 이는 인간을 구성하는 모든 차원에서 성장하려는 갈망 그 이상을 의미한다. 그리스도인의 갈망과 경험은 자신만이 아닌 다른 사람과 신성한 존재와의 관계를 맺는 방식과도 관계되기 때문이다.

하나님 형상으로 지음 받은 인간은 삶의 여정에서 작용하고 있는 일반적인 법칙들과 영적인 법칙들을 해석하고 분별하는 과업을 통해 자신을 형성해 갈 수 있다. 인간은 한계가 있지만 하나님께서 당신을 드러내시는 표지인 은총과 자유 안에서 자신을 형성해 간다. 인간은 자신의 욕구와 자유 안에서, 거대하고 개방된 진행 과정 안에 놓이게 되고, 거기서 하나님을 경험하게 된다. 인간이 모든 삶의 경험에 근본이 되는 거룩한 존재로 방향이 설정되었다는 인식은 인간의 경험의 지평을 이해할 수 있는 바탕이 된다.

그러나 우리가 실재에 대한 이러한 지평을 현실 속에서 언제나 확실하게 인식하고 분별하는 것은 아니다. 왜곡된 인식, 자존심, 명예, 돈, 판에 박힌 사고 속에서 방향을 잃기도 한다. 나아가 영적 감각을 가지고도 더 많이 축적하려는 욕구 때문에 우리의 마음은 영적 열망을 잃게 된다. 따라서 우리가 삶의 여정에서 영적 열망을 회복하고, 하나님의 손길을 충만히 느끼며 경험하려면 분별이 요구된다. 인간의 진정한 성장은 단순히 내면의 차원에서만 보려는 경향을 넘어서야 한다. 진정한 인간의 성장은 우리 자신과 신비 전체가 만날 때 발생하기 때문이다. 영혼 돌봄을 위한 해석과 지도는 더 큰 신비가 인간의 통합적인 삶으로 흘러들어갈 때, 다양한 삶의 차원들이 이 큰 신비와 조화를 이룰 수 있도록 돕는 데 목적을 두어야 한다.

우리는 삶의 여정에서 지속적인 가치를 주는 믿음과 소망과 사랑에 참여하려는 열망을 가지고 있다. 하지만 이러한 열망이 기독교적인 방식으로 인식되고 실천되기 위해서는 무엇보다도 해석과 분별의 작업이 요구된다. 우리는 수시로 이원론적 사고, 왜곡된 자아, 주지주의적인 인식, 기능적인 사고들로 가득 차 있기 때문이다. 그러나 우리 안에 있는 삶을 내어 주는 과업, 즉 우리의 삶을 가치 있게 하는 것에 투신하려는 갈망을 일으키게 하는 그 어떤 것이 있다. 이것이 진실한 인간의 열망이다.

우리의 열망은 다양한 방식으로 표현될 수 있다. 어떤 사람들은 무엇보다도 정의에 대한 갈망, 즉 사람이 인간으로서 가져야 하고 필요로 하는 것을 얻도록 돕고자 하는 열망을 통해 절대자의 신비의 현존을 느낀다. 어떤 사람들은 미(beauty)에 대한 그들의 깊은 감응을 통해 그리고 영혼을 개방하고 그것을 순수하게 하는 미에 대한 직관적인 경험을 통해 현존하는 절대자의 신비를 아주 민감하게 느낀다. 어떤 사람들은 모든 사람을 위해, 그리고 자석처럼 그들이 진실한 쪽으로 마음이 이끌려 사물의 진실을 발견하기를 원한다. 온유와 친절이 하나님의 얼굴이라고 생각하는 어떤 사람들은 자신의 성격과 인격이 자신의 마음과 소명을 표현하며 실천할 수 있는 일생의 과업으로 여기며 열망한다.

열망을 표현하는 이러한 언어와 방식은 사람마다 다를 수 있다. 하지만 우리의 인식과 경험에서 더 깊은 의미를 발견하기 위해서는 구체적으로 통찰력이 필요하다. 더 큰 지평 안에서 우리의 인식과 경험의 가치를 해석하고 분별할 수 있는 지혜가 있어야 한다. 우리의 인식과 경험은 깊고 다양한 차원에 기반을 두고 발생하기 때문이다. 우리의 인식과 경험은 정신적, 신비적, 도덕적, 정서적 열망과 함께 실제적이고 필연적인 현실과 관련이 되어야 한다. 우리가 실제로 무엇을 인식하고 경험하느냐에 따라 우리가 어떤 사람이냐가 결정되기 때문이다.

우리는 우리 자신의 진짜 모습을 모르는 경우가 더 많다. 우리의 참된 모습을 발견하는 것이 바로 우리의 과제이다. 과거의 병든 모습들, 왜곡된 자아상, 왜곡된 하나님상을 분별해야 한다. 예수님의 얼굴을 통해서 우리 본연의 얼굴을 인식한다면, 우리로 인하여 우리와 함께하는 이들에게 기쁨의 빛을 발할 수 있다. 모든 이에게서 예수님의 얼굴을 보는 사람은 우리 자신의 진정한 본성을 가리는 장막으로부터 자유로워질 수 있다. 우리가 왜곡되지 않은 우리 자신과 다른 이의 참 모습을 보며 만날 수 있으려면 바른 해석과 분별이 필요하다.

『영혼 돌봄을 위한 해석과 분별』은 돌봄의 신학적, 영적, 체험적 구조(structure)와 지도(direction)와 차원(dimension)에 대한 해석학적 연구를 담고 있다. 특히 하나님의 일반계시와 특별계시의 상호 텍스트성과 상호 관계성의 중요성을 강조하였다. 특별계시의 중요성에 대한 인식과 강조가 중세에 '철학은 신학의 시녀다'라는 방식으로 인식되어서는 안 되기 때문이다. 신학이 궁극적 학문이고 그 밖의 모든 학문은 단순히 '보조적인' 학문이라는 생각은 옳지 않다. 일반계시의 관점에서 볼 때 모든 문제가 아무리 세속적으로 보일지라도, 저마다 거룩한 차원을 지니고 있기 때문이다. 물론 우리가 인식해야 할 것은 일반적인 학문들이 과학적 '객관성'을 유지하지만 영혼에 대한 깊은 이해가 부족하다는 이해도 필요하다.

영혼 돌봄을 위한 해석과 분별에서 '영혼'에 대한 이해는 매우 중요하다. '영혼'이라는 단어는 인간이 소유하는 '사물'이나 '실체'가 아니라 인간의 정체성을 설명해 주는 단어이기 때문이다. 영혼은 무엇보다도 하나님과 관계를 촉구하는 영적 언어이다. 인간은 하나님을 사모하는 영적 차원을 향유한 존재이다. 인간은 하나님을 향한 타고난 본질과 소망을 이루지 못한다면, 다른 방법으로 달랜다. 명예나 부, 권력과 특권으로 달랜다. 그리고 이런 대체물을 하나의 신으로 만들 때, 그 대체물은 우리를 파괴한다. 때문에 파스칼은 일찍이 인간의 가슴에는 어떤 것도 채울 수 없는 하나님 모양의 공동이 있다는 것을 간파하였다. 인간이 영적인 차원을 소홀히 한다면, 그것은 인간의 본래 모습보다 못한 존재가 되는 것이다.

영혼 돌봄의 정신적, 정서적, 도덕적, 영적, 신비적 체험의 해석과 분별도 담고 있다. 신학과 영성의 이미지들은 객관주의적 방법만으로 모두 담아낼 수 없는 특성이 있다. 신학과 영성이 주관적 체험을 간과할 때, 파커 팔머가 지적했듯이 '소외된 인식 방식'을 초래하게 된다. 즉 신학과 영성의 이미지들을 객관화된 사실에만 가치를 부여할 때, 인식론적 오류를 낳게 된다. 이러한 인식론적 오류는 객관적으로 정리된 성경신학, 교리, 윤리 등을 적절한 요소와 가치로 여기고, 정서적, 신비적 체험 등을 주변적인 요소들로 간주하는 결과를 초래하였다. 하지만 우리의 체험도 인식의 중요한 방식이라는 것을 놓쳐서는 안 된다. 우리는 구체적인 경험들을 통해 향상되는 자기 인식과 펼쳐진 삶 안에서 방향을 선택하는 방식을 추구하는 경우가 많기 때문이다.

『영혼 돌봄을 위한 해석과 분별』은 성격의 해석과 분별을 통하여 자기 인식의 중요성과 그 방식에 대한 구체적인 내용도 분석하였다. 특히 에니어그램 성격유형론을 통해 영혼의 아홉 가지 얼굴의 특징들과 고유한 열정과 중대한 죄들을 제시하였다. 또한 성격형성과 변화를 위한 다양한 기독교적 방편도 제시하였다. 나아가 영혼 돌봄의 중요한 주제인 결혼, 자기 분화, 정서적 역학, 꿈, 그림 언어의 해석과 적용에 대한 내용도 담았다.

본서가 나오기까지 많은 기도와 격려와 도움을 주었던 손길을 잊을 수 없다. 생명신학을 추구하는 백석대학교에서 가르칠 수 있도록 장을 마련해 주신 설립자 장종현 박사님께 감사드린다.

또한 학문적 격려와 도움을 아끼지 않으신 백석대신학대학원 교수님들, 부족한 강의를 경청하며 격려해 준 신학대학원 그리고 기독교전문대학원 원우들, 기독교 영성에 관심을 갖고 함께 기도하며 연구하는 영성 콜로키움 회원들에게 감사드린다. 책의 집필 과정에서 기도와 사랑으로 힘이 되어 주신 부모님과 어느덧 성인이 되어 보람 있게 살아가는 사랑하는 딸 지수와 아들 은찬 그리고 격려와 사랑으로 힘이 되어 준 아내 은심에게 고마움을 표하고 싶다.

2018년 2월 15일

최 창 국

영혼 돌봄을 위한

해석과 분별

INTERPRETATION AND DISCERNMENT

FOR CARE OF THE SOUL

기독교인의 삶[1]

+ 기독교적 삶이란 너무나 단순해 보인다. 즉 자기 자신을 위하듯이 하나님을 위해 사는 것이다.

+ 다르게 표현하자면, 우리는 영혼의 중심에서부터 단 하나의 행동을 필요로 한다.

+ 반복된 행동들은 습관을 형성한다. 믿음도 마찬가지이다.

+ 기독교인이 된다는 것은 그 사람이 지닌 가장 깊은 열망과 더불어 산다는 의미이다.

+ 어떤 사람이 되기보다는 무언가를 행하는 편이 쉽다.

+ 충분할 때 충분함을 아는 사람이 언제나 충분히 가질 수 있다.

+ 아침마다 새로운 사람이 깨어난다.

+ 기독교인이란 위로 받기 위해 일하지 않고 짐이 되지 않기 위해 일한다.

+ 기도란 이 세상의 고뇌를 하나님께로 치켜드는 것이다.

- 내가 죽기 전에 온전함에 이를 수 있다는 소망을 가지는 것이 지나친 것일까?

- 누군가가 방해한다면, 하나님께서 문을 두드리신다고 생각하라.

- 사랑과 이기심, 진리와 거짓, 삶과 죽음 사이의 평화로운 공존을 결코 허용하지 말라.

- 성육신은 이 세상에 동참하는 기독교적 본보기이다.

- 사람은 안팎으로 하나님께 신실해야 한다.

- 사고와 욕망과 행동들로 발전되기 전에 부정적 충동에 사로잡히지 않도록 주의하라.

- 중요한 것은 함께 역사하시는 성령이시지 우리가 무엇을 행하는가가 아니다.

- 비폭력이 억압자의 마음을 즉시 변화시키는 일이 드물지만 비폭력을 사용하는 영혼에게 즉각 어떤 일을 일으키기는 충분하다.

- 자신이 아닌 타인들을 구원하심으로 예수께서 남을 위한 절대적 삶의 모범을 보여 주었다.

- 싱 프란시스코는 자신을 대적하는 사람들을 왕을 따르는 군중처럼 예우하였다.

- 반쪽짜리 기독교인이 된다는 것은 절대 불가능하다.

- 낯선 사람에게 자연스럽게 미소를 보이면 그들이 혼자가 아님을 알게 될 것이다.

- 기독교인이 평생 해야 할 과제는 일생을 거쳐 서서히 형성된 습관에서 벗어나 그리스도의 마음이 자연스럽게 삶의 방식이 되도록 제2의 천성을 획득하는 것이다.

- 하나님 안에서 견고히 뿌리를 내림으로 우리는 융통성이 있으면서 상대주의에 빠지지 않으며, 헌신적이면서 지나치게 엄격하지 않고, 도전하면서도 방어적이지 않고, 용서하면서도 무르지 않고, 증거하면서 조종하려 들지 않게 된다.

- 쾌락과 기쁨의 거대한 차이점을 알아차릴 수 있는 사람은 복되다.

- 우리가 하나님의 영광을 위해 감자를 삶을 수 있을 때 비로소 바른 생각을 갖기 시작한다.

- 정말 중요한 것은 우리가 어려운 일을 감당하거나 부적절한 장소에서 사람들이 별로 반기지 않는 메시지를 전하는 일이다(에블린 어더힐).

- 행동 자체는 죄악도 덕목도 아니며 그 행동이 자동적으로 따르게 되는 마음 상태에 달려있다.

- 하나님의 법이 우리의 행동을 올바르게 형성하는 것과 같이 우리의 방을 깨끗이 청소할 자가 누구인가?(조지 허버트)

- 기독교인들은 볼 수 없는 것을 꿈꾸며, 알지 못하는 것을 믿으며, 이해하지 못하는 것에 헌신한다. 얼굴에 기쁨이 가득 찬 미소를 띠고서…

- 하나님께서는 아주 싸게 거룩함을 파신다. 빵 한 조각, 값싼 옷 한 벌, 냉수 한 잔, 호주머니 속에 있는 동전 한 닢 등과 같은 것들에 말이다.

✦ 기독교인은 인간에 대한 뿌리 깊은 비관주의자이나 하나님께 대해서는 어쩔 수 없는 낭만주의자이다.

✦ 서정적 단순성, 조용한 기적과 측량할 수 없는 신비는 기독교인의 일상적 양식이다.

✦ 기독교인이 통과하기 원하는 시험은
- 그리스도를 위해 자신의 삶을 기꺼이 포기함
- 순수한 사랑의 동기를 가지고 핀 하나를 고를 수 있는 능력
- 그리스도의 몸 안에서 단순히 하나의 세포가 되기에 만족하는 일이다.

✦ 성령은 만물과 "함께하심"이다.

✦ 성이란 영과 육의 즐거운 교차이다.

✦ 하나님의 현존은 우리 주위에, 우리 안에, 우리 사이에, 언덕과, 숲 안에, 어둠과 무거운 짐 속에, 슬픔과 웃음 속에, 어디서나 함께하심으로 우리가 그리스도와 함께 웃을 수 있고 그와 함께 눈물을 흘릴 수 있게 된다. 우리는 그분과 더불어 물 위를 걸으며, 다볼 산에 올라가며, 감람산과 갈릴리 가나를 함께 걷는다. 우리는 그분과 함께 어디든 언제든 동행한다. 그때 우리는 하나님의 나라를 맛본다(폴 폴센).

✦ 하나님께서는 낯선 사람을 통해 우리와 대화하기를 좋아하시는 것 같다.

✦ 무슨 일을 하든, 자신이 어떤 사람이든 자신의 전 영혼을 쏟아 붓는 방법을 아는 사람은 행복하다.

✦ 잘 한다면, 일도 의미 있는 기도가 된다.

✦ 일반적으로 기도는 나와 너의 대화로 시작된다. 그리고 나면 침묵의 연합으로 끝난다.

✦ 사막의 초기 그리스도인들은 "악마"를 물리칠 수 있는 이러한 핵심무기들을 발견하였다. 즉 돈을 사랑하지 않으며, 분노를 극복하며, 자만하지 않고, 가난한 사람을 사랑하고, 모든 사람에게 관대하며, 낯선 사람을 환대하며, 위협 가운데 침착하며, 범사에 겸손한 열매를 맺게 하는 금식과, 깨어 있음, 기도, 성경 말씀이 바로 그 무기이다. 즉 그들은 그리스도께 충성된 삶을 살았다.

✦ 아주 작은 일로 여겨질지 모르나, 하나님을 기쁘게 해드리기 위해 우리가 해야 할 일 중 하나는 잘 사는 일이다.

✦ 하나님의 형상으로 피조되었다는 말은 피조물의 공동창조자가 된다는 의미이다.

✦ 기독교인과 세속인의 차이는 그 동기에서 구별된다.

✦ 하나님을 위한 일이라면 결과보다 일 자체가 더 중요하다.

✦ 만약 성령의 은사가 사랑, 희락, 화평, 오래 참음, 자비, 양선, 충성, 온유, 절제라면 우리가 무엇을 더 바랄 수 있단 말인가?

✦ 메마름, 우울, 또는 권태의 계절을 맞아 당황할 때, 당신이 그녀의(메마름, 우울, 권태의) 사랑을 느낄 수 없으며, 공허하고 냉담하며, 그녀를 그리워하며, 그녀의 명백한 놀음에 당신이 지쳐있음을 하나님께 있는 그대로 고하라.

✦ 리주의 테레사는 일상생활의 사소한 임무를 전 우주와 조화를 이루는

데 필수적인 일과 동일시함으로 자신의 "작은 길"을 이해하였다. 그렇게 봄으로써 작은 일도 사랑으로 행해야 하며 가장 관심이 집중되어야 할 필요성을 느끼게 된다. 왜냐하면 작은 일들이야말로 이 세상에서 가장 중요한 것이기 때문이다.

◆ 그리스도의 현존의 증거는 "맹인이 보며 못 걷는 사람이 걸으며 나병환자가 깨끗함을 받으며 못 듣는 자가 들으며 죽은 자가 살아나며 가난한 자에게 복음이 전파"(마 11:5)되는 일이다.

◆ 마음에 있는 생각을 말로 표현할 수 있도록 당신의 입을 훈련하라.

◆ 암으로 죽어가는 목회자 친구가 자신의 동료에게 이렇게 마지막 인사를 남겼다. "나는 오랫동안 병을 앓았고 참으로 고통스러웠으며 이는 내 일생 중 가장 어렵고 큰 시련의 때였습니다. 이런 때 당신이 내게 보여 준 포옹과 입맞춤과 지원과 관심, 접촉과 편지와 카드, 전화와 방문, 그리고 나를 돕기 위해 이 시기에 당신이 내게 행한 모든 일들이 얼마나 내게 큰 의미를 주었는지 당신이 알기를 원합니다. 당신의 엄청난 지원과 예수님에 대한 나의 믿음이 나에게 매일 힘과 평안을 주었습니다. 나는 이제 그 모든 졸업장과 학위, 상패, 수료증, 명예, 기념 메달, 표창장, 기념물과 업적을 남겨두고 떠나야 합니다. 나는 하나님 앞에서 빈손으로 서도록 부름 받았기 때문입니다. 오직 십자가 위에서 빈손으로 서도록 부름 받았기 때문입니다. 오직 십자가 위에서 죽으신 그리스도만이 나에게 천국 문을 열어 줄 수 있을 것입니다."

◆ 모든 일이 당신에게 달린 것처럼 일하라. 모든 일이 하나님께 달린 것처럼 기도하라(로욜라의 이냐시오).

◆ 은혜로우시고 거룩하신 하나님, 당신을 알 수 있는 지혜를, 당신을 추구할 수 있는 부지런함을, 당신을 기다릴 수 있는 인내를, 당신을 볼 수 있는 눈

을, 당신을 묵상할 수 있는 가슴을, 당신을 선포할 수 있는 삶을 주십시오. 우리 구주 예수 그리스도의 영의 능력을 통해… 아멘(성 베네딕트).

✦ 우리가 "한 가지 삶의 방식"에 헌신할 때 그 부수적 결과로 "삶의 스타일"이 형성된다.

✦ 영원의 목표는 온전한 황홀경이다.

✦ 육체를 선하고 신실한 영혼의 동무로 대우하라(클레르보의 버나드).

✦ 더 이상 탐욕에 빠지지 않는다면 악은 터전을 상실하게 된다.

✦ 어린아이 같이 되면 현재의 즉각성을 맛보기 시작하게 된다.

✦ 모든 사람마다 잠재적 이웃이기 때문에 이방인이란 없다.

✦ 하나님을 위한 사람이 되심으로 예수님은 다른 사람들을 위한 사람이 되셨다.

✦ 계속되는 반복으로 인해 형성되었으나 결코 지울 수 없는 것은 오직 망각이란 재앙에 대항하는 소망이다.

✦ 에로스와 아가페를 연합시킴으로 기독교적 삶은 건전한 도취에 빠져들게 된다.

✦ 사막의 교부들은 가난한 사람들을 위하여 자신이 가졌던 모든 것을 팔라고 말해 주었던 바로 그 책을 팔았다.

✦ 자신을 잊는 자유야말로 기쁨을 주는 은사이다.

- 신비주의와 혁명이 포용하는 곳에서 우리는 진정한 한 기독교인을 보게 된다.

- 어떻게, 언제, 얼마나에 대한 관심은 우리가 의무라는 낡은 법 아래에 살도록 만든다.

- 영성이란 하나님에 대하여 말하는 것에서 하나님과 함께하는 대화가 될 때 비로소 시작된다.
- 야망, 지위, 소유, 그리고 영향력의 호소력이 상실될 때 질투함으로 적을 만드는 능력도 소멸된다.

- 성 프란시스코는 그의 강한 도시가 흔들릴 수 없다는 자만심에 빠져 들기보다 그 도시가 타락에 빠져 들지 않았음을 하나님께 감사 드렸다(G. K. 체스터톤)

- 중요한 것은 하나님의 영광을 위해 가장 귀찮은 허드렛일도 마다하지 않으려는 열망이다.

- 기독교인의 우정에는 나무, 돌, 은하수, 현관 앞에 있는 개구리까지 포함된다.

- 기독교인의 삶은 하나님의 뜻을 향한 순종으로 가장 잘 이해되는 것이 아니라 하나님의 열망에 신실함으로써 그러하다.

- 예배는 하나님의 거룩한 몸짓을 매일 실천하기 위한 몸단장 연습이다.

- 우리가 서로 함께하기가 얼마나 어려운지 깨닫기만 하면 모든 일이 달라질 것이다.

- 쌓아두는 것은 넓히는 일이요, 단순화하는 것은 깊이를 추구하는 일이다.

◆ 염려는 결코 유익하지 못한 것이다. 마찬가지로 근심은 우리의 에너지에 대한 좋지 못한 투자이다.

◆ 우리의 현재를 빼앗아 가도록 허용하는 일은, 결코 대체할 수 없는 것을 훔쳐가도록 하는 것과 같다.

◆ 하나님께 사랑받는다는 것은 세상과 다른 사람들에게 철저히 개방적이 된다는 것을 의미한다. 왜냐하면 그 사람은 사랑을 베푼 대가로 다른 사람들의 사랑에 더 이상 의지하지 않아도 되기 때문이다.

◆ 천국은 그 무엇에도 부족함을 느끼지 못하는 끝없는 추구의 체험이다. 즉 천국은 깨어있음 가운데 도취이며 더 이상 고통을 느끼지 않고 사랑하는 것이다.

◆ 기독교인은 연결부호(–)로 표현되는 사람들이다. 즉 전사–수도사 또는 혁명가–성자와 같은 표현으로...

◆ 청지기란 마치 자신은 아무 것도 소유하지 않는 것처럼 가질 수 있는 사람이다.

◆ 욕망과 필요를 구별할 수 있는 능력은 구속받은 식욕을 소유한 뚜렷한 표정이다.

◆ 기독교인을 지켜보고 있는 사람들이 있기 때문에 우리의 삶은 영웅적으로 보여야 한다. 즉 공포에 직면하여 인내하며, 의심을 뛰어넘어 견디며, 오해 받을 때 침묵하며, 비판에 감사하며, 야망을 억누르며, 분노를 거부하며, 부적합하고 고되며 보상이 따르지 않는 일을 겪으면서 잘 참아내야 한다. 하지만 우리가 볼 때 이는 단순히 하나님의 은사이다.

✦ 우리 각 사람은 하나님께서 마지막 날 물으실 질문에 대답할 준비를 해야 한다. 내게는 이런 질문이 있을 것이라고 도박을 걸어본다. 즉 너는 깊이 있게 살았고, 크게 생각했고, 열정적으로 사랑했으며, 많은 아름다움을 생산해 냈고, 이런 일들을 할 수 없는 사람에게 관심을 가졌는가?

---

1 W. Paul Jones, *The Art of Spiritual Direction: Giving & Receiving Spiritual Guidance,* 배정웅 옮김, 『영적 지도의 이론과 실천』(서울: 은성, 2005), 311-318의 내용임.

CONTENTS

저자 서문 5
기독교인의 삶 12

제1부 | 해석과 분별 24

1장 해석과 분별의 구조 26
2장 해석과 분별의 지도 50

제2부 | 영성의 해석과 분별 78

3장 인간의 해석과 분별 80
4장 영성생활의 해석과 분별 99

제3부 | 체험의 해석과 분별 132

5장 정신적 체험의 해석과 분별 134
6장 정서적 체험의 해석과 분별 156
7장 도덕적 체험의 해석과 분별 174
8장 영적 체험의 해석과 분별 203
9장 신비적 체험의 해석과 분별 221

제4부 | 성격의 해석과 분별 242

10장 **성격유형의 해석과 분별** 244
11장 **행동 중심 성격유형의 해석과 분별** 272
12장 **감성 중심 성격유형의 해석과 분별** 299
13장 **이성 중심 성격유형의 해석과 분별** 326
14장 **성격형성의 방안과 적용** 349

제5부 | 돌봄의 해석과 분별 386

15장 **결혼의 해석과 적용** 388
16장 **자기 분화의 해석과 분별** 420
17장 **정서 역학의 해석과 분별** 456
18장 **꿈의 해석과 분별** 490
19장 **그림 언어의 해석과 분별** 521

참고 문헌 559

제1부

해석과 분별

1장 해석과 분별의 구조
2장 해석과 분별의 지도

인도와 분별을 위한 기도

우리가 계획하고 결정을 내릴 때
하나님이 우리의 길이 되어 주소서.

우리가 배우고 질문할 때
하나님이 우리의 진리가 되어 주소서.

우리가 성장하고 변화할 때
하나님이 우리의 생명이 되어 주소서

-안젤라 애쉬윈 엮음, 『천 개의 기도』

너희는 이 세대를 본받지 말고
오직 마음을 새롭게 함으로 변화를 받아
하나님의 선하시고 기뻐하시고 온전하신 뜻이
무엇인지 분별하도록 하라

- 로마서 12:1 -

1장

해석과 분별의 구조
Structure of Interpretation and Discernment

해석과 분별에서 계시의 상호 텍스트성

계시라는 개념은 라틴어 '레벨라티오'에서 나온 말로서 드러냄, 계시함 등을 의미한다. 하나님은 우리에게 자신을 알리시기 위해 성경책과 세계라는 책을 주셨다. 즉 우리는 두 권의 책을 통하여 하나님을 안다. 하나는 우주의 창조, 보존 및 다스림에 의해서이다. 이는 우리 눈앞에 있는 가장 우아한 책으로서 그 안에서는 크고 작은 모든 피조물들이 저마다의 특성들을 갖고서 우리를 인도하여 하나님의 보이지 아니하는 것들 곧 그의 영원하신 능력과 신성을 보게 한다(롬 1:20).[1] 이는 하나님의 일반계시에 대한 분명한 인식과 일반계시가 인간에게 갖는 중요성을 인식하게 한다. 다른 하나는 특별계시인 성경이다. 하나님은 특별계시를 통해 우리에게 자신을 분명하게 알리시지만 일반계시를 통해서도 자신을 깨닫게 하신다.

하지만 기독교 전통에서 일반계시와 특별계시의 관계에 대한 다양한 의견이 생겨났다. 특히 이성을 인간의 주체로 보았던 데카르트의 영향을 받은 진보주의 개혁주의자들은 자연신학을 강조하였다. 이들은 자연신학을 지나치게 부각시키고 계시신학은 불필요한 것으로 보이게 하는 결과를 낳았다. 이러한 신학적 흐름에 강한 영향을 받은 신학자들은 하나님의 일반계시를 강조하고 특별계시의 가치를 부인하는 경향까지 낳았다. 이들은 일반계시를 주로 인간과 인간 경험에 있다고 보았다. 이들은 성경의 초자연적 특성이 상실되었다고 보았다. 즉 신약성경은 그리스도와 함께하며 특권을 누렸던 사람들의 종교적 경험을 기록한 것에 불과한 것으로 여겼다. 하나님의 일반계시가 오히려 구원을 위한 하나님의 계시가 되었다고 주장한다.

이러한 신학적 경향에 비판적이었던 개혁주의자들은 일반계시를 부정적으로 보고 특별계시만을 강조하게 된다. 특히 바르트는 자연, 인간의 의식 등을 통해서는 하나님을 배워 알 수 없다고 강조했다. 특별계시만 강조하는 신학은 자연과 인간의 의식이나 경험 등을 연구하는 것을 부정적으로 보거나 이차적인 것으로 여기는 결과를 낳게 된다.

하지만 타락 후에 특별계시가 일반계시를 대치하게 되었기 때문에 특별계시에 비해 일반계시를 이차적인 것으로 여기고 과소평가해서는 안 된다. 성경의 자료는 일반계시의 가치와 중요성을 분명히 한다(요 1:9). 루이스 벌코프(Louis Berkhof)는 다음과 같이 말한다.

일반계시는 그저 자연적이기만 한 것이 아니라 초자연적인 요소들도 담고 있으며, 특별계시 역시 전적으로 자연적인 성격만을 갖는 요소들도 포함하고 있다. 타락 이전에 있었던 행위 언약의 계시는 초자연적인 동시에 일반적인 것이었다. 또 특별계시의 영역이 이스라엘로 제한되었을 때 하나님께서는 비이스라엘 사람들에게 초자연적 계시를 거듭거듭 주셨는데, 이는 특별계시의 영역 밖에 있는 것이었다(창 20:40,41; 삿 7:13; 단 2장, 5:5). 또 이에 반해 하나님께서 이스라엘 역사에서, 그 옛 족속의 섭리적인 흥망에서, 또 장막 및 성전에서의 의식적인 예배에서 자신을 계시하셨을 때에는 자연적인 형태로 된 특별계시를 입으신 것이었다. 물론 이들 요소들이 이제 영감된 하나님 말씀으로 구체화된 이상 그것들은 우리에게 하나님의 초자연적 계신의 한 부분이 된다.[2]

일반계시만을 강조하고 특별계시의 가치를 부인하는 신학적 경향이나 특별계시만을 강조하고 일반계시의 중요성을 간과하는 신학은 동일하게 하나님의 계시의 특성을 놓치는 것이라고 할 수 있다. 구체적으로 서술하면, 하나님의 일반계시는 창조의 은혜에 대한 광의적인 이해에 중요한 역할을 하고, 특별계시는 구원의 은혜에 핵심적인 역할을 한다. 때문에 일반계시와 특별계시는 상관관계를 드러낼 뿐 아니라 상호 텍스트성(intercontextuality)의 특성을 가진다고 할 수 있다. 즉 하나님의 일반계시는 하나님의 책으로서 그 자체로 본문(text)과 상황(context)을 가지고, 하나님의 특별계시는 구원을 위한 책으로서 그 자체로 본문(text)과 상황(context)을 가진다고 할 수 있기 때문이다. 따라서 이 두 계시는 본문으로서 서로 대화할 때보다 충만하게 된다. 일반계시에 대한 연구는 특별계시를 보다 효과적이고 구체적으로 이해할 수 있게 해 주고, 특별계시에 대한 이해는 일반계시를 충만하게 이해할 수 있도록 이끌어 준다. 물론 두 계시가 본문으로서 서로 대화하며 상호 작용할 때 특별계시가 일반계시를 이끌어 주고 주도적인 동력을 발휘한다는 인식도 필요하다. 특별계시인 성경을 통하여 하나님은 자신의 계시를 선명하게 세상에 계속 전하시며, 그 계시의 내용을 사람의 생각과 삶에서 유효하게 만드시기 때문이다. 성경은 하늘과 땅, 그리스도와 그의 교회, 하나님과 하나님의 백성을 연합하는 핵심적인 띠이기 때문이다.

그러나 특별계시의 중요성에 대한 인식과 강조가 중세의 '철학은 신학의 시녀다'라는 방식으로 이해되어서는 안 된다. 이는 학문에 대한 중세의 생각, 즉 신학이 궁극적 학문이고 그 밖의 모든 학문은 단지 '보조적인' 학문이라는 생각은 옳지 않다. 일반계시의 관점에서 볼 때 모든 문제가 아무리 세속적으로 보일지라도, 저마다 거룩한 차원을 지니고 있기 때문이다. 물론 우리가 또한 기억해야 할 것은 일반적인 학문들로서 물리학, 사회학, 생물학, 심리학 그리고 나머지 학문들이 과학적 '객관성'은 유지하지만 영혼에 대한 깊은 이해는 부족하다는 인식도 간과해서는 안 된다.

해석과 분별에서 은총의 상호 관계성

기독교 해석과 분별에서 특별은총과 일반은총의 관계에 대한 이해도 필요하다. 이 두 은총의 관계에 대한 이해는 존 칼빈의 사상에서 중요한 관점이 발견된다. 그는 일반은총과 특별은총이 인류 공동선을 위해 상호 관계 안에 있다고 보았다. 그는 하나님 형상으로 지음 받은 모든 사람에게 베풀어진 일반은총은 타락 후에도 인류의 공동선을 위해 계속되고 있다고 했다.

칼빈은 인간의 자연적 재능인 지적 이해력은 타락 후에도 완전히 소멸되지 않고 남아 있다고 보았다. 그는 하나님은 "인간 본성이 타락하여 진정한 선함을 박탈당한 이후에도" 그 본성에 많은 선물을 남겨 두셨다고 강조했다.[3] 그는 "우리는 성령의 가장 탁월한 혜택들을 잊어서는 안 된다. 인류 공동선을 위해 그분이 원하시는 누구에게나 분배하신다"고 말했다.[4] 즉 하나님의 실체적 형상인 자연법의 지적 의지적 기능은 그분의 섭리를 위해 성령이 베푸시는 선물이다. 이것은 인류 공동선을 위한 중요한 도구가 된다.

특히 칼빈은 출애굽기 31장의 브살렐과 오홀리압이 가진 '이해'와 '지식'이라는 사례를 통해 사회 공익을 위한 선물을 그리스도를 믿는 자들에게 주신 성화의 성령으로 수행될 뿐만 아니라 동일한 성령이 하나님 형상으로 지음 받은 모든 사람에게 베푸시는 창조사역, 즉 일반은총에 따라 수행된다고 인식하였다.[7] 칼빈은 성령의 우주적 차원의 사역을 인정하였다. 칼빈은 다음과 같이 성령의 사역을 기술하였다.

> 성령의 하시는 일은 다양하다. 그것으로 모든 피조물은 지속되고 보존된다. 또한 사람에게 특유한 성령의 역사가 있다. 이 역사는 사람마다 그 특징에 차이가 있다. 그러나 여기서 바울이

뜻하는 것은 성화이다. 주님은 그분 자신이 택한 사람 외에는 어느 누구에게도 이러한 성화의 은혜를 주는 호의를 베풀지 않으신다.[6]

성령의 사역은 특별은총 사역과만 관련된 것이 아니라 일반은총 사역과도 연관된다. 즉 성령은 구원 사역뿐만 아니라 창조세계와 인간의 필요를 돕는 사역도 하신다.

성경에서 "하나님의 신이 충만케 된" 사람으로서 처음 언급된 사람은 브살렐이다. 그는 "지혜와 총명과 지식"의 은사를 받은 사람이었다(출 35:31). 브살렐은 "공교한 일을 연구하며 금과 은과 놋으로 일하며 보석을 깎아 물리며 나무를 새기는 여러가지 공교한 일을" 하였다(출 35:32-33). 오홀리압과 더불어서 브살렐은 또한 좋은 선생이기도 했다. 그들은 훈련 과정을 개설하여 사람들에게 공예를 가르쳤으며, 청색, 자색, 홍색 실과 가는 베실로 수놓는 일과 짜는 일과 그 외에 여러 가지 일을 가르쳤다. 이들은 모두 대단한 장인이었으며, 동시에 디자이너이기도 했다(출 35:35).

브살렐 회사는 하나님의 성전을 건축할 때, 성소와 성막을 장식하는 일을 하청 받았다. 하지만 그의 재능들을 성전을 건축하는 데만 제한적으로 사용한 것은 아니다. 브살렐의 이야기에서 세 가지 의미를 발견할 수 있다. 첫째는 브살렐의 재능들은 하나님으로부터 온 은사였다. 브살렐이 그에게 주어진 재능들을 가지고 아름다운 솜씨를 발휘하는 것은 성령 충만의 형태로 인식되고 있다(출 35:31). 둘째는 하나님은 성전이 금에서 자수에 이르기까지 사람의 재능과 솜씨들로 꾸며지기를 원하셨다. 셋째는 잠언에서 현숙한 여인이 보여 주듯이, 하나님은 브살렐의 재능들이 다른 사람들을 섬기는 데 사용되어지길 원하셨다(잠 31장).

칼빈은 특별은총과 일반은총의 관계는 구분되지만 독자적이거나 분리될 수 없는 것으로 여긴다. 즉 인류와 교회 공익이 서로 구분은 되지만 독자적이거나 분리될 수 없다고 여긴 것이다. 그는 특별은총을 일반은총 아래 두지 않았다.[7] 구체적으로 서술하면, 특별은총의 원이 일반은총의 원보다 보다 더 크고, 중요한 역할을 한다고 보았다. 일반은총이 특별은총을 이끌고 가는 것이 아니라 특별은총이 일반은총을 끌고 가는 동력이라고 생각했다. 일반은총의 주도적 동력은 특별은총이며, 특별은총은 일반은총의 충만한 움직임과 더불어 앞으로 나아간다.

칼빈에게 예수 그리스도는 교회와 인류 모두의 공동선을 위한 존재다. 그리스도는 교회의 영적 공동선을 갱신하셔서 사회적 공동선을 회복하게 하시기 때문이다. 동시에 공동선의 교회적 가치에 덧붙여 그 사회적 가치를 지속하고 보존하시는 분으로 이해했다. 구속주와 창조주이신 그리스도 덕분에 교회 공동선은 인류 공동선을 포괄한다.[8] 그러므로 교회 공동선도 인류 공동선 아래 종속되지 않는다.

특별은총과 관련된 일반은총 또는 영적 공동선과 관련된 사회적 공동선과 조화를 이루고 있는지 살펴보는 것도 중요하다. 칼빈은 인류 공익을 위한 신적 은혜의 선물이 브살렐과 오홀리압과 같이 하나님의 일을 직접 수행하는 사람뿐만 아니라 아직 경건하지 않은 이교도에게도 주어진다고 보았다. 그는 신자에게 주신 하나님의 선물들을 선용하려면 신자와 비신자 사이에 적절한 관계를 세워야 한다고 말한다. 그는 "만약 우리가 물리학, 변증학, 수학, 그 외 다른 학문에서 이방인의 활동으로 도움받기를 주님이 원하셨다면, 마땅히 도움과 지원을 받아들이고 사용"해야 한다고 했다.[9] 이는 칼빈이 신자에게 교회와 인류 공익을 위해 교회 지체 간 내적 교제를 넘어서서 교회 밖에서 폭넓은 상호 교제에 적극 참여하라고 권했음을 의미한다. 하나님의 일반적 은혜, 하나님의 특별한 은혜, 하나님의 특유한 은혜와 같이 일반은총에 해당하는 세 가지 용어에 칼빈이 부여하는 뉘앙스는 하나님은 그분의 보편적이지만 특별한 선물을 누구에게라도, 심지어 구원의 선택을 받지 않은 사람에게도 얼마든지 주실 수 있다는 사실을 나타내는 것이다.[10]

칼빈은 일반은총과 관련하여 정치 질서의 씨앗, 법, 이성의 빛처럼 모든 사람 안에 심겨진 신적인 어떤 것이 가져오는 혜택에 관해 논의를 하였다. 그는 자연적 이성과 의지 같은 신적 선물은 저 위에 있는 천국의 일과 장래의 행복이 아니라, 아래의 지상적인 것과 현세적 생활을 위해 베풀어지고 있다고 보았다.[11]

칼빈은 영적 생활과 물리적 생활을 구별하면서도 예술, 과학, 천문, 철학, 의학, 시민정부 질서를 통해 차별 없이 베풀어지는 자연적 선물에 담긴 '공동 에너지'를 강조한다.[12] 이러한 그의 관점은 창세기 주해에 등장하는 야발의 장막에 관한 설명에서 찾을 수 있다.

> 예술의 발명과 일상적 사용, 생활의 편리를 위한 물건들을 발명하는 일은 결코 무시하면 안 되는 신적 선물이자 칭찬받을 능력이다. 가인의 자녀들에게서 비록 중생하게 하시는 성령은 박탈되었지만, 그들은 비천하지 않은 신적 선물을 부여받고 있었다. 모든 시대에 걸쳐 인간 경험이 가르치는 교훈은 하나님

이 비추시는 광선들이 현세 생활에서의 유익을 위해 폭넓게 비치며 이 빛이 이방 민족에게까지 비친다는 것이다. 지금도 우리는 성령의 탁월한 선물들이 전 인류에게 널리 퍼져 있는 것을 본다. [13]

칼빈이 여기서 언급하는 신적 호의는 일반은총 교리를 위한 증거가 된다. 하지만 칼빈의 일반은총 교리를 반대한 사람들은 시편 1:1 주해를 해석적 기준으로 삼는다. 칼빈은 여기에서 "하나님은 진리를 연구하는 데 헌신하고자 전력을 기울이고 열심히 노력하는 이들에게만 호의적이시다"라고 말했기 때문이다. [14] 그들은 신적 호의에 대한 칼빈의 이러한 진술에서 보면 일반은총은 부정적인 것으로 여겨진다고 주장한다. 그러나 창세기 주해에서 칼빈이 신자를 향한 구원자 하나님의 특별한 호의를 긍정적으로 진술한다고 생각할 수도 있다. 동일 본문에서 칼빈은 하나님이 눈에 보이는 이 땅의 인간을 향해 베푸시는 호의를 제시한다. 바로 이것이 믿지 않는 자들에게 베푸시는 일반은총의 특징이다.

칼빈은 일반은총의 분배에 관해 대다수 평범한 사람들과 소수의 선택된 사람들 사이에는 질적 차이가 있다고 강조했다. [15] 그는 일반 은총과 인류 공동선의 관계를 논할 때 '가장 탁월한 지식'이라는 용어를 선택받은 소수와 관련해 사용했다. 그러면서 모든 은혜의 선물이 모든 세대와 사회 영역에서 기억되게 하신다고 보았다. [16] 자연적 은사가 탁월할수록 정치적, 교육적, 문화적 혜택 또한 넓어진다. 하나님의 은사는 공적 소명을 위해 '어떤 특수한 추진력'으로 주어진다. 개인의 사적 이익이 아니라 공익을 위해 신적 섭리를 통해 베푸신다. [17]

칼빈은 자연적 은사는 인간 보편성과 탁월성의 변증법적 교차 방식으로 인류의 복지 건설에 이바지하고 있다고 보았다. 그는 '감탄할 만한 진리의 빛'이 이방의 세속 질서 안에서도 부패와는 관계없이 찬연히 빛나고 있다고 말한다. 그것은 하나님이 탁월한 은사들로 인류에게 옷을 입히시고 꾸며 주신 결과다. 자연적 은사는 인간의 부패와 한계에도 불구하고 사회의 공익을 위해 적극 사용해야 하고 모두가 향유해야 하는 것이다. 자연적 은사는 신적 은혜와 대조적이거나 분리되지 않는다. 칼빈이 인식하는 자연적 은사는 하나님의 은혜에 전적으로 의존하고 있다.[18]

칼빈의 일반은총의 의미가 신자들의 활동과 관련된다면 인류 공동선에 대해 보다 더 긍정적 초점을 갖게 된다. 그에게 일반은총은 신자의 활동과 직접 관련되지 않는다 해도 여전히 인류의 공동선에 다소 긍정적인 의미를 함축한다. 사회적 공동선에 대한 칼빈의 성찰은 신자와 비신자 모두에게 수여되는 일반은총이라는 가르침과 함께 발전한다고 결론지을 수 있다. 더불어 인류의 사회적 공익을 위해 베풀어진 일반은총은 하나님의 특별한 섭리에 따라 교회의 영적 공익을 위해서도 사용될 수 있다.

해석과 분별의 신학적 구조

창조론적인 관점에서 모든 배움과 가르침은 하나님 사랑과 이웃 사랑을 위해 존재한다. 고린도전서 8:1-3에서 가르치는 진리는 성경을 통해 하나님을 아는 지식뿐 아니라 하나님이 쓰신 또 다른 '책'인 자연세계와 인간의 삶을 통해 하나님을 아는 지식에 긍정적이다. 우리는 하나님의 영광을 알수록 그분을 더 사랑한다. 하나님의 영광은 예수 그리스도와 성경에 기록된 구속사에 가장 잘 계신된다. 그러나 하나님의 영광은 그분이 지으신 만물에도 계시된다(시 19:1; 롬 1:19-21). 자연세계를 통해 주어지는 계시는 예수 그리스도에 관한 계시도 포함된다. 왜냐하면 "만물이 그로 말미암아 지은 바 되었으니 지은 것이 하나도 그가 없이는 된 것이" 없기 때문이다(요 1:3). 사도 바울은 "만물이 다 그로 말미암고 그를 위하여 창조"되었다고 고백하면서 그리스도를 위한 예배의 당위성을 말하였다.

모든 자연세계를 위한 연구와 묵상은 지극히 성경적인 행위라고 할 수 있다. 그러므로 단지 성경 연구만이 아니라 그리스도인의 모든 학문은 하나님의 영광을 드러내는 실재를 연구하고, 그 실재 속에서 하나님의 창조 질서와 능력을 맛보고, 그 실재를 활용해 사람들을 유익하게 하기 위해 존재해야 한다. 물론 하나님 없이 행하는 모든 학문이 모두 선하다는 것은 아니다. 만물에 드러난 영적 각성이 없으면 만물을 참 모습 그대로 알 수 없기 때문이다. 이런 맥락에서 만물에서 하나님의 영광을 찾으려는 영적 지성과 감성이 그리스도인 학문에 스며들 때, 그리스도인의 학문은 위협을 받는 것이 아니라 도움을 받는다.

따라서 인류학, 사회학, 심리학과 같은 학문은 학문의 대상이 하나님의 연결고리와 목적이 아니라 단지 자연의 연결고리일 뿐이라고 반문할 수도 있지만 이렇게 생각하면 핵심을 놓치게 된다. 그 핵심이란 어떤 실재에서 충만한 진리를 보려면, 그 실재를 보되, 그 실재를 창조하고 유지하며 그 실재에 모든 속성과 관계와 질서를 부여하고 주관하시는 하나님과 연결하여 이해할 수 있어야 한다는 것이다. 나아가 하나님의 창조세계 안에 계시된 하나님의 질서와 영광을 알지 못하면, 하나님이 그 세계를 통해 드러내고자 하는 뜻과 목적에 참여할 수 없게 된다.

인간의 연약성으로 인해 창조세계에 대한 학문이 위험성이 없는 것은 아니다. 하지만 위험하다고 길을 벗어나서는 안 된다. 즉 창조세계에 대한 연구가 여러 위험이 도사리지만, 이것이 이 길을 포기해야 한다는 뜻으로 이해되어서는 안 된다. 만일 성경 이외의 학문이 지극히 비성경적일 때가 있기 때문에 그런 학문은 피해야 한다고 생각하면, 이는 마치 물의 위험이 도사리고 있기 때문에 수영이나 운동을 해서는 안 된다는 것과 같다. 온갖 위험이 도사리고 있더라도 우리는 이 길을 포기해서는 안 된다. 이러한 길을 포기하는 것은 성경적인 행위가 아니라 오히려 비성경적인 행위이다. 만물은 하나님의 작품이기 때문이다. 잠언은 하나님의 말씀과 그분이 지으신 세상에서 하나님을 아는 지식을 구할 때는 은금을 구하듯이 구하라고 말한다.

은을 구하는 것같이 그것을 구하며
감추어진 보배를 찾는 것같이 그것을 찾으면(잠 2:4).

지혜가 제일이니 지혜를 얻으라.
네가 얻은 모든 것을 가지고 명철을 얻을지니라(잠 4:7).

너희가 은을 받지 말고
나의 훈계를 받으며 정금보다 지식을 얻으라.

대저 지혜는 진주보다 나으므로

원하는 모든 것을 이에 비교할 수 없음이라(잠 8:10-11).

지혜를 얻는 것이 금을 얻는 것보다 얼마나 나은고

명철을 얻는 것이 은을 얻는 것보다 더욱 나으니라(잠 16:16).

성경에 대한 연구뿐만 아니라 하나님이 창조하신 세계에서 얻는 지식과 지혜를 배우는 것을 부정적으로 보지 않도록, 마크 놀(Mark Noll)은 진지한 생각이 교회와 세상에 유익을 끼쳐 온 균형 잡힌 길이라는 것을 다음과 같이 상기시킨다.

힘든 지적 노동이 언제나 건강한 교회로 연결된 것은 아니었다. 사실 이따금씩 배움은 복음의 주장이나 하나님의 법의 요구를 회피하는 수단이 되었다. 그러나 장기적으로 보면 다르다. 기독교 신앙이 튼튼하게 뿌리내린 곳, 기독교 신앙이 문화에 깊이 뿌리를 내려 개인의 삶을 바꾸고 제도의 방향을 바꾸는 곳, 기독교 신앙이 한 세대 넘게 하나님의 은혜를 말하는 산 증거의 역할을 하는 곳, 이런 곳에서라면 하나님의 영광을 위해 자신의 지성을 열심히 활용하는 그리스도인들을 거의 예외 없이 보게 된다.[19]

하나님의 영광을 위해 자신의 지성을 활용한 그리스도인들은 하나님이 자신을 성경과 창조세계에 계시하신다는 말이 무슨 의미인지 알았다. 이러한 이해는 특히 종교개혁자들에 의해 확장되었다. 즉 "종교 개혁 시대에 주요 개혁자들은, 특히 루터와 칼빈은 대중의 인기에 영합하는 반지성주의 운동에 맞서는 더 높은 교육이 절대적으로 필요하다고 외쳤다. 프로테스탄트 대학들이 강한 곳에서는 예외 없이 프로테스탄트 종교개혁도 가장 강한 영향을 미쳤다."[20] 칼빈의 가르침 안에서 형성된 칼빈주의는 성경과 창조세계, 기독교와 문화 등을 이분법적으로 분리하지 않았다.

- 칼빈주의는 기독교와 문화 사이의 이분법을 상정하지 않는다.
- 창조, 신적 계시의 보편성, 율법의 지위에 관한 심오한 통찰력 덕분에 칼빈주의로서는 비록 창조주와 피조물 간의 관계에 관한 성경적 교리를 고수하는 것이 극히 중요함에도 신적 영역과 활동을 인간의 영역과 활동으로부터 무조건 구별하는 식으로 생각할 수 없었다.
- 문화를 포함한 일체의 생활이 신율적(theonomous)이다. 즉 하나님과 그분의 법에 종속되어 있다는 점에서 의미를 갖는다.
- 주권적인 창조주 하나님의 능력은 또한 역사 과정을 주관하신다.[21]

칼빈은 성경 연구의 중요성도 인식하였지만 동시에 그가 살던 시대에 인문학의 르네상스를 일으킨 데 대해 감사하였다.[22] 그는 인성을 계발하는 학문이 매우 중요하다고 여겼다. 그는 인문학에 대한 연구가 우리에게 얼마나 귀중한 일인지에 대해서는 많은 말이 필요치 않다고 강조했다. 때문에 그는 자연과학도 하나님의 선물로서 인류의 유익을 위해 창조하신 것이라고 했다. 참된 자연과학의 궁극적 원천은 오직 성령이라고 보았다.[23] 칼빈은 일찍부터 인문학 연구에 깊은 관심을 가졌다. 그는 자기 자신을 인문주의 학자로서의 재능을 시험해 보기 위해 유명한 세네카의 『관용론』(On Clemency, De Clementia) 주석을 저술했다.[24] 그는 인간성과 이를 계발하는 데 기여할 수 있도록 하나님께서 허락해 주신 좋은 선물들인 미술과 음악을 포함하여 여러 학문들에 관심을 지속적으로 표명하였다.[25]

칼빈은 "하나님의 주권, 하나님의 말씀의 권위, 인간의 타락, 은혜의 교리에 반대하는 의미의 인문주의를 표방하는 사람들을 신랄하게 공격"하였지만, 어떤 의미에서 그는 인문학자이기도 하였다.[26] 그는 인문학이 인간가치를 계발할 수 있도록 도와준다는 점에서 존중되어야 하고, 과학은 하나님의 선한 은사라는 점에서 연마되어야 한다고 믿었다.[27] 그는 기독교 인문주의자들을 공격한 것이 아니라 하나님과 그분의 계시로부터 독립하여 인간성을 실현할 수 있다는 생각을 거부하였다.

종교개혁 때에 루터에 의해 오직 믿음에 의한 의인 교리를 강조하기 시작했던 시기에 유명론자인 오캄(William of Ockham)은 복음 외에 그 무엇도 복음을 판단하거나 하나님의 은혜의 선물과 인간의 신앙적 응답에 대한 발판 역할을 할 수 없다고 주장했다.[28] 더욱이 "유명론자들은 하나님은 인간이 판단, 분별과 같은 자연적 능력을 발휘할 여지가 없는 절대 주권적인 요구로써 인간에게 직접 행하고 말씀하신다고 가르쳤다. 그들은 하나님의 은혜는 비록 인간적인 행위의 신적인 완성으로 이해된다해도 그 부속물이 아니라고 가르쳤다. 그들은 신적 은혜는 인간의 마음속에 직접 역사하며, 인간의 성취와는 무관하고 심지어 대립되는 것이라고 가르쳤다."[29] 유명론자들은 자연을 은혜의 전제로 보는 견해를 비판하였다. 이들에게 창조세계는 영적 영역과는 무관하였다. 하지만 칼빈은 하나님과 창조세계를 이원론적으로 분리하는 것이 아니라 상관관계로 보았다.

칼빈은 하나님에 대한 이해만큼이나 인간 이해의 중요성을 알았다. 하나님과 인간의 관계에 대한 그의 견해는 '인간의 하나님에 대한 지식과 자기 자신에 대한 지식 사이에는 모종의 상관관계'가 있다는 것에 잘 요약되어 있다.[30] 이 견해의 의미는 인간은 오직 그가 하나님과 그의 계시에 비추어 알게 되는 만큼만 자기를 참으로 이해한다는 것이며, 또한 자기를 참으로 안다면 당연한 결과로서 하나님도 인식하게 된다는 것이다. 칼빈에게 하나님과 인간 모두에 대한 깊은 이해는 매우 중요했다. 그는 인간성을 풍요롭게 하는 이론은 신적 은혜의 산물일 뿐만 아니라 신적 은혜에 참여하는 것으로 보았다.

그는 창조 속에 표현된 하나님의 의지와 일치할 수 있는 것은 무엇이든지 하나님의 승인을 받았다고 생각했다. 인간이 하나님의 창조 목적에 응답하는 것은 하나님께서 창조 당시 선하다고 말씀했던 그의 본래 상태에 응답하는 것이다. 따라서 칼빈은 하나님의 우주의 신비를 탐구하려는 자연과학의 계획을 열렬하게 받아들일 수 있었다. 그는 또한 인간을 인간답게 만드는데 기여하는 인간 재능의 산물을 거리낌 없이 받아들일 수 있었다. 이런 것들은 비록 종교를 떠나서는 무의미한 것들이라고 해도, 그 자체로서 참된 의미를 가지는 것이다. 그것은 하나님의 선한 선물로서 성령의 능력으로 말미암아 인간에게 분여된 것이다… 또한 그로 인해 세상이 더 이상 하나님의 영광을 드러내지 못할 정도도 아닌 것이다. 하나님의 선한 선물은 널리 편재되어 있으며, 특별히 믿음의 권속에게만 베풀어진 것이 아니다. 그러므로 성령의 역사에 의해 나타난 진리는 그것을 어디에서 발견하든지 전부 포용해야 한다. 인간 마음의 타락에도 불구하고 하나님은 당신의 일반은혜로 말미암아 그의 창조주 의지에 대한 응답의 불꽃이 마음속에서 계속 타오르게 하신다. 고로 하나님의 말씀의 가르침을 마음속에 거의 또는 전혀 받아들이지 않는 사람들 가운데에도 탁월한 정신적 업적을 내는 경우가 있음을 이해할 수 있는 것이다.[31]

칼빈은 사도행전 17장 주석에서 인간에게만 주어진 '이성과 이해'가 타락 이후에도 남아 있는 하나님 형상의 윤곽임을 설명했다. 모든 인류는 하나님의 자녀로 불릴 수 있다. 이런 인간의 탁월함은 다른 어떤 피조물도 소유하지 못한다. 이는 하나님 형상의 실체적 차원 가운데 하나로 이해해야 한다. 실체적 형상의 작은 부분이 타락으로 폐허 가운데서도 남아 있기 때문이다. 칼빈은 이를 이성의 빛, 의로움, 거룩함이라는 관계적 차원과 비교한다. 이 관계적 형상은 타락 이후에 사실상 완전히 상실되었다. 관계적 형상은 오직 성령의 특별한 은혜로 그리스도 안에서 믿음으로 하나님의 자녀가 된 사람들 안에 회복되는 형상이다. 폐허가 된 건축물에 잔존한 형상의 실체적 차원은 완전히 삭제되지 않는다. 인간 안에 있는 실체를 갖춘 걸출함이 이에 해당한다.[32]

칼빈의 이러한 관점은 주목할 만한 가치가 있다. 하나님 형상 중에 잃어버린 것과 아직 남아있는 것 사이에 긴장이 발생하기 때문이다. 하나님과의 수직적인 관계적 형상은 타락과 함께 부패했다. 그 형상은 남아있지 않다. 반면 실체적 형상이 모두 지워지지 않았다. 실체적 형상은 여전히 신적 은사의 힘을 보여 주며, 성령의 일반은혜를 통해 인류 공동 유익에 이바지하고 있다.[33] 때문에 하나님과의 관계적 형상을 회복한 그리스도인과 아직 관계적 형상을 회복하지 못한 사람 모두가 인류 공동선을 실행하는 주체가 될 수 있다. 공동선의 대상 또한 모든 그리스도인과 모든 사람이 된다. 실체적 형상은 공동선을 구현하기 위한 것이다. 모든 사람에게 남아 있는 실체적 형상은 믿는 사람 안에 회복된 관계적 형상과는 별도로 상호 간에 존중받는 근거가 된다.

해석과 분별의 체험적 구조

기독교 신학과 영성의 이미지들은 객관주의적 방법만으로는 다 담아낼 수 없는 특징이 있다. 이는 파커 팔머(Parker Palmer)가 일찍이 간파했듯이 '소외된 인식 방식'의 회복의 당위성을 시사한다.[34] 객관주의는 '소외된 인식 방식'을 초래하였는데, 이는 객관화된 사실에만 가치를 부여하는 인식론적 오류를 낳았다. 이러한 인식론적 오류는 객관적으로 정리된 성경과 교리 등은 기독교의 적절한 요소와 신학적 가치로 여겨왔지만, 인간의 체험 등은 진지한 주목을 받지 못하고 주변적인 요소들로 간주하는 결과를 초래하였다. 다시 서술하면, 기독교 전통에서 우리의 눈에 보이는 객관화된 유형의 성경과 교리 등은 기독교의 적절한 요소로 주목받았지만, 주관적인 무형의 체험 등은 진지한 주목을 받지 못하였다. 분명한 것은 유형의 신학적 차원인 성경과 교리와 무형의 인간의 체험 등에 대한 균형적인 해석 없이 우리는 하나님과 하나님 형상인 인간의 풍성한 세계를 다 담아 낼 수 없다는 것이다.

우리가 이성이라는 세계에 갇히게 되면 합리성과 논리라는 우상에 빠지게 된다. 분명히 효과적인 신학과 성경과 인간 체험의 해석과 분별에서 이성은 중요한 요소임에 틀림없다. 하지만 이성이 해석과 분별을 위한 유일한 안경은 될 수 없다. 이성만이 유일한 해석과 분별의 도구는 아니기 때문이다. 그러므로 이성적인 능력으로만 신학과 성경과 체험의 의미와 특징을 모두 담아낼 수 없기에 우리는 이성적 해석학을 넘어서야만 한다.

성경과 신학과 인간의 체험을 위한 해석과 분별에서 이성, 정서, 몸, 신비의 차원과 기능 등에 대한 이해가 필요하다. 이러한 차원들에 대한 이해와 함께 인식 방식은 해석과 분별에 매우 중요한 영향을 준다. 우리는 반이성적이어서는 안 되지만 비이성적 차원의 가치를 부정해서는 안 된다. 왜냐하면 신학과 성경과 영성의 세계는 신비적 감수성과 미학을 지니기 때문이다.

우리는 인간 체험의 본성과 의미 그리고 그 체험들에 대한 적절한 해석과 분별은 결코 간과할 수 없는 과제이다. 기독교 전통에서 해석과 분별의 주요한 관심은 체험이 하나님으로부터 온 것인지, 악한 영으로부터 온 것인지, 아니면 우리 자신의 내면으로부터 온 것인지를 구별하는 것이었다. 하지만 현대에 와서는 우리가 체험하는 많은 영적 체험이 주로 정신으로부터 발생하며, 대부분이 어떤 식으로든 정신에 의해 매개되는 것이 사실이라고 보는 것이 일반화된 이해이다. 하지만 자아에 의해 체험되는 것과 하나님에 의해 체험되는 것에 대한 자의적 구별에 몰두하는 경향이 있지만, 이는 바람직한 것은 아니다. 왜냐하면 어떤 체험의 자아적인 양상들이 하나님을 향한 성장이나 하나님의 뜻에 조화를 이루는 데 역행적으로 작용한다고만 평가할 수 없기 때문이다. 자아적인 것은 본질적으로 하나님께 대항한다고 가정하는 것은 하나님 형상으로 지음 받은 우리의 모습을 부정하는 것일 뿐 아니라 우리 자신이 하나님을 향하려는 마음을 품는 일의 가치를 부정하는 것이다.

자아에는 영적 성장을 방해하려는 육적 양상이 있지만, 역으로 영적 성장을 촉진하고 강화하는 것들도 많다. 자아 대 하나님을 지나치게 강조하는 것은 우리의 내면의 체험과 삶에서 일하시는 성령을 성급하게 분리하는 인위적이고 잘못된 이원론을 부추기게 된다. 하나님은 우리의 내적 체험을 통해 우리에게 말씀하시며 우리 안에서 일하시기 때문이다. 그러므로 정신 역동과 하나님의 임재를 단순하게 분리하는 것은 왜곡을 낳을 수 있다. 그러한 단순한 추구는 하나님을 오직 인간의 내적 연구만을 통해서 규정하려는 것과 마찬가지로 오류에 빠지게 된다.

해석과 분별의 과정에서 하나님의 임재와 인도와 자아의 내적 움직임을 지나치게 구부하려는 것은 유익하지 않다. 예배당에서 경건하게 기도하는 일, 푸르른 자연 속에서 하나님의 숨결을 느끼며 자신을 성찰하는 일, 꿈과 관련된 기억들을 되살리는 일 등의 모든 것들은 소중한 영적 탐구 행위가 될 수 있다. 또한 꿈, 환상, 심상, 생각과 같은 현상을 통해서도 기도나 찬양 등과 같은 방식으로 하나님이 자신을 드러내실 수 있음을 알 필요가 있다.

핵심은 체험의 중요성이 체험 자체의 성격이나 형태에 달려 있는 것이 아니라 그 체험에 대한 반응에 달려 있는 것이다. 다시 서술하면, 기도, 꿈, 푸른 하늘은 모두 영적 체험의 장이 될 수 있다. 엄밀한 의미에서 기도도 하나님을 체험하는 도구이지 그 자체가 영적 체험을 무조건 보장하는 것은 아니다. 얼마든지 푸른 하늘을 바라보는 일을 통해 하나님과 아름답게 더 소통할 수도 있다. 체험의 평가는 열매와 관련되어야 한다는 것이 오래 된 분별의 원리이다. 우리가 모든 현상이나 행위들의 배후에 계시는 하나님의 신비와 실재에 주의를 기울이며, 피상적인 형식이나 외양 때문에 핵심적 관심사에서 벗어나서는 안 된다. 어떤 형태나 현상의 존재 자체에 하나님의 임재와 신비를 가리도록 허용하는 것은 지극히 잘못된 것이다.

그러므로 어떤 현상이나 체험 자체에 특별한 관심을 두어서는 안된다. 즉 영적 체험에서 기도는 무조건 핵심이고, 꿈이나 인간의 마음에서 일어나는 것에 대한 깊은 성찰 등은 영적 체험과 아무런 관련이 없다고 단정하는 것은 지극히 단순한 것이다. 어떤 체험이 하나님으로부터 직접 오는 것이라면 그 체험은 우리의 삶 속에서 자연스럽게 명백해 질 것이지만, 다른 곳으로부터 오는 것이라면 그것은 혼란을 초래하거나 주의를 이끌어내지 못할 것이다.

우리가 기억해야 할 것은 영적 성장의 초기 단계에서는 동기 유발과 열망의 근원으로서 감각적인 경험들이 매우 중요하다는 것이다. 영적 성장이 어느 정도 성숙한 단계에 있는 사람들과 초기 단계에 있는 사람들의 체험을 동일한 잣대로 이해하거나 해석하는 것을 주의해야 한다. 영적 성장에서 우리는 감각적인 단계를 거쳐 정신 단계에 이르고, 이러한 과정을 거친 후에 하나님과의 깊은 사귐을 통하여 하나님을 경험하는 것이 보편적이다. 때문에 영적 성장의 초기 단계에 있는 사람들의 감각적인 경험들을 부정하는 것은 대부분 그들의 인간성을 거부하는 것이 되며, 어떤 경우에는 그들의 믿음을 공격하는 것이 될 수 있다. 그러므로 영적 성장의 초기에 있는 사람들의 영적 체험을 감각적인 것과 영적인 것을 지나치게 구분하는 것은 바람직하지 않다.

영적 체험의 해석과 분별은 인간에 대한 건전한 상식과 성경의 가르침과 교회의 경험에 의해 발생한 방법들을 염두에 두고 부드럽고 겸손하게 기도하는 마음으로 해야 한다. 이런 맥락에서 어떤 특정한 체험이 자기 의지를 증진시키고, 자기 관심과 과도한 몰입으로 이끄는 느낌이 든다면, 그 가치를 의심해 볼 필요가 있다. 정신질환에서 자주 일어나는 종교적 색채를 띤 환각, 망각, 집착의 경우에는 보통 그 병리적 성격이 뚜렷이 드러난다. 그런 현상들은 자기중심적이고 보상적이다. 이러한 현상들은 상처받고 깨어진 자기상이 스스로를 특별하고 강력하게 느끼고자 하는 노력이기도 하다. 이는 일반적으로 자신이 다른 사람들보다 더 낫다고 느끼게 만들고, 거의 항상 다른 영역에서 생활 기능이 악화되는 것과 연결되어 있다. 이런 것들은 명백히 방어적 성격을 띠는 과도한 집착, 긴장, 완고함을 보여 준다.

〈미주〉

1   벌코프는 "일반계시는 언어(verva)로 된 것이 아니라 사물(res)로 된 것이다. 그것은 인간의 구성과 자연의 전체 구조 그리고 하나님의 섭리적인 다스림의 과정으로 인간에게 오는 인간의 지각과 의식을 향한 적극적인 나타남이다. 하나님의 생각들은 자연 현상들 속에, 인간의식 속에, 그리고 경험 및 역사의 사실에 나타나있다"고 기술하였다(Louis Berkhof, *Introduction to Systemetic Theology*, 권수경 이상원 옮김, 『조직신학 상』 (고양: 크리스챤 다이제스트, 1992), 139).

2   Louis Berkhof, 『조직신학 상』, 138-39.

3   John Calvin, *Institutes of Christian Religion*, 원광연 옮김, 『기독교 강요』 (고양: 크리스챤 다이제스트, 2003), 2.2.15.

4   John Calvin, 『기독교 강요』, 2.2.16.

5   John Calvin, 『기독교 강요』, 2.2.16.

6   John Calvin, *Calvin's New Testament Commentaries: Romans and Thessalonians* (Grand Rapids: Eerdmans, 1995), 8:14.

7   John Calvin, *The Bondage and Liberation of the Will: A Defence of the Orthodox Doctrine of Human Choice against Pighius* (Grand Rapids: Baker Academic, 2002), 167.

8   John Calvin, 『기독교 강요』, 2.13.4.

9   John Calvin, 『기독교 강요』, 1.11.12; 2.2.16.

10   John Calvin, 『기독교 강요』, 2.2.14.

11   John Calvin, 『기독교 강요』, 2.2.13.

12   John Calvin, 『기독교 강요』, 2.2.14.

13   John Calvin, *Sermons on Genesis* (Edinburgh: The Banner of Truth Trust, 2009), 4:20.

14   John Calvin, *Commentary on The Psalms* (Edinburgh: The Banner of Truth Trust, 2009), 1:1.

15   John Calvin, 『기독교 강요』, 2.2.14.

16   John Calvin, 『기독교 강요』, 2.2.16.

17   John Calvin, 『기독교 강요』, 2.2.17.

18 John Calvin, 『기독교 강요』, 2.2.15.

19 Mark Noll, "The Scandal of the Evangelical Mind," *Christianity Today*, October 25(1993): 30.

20 Mark Noll, "The Scandal of the Evangelical Mind," 31.

21 W. Stanford Reid, ed., *John Calvin: His Influence in the Western World*, 홍치모 이훈영 옮김 『칼빈이 서양에 끼친 영향』 (서울: 크리스챤 다이제스트, 1993), 16.

22 W. Stanford Reid, ed., 『칼빈이 서양에 끼친 영향』, 17.

23 W. Stanford Reid, ed., 『칼빈이 서양에 끼친 영향』, 17.

24 W. Stanford Reid, ed., 『칼빈이 서양에 끼친 영향』, 17.

25 W. Stanford Reid, ed., 『칼빈이 서양에 끼친 영향』, 18.

26 W. Stanford Reid, ed., 『칼빈이 서양에 끼친 영향』, 18.

27 W. Stanford Reid, ed., 『칼빈이 서양에 끼친 영향』, 18.

28 오캄의 유명론적인 관점은 신학 자체를 부정하지는 않는다. 하지는 오캄은 신학과 이성이 분리되어야 한다고 강조하였다. 그는 신학은 계시에 의한 초자연적 진리를 탐구하는 영역이지만, 이성은 자연의 진리를 탐구하는 영역이기 때문에 분리되어야 한다고 보았다. 그는 이러한 관점을 가지고 이중 진리설을 펼친다. 그의 논리에 따르면 자연인식을 통해 신에게 접근하는 일은 불가능하다. 신학은 자연과 현실세계에 개입하는 것이 아니라 단지 신앙의 문제로서만 접근해야 한다. 신앙에 요구되는 것은 이성이 아니라 단지 믿음일 뿐이다.

29 W. Stanford Reid, ed., 『칼빈이 서양에 끼친 영향』, 20.

30 John Calvin, 『기독교 강요』, 1.1.1.

31 W. Stanford Reid, ed., 『칼빈이 서양에 끼친 영향』, 22-3.

32 John Calvin, *Sermons on Acts of Apostles* (Edinburgh: The Banner of Truth Trust, 2008), 17:28, 168-70.

33 John Calvin, 『기독교 강요』, 1.15.4.

34 Parker J. Palmer, *To Know As We are Known: A Spirituality of Education* (London: Harper & Row, 1983), 참조.

2장

해석과 분별의 지도
Direction of Interpretation and Discernment

해석과 분별에서 삶의 배타성의 경계

제임스 파울러(James Fowler)는 그의 책『신앙의 단계』(*Stages of Faith*)에서 삶에 관한 기초적이고도 궁극적인 질문을 다음과 같이 던진다.

당신의 무엇을 소비하고 무엇을 위해 소비하는가?

당신은 최상의 시간과 에너지를 어디서 받고 어떻게 사용하는가?

어떤 목표, 꿈 또는 단체를 위해 전념하는가?

당신이 살아가면서 두려워하거나 공포를 느끼는 것은 무엇인가?

당신이 의존하고 신뢰하는 것은 무엇인가?

무엇을 위해 또는 누구를 위해 당신의 삶과 목숨까지 바칠 수 있는가?

당신의 삶을 위해 그리고 당신이 사랑하는 사람들의 삶을 위해 누구와 그리고 어떤 공동체와 자신의 숭고한 희망을 나누는가?

당신의 삶에서 지향을 두는 가장 거룩한 희망과 목적은 무엇인가?[1]

파울러의 질문들은 생각하고 사랑하고 행동하고 성화된 인간의 마음과, 사랑하고 믿고 행동하고 분별하고 역사적으로 세상 안에 있던 것을 발견하는 모든 것 사이에 기초가 되는 대화에 관한 질문들이다. 그것들은 사랑을 위해 미래를 찾는 마음으로부터 흘러나오는 신비와 관련된 질문들이다.

우리 각자는 삶의 영역에서 드러나는 다양한 차원과 대화하면서 살고 있다. 그러나 이 대화가 항상 자유로운 것은 아니며 늘 현명한 것도 아니다. 언제든 의식적으로 무의식적으로 자기 소외, 도피, 왜곡, 자유와 책임에 대한 회피 등으로 이어질 수 있다. 우리 주변의 문화는 환상을 불러일으킬 수 있으며, 사건들은 혼란을 일으킬 수 있으며, 다른 사람들을 기만할 수도 있다. 따라서 각 사람이 살고 있는 현실과 숨겨진 채 계속되는 대화는 오류를 범할 수 있는 가능성이 있다. 그럼에도 불구하고 이는 중요하다. 현실과의 이러한 대화를 깨닫게 될 때 우리는 정신의 내적인 움직임에만 집중하여 내면의 주의 깊은 자기 성찰을 놓치게 되는 것을 막을 수 있다.

자기 인식은 전체 삶의 차원과 관련해서 자신을 봄으로써 가능하다.

우리는 기도 시간에 일어나는 것을 관찰하면서 또한 가족에 대한 책임,
우정, 일에 대한 헌신, 사회적이고 정치적인 노력 그리고 여가 활동을
통한 시간과 에너지의 투자에 대한 성찰만으로써 자신이 누구인지 발견
하게 된다.

우리는 언제 우리가 육체를 통한 느낌과 감각의 외적인 영향에 완전
히 지배되는지, 또는 언제 우리의 의식적인 생각이 경험적 자아(ego)나
표면적 자신(self)의 지배를 받아 세상적인 일을 다루게 되는지를 안다.
매일 사람의 심장이 뛰는 것처럼, 우리는 그러한 인식을 통해 신비스런
연결망, 곧 모든 것을 함께 간직하고 있지만 보이지 않는 현존의 신비
로운 망과 연결되기를 갈망하게 된다. 인간의 마음은 모든 존재의 기반
이 되는 것으로 궁극적인 타자를 마주할 때까지, 매일의 삶의 내면에 살
아있는 하나님의 현존에 눈을 뜰 때까지 결코 온전히 만족하지 못할 것
이다. 우리는 우리 삶의 각 영역에 대해 정확한 의미를 파악한다고 하기
보다는, 모든 것을 통해 샘솟는 하나님의 거룩한 사랑의 현존을 분별하
고 신뢰하는 데 도움을 줄 수 있다. 즉 전체 그림을 발견하고 회상하는
데 도움이 된다.

우리는 예수 그리스도 안에서 하나님의 신비에 마음을 열고, 세상에
용기 있게 참여하고 세상 안에서 자발적으로 행동함으로서 세상과 융합
한다. 이러한 접근은 오직 개인의 내적인 부분만 살피고 전체 피조물과
세상과의 관계성, 즉 믿음 안에서 세상과 피조물이 맺게 되는 사람의 관
계성에는 관심을 기울이지 않는 삶과는 근본적으로 다르다는 것을 증명
해야 한다.

최근 기독교 상담과 영적 돌봄에 대한 새로운 연구들에서 심리학 영

역의 다양한 발달과 융합하기 위해 여러 차원에 걸쳐 노력하고 있다. 이러한 노력을 단지 부정적으로 보고 비판에만 치우치는 것은 바람직한 것은 아니다. 이는 혼돈 속에서의 풍요로움과 다양성을 드러내는 것이라고 이해하는 것이 훨씬 더 바람직하다.[2] 이는 영적 지도자들이나 신학자들이 사람들의 '영적' 삶은 인간 전체 삶과 관계된다는 사실을 부인하지 않는다면, 심리학과 같은 인간의 마음과 삶에 관한 연구에 관심을 갖게 될 것이기 때문이다.

기독교 신학과 영혼에 대한 연구는 성경뿐 아니라 모든 인간의 삶이 본질적으로 사람과 세상과의 대화라는 직관에 근거한 형태가 되어야 한다. 이는 인간의 개인적, 내적 그리고 성장에 관한 이해의 차원뿐만 아니라 사회적, 정치적 그리고 전문적인 차원까지 포함되어야 한다. 신학과 영혼에 대한 연구에서 인간의 삶의 경험에서 생긴 질문들도 반영되어야 한다. 때문에 기독교 신학과 영혼에 대한 접근은 사람들이 일상에서 경험한 실재의 모든 것을 어떻게 공통으로 형성해야 하는지에 대한 인식을 불러일으키는 데 그 목적을 두어야 한다. 신학과 영혼에 대한 연구자들은 하나님에 대해 더 깊이 갈망하는 사람과 삶의 영역에서 구체적으로 일어나는 것을 성찰하여 재연결하여야 한다. 성경에 대한 단순한 지식적 접근이나 심리학적인 접근이나 내면화에 주력하는 접근은 사람이 자신의 특별한 부르심을 발견하고 살아가도록 돕는 데 별 도움이 되지 않고 추상적인 지적 유희에 그치기 쉽다.

기독교 신학과 영혼에 대한 이해가 삶의 전반적인 영역에서 일어나는 일들과 무관하지 않기 위해서는 과학적인 통찰력을 적당히 활용하여 적용할 때 향상될 수 있다. 하지만 기독교 신학과 영혼에 대한 접근이 믿음 안에서 살아가는 그리스도인들의 삶을 잘 안내하기 위해서는 필수적으로 인간의 과학을 뛰어넘어야 한다. 때문에 기독교 신학자와 지도자는 분별 있는 사람, 즉 실제적인 지혜를 지닌 사람이 되어야 하는 동시에 기도하는 사람이 되어야 한다.

제임스 펜하겐(James Fenhagen)은 그의 책『거룩함에로 초대』(*Invitation to Holiness*)에서 기도 안에서 성령의 움직임은 세상과 마주할 때 항상 우리 자신의 제한된 시야를 뛰어넘어 새로운 차원으로 나아가도록 우리를 이끌어 준다고 말하며,[3] 기도는 우리 마음 안에 세상을 바라보는 시선을 갖게 해 주고, 우리가 보는 것을 사랑 안에서 응답하게 하는 동기를 부여한다고 고백했다.[4] 이는 자유롭게 기독교의 정신과 신앙을 사랑하고자 갈망하는 사람들에게 그들의 마음과 삶을 위해 지향하는 일련의 거룩함이다.

해석과 분별에서 성경적 배타성의 경계

그리스도인들 중에 정서와 같은 심리적 내용이 성경에 나오지 않는다는 이유로 무관심한 경향이 있다. 그들의 생각은 어떤 생각을 뒷받침하는 성경 구절이나 내용이 없다면, 그것은 성경적인 것이 될 수 없다고 생각한다. 이러한 생각이 성경을 소중히 여기고 성경의 진리를 가장 핵심적인 원리로 삼으려는 것에 가깝기는 하지만, 반드시 옳은 것은 아니다. 참된 신앙은 사람이 하나님의 말씀에 반하는 일을 하지 않는 것을 의미한다. 그러나 그것이 삶에 대한 모든 행동이나 통찰의 근거를 성경에서 찾을 수 있다는 의미는 아니다.

성경이 인류의 기원과 구원과 윤리에 대한 핵심적인 진리를 가르치는 것은 분명하지만 모든 것을 다 이야기하고 있는 것은 아니다. 성경은 각종 수술을 위한 참고서가 아니다. 성경은 우리에게 아스피린의 효과에 대해서 말하지 않는다. 피아노를 사용하는 예배가 좋은지 아닌지에 관한 성경 구절이 없다. 예배시간에 컴퓨터를 사용하는 것이 좋은지 아닌지도 말하지 않는다. 컴퓨터를 작동하는 방법도 나오지 않는다. 그리스도인들은 어떤 일을 할 때 성경에 대한 해석을 기초로 해야 한다. 성경에 대한 이러한 확신이 있다면, 우리가 어떤 것에 대해 생각하고 느끼는 것은 성경적 진리에 가까워 질 것이다.

그리스도인들이 심한 우울증에 노출되었을 때 성경에 나와 있는 기도와 같은 방법으로만 치료해야 한다고 강조하는 것은, 오히려 비성경적인 행위가 될 수 있다. 현대 과학이 만들어 낸 우울증 치료약을 복용하는 것이 보다 더 성경적인 행위가 될 수 있다. 이러한 차원에서 과학과 성경은 기본적으로 배치되는 것이 아니다. 약물 치료는 현실 세계에서 정상적으로 기능할 수 있도록 사람들을 도와주는 하나님의 선물이다. 물론 그것이 남용될 수도 있지만, 그것이 처방된 대로 사용될 때에는 나쁜 것이 아니다.

어떤 목회자들이나 설교자들은 진리가 단지 성경에서만 발견된다고 믿는다. 모든 진리가 성경에 다 있다고 주장한다. 그들은 교회 밖에 있는 상담자에게 도움을 받는 것을 꺼린다. 그들은 정신 건강 분야의 신실한 권위자들도 그들의 삶을 향한 하나님의 소명을 따르고 있다는 생각을 거부하기까지 한다. 많은 기독교 목회자들이나 설교자들이 자기 영역 밖에 있는 어떤 것에 의해 위협을 받고 있다고 생각하는 경향이 있다. 그들은 때때로 교인들이 전문가에게 도움을 받아야 한다고 제안하기보다는 그들을 고통의 길로 이끌어가곤 한다.

참된 신앙과 해로운 신앙 사이의 균형은 그 사람이 가진 신앙의 뿌리에 있다. 우리의 신앙이 거룩한 진리에 기초하는가, 아니면 자신이 경험하고 배운 나름대로의 신학이나 철학에 기초하고 있는가는 매우 중요한 문제이다. 자신의 철학에 기초한 그리스도인들이나 목회자들은 매우 불완전한 삶을 살아갈 수 있고 사역을 할 수 있다는 것을 알아야 한다. 하나님의 진리를 삶의 기초로 세우고 그분을 믿는 사람들은 다른 곳에서는 찾을 수 없는 평안을 누린다. 그러나 생존을 위해 요구되는 모든 사실이 성경에 있다고 믿는 것은 순진하거나 제한된 경험에만 갇혀 있는 것이다. 나아가 하나님이 세계에서 어떻게 일하시는지에 대한 깊은 묵상이 결여된 것이다.

성경과 과학과 같은 일반 학문이 어떤 관계로 이해되어야 하는가는 매우 중요한 주제이다. 이는 매우 중요한 두 명제를 이끌어 낸다. 하나는 성경은 과학에 적용할 수 있는 개념을 이끌어내는 정보를 가지고 있다는 것과 다른 하나는 자연세계에 대한 관찰과 실험들은 신학적 내용의 개념들을 이끌어 낼 수 있다는 것이다.

하나님은 성경 안에서와 창조세계 안에서 자신을 나타내셨으므로 자연의 영역은 성경을 해석하는 문맥의 일부로서 합법적으로 여겨질 수 있다고 로버트 피셔(Robert Fisher)는 주장했다.[5] 성경과 창조된 세계는 모두 하나님의 유효한 정보를 가지고 있을 뿐만 아니라 모두 하나님의 계시이기 때문에 기본적으로 이 둘 사이에는 갈등이 있을 수 없다. 이것은 중요한 관점이며 우리에게 실질적인 믿음과 목표를 제공한다. 이러한 관점은 성경과 자연세계에 대해 알려 주고 있는 부분에서는 그러한 정보가 자연계에 관한 참 지식이 제공하는 정보와 상충되어서는 안 된다는 것을 의미한다.

그러나 우리가 한편으로 신학적 성경적 해석 방법을 고려하면서 또한 과학적 방법을 고려할 때, 우리는 이러한 두 방법 모두가 한계를 갖고 있음을 알 수 있다. 왜냐하면 그 두 방법 모두 인간의 활동이기 때문이다. 이러한 이유에서 우리는 그 두 분야에서의 우리의 전제 조건과 패러다임을 기꺼이 검토해야 한다. 또한 우리의 결론을 강하게 주장해서는 안 된다. 왜냐하면 우리의 해석은 언제가 한계를 가질 수 있기 때문이다.

과학과 기독교 신앙의 관계를 살피는 것은 성경의 기원과 목적을 이해하는 것으로 시작한다. 성경을 해석하는 어떤 방법들은 성경을 과학적 정보의 출처로 가정하고 있으며 그 방법들은 과학과 심각한 분쟁을 일으킨다. 다른 접근법은 성경적 진리를 데이터의 수집이나 이론 형성 과정의 일부로서가 아니라 중요한 형성 원리로서 과학과 연관되는 것으로 보는 것이다. 과학적 연구는 하나님과 그의 활동에 대한 우리의 자각을 증대시킴으로써 그리고 우리가 성경 해석을 명료하게 하는 것을 도와줌으로써, 기독교적 사고에 영향을 줄 수 있다. 중요한 믿음의 결론은 과학과 성경 모두 하나님의 행위에 대한 지식의 출처이며 그리고 그것들이 올바로 이해되었을 때 갈등은 있을 수 없다는 것이다.

기본적으로 성경적 진리와 과학적 지식은 경쟁적인 관계나 배타적 관계가 아니다. 이 둘이 완전히 분리된 관계가 아니다. 서로 보충적인 관계라고 보아야 더 옳다. 이 둘은 서로 다른 질문을 하기 때문에 다른 종류의 설명들을 제공한다. 또 다른 방법을 사용하고 또한 다른 목적들을 갖는다. 어떤 점에서 그 둘은 같은 지형에 대한 다른 지도인 것이다.

예를 들면, 인간의 내면의 불안에 대한 이해에서 성경은 인간의 불안은 하나님의 명령에 불순종으로 인해 더 강화되었다고 설명한다. 성경이 불안의 근본적인 지도를 말하고 있다면, 과학은 많은 실험과 연구를 통하여 불안의 다양한 유형에 대해서 그리고 불안이 더욱 강화되는 환경과 그렇지 않은 환경들에 대한 지도를 제공해 준다. 때문에 이 둘은 기본적으로 서로 불안에 대해서 서로 보완적 지도를 제공해 준다고 할 수 있다.

우리가 비록 하나님의 진리를 잘못 파악한다 하더라도, 과학적 지식이 하나님의 진리의 일부분이라는 것은 자명하다. 그러므로 과학적 지식의 한계를 인식하기만 한다면 과학적 지식은 성경을 더 풍성하게 실제적으로 해석하는 데 사용될 수 있다. 우리는 성경을 사랑한다는 이름 아래 다른 지식을 배척함으로 성경의 진리를 증명하기보다는 성경을 더 풍성하게 깨닫고 적용하기 위해서 항상 열린 자세를 가져야 한다.

성경과 일반 학문의 관계에 대한 이해에서 먼저 철저하게 조사하고 최고의 판단에 기초를 두고 견해를 세워야 한다. 하지만 어떤 견해에 대한 확신이 있더라도 그 견해를 너무 강직하게 주장하거나 사수해서는 안 된다. 특히 다른 의견을 갖고 있는 사람들을 비판하는 것을 지나치게 강하게 해서는 안 된다.

해석과 분별에서 신앙적 배타성의 경계

기독교 해석과 분별에서 성경적 배타성 못지않게 경계해야 할 것이 신앙적 배타성이다. 이는 신앙은 하나님과만 관련이 있다고 생각하고 인간의 의무와 책임을 간과해버리는 것이다. 이러한 신앙적 배타성은 인간의 잘못이나 오류를 하나님께만 회개하면 된다는 신앙적 논리로 발전하기 쉽다.

한 현직 여성 검사가 법무부 검찰 남성 고위 간부로부터 성추행을 당한 후 인사 불이익을 받았다고 폭로했다. 그 여성 검사의 고백을 통해 성추행을 경험한 후 말할 수 없는 고통을 경험하였지만 사과를 받기보다는 오히려 권력의 힘에 의해 불이익을 당했다는 사실이 세상에 알려졌다. 성추행의 고통을 경험한 여성 검사는 "가해자가 최근 종교를 통해 회개하고 구원을 받았다고 간증하고 다닌다고 들었는데 회개는 피해자들에게 직접 해야 한다는 말을 전해드리고 싶다"고 하였다.

물론 한 개인의 회심과 회개는 개인적인 신앙의 문제라는 인식이 필요하기도 하지만, 그의 회심과 회개는 그의 삶의 내력과 전적으로 무관하다고 볼 수는 없다. 이는 성경이 증언하고 있기 때문이다. 성경은 사도 바울의 회심과 회개가 단지 그의 내적인 차원과만 관계된 것이 아니라 그의 삶의 내력으로부터 전환이라는 것을 자세히 증언한다. 그리스도인의 회개는 교의적인 것을 넘어서는 것이다. 다시 서술하면, 그것은 정서적인 전환이다. 우리 자신의 이기적인 욕망이나 유익에 몰두하는 것에서 다른 사람들의 유익에 관심을 두는 것으로의 전환이다. 이 전환은 말에서 행동으로, 즉 헌신적인 사랑으로 표현된다.

여성 검사의 외침은 그리스도인들에게 많은 교훈을 준다고 할 수 있다. 우리는 자주 우리의 잘못을 하나님 앞에 회개했다는 이름 아래 우리가 감당해야 할 책임을 회피해버리는 경우가 있다. 하지만 성경은 "그러므로 예물을 제단에 드리려다가 거기서 네 형제에게 원망들을 만한 일이 있는 것이 생각나거든 예물을 제단 앞에 두고 먼저 가서 형제와 화목하고 그 후에 와서 예물을 드리라"(마 5:23)고 교훈한다. 성경의 교훈은 우리의 믿음은 하나님과만 관계된 것이 아니라 사람과의 관계도 포함 된다는 것을 지시한다. 우리의 삶의 여정에서 회개하고 잘못을 구해야 할 대상이 사람인데 그것에 대한 의무를 다하지 않고 하나님에게 회개하는 것은 오히려 우리의 잘못을 회피하는 행위가 되어 버릴 수 있다.

하나님의 임재 안에서 하나님과 깊은 사귐이 없는 사람은 자신의 잘못을 눈에 보이는 형제에게 용서를 구하는 것보다 보이지 않는 하나님께 입술로만 하는 회개가 더 쉬워 보일 수 있다. 하나님의 깊은 임재 의식이 없는 사람은 자기의 잘못을 하나님께 입술로만 말함으로서 면제받을 수 있다고 여길 수 있기 때문이다. 하지만 진정한 회개는 회개의 대상을 엄격하게 인식하고 행한다. 하나님의 임재 의식이 빈약한 사람은 잘못한 사람에게 회개하지 않고 하나님에게만 회개하는 것은 엄밀한 의미에서 하나님을 통해 자기의 수치심과 고통을 회피하는 행위로 전락할 수 있다. 왜냐하면 심리적으로 외적으로 잘못한 사람에게 하는 회개는 수치심과 고통을 감내해야 하는 용기가 필요하기 때문이다.

회개의 대상이 인간임에도 하나님께만 회개를 하는 것은 진정한 회개의 행위라고 할 수 없다. 엄밀한 의미에서 회개의 대상이 인간임에도 불구하고 그 대상을 하나님에게로 전환하는 행위는 신앙적 행위가 아니라 신앙적 배타성의 한 형태라고 할 수 있다. 즉 신앙을 인간적 삶의 도리를 회피하는 수단으로 삼는 것이다. 이러한 신앙적 배타성은 우리도 모르게 무의식적으로 일어날 수 있다. 무의식적으로 표출되는 신앙적 배타성은 우리가 함께 감당해야 할 책임을 회피하게 한다. 즉 이렇게 표출되는 신앙은 치료받아야 할 특성이지 보호받아야 할 신앙은 아니다. 신앙적 배타성은 건강한 신앙이 아니라 해로운 신앙이다. 해로운 신앙은 인간의 책임을 하나님의 이름으로 희석해버린다.

하나님은 어떤 사람에게도 지나치게 하나님에게만 집중해서 다른 사람들과 관계할 필요가 없을 정도로 되는 것을 결코 의도하시지 않으신다. 하나님을 믿는 신앙이 다른 사람들에 대한 의무와 책임으로부터 자유로울 수 없다. 인간에 대한 의무와 책임이 결여된 신앙은 하나님에 대한 신앙이 결여되었고 자기에 대한 신앙을 앞세운다는 확실한 표지이다. 다른 사람과의 관계에서 자신이 마땅히 해야 할 의무와 책임이 결여된 신앙은 옳은 신앙이 아니라 가짜 신앙이다. 때문에 신앙적 배타성, 즉 신앙을 가지고 다른 사람에게 해야 할 의무와 책임을 회피하는 것은 진정한 신앙이 아니다.

신앙적 배타성의 특징 중의 하나는 신앙의 이름으로 인간적 관계와 의무를 회피해버리는 것이다. 신앙적 배타성을 가진 사람들에게 나타나는 가장 중요한 문장이 있다. '나는 오직 하나님께만 책임이 있습니다.' 또는 '나에게는 오직 하나님만이 중요합니다.' 우리가 기억해야 할 것은 결혼한 그리스도인은 배우자에 대해 책임이 있다. 결혼한 그리스도인이 하나님에게만 책임이 있고 하나님만이 중요하다고 생각하는 것은 배우자에 대한 책임과 하나님과의 관계와 특징을 혼동하는 것이다.

신앙적 배타성에 노출된 사람들은 하나님과의 건강한 관계뿐만 아니라 하나님이 사람들을 소중히 여기듯이 다른 사람들과 더불어 건강하고 책임지는 관계에 들어간다면 이러한 신앙은 자랄 수 없을 것이다.

모든 인간은 하나님 형상으로 신성을 담지한 거룩한 존재이다. 이는 하나님을 사랑하는 것과 하나님 형상인 인간을 사랑하는 것은 분리할 수 없는 특성을 암시한다. 하나님을 사랑하는 것과 인간을 사랑하는 것은 구분은 되지만 분리되지 않는다. 때문에 하나님 형상인 인간에 대한 책임과 의무를 다하지 않고 하나님에게만 회개하는 것은 인간 자체를 무시하는 행위를 넘어 인간을 창조한 하나님을 무시하는 행위이다. 신앙은 단지 하나님을 사랑하고 믿는 행위에만 관계된 것이 아니다. 신앙은 하나님 안에서 우리의 인간성을 완성하는 것과 분리될 수 없다. 이러한 맥락에서 하나님 형상으로 창조된 인간성을 완성시키는 것이 곧 신성에 근접할 수 있는 방법이기도 하다. 따라서 가장 인간적인 것이 가장 신적인 것이기도 하다. 즉 진정한 신앙은 인간적인 것을 거부하는 것이 아니라 오히려 인간적인 특성을 포함한다고 할 수 있다. 때문에 진정한 신앙은 하나님 사랑을 위해서 이웃 사랑을 희생시키지 않는다. 진정한 사랑은 이웃 사랑을 포함한다.

하나님 형상 교의는 모든 사람 안에 있는 하나님 형상에서 이웃 사랑을 위한 초석이 된다. 그 결과 선한 일을 하는 것에는 어떠한 제한이나 예외가 없다. 그리스도인은 하나님을 섬기는 의무뿐만 아니라 인간에 대한 책임이 있다. 그리스도인이 하나님 형상을 지닌 이들에게 베푸는 사랑은 거룩한 제사와 같다. 그러한 사랑은 하나님 앞에 드린 선물과 같다. 칼빈은 그리스도인에게 요구되는 사랑의 실천이란 단지 사람들 사이에서 행하는 문제가 아니었다. 오히려 하나님께 드려야 할 거룩한 영적 예배가 된다고 하였다.[6] 칼빈은 "하나님이 우리에게 요구하시는 사랑의 실천은 단지 인간에게만 주는 것이 아니라, 하나님께 행하는 거룩한 영적 봉사다"라고 하였다.[7] 그러므로 이웃에게 사랑을 실천하는 "자선이란, 일상의 봉사 혹은 예배에서 하나님께 드리는 것에 관한 적절한 표현이다. 또한 자선은 가난한 자들의 제단 위에 달콤한 향으로 드려지는 그리스도인의 희생물"이다.[8] 나아가 칼빈은 이웃에 대한 사랑의 실천의 의미를 다음과 같이 설명하였다.

> 자기 이웃을 보살피는 일을 거절하는 사람은 자신의 가치를 훼손하며 더 이상 인간이 되고 싶지 않다고 선포하는 사람이다. 우리는 불쌍하고 천대 받는 사람들의 얼굴에서 반사되는 우리 자신의 얼굴을 볼 수 있어야 한다. 심지어 우리와 가장 다른 사람에게서도 그렇게 해야 한다.[9]

하나님을 믿는 그리스도인은 보편적 책임과 사랑에 열려 있어야 한다. 칼빈은 "교회 예배당 의자에 앉은 우리 이웃과 도시 거리에 서 있는 우리 이웃을" 한결 같은 마음으로 대해야 한다고 주장하였다.[10] 하나님을 신실하게 따르는 신앙인은 하나님을 대하듯이 이웃을 대해야 한다. 하나님께 의무를 다하듯이 이웃에게도 의무를 다해야 한다. 하나님을 사랑 하듯이 이웃을 사랑해야 한다. 이러한 신앙이 하나님이 원하는 신앙이다. 왜냐하면 그리스도인에게 이웃 사랑은 신적 사랑을 소통하는 아주 독특한 방식이기 때문이다.

분별의 해석과 이해

분별은 우리의 신앙과 신학과 삶의 여정에서 간과할 수 없는 요소이다. 우리가 하나님의 뜻을 찾고자 할 때, 분별은 필수적인 방식이다. 분별의 중요한 목적은 하나님의 뜻을 읽어내는 것이다. 그리스도인들에게 분별은 하나님께로 향하는 마음과 하나님께서 말씀하시는 것에 경청하려는 자세와도 관련된다.

분별은 하나님께 귀를 기울이고, 하나님의 임재에 주목하고, 격려하시고 위로하시고 지도하시고 인도하시는 하나님을 인식하는 것이다. 사도 바울은 "우리도 듣던 날부터 너희를 위하여 기도하기를 그치지 아니하고 구하노니 너희로 하여금 모든 신령한 지혜와 총명에 하나님의 뜻을 아는 것으로 채우게 하시고 주께 합당하게 행하며 범사에 기쁘시게 하고 모든 선한 일에 열매를 맺게 하시며 하나님을 아는 것에 자라게 하시고"(골 1:9-10) 말한다. 바울이 말한 '신령한 총명'은 분별하고 직감하고 통찰하여 아는 것을 의미한다.

분별은 우리에게 일어나는 일과 우리가 경험하는 것에서 겉으로 드러난 현상을 보고 현상 안에 내재된 더 깊은 의미를 간파하는 것이다. 분별은 삶 속에서 우리의 정체성, 소명, 하나님의 사랑을 간파하는 행위이다. 하나님의 임재를 감지하고 간파하고 이해하고 해석하는 것이 바로 분별이다. 분별에 힘쓰는 사람들은 겉으로 드러난 현상의 내적 의미를 깊이 있게 파악하는 능력이 있어야 한다. 교부들이 조언을 구하러 오는 사람들의 마음과 불안한 영혼을 읽어낼 수 있었던 이유는 외형적인 모습에 감춰진 깊은 내면을 간파할 수 있었기 때문이다.

존 카시안(John Cassian)은 분별을 모든 미덕의 어머니로 하였다. 그는 분별의 중요성과 분별을 제대로 하지 못했을 때 어떤 일들이 일어나는지, 하나님과 동행하는 우리 자신의 삶에서 분별은 어떤 장점과 가치를 가지는지를 배우게 된다고 했다. 분별은 우리가 악한 영의 덫에 걸리지 않고 계속해서 하나님께로 갈 수 있게 해 주는 미덕이다. 분별은 몸의 등불이며, 삶의 안내자이며, 건강한 판단의 근원이다. 분별은 인간사에 대해 그리고 하나님에 대해 지혜로운 결정을 내리는 법을 가르쳐 준다. 분별을 바르게 하지 않으면 우리는 하나님과 함께하는 삶에서 가장 높은 단계로 올라가지 못한다. 카시안은 분별을 바르게 하지 못했을 때 초래하게 되는 부정적인 문제들을 예를 들어 설명한다.[11]

카시안은 히어로(Hero)라는 이름을 가진 수사의 이야기를 통해 설명한다. 히어로는 거룩한 공동체의 가르침을 무시한다. 그는 훈련도 열심히 했고 착실했지만, 장로회의 조언을 무시하고 망상에 빠져 하나님이 자신을 보호해 주실 것이라고 믿고 깊은 우물로 뛰어 들었다. 물이 없는 깊은 우물 바닥에서 그의 부서진 몸을 끌어올리며 수사들은 한때 전설과도 같았던 이 수사의 죽음에 대해 많은 생각을 하였다. 카시안은 또한 다른 어떤 사람이 마귀에게 속아서 자신의 아들을 희생 제물로 바치겠다는 사람의 예를 들어 설명한다. 이 사람은 마지막 순간에 적시에 개입한 몇몇 형제들 덕분에 생각을 돌이키게 된다. 모든 미덕의 어머니이자 안내자인 분별은 올바른 일을 올바른 때에 올바른 이유에서 올바른 방법으로 할 수 있도록 우리를 도와주는 유일한 미덕이다.

카시안은 분별이 중요한 이유는 하나님이 우리를 직접 부르시는 경우가 거의 없다는 사실 때문이다. 대신에 하나님은 간접적인 방법을 통해 일하시기 때문이다. 그렇기 때문에 우리는 하나님의 법을 배워야 한다. 하나님의 법과 뜻을 배우는 과정에서 분별은 필수적인 요소이다. 나아가 우리의 삶 가운데 어떤 영적 경험을 할 때, 이 경험을 이해하고 분별하는 것은 우리의 앎의 폭과 방식에 따라 다를 수 있기 때문이다. 분별은 앎의 행위와 분리될 수 없다. 넓은 의미에서 앎은 우리가 삶을 경험하는 여러 방식과 더불어 자신의 경험을 인식하고 해석하는 방법과 관련이 있다. 따라서 안다는 것은 우리의 인지적 행동을 포함하는 것이지 인지적 행동 그 자체로 국한될 수는 없다.

분별은 기본적으로 우리의 인생 앞에 놓인 상황, 사건, 결단과 관련해서 하나님의 인도를 구하는 행위를 말한다. 분별력이란 마음을 읽고 영혼을 설명하는 능력이다. 예수님이 우물가의 사마리아 여인의 마음을 읽는 분별력을 사용하였듯이(요 4:16-20), 특히 영적 지도자는 사람의 영혼을 읽고 설명하고 위로할 수 있는 능력이 있어야 한다. 하나님의 역사와 악한 영의 역사도 분별할 수 있는 능력도 있어야 한다.

분별은 삶의 영적 여정에서 다양한 선택의 기회와 자유 속에서 신비적 감수성과 영적 인식과도 관련된다. 분별력은 진짜를 발견하거나 가치 있는 것을 발견하는 과정으로 정의되기도 하고, 즉각적이고 직접적인 통찰력의 소유로 정의되기도 한다. 영적 분별력은 영적 시각으로 문제의 핵심을 보는 것, 하나님의 관점을 보는 것, 사건의 표면 이상을 보는 것, 시급한 것과 일시적인 것 이상을 보는 능력을 의미한다.

초기 사막 교부였던 포에멘(Abba Poemen)은 "각성, 자기 이해, 분별, 이 세 가지는 영혼의 진정한 길잡이다"라고 하였다.[12] 기독교 전통에서 묵상을 강조하는 것도 자기 이해와 많은 관련이 있다. 묵상은 정직한 자기 관찰을 돕는 한 가지 방법이다. 매일 자신을 돌아보고 일기를 쓰는 것은 또 다른 방법이다. 다른 사람들과의 토론도 대단히 중요하다. 어떤 방식을 취하든지, 자기 관찰은 하나님과의 관계나 집착과의 관계에서 우리의 위치를 정직하게 분별하기 위해 꼭 필요하다.

성경은 분별의 다양한 형태와 목적들을 가르치며 예시한다. 요한은 "영들을 분별하라"고 말함으로서 분별의 감수성과 능력을 강조한다(요일 4:1). 바울은 영 분별을 성령의 은사들 중의 하나로 포함시킨다(고전 12:10). 많은 은사주의적인 그리스도인들은 영 분별의 은사를 사악한 영의 존재와 활동을 인식하는 능력으로 이해한다. 하지만 이러한 관점은 영 분별을 매우 협소하게 해석하는 것이다. 성경에서 가르치는 영 분별의 은사는 보통 영적 체험이 하나님께로부터 온 것인지 악한 영으로부터 온 것인지 아니면 단순히 인간으로부터 연유된 것인지에 대한 진정한 원천을 인식하는 능력으로 묘사된다.

분별은 환상을 해석하는 감수성과도 밀접하게 관련되어 있다. 이러한 해석적 감수성은 바울에게서 발견된다(행 16:6-10). 사도 바울이 제2차 선교 여행 중(AD 약 49년경)에 비두니아 선교를 희망했지만, 성령께서 허락지 않아 드로아로 가게 된다. 바울은 드로아에서 밤에 마게도냐 사람 하나가 나타나 "마게도냐로 건너와서 우리를 도우라"는 환상을 본다(행 16:9). 이후 바울은 마게도냐의 첫 성인 빌립보로 가게 된다. 즉 바울은 아시아로 가려고 계획했지만, 마게도냐 사람의 환상을 보고 선교 계획을 전환하게 된다. 바울은 이 환상을 통해서 하나님의 뜻과 인도를 분별해 내는 감수성을 발휘한다.

분별은 선악을 파악하는 능력과 관련된다. 솔로몬은 그가 왕이 되었을 때, 하나님이 그의 꿈에 나타나셔서 물으셨다. "내가 네게 무엇을 줄꼬, 너는 구하라"(왕상 3:5). 그때 솔로몬은 "듣는 마음(heart)을 종에게 주사 주의 백성을 재판하여 선악을 분별하게 하옵소서"(왕상 3:9)라고 기도했다. 이는 그가 선한 것과 악한 것을 분별하고 백성을 인도하기 위함이었다(왕상 3:9). 하나님은 솔로몬의 요청을 받아들이셔서 다른 어떤 사람보다 솔로몬에게 분별의 지혜를 주셨다(왕상 3:12). 여기서 우리는 분별은 선과 악을 분별하는 능력과도 관계된다는 것을 알 수 있다.

나아가 분별은 '살아있는 경험'에 대한 신비적 또는 영적 감수성과도 관련된다. 즉 분별은 하나님께서 우리의 일상의 삶 속에서 행하시는 것을 관찰하는 감수성과 인식의 능력이다. 분별은 우리 자신과 다른 사람들의 삶에서 펼쳐지는 이야기들 간의 연관성을 보는 감수성과 줄거리를 인지하는 능력과도 관계된다. 분별은 우리가 삶 속에서 경험하는 고독감, 소외감, 우울감, 불안감 등과 같은 고통스런 느낌들이 현실 상황으로부터 생긴 것인지, 건강하게 발달하지 못한 자아 개념으로부터 온 것인지, 자신의 존재 의미나 존재 목적에 대한 인식과 이해 부족에서 온 것인지, 아니면 하나님으로부터 온 것인지를 인식하는 것을 포함한다.

분별의 내적 차원과 외적 차원

솔로몬은 꿈속에서 하나님과 대화 후에 기브온에서 예루살렘으로 돌아와 그에게 주어진 선과 악에 대한 분별의 능력을 살아있는 아이의 재판을 통해 발휘한다.

서술하면, 솔로몬의 분별의 지혜에 대한 첫 번째 시험은 두 창녀와의 만남에서 이루어진다. 두 여인이 한 집에 살고 있었는데 그들은 사흘 간격으로 각각 아들을 낳았다. 첫 번째 여자는 두 번째 여자의 아이가 밤 사이에 죽자, 두 번째 여자가 아이를 바꿔 자신의 살아있는 아이를 가져갔다고 주장했다. 두 번째 여자는 "아니다. 내 아들은 살아있는 아이이고 죽은 아이가 당신의 아들"이라고 말했다. 그러자 첫 번째 여자는 "아니다. 당신 아이는 죽은 아이이고 살아있는 아이가 내 아이"라고 반박한다(왕상 3:16-22). 이 사건에 대한 목격자나 다른 증거는 없었다. 솔로몬의 신하들이 보기에도 분명 이 사건은 해결이 불가능해 보였다.

사실 솔로몬은 지적으로 예리하고 영적으로 열려 있었기 때문에 어느 아이가 어느 엄마의 아이인지 분별하고 있었다. 솔로몬은 두 여인의 진술을 매우 주의 깊게 반복해 보았다. "이 사람은 '이 아이가 살아있는 내 아들이고 당신의 아들은 죽은 아이이다'라고 말하는데 다른 한 사람은 '아니오. 당신의 아들은 죽은 아이이고 나의 아들은 살아있는 아이입니다'라고 말하는구나!"(왕상 3:23). 솔로몬의 말 속에는 이미 죽은 아이의 엄마와 살아있는 아이의 엄마를 내적으로 분별하고 있었다는 것을 시사해 준다. 솔로몬의 분별의 과정을 통해서 깨닫게 되는 것은, 솔로몬의 자신의 내적 추론 또는 확신은 외적 증거를 통하여 완성되어졌다는 것이다. 즉 솔로몬은 나중에 진짜 엄마에 대한 의심이 없도록 모든 사람이 만족할 만하게 외적으로도 증명해 내는 분별의 지혜를 발휘했다.

솔로몬은 살아있는 아이를 반으로 자를 칼을 가져오라고 했고, 모두가 보는 앞에서 누가 진짜 엄마인지 보여 줄 여인들의 반응을 기다렸다(왕상 3:24-25). 분명하게 진짜 엄마는 아이가 죽는 것을 참을 수 없었고, 죽게 하는 것을 결코 받아들일 수 없었다. 그리하여 그녀는 자기의 아들을 살리기 위하여 다른 여인의 아들로 살게 해 달라고까지 간청했다. 하지만 거짓말을 한 여인은 아이의 죽음을 지지하며 매우 논리적인 주장을 내어 놓는다. 즉 "내 것도 되게 말고 네 것도 되게 말고 나누게 하라"(왕상 3:26). 두 여인의 내적 언어가 밖으로 표출되는 일을 통하여 진짜 엄마가 누구인지 외적으로 증거가 밝혀진다.

솔로몬은 풀 수 없을 것만 같아 보였던 문제를 내적 추론과 외적 확증을 통하여 분별해 낸다. 우리는 솔로몬의 분별에서 중요한 두 가지 특징을 발견하게 된다. 하나는 분별의 내적 차원과 외적 차원을 보게 된다. 즉 솔로몬은 재판 과정에서 내적 추론 또는 확신과 외적 증거를 통하여 진실을 확증해 낸다. 다른 하나는 분별의 이성적 논리뿐만 아니라 사랑의 논리까지 적용해 낸다. 즉 솔로몬은 그의 분별(재판) 과정에서 진짜 엄마에게서 슬픔과 이별까지도 넘어서는 사랑의 마음을 이끌어 낸다. 이는 솔로몬이 분별 과정에서 이성적 논리를 넘어 사랑의 논리까지 적용해 내는 증거라고 할 수 있다.

솔로몬에게 주어진 지혜와 총명은 지성만의 것이 아니라 전 존재에서 비롯되는 것임을 이해하는 것이다. 이는 지성은 정서 생활과 투쟁함으로 스스로를 증명해 보일 필요가 없으며, 정서 생활과의 조화 속에 공존해야 한다. 이는 분별의 과정에서도 매우 중요하게 고려해야 할 자질이다.

우리는 솔로몬의 분별의 과정을 통해 소중한 진리를 또한 발견하게된다. 솔로몬이 기브온에서 꿈속에서 하나님과 대화를 통해 선한 것과악한 것을 분별 수 있는 능력을 구한 후에, 하나님은 솔로몬에게 선과악을 분별할 수 있는 지혜와 총명과 넓은 마음을 주셨다.

> 하나님이 솔로몬에게 지혜와 총명을 심히 많이 주시고 또 넓은
> 마음을 주시되 바닷가의 모래와 같이 하시니 솔로몬의 지혜가
> 동쪽 모든 사람의 지혜와 애굽의 모든 지혜보다 뛰어난지라.
> 그는 모든 사람보다 지혜로워서 예스라 사람 에단과 마흘의 아
> 들 헤만과 갈골과 다르다보다 나으므로 그의 이름이 사방 모든
> 나라에 들렸더라. 그가 잠언 삼천 가지를 말하였고 그의 노래
> 는 천 다섯 편이며 그가 또 초목에 대하여 말하되 레바논의 백
> 향목으로부터 담에 나는 우슬초까지 하고 그가 또 짐승과 새와
> 기어 다니는 것과 물고기에 대하여 말한지라. 사람들이 솔로몬
> 의 지혜를 들으러 왔으니 이는 그의 지혜의 소문을 들은 천하
> 모든 왕들이 보낸 자들이더라(왕상 4:29-34).

솔로몬에게 주어진 지혜와 총명은 분별, 저술, 정치와 같은 영역에서발휘된다. 그는 탁월하고도 난해한 작품인 전도서, 잠언, 아가서의 저자로 알려져 있다. 솔로몬의 전체적인 방향감각과 예언적인 꿈은 하나님께 대한 경외와 사랑에서 시작되었다(왕상 3:3). 솔로몬은 하나님의 위

대함과 지혜, 자신의 한계를 아는 것뿐 아니라, 많은 분야의 지식에서도 참으로 지혜로웠다. 실제로 하나님께서는 지식을 연구하여 얻고, 이것을 아주 철저하게 자녀들에게 전하라고 모든 사람에게 명하셨다(신 6:7). 이것은 인간에게 주어진 책임이지만 하나님께서는 이를 사랑으로 도우셨다. 일찍이 하나님께서는 에덴동산에서 아담과 하와에게 만물과 지식에 대한 모든 것을 가르치셨다(창 2:19-20). 하나님은 인간에게 자신의 지혜와 창의력을 나눠 주심으로, 그들이 탐구하고 발전하도록 돕고 지원하신다. 하나님은 지금도 그러한 일을 계속하신다.

분별의 영적 감수성

중요한 것은 분별력은 하나님과의 인격적인 관계 안에서 발생하는 신적 감수성 또는 하나님 신뢰 지수에 비례한다. 즉 우리 마음이 하나님의 영에 의해 새롭게 될 때 "하나님의 온전하신 뜻을 분별"(롬 12:2)할 수 있게 된다. 이 진리는 빌립보교회를 위한 바울의 기도에 잘 묘사되어 있다. 바울은 "내가 기도하노라 너희 사랑을 지식과 모든 총명으로 점점 더 풍성하게 하사 너희로 지극히 선한 것을 분별하며 또 진실하여 허물 없이 그리스도의 날까지 이르고"(빌 1:9-10)라고 기도했다. 바울은 빌립보 성도들이 선한 것을 분별하도록 총명을 구했다. 분별에서 하나님과의 관계 안에서 발생하는 총명과 영적 감수성의 중요성에 대해 스티븐 브라이언트(Stephen Bryant)는 다음과 같이 설명한다.

영적 분별력은 항상 현존하는 안내자[하나님]가 개인과 교회를
진리와 사랑의 길로 인도하기 위해 임재하신다는 우리의 신앙
을 작동하게 한다. 그것은 우리가 믿는 성령의 바람이 항상 불
어 교회가 그리스도께 더 가까이 가고 서로에게 더 가까이 가
며 하나님께서 뜻하는 세계에 더 가까이 다가가도록 항해의 길
을 개척한다.[13]

신적 감수성 또는 하나님 신뢰 지수는 성경의 핵심적 가르침이기도
하다. 이는 성경에서 "여호와를 경외함이 지혜의 근본이라"(시 111:10)라
는 말씀에서 확인된다. 바햐 입 파쿠다(Bachya Ibn Paquda)는 하나님 신뢰
지수가 높은 사람과 그렇지 않은 사람의 특성들을 다음과 같이 설명하
였다.[14]

- 하나님을 신뢰하는 사람은 모든 문제에서 하나님의 판단
  (judgment)을 인정한다. 또한 선해 보이는 것뿐 아니라 악해 보
  이는 것에 대해서도 감사한다. 하나님을 신뢰하지 않는 사람
  은 그의 행운을 자랑하고 불운에 대해 분노하며 삶에서 더 쉽
  게 동요하고 흔들린다.
- 하나님을 신뢰하는 사람은 하나님께서 항상 선한 것만 해 주
  시리라는 것을 알기 때문에, 자신의 마음을 평안하게 유지할
  수 있다. 그렇지 못한 사람은 평탄하고 순조로울 때조차도 불
  안해하고 걱정스러워 한다. 왜냐하면 더 많이 소유하기 위해
  항상 자신을 몰아붙이기 때문이다. 인생의 역경이 그의 소망

과 본성에 너무도 반대되기 때문에 이를 잘 다루지 못한다.

- 하나님을 신뢰하는 사람은 하나님을 의지하지 자신의 성과에 의존하지 않는다. 일하는 것은 인간의 의무이지만 모든 성공이나 성취는 오직 하나님에게서 온다고 생각한다. 하나님을 신뢰하지 않는 사람은 그가 신뢰하는 방법에 몰두하다가 그 방법이 성공을 거두지 못하면 화를 내고 낙심한다.

- 하나님을 신뢰하는 사람은 마음에서 우러나온 선행을 아낌없이 바친다. 하나님을 신뢰하지 않는 사람은 그의 욕구를 채우기에는 세상이 늘 부족하다고 생각한다. 그는 하나님과 인간에 대한 의무를 이행하기보다 돈을 벌고 저축하는 데 더 신경을 쓴다.

- 하나님을 신뢰하는 사람은 일상적인 일들을 영적인 삶의 일부분으로, 또 다가올 세상에 대한 준비의 일부로 생각하고 성실히 해나간다. 하나님을 신뢰하지 않는 사람은 자신의 생계 수단에 신뢰를 두며 그것을 얻기 위해 의심스러운 방법까지도 둔다.

- 하나님을 신뢰하는 사람은 모든 사람들의 신뢰를 얻게 된다. 왜냐하면 그가 해를 끼치지 않으며 그들로부터 이익을 구하지 않는다는 것을 사람들이 믿을 수 있기 때문이다. 하나님을 신뢰하지 않는 자는 진실한 친구가 없다. 늘 이웃이 가진 것을 탐하기 때문이다. 그는 바라던 바가 이루어지지 않을 때나 악한 일이 그에게 닥칠 때 다른 사람들을 비난하며 증오하게 된다.

• 하나님을 신뢰하는 자는 미래에 대해 기뻐하거나 슬퍼하지 않는다. "죽기 하루 전에 회개하라"는 미쉬나의 격언을 받아들인다. 그리고 삶을 통해 꾸준히 자신을 향상시키려고 노력한다. 하나님을 신뢰하지 않는 사람은 미래에 대해 염려한다. 그는 마치 재물이 그에게 안전을 줄 것처럼 재물을 쌓아둔다. 그는 자신의 인생이 결코 끝나지 않을 것이라고 느낀다. 그에게 죽음이 뜻밖에 닥치는 경우를 대비해 재물을 쌓아 둠으로써 자신과 가족을 위한 안전을 보장하는 것이 더 중요하다고 생각하면서, 자신을 위한 영적인 의무와 욕구를 미뤄둔다.

하나님 신뢰 지수는 사람의 삶의 태도, 삶의 목적, 생각의 질, 성품의 질, 영적 시각, 사람과의 관계 등에 중요한 영향을 준다. 하나님 신뢰 지수가 높은 사람은 하나님에게서 온 것은 모두 선한 것이므로 상실과 고통까지도 긍정적으로 해석해 내는 영적 자질을 가진다. 하나님 신뢰 지수가 높은 사람은 하나님께서 하신 일 가운데 선한 것을 인식할 능력이 우리에게 없을 지라도 그것은 분명히 선하다는 것을 신뢰한다. 이러한 특징들은 분별력에 중요한 영향을 미치는 자질들이다. 하나님 신뢰 지수는 분별력 지수와 비례한다고 할 수 있다. 하나님 신뢰 지수는 분별의 자질로서 매우 중요한 요소이다.

영성 지도자로서 10년 이상 영성 훈련의 효과에 대해 연구한 메이는, 영성 훈련이 신적 감수성과 지각의 확장과 자기 인식에 중요한 역할을 한다고 보고하였다.[15]

첫째, 수년 동안 영성 훈련을 해 온 사람들은 지각의 확장을 경험한다고 한다. 그들은 더 이상 단순히 이것 또는 저것을 인식하는 것이 아니라 대신에 모든 것을 포함하는 파노라마 같은 인식을 경험한다.

둘째, 영성 훈련의 다른 효과는 순간의 상황을 무의식적으로 예리하게 인지하거나 다루는 자연스럽고 유연한 반응이다. 그것은 종종 위기의 순간에 잠시 동안 경험할 수 있다.

셋째, 영성 훈련의 효과는 자기 인식이다. 여기서 자기 인식이란 자기 주위에 있는 것뿐만 아니라 자기 안에 있는 것 또한 주목하게 되는 것을 의미한다. 그것은 고통스럽고 드러내고 싶지 않은 자기의 모습을 직면하는 것이기에 즐거운 일이 아닐 수도 있지만, 시간이 지날수록 이러한 경험은 자신의 장점과 단점에 대한 훨씬 더 현실적인 평가를 하게 된다.

영성 훈련은 확장된 지각, 향상된 감수성, 그리고 더 큰 자기 인식을 경험하게 한다. 이러한 경험들은 분별의 과정에서 매우 중요한 역할을 하게 된다. 영적 분별은 단지 성경과 교리에 대한 지적 능력뿐 아니라 하나님과의 인격적 관계 훈련을 통하여 신적 감수성을 지닐 때 효과적으로 발휘될 수 있다.

분별의 과정을 통해 우리는 신적 감수성, 선과 악의 길, 진리와 사랑의 길로 인도되기를 추구한다. 우리는 우리 자신의 마음을 인식하고, 우리 삶과 이야기에서 하나님께서 행하시는 일을 해석하며, 어떤 행동이 과도기에 취할 수 있는 가장 알맞은 행동인지를 결정하기 위하여 분별력이 필요하다.

〈미주〉

1 James Fowler, *Stages of Faith: The Psychology of Human Development and the Quest for Meaning* (New York: Harper and San Francisco, 1995), 3.

2 이러한 관점에 도움이 되는 연구를 위해서는 George Aschenbrenner, *A God for A Dark Journey* (New Jersey: Dimension Book, 1984); Robert Wicks, *Christian Introspective: Self Ministry through Self-Understanding* (New York: Crossroad, 1983 등을 참조.

3 James Fenhagen, *Invitation to Holiness* (San Francisco: Harper & Row, 1985), 62.

4 James Fenhagen, *Invitation to Holiness*, 60.

5 Robert B. Fisher, *God Did It, But How?* (Grand Rapids: Zondervan, 1981), 95.

6 Elsie McKee, *John Calvin on the Diaconate and Liturgical Almsgiving* (Genrva: Librairie Droz, 1984), 242-46.

7 Elsie McKee, *John Calvin on the Diaconate and Liturgical Almsgiving*, 245에서 인용.

8 Bonnie Pattison, *Poverty in The Theology of John Calvin* (Eugene: Pickwick Publications, 2006), 323-24.

9 John Calvin, *John Calvin's Sermons on Galatians* (Edinburgh: The Banner of Truth Trust, 1997), 6:9-11.

10 Ronald Wallace, *Calvin, Geneva and the Reformation* (Eugene: Wipf & Stock Publishers, 1998), 127.

11 John Cassian, *Conferences, Classics of Western Spirituality* (New Jersey: Paulist Press, 1985), 2.4.

12 Gerald G. May, *Addiction & Grace: Love and Spirituality in the Healing of Addictions* (New York: HarperCollins Publishers, 1988), 168에서 인용.

13 Stephen Bryant, "What is Spiritual Discernment by Consensus?" in *Raising People to a Lifestyle*, Volume 2, Issue 1, 2.

14 Bachya Ben Joseph Ibn Paquda, *Duties of the Heart* (Feldheim Publishers, 1996), 292ff.

15 Gerald G. May, *The Awakened Heart: Opening Yourself to the Love You Need*, 김동규 옮김, 『사랑의 각성』 (서울: IVP, 2006), 115-16.

제2부

믿음이 예수기도

3장 인간의 예수기도 믿음
4장 영성생활의 예수기도 믿음

내가 사랑하는 사람

나는 그늘이 없는 사람을 사랑하지 않는다
나는 그늘을 사랑하지 않는 사람을 사랑하지 않는다
나는 한 그루 나무의 그늘이 된 사람을 사랑한다
햇빛도 그늘이 있어야 맑고 눈이 부시다
나무 그늘에 앉아
나뭇잎 사이로 반짝이는 햇살을 바라보면
세상은 그 얼마나 아름다운가
나는 눈물이 없는 사람을 사랑하지 않는다
나는 눈물을 사랑하지 않는 사람을 사랑하지 않는다
나는 한 방울 눈물이 된 사람을 사랑한다
기쁨도 눈물이 없으면 기쁨이 아니다
사랑도 눈물 없는 사랑이 어디 있는가
나무 그늘에 앉아
다른 사람의 눈물을 닦아주는 사람의 모습은
그 얼마나 고요한 아름다움인가

- 정호승 -

3장

인간의 해석과 분별
Interpretation and Discernment of Human

영혼으로서 인간의 해석과 분별

기독교 신앙과 신학과 돌봄에서 성경적 인간관을 바르게 해석하고 분별하는 것은 매우 중요하다. 왜냐하면 인간에 대한 성경적 이해는 그리스도인의 삶의 양식과 돌봄의 방식에 매우 중요한 영향을 주기 때문이다. 기독교 역사에서 인간에 대한 이해는 보편적으로 몸과 영혼을 각각의 실체로 이해하여 왔다. 하지만 인간은 영혼과 몸을 가진 이원론적 실체이기보다는 일원론적 실체로서 몸의 차원(aspect)과 영혼 혹은 정신의 차원(aspect)을 지닌 통전적인 존재이다.

성경적 인간관을 정립하기 위해서는 특히 창세기 1:27의 "하나님 형상대로 창조하시되 남자와 여자로 창조하시고"와 창세기 2:7의 "여호와 하나님이 땅의 흙으로 사람을 지으시고 생기를 그 코에 불어넣으시니 사람이 생명체(living being)가 되니라"는 내용을 바르게 이해한 것이 매우 중요하다.

제임스 바(James Barr)는 기독교 전통에서 제시된 하나님 형상에 대한 다섯 가지 해석을 정리하였다. 첫째는 하나님 형상은 인간이 가진 불멸의 영혼을 말한다. 여기서 하나님 형상을 몸과 뇌와 상호 작용하는 비물질적인 불멸의 영혼으로 이해하였다. 둘째는 하나님 형상이란 오직 인간만이 할 수 있는 이성적 추론을 말한다. 이러한 이해는 어거스틴과 아퀴나스가 주장했고, 루터와 많은 종교개혁자들이 받아들였다. 셋째는 하나님 형상이란 두 발로 걷기 같은 인간의 신체적 특징을 말한다. 넷째는 하나님 형상이란 '가능성'으로서 세상을 다스리는 인간의 소명을 말한다. 이러한 이해는 하나님 형상이란 인간의 현재의 모습이 아니라 '감당하도록 부름 받은 일'이다. 다섯째는 하나님과 다른 피조물들과의 관계를 맺을 수 있는 능력을 말한다.[1]

하나님 형상에 대한 전통적인 관점은 하나님을 닮은 성향과 특성들을 지닌 것으로 보았지만, 오늘날 많은 신학자들은 인간이 하나님 형상으로 창조되었다는 것은 특별한 능력 또는 특성이 아니라 소명을 가리킨다고 말한다.[2] 이 소명은 '왕 같은 제사장'으로서 소명이다. 인간의 왕 같은 제사장으로서의 소명은 그의 신분이기도 하다.

기독교 전통에서 그리스도인들은 인간은 영혼을 가지고 있지만 동물은 영혼을 가지고 있지 않다고 여겨왔다. 즉, 인간만이 단일한 실체로서 영혼을 가지고 있다고 생각하였을 뿐만 아니라 인간이 동물과 구별되는 증거라고 생각하였다. 이러한 이해는 비물질적인 영혼은 몸과 구별된 실체로서 인간의 존엄의 토대이며 이생에서 내세로 가는 수단으로 여겼다. 또한 몸은 악하고 유약한 반면 영혼은 죽지 않고 인간의 삶에 신성함을 부여하는 실체로 이해했다.

현대 많은 신학자들과 과학자들은 영혼과 몸은 별개의 실체라고 보는 이원론보다는 심신통일성을 인정하고 있다. 영혼과 몸을 이원론적 실체로 보는 사상은 그리스 사상에서 유래되었다. 그리스 사상에 중요한 공헌을 한 사람들은 플라톤뿐만 아니라 훨씬 다양한 입장이 있었다. 그리스 사상을 연구한 한 학자는 "그리스인들에게 단일한 영혼 개념은 없었고, 헬레니즘 시기의 철학자들과 의사들 사이에는 몸과 영혼에 대한 다양한 생각이 있었다"라고 주장하였다.[3] 주전 4세기 후반에 알렉산드로스 대왕이 근동 지방을 정복한 이후 몇 세기 동안 헬레니즘과 유대교는 복잡하게 혼재되어 있었다. 그 결과 신약성경의 형성 무대가 된 근동 지역에는 로마의 헬레니즘이나 헬레니즘적 유대교라는 틀 안에서 다양한 견해가 공존했었다.

기독교 인간관에서도 영혼을 몸과 구별된 실체로 이해하게 된 배경에는 창세기 2:7의 해석에서 기인하였다. 그리스도인들에게 많이 읽혀졌던 킹 제임스 성경(King James Version)에는 "여호와 하나님이 땅의 흙으로 사람을 지으시고 생기를 그 코에 불어넣으시니 사람이 생령(living soul)이 되니라"라고 되어 있다. 이 본문에 대한 정통적인 해석은 인간은 '생기'에 의해 영혼을 가진 피조물이 되었다고 본다. 영혼은 인간이 죽을 때 몸을 떠나 영적 영역 또는 천국에서 살다가 마지막 죽은 자들이 부활 할 때 몸과 다시 합쳐진다고 여겼다. 기독교 전통에서 영혼과 몸을 이원론적 실체로 보는 견해는 히브리적인 인간 이해에서 왔다기보다는 헬라 사상에 기초된 해석이라고 할 수 있다.

헬라적 인간 창조론과 히브리적 인간 창조론은 근본적으로 다르다. 헬라적 인간 이해는 '물리적 결합,' 즉 영혼과 몸의 두 실체의 결합으로서 이원론적 존재로서 인간을 이해한다. 하지만 히브리적 인간 창조는 '화학적 변화,' 즉 한 실체로서 다양한 차원을 지닌 통전적인 존재로서 창조되었다. 히브리적 인간론에 기초한 성경적 인간은 영혼과 몸을 가지고 있는 존재가 아니라 몸으로서 인간이다. 영으로서 인간이다. 다니엘 헬미니악(Daniel Helminiak)은 우리가 자신의 존재를 경험하고 그 본질을 이루는 차원을 영으로 이해했다. 그는 진실되고 선한 모든 것을 향해 열려 있고, 그 모든 것을 알고자 하며 사랑하고자 하는 기대에 찬 그것을 영이라고 불렀다.[4]

창세기 2:7에서 하나님은 아담을 창조할 때 '생기'를 불어넣었다. 많은 사람들이 이 생기를 인간과 다른 피조물의 특성을 구별 짓는 것으로 본다. 하지만 이 '생기'가 아담과 동물들을 구별하는 것이 아니다. 왜냐하면 생기라는 단어가 동물들의 창조를 가리킬 때도 사용되고 있기 때문이다. 또한 '생기'라는 단어가 하나님이 창조하셔서 인간의 본성 안에 두신 불멸의 실체로 이해해서는 안 된다. 하나님이 흙으로 사람 모양을 만드시고 생기를 불어 넣으시니 아담, 즉 '사람' 또는 '살아있는 존재'가 되었다.

때문에 여기서 영혼이란 용어보다 살아있는 존재로 번역하는 것이 더 타당하다. 영혼으로 번역할 때 자칫 영혼을 몸과 대비되는 실체의 개념으로 이해할 수 있기 때문이다. KJV 등과 같은 번역본이 이 '생기'에 의해 흙으로 빚은 사람이 '생령'(a living soul)이 되었다고 번역하고 있지만, 이는 구약성경 그리스어 역본의 '네페쉬'(nephesh, 영혼)의 번역어로 쓴 고대 그리스어를 반영한 것이다. 하지만 대부분의 현대 역본들은 이 단어를 '살아있는 존재'(a living being)로 번역하고 있다. 한 번역본(NLT)은 "그리고 그가 살아있는 사람"(a living person)이 되었다고 번역하였다.

나아가 영혼이란 개념도 몸과 대비되는 실체적 개념이라기보다는 '영혼으로서 인간'을 의미는 경우가 많다. 때문에 영혼은 인간의 실체적 개념이 아니라 특징을 설명하는 개념으로 보아야 한다. 구체적으로 논의하면, 창세기 2:7에서 하나님의 생기에 의해서 창조된 영혼(nephesh)인 아담을 몸과 대비되는 실체로서 이해해야 하는가 아니면 살아 움직이는 실체로서 사람으로 이해해야 할 것인가에 대한 질문이 나온다. '네페쉬'라는 용어는 구약성경에 무려 팔백 번이나 등장할 정도로 매우 역동적이고 다층적인 의미를 지닌 단어이다.

구약학자 로슨 스톤(Lawson Stone)은 네페쉬에 대해 이렇게 설명하였다. 첫째로 하나님이 아담에게 생기를 불어넣으셨을 때 발생한 일에 대하여, "우리는 그때 아담이 동물과 구별된 존재로 창조되었으며 영생을 누릴 수 있는 무형의 인격적 본질을 받았다고 상상해서는 안 된다. 여기서 네페쉬는 아담이 가진 무엇이 아니다. 아담의 본성을 이루는 구성요소나 그 '일부'도 아니다. 하나님이 호흡을 불어 넣으시자 흙더미가 실체로 변하여 살아있는 네페쉬가 된 것이다. '살아있는 네페쉬'라는 용어는 아담이라는 존재의 총체성을 나타낸다. 아담이 네페쉬를 가진 것이 아니라, 그 자체가 '살아있는 네페쉬'다." 둘째로 '살아있는 네페쉬'에 대한 의미는 본문(창 2:7)의 근처에 있다. 즉 생령에 해당하는 용어가 앞쪽 문맥에 네 번 등장하고 본문 직후에 한 번 등장(창 1:21, 24, 30)하는 이 용어는 보통의 동물들을 가리키는 게 분명하며, 이 구절들에서 이 용어는 '생물'이라고 번역할 수 있다. 스톤은 이 본문들에 등장하는 각 동물들은 아담처럼 살아있는 '네페쉬'라고 하였다. 그리고 이것은 살아있는 '네페쉬'가 무형의 영적 실체를 보유하여 나머지 피조세계와 구별되는 존재가 아니라는 것을 보여 준다고 하였다. 셋째로 "네페쉬를 초월성이나 인간의 불멸하는 내적 본질이 아닌 물리적 존재와 연결시키는 것은 내세에 전반적으로 무심한 구약성경의 흐름과 잘 들어맞는다... 창세기 2:7의 네페쉬가 말하는 것은 아담의 본성의 일부가 아니다. '네페쉬'는 인간을 다른 동물과 구별하는 초월적이고 개인적이며 영적인 실체로서 영혼이 아니다. '네페쉬 하야'는 창세기 1장과 2장에서 창조된 동물처럼 생물로서의 아담을 의미한다. 이 표현이 강조하고 있는 것은 아담과 동물들의 차이점이 아니라 둘의 연결성이다."[5]

로슨의 네페쉬에 대한 이러한 견해는 맥도널드(D. H. McDonald)에 의해서도 먼저 밝혀졌다. 맥도널드는 구약성경에 나오는 네페쉬가 신약성경의 '프쉬케'(psyche)와 어떻게 연결되는지를 설명하였다.

> 구약성경에 700번 이상 등장하는 네페쉬는 영혼에 해당하는 히브리어 단어로 "살아있는"이라는 일반적 의미를 갖고 있다. 이런 의미로 이 단어를 동물에게도 쓸 수 있다(창 1:20 등). 이 단어가 시편에 나올 때는 대부분 "삶의 원리"라는 뜻을 내포하고 있다. 많은 구절에서 이 단어는 물리적 생명을 가리키는 것이 분명하고(욥 33:20 등), 심리적 차원(도덕적 행동)을 가리키기도 한다(욥 7:15 등). 때로는 개인이나(레 7:21 등) 자아를 가리키기도 한다(삿 16:16; 시 120:6). 신약성경의 그리스어 단어 프쉬케는

구약성경의 네페쉬와 대체로 같은 의미를 갖고 있다. 바울 서신에 나타난 프쉬케는 개역표준역(Revised Standard Version, RSV)에서 다음과 같이 다양하게 번역되었다. "인간"(human being, 롬 2:9), "사람"(person, 롬 13:1), "살아있는 존재"(living being, 고전 15:45), "목숨"(self, 살전 2:8), "목숨"(life, 롬 11:3:16:4; 빌 2:30), "마음"(mind, 빌 1:27), "진심"(heart, 엡 6:6). 이런 다양한 용례는 그 전반적 의미를 규정해 준다. "영혼"(soul)은 개인의 생명의 핵심 원리로서 구체적인 개인을 가리키기도 하며(롬 2:9), 사람을 구성하는 특별한 정신적 요소를 가리킬 수도 있다.[6]

성경에 등장하는 네페쉬는 결코 단순하게 이해될 수 없는 용어이다. 때문에 어떤 성경 구절을 근거로 그 용어를 특정한 인간관을 말하기 위해 사용하게 되면 자칫 단순한 이해가 될 수도 있다는 것을 인식해야한다. 중요한 것은 구약성경의 네페쉬와 신약성경의 프쉬케란 용어는 문자적으로 이해해서는 안 되고, 단어가 쓰이는 맥락 안에서 이해해야한다.

나아가 창세기에 등장하는 네페쉬와 시편과 같은 다른 성경에서 등장하는 네페쉬에 대해서 살펴보는 것도 중요하다. 시편에서 영혼이란 단어가 쓰이는 용례를 보면, 그 단어를 다른 방식으로 쓰고 있다는 것을 알 수 있다. 어떤 곳에서는 감정의 원천으로, 어떤 곳에서는 의지나 도덕적 행동과 관련된 단어로, 다른 곳에서는 식욕과 연결하여 사용한다. 그런가 하면 영혼이 개인을 가리키는 구절들도 있다. 이는 시편에서 사용된 영혼이란 단어를 사용하는 방식을 모두 연구한다 해도 영혼이 별도의 실체라는 주장을 할 만한 근거가 없다고 할 수 있다. 신약성경에서 영과 영혼은 구분하기 매우 어렵다. 왜냐하면 신약성경의 저자들이 사용하는 어휘가 다르기 때문이기도 하지만, 특히 바울은 사람의 영을 가리키는 말로 프뉴마를 쓰고 있지만, 요한은 프뉴마를 사람에게는 쓰지 않기 때문이다. 그러므로 기본적으로 신약성경에서 영혼이 무엇인지 무엇이 아닌지에 대해 신학적 진술을 하고 싶은 유혹에 주의해야 한다. 그렇다면 신약성경에서는 영혼이란 어떤 의미로 쓰이는가? 신약성경에서 영혼은 하나의 별개의 실체라기보다는 살아있는 사람을 가리킨다고 볼 수 있다.

신약성경은 인간을 기본적으로 몸(soma)과 영혼(psyche)이라는 개념을 통하여 이해한다. 하지만 몸과 영혼을 각각의 실체로서 이원론적으로 이해해서는 안 되고, 하나의 '이중 양상의 일원론'으로 보아야 더 옳다. 즉 인간에 대해 몸과 영혼이란 개념을 사용하는 것은 이해하고 설명해야 할 실체적인 양상들을 위한 것이라고 할 수 있다. 몸과 영혼의 '이중 양상'이란 말은 인간은 물리적 구성의 관점과 정신적 능력이라는 관점에서 설명이 필요한 존재라는 것을 의미한다.

이와 같은 맥락에서 성경에 등장하는 '사륵스'(sarx, 육체, 육신)는 영혼과 대비되는 하나의 실체로 이해하는 것을 주의해야 한다. 바울은 "육체의 일들은 명백하니 곧 음행과 더러움과 방종과 우상숭배와 마술과 원수 맺는 것과 다툼과 시기와 분노와 당 짓는 것과 불화와 이단과 질투와 술 취함과 방탕과 또 이와 같은 것들이다"(갈 5:19-20)라고 진술하였다. 여기서 육체는 영혼과 대비되는 실체로서 육체가 아니라 자신만을 의존하는 삶의 방식을 의미한다. 여기서 육체는 몸의 죄악성을 강조하기 위한 것이 아니라 인간이 자신만을 의존하는 삶의 방식, 즉 성령을 따르는 삶의 방식과 구별하기 위해서 육체라는 용어를 사용하고 있다. 따라서 여기서 바울이 언급한 육체는 영혼과 대비되는 개념으로 이해해서는 안 된다. 육체는 몸과 영의 차원을 포괄하는 전인으로서의 성령을 거스리는 삶의 방식을 의미한다.

몸은 결코 죄악의 발전소나 성령을 거스리는 좌소가 아니다. 몸은 하나님의 거룩한 선물이다. 달라스 윌라드(Dallas Willard)는 "인간의 영적인 삶은 언제나 우리의 몸을 사용하는 것과 관련되어 있다. 우리에게는 이것들 외에 영적인 삶의 다른 도구나 수단이 없다"고 말한다.[7] 몸이 없으면 걸을 수도 눈으로 아름다운 세계를 보며 시를 쓰며 노래할 수도 없다. 우리는 하나님의 임재를 우리의 귀로 듣고, 눈으로 보고, 손으로 만지고, 코로 냄새를 맡고, 입으로 맛보는 것을 통해서 알게 된다. 영적인 삶은 몸과 불가분리의 관계에 있다. 로버트 브라우닝(Robert Browning)은 그의 시를 통해 사람은 '몸이 있음에도 불구하고' 발전하는 것이 아니라 '몸 때문에' 발전한다는 메시지를 남겼다.[8]

종교와 영성의 관계와 분별

우리의 삶 속에서 희망과 사랑의 중요성에 대해 이의를 제기할 사람은 아무도 없을 것이다. 우리의 삶 속에서 '기본적인 신뢰'의 수준은 건강한 성숙과 특히 성공적인 삶과 밀접하게 연결된다. 그렇다면 그리스도인들의 영적 성숙과 성공적인 삶은 단지 믿음이나 기도와 말씀 묵상과 같은 요소들과만 관계되는지 아니면 기본적인 신뢰 수준이나 희망과 사랑의 수준과도 연관이 있는지를 알 필요가 있다. 그리스도인들에게 기도와 말씀 묵상은 매우 중요한 역할을 한다. 이러한 실천들이 영적인 성숙과 정서적 성숙과 관계적 성숙으로 이끌기도 한다. 하지만 그리스도인들은 성숙을 단지 종교적인 믿음의 실천에 의존되는 것으로만 보아서는 안 된다. 일반적인 성숙의 요소들도 그리스도인의 성숙에서 매우 중요한 역할을 한다고 할 수 있다. 왜냐하면 그리스도인들도 사회 문화 속에서 성숙한 성인이 되어갈수록 역설과 모호함을 더 너그럽게 받아들일 수 있게 되기 때문이다. 성숙은 개인주의적이고 이기주의적인 삶에서 공동체의 가치를 중요하게 여기는 삶으로 변화시키기도 한다. 나아가 성숙은 종교의식을 영성으로 변화시키기도 한다. 여기서 영성이란 하나님과 이웃과의 생동적인 관계 능력과 삶의 성숙과 관계된 개념이다.

종교와 영성의 차이점을 설명할 때 단순하게 흑백논리로 접근하는 것을 피할 수 없는 측면도 있지만, 종교와 영성의 차이점에 대한 분별은 그리스도인들의 삶에서 중요하다. 종교라는 용어는 다른 종교와 구분하기 위해 선을 확실하게 구분하는 배타적인 믿음을 내포한다. 이와는 대조적으로 영성은 온 세상을 품는 포괄적인 신적 성품과 더 많은 관련이 있다. 모든 인간은 하나님 형상으로 창조되었지만 하나님을 믿지 않는 사람은 기본적으로 영성의 특징을 바르게 이해할 수 없다.

물론 영성이 깊은 사람보다 종교적 믿음이 깊은 사람이 보다 더 성숙한 삶을 살 수도 있다. 반대로 영성이 깊은 사람이 지극히 자기중심적일 수도 있다. 왜냐하면 우리의 삶은 하늘의 문제만이 아니라 땅의 문제이기도 하기 때문이다. 성경에서 이러한 삶의 특성을 성령과 지혜가 충만한 사람으로 표현한다(행 6:3). 성령이 충만한 사람은 하늘의 은혜를 아는 사람이지만, 지혜가 충만한 사람은 땅의 이치와 질서를 잘 아는 사람이기 때문이다. 여기에서 '지혜'는 헬라어로 '소피아스'이다. 이 '소피아스'의 원형은 '소피아'이다. '소피아'란 '세상의 이치를 깨닫고 진리를 활용하는 지혜'를 지칭하는 단어이다. 땅에서 상식이 통하고 땅의 이치를 말씀에 따라 적용할 줄 아는 자질이 있는 사람이다.

종교에는 교리가 있다. 그러나 영성은 언어를 초월하는 감정과 경험도 중요하게 여긴다. 종교는 책이나 언어와 문화에 보다 더 깊이 뿌리를 내리고 있으므로 '좌뇌' 활동과 연관이 더 많지만, 영성은 언어의 한계를 초월함으로 '우뇌' 활동과 더 많이 연관된다. 그러나 우리가 기억해야 할 것은 양쪽 뇌 활동은 결코 분리해서 생각할 수 없는 것처럼 대부분의 종교와 영성 역시 전적으로 따로 떼어 생각할 수 없다는 것을 부인해서는 안 된다.

종교적 신념들은 대부분 도그마를 수반하지만 영적 확신은 메타포를 내포한다. 그렇다면 도그마와 메타포의 차이는 무엇인가? 보편적으로 도그마는 융통성이 없고 진지하지만 메타포는 자유로이 열려 있다. 도그마는 '성경 속에 적혀 있는 내용'이나 '전통 안에서 형성된 교리'를 그대로 전달하는 특성이 있지만, 메타포는 '비유'와 '직유'로 의미를 전달한다. 도그마는 과학을 퇴보시키지만, 메타포는 과학을 진보시킨다.

인간발달의 오랜 연구에 따르면, 어린아이들의 인식은 구체적이고 사실적인 내용에서 시작해 점차 세계에 대한 좀 더 복잡하고 은유적인 관점으로 발전한다. 장 피아제(Jean Piaget)는 어린아이들의 도덕성은 종교적 가르침과는 완전히 별개로 성숙한다고 지적했다.[9] 그에 따르면 어린 아이들의 도덕률은 처음에는 자기중심적인 성격을 지니다가 점차 구약의 보복율, 즉 이에는 이, 눈에는 눈, 실수로 컵 10개를 깨뜨린 것이 고의로 컵 1개를 깨뜨린 것보다 더 나쁘다고 생각하며 흑백논리로 변화되어 간다. 그런 다음에 차츰 성숙해 가면서 점점 더 너그럽고 상대론적인 황금률, 즉 무엇이든지 내가 대접을 받고자 하는 대로 남을 대접하라는 논리로 발전되어 간다. 여기서부터는 동기가 중요하게 여겨진다. 다시 서술하면, 실수로 컵 10개를 깨뜨렸을 때보다 고의로 컵 1개를 깨뜨렸을 때 더 크게 처벌 받는다.

제임스 파울러(James Fowler)는 피아제의 이론을 기초로 하여 성인발달 이론을 발전시키는 데 일생을 바쳤다.[10] 그의 연구에 의하면 어린아이들이 성장해 감에 따라 '수치심과 의무감, 심판'을 고집하는 기독교적 주장은 점차 '긍정과 용서, 감사'라는 영적 영역으로 뻗어 나간다. 청소년기에는 지적인 확신과 젊음을 즐기지만, 노년에 이른 사람들은 노년과 회의를 감내한다. 무엇보다도 정체성 확립은 성인발달의 첫 단계이다. 종교 역시 정체성을 확립하는 데 기초를 제공한다. 그러나 시간이 지날수록 개인에게 위안이 되고 힘이 되던 신은 점차 불가해하고 보편적인 고매한 권능이 되어 간다. 사람들은 성인이 되어가면서 다른 사람들과 공감대를 형성하고 사회적 맥락을 이해함으로써 지혜를 얻는다.

분명히 영적 성숙에는 윤리학과 과학, 심리학, 종교, 세대들 간의 변증법적 관계가 필요하다. 하나님의 관점에서 보면 진실이 단 하나뿐이지만, 인간의 관점에서 보면 수없이 많을 수 있다. 때문에 비록 하나님을 믿는 그리스도인들이라 할지라도 깨달아야 할 것이 있다. 그것은 성숙해가는 데 필요한 것, 잘 늙어가는 데 필요한 것은 독백이 아니라 대화라는 점을 알아야 한다. 다른 사람과의 대화를 통해 우리는 제약과 자유가 필요한 인생이라는 것을 깨닫게 되기 때문이다. 대화를 통해 자기만의 개인적인 시각에서 벗어나 다른 사람의 눈으로 세상을 볼 줄 아는 사람이 될 수 있기 때문이다. 대화를 통해 우리는 우리에게는 제약과 자유 사이의 균형이 필요하다는 것을 가슴으로 깨닫게 된다.

다른 사람의 종교적, 영적 체험에 귀 기울일 줄 알게 되면 영성도 함께 발전할 것이다. 때문에 건강한 영성은 다른 사람들과의 비교가 아니라 배움을 통해 반전하게 된다. 우리는 다른 사람들의 영성보다는 종교적 신념에 의심을 품을 때가 더 많다. 삶의 여정에서 개인적인 신앙으로부터 위안을 구하는 것은 미성숙한 것이 아니다. 하지만 보다 더 성숙한 삶과 아름다운 삶의 여정을 위해서는 모든 비본질적인 것들을 버릴 수 있어야 한다. 대부분의 신앙적 또는 종교적 문제들은 바로 그 비본질적인 것들에서 생겨나기 때문이다.

영성의 관계 모델 해석과 분별

기독교 영성은 인간의 존재론적 차원의 한 국면(aspect)으로서 영성생활을 할 수 있는 능력이다. 이 능력은 인간의 보편적 또는 자연적 능력이기보다는 예수 그리스도로 말미암아 회복된 능력이다. 즉 인간의 타락으로 인해 하나님과 관계를 맺는 능력은 상실되었으나 예수 그리스도의 구속으로 인해 회복되고 성령의 도우심으로 알려지고 유지되고 성장하는 통전적인 관계를 위한 능력이다. 따라서 기독교 영성이란 하나님, 자기 자신, 다른 사람들, 자연과의 관계에서 통전적인 삶을 위한 능력이다. 영성의 관계 모델, 즉 하나님과의 관계, 자기 자신과의 관계, 다른 사람들과의 관계에서 영적인 것과 비영적인 것의 특성들을 다음 표와 같이 정리 할 수 있다.

하나님과의 관계

구분	비영적	영적
예배	• 기분이 좋게 느껴지기 때문에 노래를 부르거나 찬양하거나 특정한 방식으로 예배를 드린다. • 그것이 하나님을 경배하는 유일하고 참된 방법이라고 생각하고 특정한 형태나 양식의 음악을 사용한다.	• 어떤 순간에 자신의 마음을 정확하게 나타내기 위해 노래하거나 춤추거나 찬양한다. • 하나님께 자신의 마음을 정직하게 표현할 수 있기 때문에 어떤 특정한 형태나 양식의 음악을 사용한다(요 4:23).
성경 공부	• 사람들에게 가르치기 위한 목적으로 성경을 읽거나 공부한다. • 지식을 쌓을 수 있도록 성경 언어의 정의나 역사 연구에 집중한다. • 말씀을 외우면 자신이 변화할 수 있다는 신념으로 성경을 암송한다. • 회의주의자들과 광신자들에게 답하거나 논쟁에서 이기기 위해 성경을 공부한다.	• 예수님에 대한 이해와 체험이 필요할 경우 시간을 정해서 성경을 공부한다. • 성경 공부 방법에 상관없이 하나님의 임재를 경험하는 데 초점을 맞춘다. • 말씀을 아는 것이 아닌 말씀대로 살기 위해 공부한다(딤후 3:16). • 성경을 이해하고 그것을 관계에 적용한다(약 1:22; 요일 2:5; 3:18). • 하나님을 더 잘 알고 진정으로 경배하기 위해 공부한다.
기도	• 하나님이 듣고 싶어 하신다고 생각하는 말이나 문구를 말한다. • 큰소리로 열정적으로 또는 어떤 특정한 방식으로 기도해야 하나님의 주의를 끌거나 응답을 받을 수 있다고 생각한다. • 무릎을 꿇거나 일어서거나 손을 들고 기도해야 한다고 생각한다.	• 실제로 자신의 마음속에 있는 것을 하나님께 말한다(시 51:6). • 하나님이 항상 자신의 말을 들으실 것을 믿으며 잠잠히(언어를 사용해서든 아니든) 기도를 드린다(시 19:14; 28:6; 34:15). • 마음에서 그렇게 하고 싶기 때문에 무릎을 꿇거나 일어서거나 손을 든다(애 3:41).

금식	• 자신이 우월한 믿음을 가지고 있다는 것을 하나님과 사람들에게 알리기 위해 금식한다. • 영적인 사람들은 금식할 것이라고 기대하기 때문에 금식한다. • 자신의 육체에게 누가 주인인지 보여 주기 위해서 금식한다.	• 하나님과 더욱 깊은 친밀함을 나누기 위해 금식한다. • 금식을 통해 배고픈 자들이 어떤지를 맛보고 그들에게 사람을 베풀기 위해 한다(사 58:6-7). • 음식에 대한 집착이 있는지를 자신 안에 탐식의 우상을 극복하기 위해 금식한다((창 3:6; 시 139:23-24).
영적 전쟁	• 사탄에게 호통을 치고 물러가라고 명령한다. • 다양한 장소에서 또는 모든 장소에서 사탄이 하고 있는 일에 초점을 맞춘다. • 모든 죄악 된 행동에서 악마적 또는 사탄적 요소를 찾는다. • 고통스럽거나 힘든 모든 경험의 배후에 악마적 또는 사탄적 원인이 있다고 여긴다. • 사탄을 통해서 겁을 준다.	• 자신의 마음이 하나님의 마음과 하나가 되도록 분투한다. • 다양한 장소에서 하나님과 하나님이 하시는 일에 초점을 맞춘다. • 자신이 저지른 배후에 있는 동기를 알아내기 위해서 하나님께 정직하고 자신에게 정직한다(시 4:4; 19:12; 애 3:40). • 고통이나 어려움은 자신이 하나님을 의지하도록 하나님이 사용하시는 도구일 수도 있다는 것을 안다(시 119:67; 고후 12:7-9) • 사탄은 하나님의 자녀 된 권세가 있는 자신을 손도 대지 못한다는 것을 확신한다(골 1:13; 요일 5:18).

자기 자신과의 관계

구분	비영적	영적
영적	• 예배나 성경 공부나 기도가 의무라는 느낌이 들기 때문에 그것을 무시한다. • 그것이 자신에게 쾌락을 주고 억제할 수 없다고 생각하기 때문에 크든 작든 죄짓는 일에 탐닉한다. • 해야 한다고 생각하기 때문에 하나님께 순종하고 하나님이 시키는 훈련에 복종한다.	• 예배와 성경 공부와 기도는 하나님과의 풍성하고 생동적인 관계를 위해 핵심적인 행위라고 생각한다(잠 19:8). • 죄가 바로 자신의 삶을 파멸시킨다는 것을 알기 때문에 죄를 극복하기 위해서 힘닿는 대로 모든 일을 한다(잠 1:32; 6:32). • 결국 그것이 기쁨으로 인도하는 것을 알기 때문에 하나님께 순종하고 하나님의 훈련에 복종한다(잠 4:20-22; 요 8:31-32; 히 12:10-11).

정신적	• 자신의 정신에 장기적으로 영향을 미침에도 불구하고 즐길 수 있는 정보라면 어떤 것이든 읽거나 생각하거나 흡수한다. • 얄팍하고 진부한 사고 과정이 너무나 쉽고 만족스럽다.	• 자신의 정신에 해가 되는 것은 거부하고 정신을 풍성하게 해 주는 생각을 추구한다(시 101:3; 빌 4:8). • 활발하게 지성을 사용하고 어려움이 있더라도 편견을 진리로 바꾼다(잠 3:13-15; 고전 3:18; 8:2).
정서적	• 자신의 안락한 삶을 어지럽히지 않기 위해서 상황을 계속 감춘다.	• 감정을 깊이 탐구해서 표현하고 적절하게 느끼도록 허용한다(전 3:1,4;7:3-4; 마 5:4; 막 14:33; 롬 12:15; 엡 4:26; 빌 4:4; 약 4:9).
육체적	• 자신의 육체를 영적 성장의 방해로 본다. • 많이 겪거나 운동하지 않거나 병원 치료를 거부함으로써 자신의 몸을 소홀히 하거나 학대한다. • 늙고 마르고 뚱뚱하기 때문에 자신의 몸을 비천하게 생각한다.	• 자신의 몸을 영적 성장에 중요하다고 여기고 몸과 정신의 관계를 존중한다(롬 6:13; 고전 6:18-20; 고후 4:10; 빌 1:20). • 몸이 필요로 하는 것(음식, 휴식, 운동 등)이 무엇인지 잘 살피고 몸의 생명선을 잘 유지한다(엡 5:29). • 하나님이 몸을 지으셨기 때문에 결함이 있더라도 자신의 몸을 소중히 여긴다(시 139:13-16).
성적	• 자신의 정상적인 성적 관심을 비관하거나 죄책감에 빠진다. • 부적절한 성적 공상이나 관람을 통해서 자신의 성적 관심을 오용한다.	• 배우자와 성적 쾌락을 즐긴다(잠 5:15-20; 아 1-8장) • 금욕이나(미혼) 정절로(기혼) 성적인 욕구를 건강한 방식으로 유지한다. 결혼생활에서 정직하게 성적인 관심을 표현하지 못하게 하는 생각이나 관습은 어떤 것이든지 저항한다(고전 7:3-5; 살전 4:3-8).
사회적	• 자신은 다른 사람들과 교류할 가치가 없다고 생각 한다. • 끊임없이 자신이 특별하거나 은사가 많다거나 매력적이라는 것을 다른 사람들에게 증명할 수 있는 일을 하거나 말한다.	• 자신은 존중받을 만한 자격이 있다고 믿고 그에 맞게 행동한다(딤전 4:12). • 하나님이나 상황이 지시하는 것에 따라서 돋보이든 아니든 관계없이 만족하려고 노력한다(빌 4:11-13).

다른 사람들과 관계

구분	비영적	영적
배우자	• 일하고 청구서를 지불하고 집안을 돌보는 일 등에 지나치게 집중한다. • 자신의 배우자가 체중을 줄이거나 나쁜 습관을 바꾸거나 책임지도록 하는 데 집중한다. • 분노나 침묵이나 노골적인 불쾌감을 통해서 자신의 감정을 전달한다. • 자녀들이나 모임 또는 사적인 여가 활동에 초점을 맞춘다.	• 자신의 배우자와 얼굴을 마주하는 시간을 갖는지 확인하고 그런 시간을 갖기 위해 바쁘다는 핑계를 하지 않는다(시 127:2; 전 9:9; 골 3:19). • 교묘히 조정하려는 의도 없이 자신이 느끼고 생각하는 것을 직접 배우자에게 말한다(마 5:37; 엡 4:25). • 배우자와의 우정을 발전시키고 양성하는 방법을 발전시킨다(엡 5:28-31). • 대화하고 함께 시간을 보내고 성적으로 친밀해지는 것에 초점을 맞춘다.
자녀들	• 자녀들의 성적이나 그들이 배우는 스포츠나 그들의 물질적인 필요 등에만 초점을 맞춘다. • 자녀들의 성과나 외모 또는 자신에 대한 의견에 지나치게 신경을 쓴다. • 자녀들이 성인과 같은 수준으로 역할을 해야 한다고 생각하고 그렇게 못할 때 창피를 준다.	• 자녀들과 함께하고 대화하고 직접적으로 상호 작용하는 시간을 만든다(시 127:3; 잠 29:15). • 성과에 관계없이 자녀들을 사랑하고 양육하고 축복하며 그들의 가치를 말해 준다(골 3:21). • 자녀들이 그들 나름의 과정으로 성장한다는 것을 알고 그들이 불완전할 수 있는 여지를 준다(마 18:5-6; 막 10:13-16).
확대 가족	• 죄의식과 의무가 자신과 부모와 친척들을 연결시키는 접착제가 되게 한다. • 가족이나 친구들과 함께 시간 때 비열하고 유치한 역할로 되돌아간다. • 자신에게 상처를 입혔기 때문에 가족과의 모든 유대를 끊는다.	• 가족 구성원들이 죄의식과 수치를 통해서 자신을 교묘하게 이용할 때 정직하게 선을 긋는다(마 12:46-50; 딤전 4:12). • 가족들이 찬성하든 아니든 성인으로서 생각하고 행동한다(마 10:34-37; 고전 13:11). • 그렇게 하는 것이 자신에게 불건전하거나 위험한 것이 아니라면 가족과 교류할 기회를 찾는다(롬 12:2,18).

교회 안의 사람들	• 프로그램이나 위원회와 사역에만 투자한다. • 다른 그리스도인들이 항상 듣고 싶어 한다고 생각하는 말만을 한다.	• 그리스도의 몸에 속한 구성원들과의 친밀한 관계에 투자한다(롬 12:9-16; 빌 2:1-4; 벧전 4:8). • 교회공동체 구성원들에게 인자하게 대하되 평안을 유지하기 위해 거짓말하지 않는다(마 18:15; 눅 17:3; 갈 6:1; 엡 4:15-16).
교회 밖의 사람들	• 그들을 완전히 자신과 다른 이상한 사람이나 사탄의 자녀들이라고 여긴다. • 그들을 단지 인구학적으로 복음을 전해야 할 사람으로만 여긴다. • 누군가를 위해 기도한 후에 그들을 인도하고 어떤 프로그램에 참여시킨 다음에 또 다른 사람에게로 관심을 돌린다.	• 그들도 똑같이 하나님의 형상으로 창조된 자들임을 믿을 뿐만 아니라 자신도 그들과 똑같이 깨어진 사람임을 안다(창 1:26-28; 전 7:20; 롬 2:1; 약 3:2). • 그들을 존중받을 자격이 있는 사람으로 대한다(눅 6:32-36; 딤전 3:7; 벧전 3:15).

〈미주〉

1 James Barr, *Biblical Faith and Natural Theology* (Oxford: Clarendon, 1993), chapter 8.

2 Anthony C. Thiselton, "The Image and Likeness of God: A Theological Approach," in *The Emergence of Personhood*, ed. Malcolm Jeeves (Grand Rapids: Eerdmans, 2014) 등을 참조.

3 Joel B. Green, *Body, Soul and Human Life* (Grand Rapids: Baker Academic, 2008), 53.

4 Daniel Helminiak, *The Human Core of Spirituality: Mind and Psyche and Spirit* (Albany: State University of New York Press, 1996 참조.

5 Lawson G. Stone, "The Soul: Possession, Part or Person? The Genesis of Human Nature in Genesis 2:7," in *What About the Soul*, ed., Joel B. Green (Nashville: Abingdon, 2004), 47-62.

6 D. H. McDonald, *The Christian View of Man* (London: Marshall, Morgan and

Scott, 1981), 78.

7 Dallas Willard, *The Spirit of the Disciplines* (San Francisco: Harper San Francisco, 1988), 31.

8 Oswald Chambers, *Shade of His Hand: Talks on the Book of Ecclesiastes*, 스데반 황 옮김, 『전도서 강해』 (서울: 토기장이, 2013), 116에서 인용.

9 Jean Piaget, *The Moral Judgement of the Child* (London: Kegan Paul, 1932), 참조.

10 James Fowler, *Stages of Faith* (New York: Harper and Row, 1981), 참조.

4장

영성생활의 해석과 분별

Interpretation and Discernment of Spiritual Life

영성생활의 의미 해석과 분별

그리스도인들이 많이 사용하는 용어 가운데 하나가 '영적'이란 말일 것이다. 영적이란 말은 하나님과 관계 안에서 발생하는 정체성과 삶과 관련된 아주 독특한 기독교적 언어이다. 영적이란 단어는 그리스도 안에서 자신의 신분과 관련된 말이기도 하다. 영적이란 말은 그리스도 안에서 거룩한 성품의 열매를 맺는 것을 의미하기도 한다. 영적이란 말은 관계적인 언어요 매우 생동적인 언어이다. 영적이란 말은 단지 어떤 종교적 행위 또는 영적 행위와만 관련된 것이 아니다. 우리는 종종 기도, 예배, 성경 공부와 같은 훈련을 영적 행위나 성숙의 증거로 보는 경향이 있다. 물론 이러한 활동은 귀한 것이며 영적 성장을 돕는다. 그러나 단순히 이런 일들을 하는 것 자체가 영적인 삶과 성숙을 보장하는 것은 아니다.

기독교 전통에서 '영적'이란 단어를 생동적인 '동사'가 아니라 고정된 '명사'로 이해해 온 경향이 있다. 구체적으로 설명하면, 영적인 삶은 기도와 예배와 말씀 묵상과 찬양과 같은 요소들로 여기고, 이러한 행위 자체가 영적인 것으로 이해되어 온 경향이 있다. 하지만 영적인 삶은 기도와 예배와 말씀 묵상과 같은 행위를 명명하는 개념이라기보다는 인간의 다양한 삶을 모두 포함하는 생동적인 것으로 이해해야 한다.

테일하르드 드 샤르댕(Teilhard de Chardin)이 우리는 영적 여정을 걷는 인간이 아니라 인간의 여정을 걷는 영적 존재라고 말했듯이, 우리의 영적 여정은 영적인 사람이 되기 위해 덜 인간적이 되는 것이 아니다. 오히려 영적 여정은 좀 더 완전한 인간이 되는 과정이다. 때문에 영적 여정은 하나님과의 관계뿐만 아니라 하나님이 사랑하는 세상에서 아름다운 삶의 여정과 결코 분리될 수 없다. 우리는 천성적으로 영적인 존재이다. 이는 우리의 삶에 첨가된 요소가 아니다. 우리는 거룩하신 하나님으로부터 와서 그분 안에서 그리고 결국 그분에게로 돌아가는 신비한 여행을 하는 육화된 영혼이다. 우리는 일상을 걷는 영혼이다.

우리의 일상의 일들이 더 영적인 행위가 될 수 있고, 우리가 하는 기도가 오히려 비영적 행위가 될 수도 있다. 우리의 기도가 기복적인 목적에만 치중될 때는 오히려 미신적인 행위가 되어버릴 수도 있지만, 일상에서 청소를 하면서도 하나님을 경험할 수 있다면 이는 영적 행위가 될 수 있기 때문이다. 일상의 삶이 때로는 이기적인 목적을 위한 기도나 예배보다 더 영적인 것이 될 수 있다. 그러므로 영적인 삶이란 하나님과의 관계의 문제이지 단지 종교적 행위와 관련된 것은 아니다.

영적인 삶은 세상에서 하나님과의 관계의 문제요 삶의 방식의 문제이지, 기도하는 것은 영적인 것이고 일상의 삶은 영적인 것과 관계가 없다고 생각해서는 안 된다. 게다가 건강한 영적인 삶은 기도와 일상의 삶을 이분법적으로 분리하기보다는 이 둘을 서로 상호 작용하게 한다. 이러한 원리는 기도와 일(ora et labora)을 가장 잘 통합시킨 베네딕트 규칙의 실례에서 볼 수 있다. 베네딕트 공동체의 규칙은 두 가지 극단을 선회한다. 하나님의 일(opus Dei)로 불리는 기도와 손으로 하는 노동이 그것이다. 기도와 일의 리듬은 이 규칙 내에서 유지되어 기도가 점차 일을 성화시킨다. 때문에 기도하는 것과 일상에서 노동하는 것을 이원론적으로 분리하지 않았다.

스미스(Christian Smith)는 생애의 여러 변환과 이혼, 가족 구성원의 죽음, 집을 떠남, 직장을 잃음 등은 우리의 종교적 실천에 부정적으로 영향을 미친다는 것을 지적하였다.[1] 이는 우리의 일상이 우리의 영적 삶에 중요하게 작용을 할 뿐만 아니라 영적인 삶과 일상적인 삶은 결코 분리될 수 없는 것임을 밝혀준다. 일상적인 것의 반대편에 우리의 영적인 것을 건설하는 것은 어리석은 것이 아니라 잘못이다.

하지만 우리가 또한 기억해야 할 것은 전통적으로 영적인 요소들로 여겨 왔던 말씀 묵상과 기도와 찬송과 예배 등은 우리의 영적 삶에서 '케피탈'(capital, 머리, 핵심, 통치)과 같은 요소들이라고 할 수 있다. 이러한 요소들이 영적 삶에서 '머리,' '핵심,' '통치자'로 작용한다. 구체적으로 서술하면, 우리의 영적 삶에서 예배와 말씀 묵상과 기도가 머리와 같다는 것은 마치 인간의 몸에서 머리가 중요한 기능을 하듯이 이러한 요소들은 중요한 역할을 한다는 것을 의미한다. 다음은 머리는 생명의 근원에 해당하는 핵심 부분이듯이 이러한 요소들은 영적 삶에서 핵심적인 기능을 한다. 마지막으로 이러한 요소들은 일상의 삶을 개혁하고 변화시키는 통치적인 기능을 한다.

영성생활의 구조 해석과 분별

그리스도인들이 효과적인 영적 행동이나 경험을 위해서는 단지 신학적 관찰과 이해뿐만 아니라 과학적 관찰과 이해도 필요하다. 서술하면 그리스도인들의 영성생활에서 기도와 말씀 묵상과 같은 '상의하달' 효과에 대해서도 알아야 하지만 인간의 환경과 상태와 같은 '하의상달'의 효과에 대해서도 관심을 가져야 한다. 기도와 말씀 묵상을 통한 영적 지도나 치료와 같은 영혼 돌봄의 '상의하달' 효과를 제대로 반영하고, 또한 환경과 상처와 질병으로 인해 뇌에서 일어나는 변화가 영혼 돌봄에 영향을 미치거나 제한하는 '하의상달' 효과에도 진지한 관심을 기울여야 한다. 그럼으로 '상의하달'과 '하의상달' 효과는 모두 우리의 영성생활에 중요하게 작용한다고 할 수 있다. 예를 들어 서술하면, 경건하게 성경을 읽고 기도 생활을 했던 그리스도인들이 알츠하이머병에 걸리면 이러한 영적 실천이 매우 어려울 수 있다. 이러한 현상은 우리의 영성생활이 기도와 말씀 묵상과 같은 '상의하달'의 효과가 질병과 같은 '하의상달'의 영향을 매우 크게 받는 다는 것을 깨닫게 된다.

알츠하이머병은 건망증, 불안, 공격성 증가, 우울증, 의심, 편집증, 언어장애, 수면장애와 같은 현상을 경험한다. 이러한 알츠하이머병에 노출된 사람들은 영성생활에 많은 변화를 경험하게 된다. 알츠하이머병은 핵심적인 영성생활들에 대한 기억 상실, 영적으로 해로운 세력에 대한 비현실적인 두려움과 영적 공허함, 예배생활, 성경묵상, 기도와 같은 영적 활동의 감소, 하나님의 임재와 사람과 위로를 느끼지 못함, 신앙공동체 안의 친밀한 관계 상실에 대한 비현실적인 죄책감, 오랫동안 해 오던 봉사활동을 불가능하게 만든다. 신실한 그리스도인들에게는 이 모두가 치명적인 일이다.

라이트(N. T. Wright)는 그리스도인들의 영성생활과 알츠하이머병과의 관계에 대한 연구를 통하여 알츠하이머병으로 인한 경험들이 그리스도인들의 영성생활에 6가지 중심 요소와 어떻게 연결되는지를 설명하였다.[2] 그는 먼저 기억 상실이 알츠하이머병의 주된 특성이기에 거듭남과 세례를 기억할 수 없게 되기 때문에 매우 타격이 크다고 하였다. 다음은 알츠하이머병은 영성생활의 또 다른 두 표지인 기도와 성경 읽기에도 큰 영향을 준다고 하였다. 알츠하이머병 환자들은 사랑을 받을 수 있는 힘도 크게 약화된다. 그는 영성생활의 또 다른 중요한 표지인 성만찬에 참여하여 떡을 나누고 포도주를 마시는 단순한 행위가 절망에 빠져 있는 알츠하이머병 환자들을 일으켜 하나님의 임재를 새롭게 인식하게 해 준다는 글렌 위버(Glenn Weaver)의 보고가 매우 흥미롭다고 하였다.[3]

우리의 영성생활은 하나님과 영혼과만 관련이 있고 몸이나 물리적인 것과는 전혀 관계가 없다고 생각해서는 안 된다. 왜냐하면 알츠하이머병은 그리스도인들의 영성생활에 매우 치명적인 영향을 주기 때문이다. 신학자 프레이저 와츠는 영적 치유(spiritual healing)라는 용어의 세 가지 용례를 구분해야 한다고 제안하였다. 첫째, "영적 의식이 일정한 역할을 감당하는 치유"이다. 둘째, "인간의 영적 차원이 개입하는 것으로 여겨지는 치유"이다. 셋째, "영적 작용의 관점에서 설명되는 치유"이다.[4]

와츠는 이러한 구분을 통하여 핵심 질문을 덧붙인다. 즉 그의 "핵심 질문은 '영적 치유가 과학적으로 이해해야 하는가 혹은 신학적으로 이해해야 하는가?'가 아니라 '신학적 설명과 과학적 설명은 어떤 관계여야 하는가?'이다."[5] 그러므로 영적 치유나 생활에서 와츠가 말한 세 용례의 범주를 혼동해서도 안 되지만 이러한 용례들을 양자택일의 가치의 문제로 보아서도 안 된다. 영성생활은 오직 영적인 차원과만 관계된다고 보아서는 안 된다. 신학적 설명과 과학적 설명은 우리의 영성생활에 매우 중요한 자료를 제공해 주기 때문이다. 이는 우리의 영적 행동이나 경험을 연구할 때는 신학적 관점에서 철저하게 설명을 하는 것만으로는 그 행동이나 경험을 온전히 이해하게 해 주는 배타적이고 유일한 설명이라고 주장할 수 없는 특징이 많기 때문이다. 그리스도인들이 인간의 마음과 뇌와 영성을 과학적으로 연구한다고 해서 인간의 존엄이 훼손되는 것은 아니다. 그러한 설명과 이해를 잘 활용하면 이해심을 가지고 서로를 더욱 존엄한 존재로 대할 수 있는 지혜를 얻을 수 있다.

알츠하이머병에 걸린 사람은 모두 영성생활에 치명적인 영향을 받는다고 하여 인간의 영적 행동이나 경험은 인간의 물리적 차원인 뇌에 전적으로 종속되는 것으로 이해하는 것도 주의해야 한다. 알츠하이머병으로 뇌에 생기는 변화와 인간의 영적 행동이나 경험이 어떤 관계에 있는지는 온전히 알 수 없는 것이 현실이다. 또한 알츠하이머성 치매 진단을 받은 사람이 아내의 도움으로 질병 중간 단계에 접어들고도 한참 후까지 영적 체험을 한 사실이 보고되고 있기 때문이다. 다음 내용은 장로교 목사였던 로버트 데이비스(Robert Davis)에게 뇌 질환이 진행되면서 그의 영성생활이 어떤 영향을 받았는지를 고백한 내용이다.

> 나의 영적 삶은 더없이 비참했다. 성경을 읽을 수가 없었다. 원하는 대로 기도도 할 수 없었다. 감정이 죽고 막혀 버렸기 때문이다. 기도를 해도 성령의 반응은 전혀 느낄 수 없었다... 내 마음은 쉴 수 없었다. 진정되지 않았다. 절망스럽고 무서운 생각이 쉬지 않고 밀려 왔다. 나는 내가 알고 사랑했던 구세주의 위안과, 그분이 주시는 평안을 열심히 구했지만 아무것도 얻지 못했다. 나는 그 어둠의 원인은 영적인 것이 분명하다는 결론을 내렸다. 이름 모를 죄책감이 나를 사로잡았다. 하지만 내가 생각할 수 있는 죄라고는 성경을 읽을 수 없다는 사실뿐이었다. 나는 성경을 읽을 수가 없었다. 하나님이 그것 때문에 나를 벌하신단 말인가? 나는 그저 자리에 누워 이렇게 외칠 수밖에 없었다. "오 하나님, 왜 입니까? 왜 입니까?"[6]

데이비스는 또한 "설교를 들어도 영적인 힘을 공급받지 못한다. 설교의 첫 번째 요지는 이해하지만 그다음부터는 길을 잃는다. 내 마음은 끊어진 개념들의 소용돌이로 휘말린다... 하나님의 말씀을 통해 그분을 만나던 익숙한 방법으로 힘을 얻으려 하면 기침, 두통, 불편함이 찾아왔다"라고 하였다.[7] 이처럼 우리의 영성생활은 우리의 뇌와 아주 밀접하게 관련되어 있다. 우리의 영성생활은 성경 읽기와 기도와 같은 상의 요소들에만 의존되어진 것이 아니라 하의 요소들에 의해서도 많은 영향을 받는다. 또한 우리의 영성생활은 상의 요소들과 하의 요소들을 넘어서는 특징도 간과해서는 안 된다. 이는 하나님의 영의 역사의 중요성도 인식해야 하기 때문이다.

영성생활의 관조와 행동의 해석과 분별

관조와 행동의 영적 의미

오늘날 유행하는 영성생활의 이미지들은 외적 행동보다는 내적 추구를, 소리보다는 침묵을, 참여와 활기보다는 관조(contemplation)를 더 귀하게 여기는 경향이 있다. 이러한 영적 삶의 이미지들은 수도원 전통에서 주로 발생하였다. 수도원은 침묵, 고독, 관조와 같은 내적 이미지들과 실천을 영성생활의 주 매개체로 삼았다. 수도원 전통은 영성생활에서 교과서와 같은 역할을 해왔다. 수도원의 영성생활의 덕목들은 그리스도인들에게 매우 중요한 요소들임에 틀림없다. 그러나 행동의 세계로 부름을 받은 사람은 수도원의 영성생활의 이미지들과 덕목들에서 갈등을 경험할 수 있다. 수도원 전통에서 행해졌던 영적 규범에 따라 살려는 사람들이 이러한 규범의 기대 수준에 미치지 못할 때 '영적이지 못한' 생활을 한다는 죄책감에 시달릴 수도 있다. 수도원의 가치관과 실천적인 삶의 부담 사이에 갇힌 사람들이 때로는 영적인 추구를 포기하는 경우도 있다. 특히 행동의 세계로 부름 받은 사람들은 수도원적 영성생활의 규범으로 인해 의기소침해지고 뒤로 물러나 수동적인 자세를 취하게 되기도 한다.

그리스도인의 영성생활에서 행동주의 성향은 관조적 영성생활을 평가절하하는 반면, 관조적 성향을 가진 사람들은 지친 행동주의자들이기도 하다. 지친 행동주의자들은 수도원적인 은유인 침묵, 고독과 같은 내적 삶 안에서 매력을 발견한다. 행동주의적인 영성생활을 강조하는 사람들과 관조적 영성생활을 중요하게 여기는 사람들의 갈등은 서구세계에서 오랫동안 지속되어 왔다.

고대 헬라세계에서는 활동이나 노동보다 관조에 더 높은 가치를 부여했다. 고대 헬라 사람들에게 "활동적인 삶은 물질적인 필요를 채우고 집안을 유지하기 위한 하나의 수단이었던 반면, 관조는 초월세계를 경험하는 기회, 이상이나 신과 하나가 될 수 있는 기회를 제공한다고 여겼다. 플라톤의 모델 인간은 모델 사회, 곧 주로 사고활동과 성찰에 전념하는 엘리트를 지지하는 사회를 다스리는 '철학자 왕'이었다."[8] 이러한 편견의 바탕 위에 서구 교회와 대학교가 서구 문화의 최고 기관들이 된 부분적인 이유는 활동적인 삶을 영위하는 세계에서 관조의 삶을 위한 장을 제공했기 때문이다.[9]

그러나 탐험과 계몽 시대가 열리고 과학의 발달과 도시화가 일어나면서 그 흐름이 바뀌어 활동적인 삶이 관조보다 더 중요하게 여기는 태도가 일어났다.[10] 다른 한편으로는 물질주의 가치관과 지나친 행동주의 가치관을 개혁하기 위해서 관조적 가치관과 삶을 찾으려는 운동이 일어난 것도 사실이다. 때문에 현대 사회에서 관조적 삶은 매우 중요하다고 할 수 있다. 그러나 영성생활에서 관조와 행동의 균형적인 추구를 떠나 현대 물질주의와 행동주의에 대한 반동으로 행동의 영적 의미를 간과하고 관조적 영성생활에 치우치는 것은 바람직한 것이 아니다. 또한 오늘날의 문화가 행동의 능력에 지나친 자만심을 품고 눈에 보이는 것은 무엇이든지 지배하려는 욕망으로 충만한 시대에 관조적 영성생활은 매우 중요한 실천이 될 수 있다.

관조와 행동의 위대한 역설

영성생활에서 관조(contemplation)와 행동(action)은 위대한 역설의 기둥을 붙잡을 수 있고 붙잡아야 한다. 영성생활에서 관조와 행동은 서로 분리될 수 없는 두 가지 방식이다. 외형적으로 이 둘은 서로 상반되는 양식으로 보이지만 동일한 출처를 갖고 있고 똑같은 목표를 가지고 있다. 게다가 하나가 없으면 다른 하나가 존재할 수 없다는 것도 진리이다.[11] 영성생활에서 이 역설을 이해하지 못하거나 양자 간의 창조적 긴장을 포기할 때는 풍성함을 경험하지 못하게 된다.[12]

관조와 행동의 역설적인 관계를 이해하려고 노력할 때 세 움직임이 나타난다. 즉 분리에서 시작하여 교제를 통과해 통합에 도달한다. 영성생활에서 이러한 움직임을 인식하는 것은 중요하다. 영성생활에서 관조와 행동은 먼저 분리하는 것에서 출발한다. 관조적 삶과 활동적인 삶 사이에 선택을 하지 않을 수 없다고 느끼는 단계이다. 우리 문화는 관조보다 행동에 더 많은 가치를 두려는 경향이 강하기 때문에 우리는 종종 행동하는 삶을 선택하는 것으로 시작하지만 삶을 탈진시키고 파편화할 여지가 많다.[13]

다음은 우리의 삶이 탈진되고 삶의 생동감을 유지할 수 없게 되면 교체의 단계로 진입하게 된다. 이 단계를 소위 삶에 대한 '휴가 접근법'이라고 부를 수 있다. 즉 "활동으로 탈진한 상태에서 자신을 추스르기 위해 약간의 휴가를 갖고, 다시 활동에 돌입했다가 다시금 탈진하고, 새 힘을 얻으려고 또 다른 휴가를 보낸 뒤에 다시 소진되는 식으로 순환이 계속된다."[14] 분리에서 교체로 움직이면 치명적인 탈진은 면할 수 있지만, 관조와 행동의 역설의 두 기둥이 두 가지 생활방식 모두를 건강하게 하는 방식으로 상호 작용하도록 허용하지 않는다.[15]

대부분의 사람들은 교체 단계에 오랫동안 머물러 있지만, 소수는 때때로 세 번째 단계인 통합으로 나아간다. 이 단계는 영성생활에서 관조와 행동의 역설에 진입하는 돌파구이다. 이는 통합의 역설이 발생하는 과정을 우리가 잘 이해할수록 거기에 진입할 확률이 높아지게 된다. 하지만 가장 자주 돌파가 일어나는 경우는 활동에 지나치게 몰입한 나머지 그 어떤 휴가도 소용이 없을 때다.[16] 즉 "사람들이 완전히 탈진한 나머지 삶을 관리하거나 통제하려는 노력을 모두 포기하지 않을 수 없게 된 상황이다. 이제는 에고와 의지력을 뛰어넘어 살지 않을 수 없게 되었으므로 자기를 지탱하는 역설의 힘에 몸을 맡기게 되는 것이다.

통합의 단계에 들어서면 '관조와 행동'이 너무도 얽혀 있어서 우리가 어느 하나와 연관시키는 특징들이 언제나 다른 편의 중심에서 발견된다는 것을 배우게 된다."[17] 영성생활에서 관조와 행동의 통합의 위대한 역설을 경험하게 되면 행동은 단지 움직이는 문제에 그치지 않고 관조적 사건이기도 하다. 즉 우리가 내적인 진리를 발견하는 길이기도 하다. 관조는 우리가 세상적인 염려 때문에 탐닉하는 일종의 즐거움을 넘어서서 전략적 행동보다 세상에 더 큰 영향을 줄 수 있는 영적 의식 변화의 중

요한 방식이 된다.[18]

관조와 행동의 역설적 상호 작용

좋은 선생은 모든 해답을 주지 않고 배우고자 하는 학생들에게 수많
은 질문을 하게 하고 의문을 남긴다. 우리가 잘 아는 예수님이 빵 다섯
덩이와 물고기 두 마리로 5천 명을 먹였던 이야기(막 6:30-44)를 하나의
기적 이야기로만 이해한다면, 이 이야기가 주는 많은 의미들을 놓칠 수
있다. 예수님의 오병이어의 기적 이야기는 관조와 행동의 역설적인 상
호 작용으로 구성되어 있다. 이 이야기의 첫째 부분은 제자들이 돌아와
서 예수님에게 얼마나 바빴는지를 이야기하는 장면이다. 제자들이 일에
지친 것을 본 예수님은 "한적한 곳"으로 가서 "쉬어라"고 권한다. 이때
제자들은 활동적인 삶의 와중에서 조용한 곳을 찾아서 떠난다. 하지만
제자들의 움직임이 사람들의 주목을 끌어서 그들의 배가 도착할 즈음에
는 그 한적한 장소가 예수님과 제자들을 보려고 먼저 달려간 인파로 인
해 쉴 수가 없었다. 예수님과 제자들이 관조를 추구할 때 사람들은 더
많은 행동을 요구하고 있는 셈이다.

오병이어의 이야기는 관조와 행동을 마치 일과 휴가를 나누는 방식으
로 나눌 수 없다는 것을 암시한다. 즉 우리의 영성생활에서 관조도 필요
하고 행동도 필요하다는 식으로 이해하기 쉽다. 하지만 행동은 관조와
분리될 수 없고 관조도 행동과 무관하게 작용하는 것이 아니다. 참된 관
조는 단지 물러나는 것이거나 행동과 무관한 것이 아니다. 관조는 우리
의 삶과 무관하게 작용하는 것이 아니라 삶과 접촉함으로써 오히려 올

바른 행동으로 인도한다. 오병이어의 이야기가 보여 주는 것은 예수님과 제자들이 행동하는 삶으로부터 떠나 관조 속으로 더 깊이 들어갈수록, 예수님과 제자들의 사역이 더 명백하게 나타나고, 다른 사람들이 그것을 더 많이 요청하고, 제자들은 그 사역의 필요성을 더 많이 느끼게 된다.

오병이어의 이야기에서 예수님의 가르침은 무리에 대한 동정심과 함께 시작한다. 무리를 향한 예수님의 동정심은 행동의 성격을 반사적이 아니라 반응적으로 만드는 자질이라는 것을 보여 준다. 예수님이 제자들과 함께 무리들에게 취하는 동정적인 행동은 행위자인 예수님과 무리들 간의 깊은 동일성과 함께 시작한다. 예수님이 그 군중이 "마치 목자 없는 양과 같다"(막 6:34)는 것을 목격할 수 있었던 것은 그들의 배고픔과 외로움과 두려움을 잘 알고 있었기 때문이다. 오병이어의 이야기에서 예수님의 관조적 차원인 동정심이 무리들의 진정한 굶주림을 채워주기 위한 행동의 동인이 된다는 것을 깨닫게 된다. 무리들을 위한 떡과 물고기 식사의 진정한 맥락이 된다.

오병이어의 이야기에서 우리는 예수님이 제자들과 무리들과의 관계에서 관조와 행동이 어떻게 상호 작용하게 되는지를 해석해 내는 것은 매우 중요하다. 오병이어의 이야기가 자연법을 중단시킨 채 엄청난 기적으로만 이해되고, 초자연적인 예수님에게만 초점을 맞추어 해석하면, 우리도 그와 같은 기적을 행하는 사람이 되길 간절히 바라게만 할 수 있다. 하지만 사실 이러한 해석은 다른 사람들에 대한 우리의 인간적인 책임과 행동을 회피하게 만들기가 쉽다. 오병이어의 이야기에서 예수님의 관조와 행동의 상호 작용에 대한 이미지들을 읽어내지 않고 단지 기적에만 초점을 맞추게 되면, 이는 마치 며칠을 굶주리며 고통당하는 동료에게 따뜻한 식사를 대접하는 행동보다는 입술의 기도를 통한 기적만을 추구하며 인간적인 책임을 회피하는 방식으로 이 이야기가 작동될 수 있다.

영성생활의 장으로서 세상 해석과 분별

세상의 의미와 유형 해석과 분별

기독교 신학과 신앙은 하나님과 성경과 인간 이해와 매우 중요한 관계를 가지고 있지만 '세상'에 대한 성경적 이해와도 밀접한 관계가 있다. 세상에 대한 바른 이해는 하나님의 세계 안에서의 우리의 삶과 사역의 방식에 중요한 역할을 한다. 그리스도인들은 종종 하나님의 창조세계인 세상을 선한 것으로 대하기를 주저하기도 한다. 이는 성경이 세상을 사랑하지 말라고 하고 있기 때문이다. 성경에서 세상에 대한 부정적인 표현이 많다.

사도 바울은 "세상 물건을 쓰는 자들은 다 쓰지 못하는 자같이 하라. 이 세상의 형적은 지나감이니라"(고전 7:31)고 말한다. 로마서에서 바울은 "너희는 이 세대를 본받지 말라"(롬 12:2)고 말하고 있다. 예수님은 본디오 빌라도에게 "내 나라는 이 세상에 속한 것이 아니라"(요 18:36)고 말씀하였다. 야고보는 우리에게 "세속에 물들지 아니하도록"(약 1:27) 자신을 지키라고 말한다. 우리는 요한복음에서 우리가 "세상에 속한 자가 아니요 도리어 세상에서 나의 택함을 입은 자인고로 세상이 너희를 미워하느니라"(요 15:19)는 말씀을 듣는다. 중요한 것은 이러한 구절들은 세상의 선함에 대한 부정적인 진술들이 아니라는 점이다.

성경에서 세상이라는 단어는 다양한 의미로 쓰이고 있다. 첫 번째 의미는 세상의 죄악 된 측면으로 사용되고 있다. 이는 사람들이 세상에서 사회에 잘못 세워 놓은 질서를 뜻한다. 성경에서 세상을 부정적인 의미로 사용하는 경우는 바로 왜곡되고 파괴적인 사회 질서와 관계되어 있다. 두 번째 의미는 영토나 지역을 뜻한다. 성경에서 "이 천국 복음이 모든 민족에게 증거되기 위하여 온 세상에 전파되리라"(마 24:14)에서 세상은 영토적이고 지역적인 의미이다. 세 번째는 창조된 질서를 의미한다. 성경에서 세상은 기본적으로 세상은 하나님이 창조하신 세계를 의미한다. 또한 세상은 하나님이 창조하신 세계로서 우리가 그 안에서 살도록 우리를 위하여 지어진 질서를 의미한다.

창세기에서 말하는 세상은 바로 이런 의미이다. 즉 그 세상은 하나님이 사랑하는 세상이며 앞으로 하나님과 화목하게 될 하나님이 지으신 세계이다. 때문에 예수님은 "세상을 심판하려 하심이 아니요 저로 말미암아 세상이 구원을 받게 하려고"(요 3:17) 오셨다. 예수님은 "하나님이 세상을 이처럼 사랑하사 독생자를 주셨으니"(요 3:16)라고 하였다. 여기서 세상은 하나님이 지극히 사랑하는 하나님이 창조하신 세계이다. 때문에 요한이 요한일서에서 "이 세상이나 세상에 있는 것들은 사랑치 말라"(요일 2:15)고 하는 말씀에서 세상과 요한복음에서 "세상을 이처럼 사랑하사"에서 세상은 다른 의미이기 때문에 서로 모순되지 않는다. 하나님은 죄악 된 세상을 배척하시지만 하나님이 지으신 세상은 지극히 사랑하신다.

세상에 대한 바른 이해 없이 하나님이 창조하신 세계에서 바르게 살아갈 수 없다. 때문에 성경에 충실하다는 말은 이제 더 이상 세상으로부터 도피하는 것으로 이해되지 않는다. 나아가 하나님이 창조하신 세계를 이해하지 않고 하나님이 사랑하시는 세상을 바르게 사랑할 수도 없다. 알리스터 맥그라스(Alister McGrath)는 하나님이 창조하신 세계에 대한 이해의 중요성을 다음과 같이 기술하였다.

> 세상은 우리가 살고 있는 곳이고, 우리의 '놀이 공간'(spielraum)이며, 인간의 실존이 자리하고 있는 장이다. 다른 한편에서 보면, 세상은 우리로 하여금 그 속으로 빠져 들게 하여 인간으로서 우리가 갖는 독특함을 잃어버리게도 하는, 인간의 실존에 위협을 줄 수 있는 곳이다. 긍정적인 의미를 찾는다면, 세상은 인간 실존이 거하는 곳이다. 하지만 부정적인 의미로는 인간 실존에 위협이 되기도 한다. 이와 너무나 같은 유형의 긴장 관계를 요한복음에서 발견하게 되는데, 거기서는 '세상'이 두 개의 기능을 다 가지는 것으로 나타나 있다. 즉 하나님이 창조하신 것으로써 세상은 하나님이 사랑하는 곳이요, 예수 그리스도를 보내셔서 죽게 하신 곳이다. 나아가 우리도 그의 일부를 이루고 있는 곳이다. 그러면서 타락해버린 이 세상은, 이제 신앙을 파괴하며 그것을 집어삼키려고 위협하고 있다... 우리에게 깊은 인상을 안겨주면서 세상을 긍정하는 칼빈의 영성도, 존재론의 차원에서 하나님과 세상을 구별하는 것은 긍정하지만, 정

작 그 둘은 전혀 별개로 구분하지 않는다. '구별되지만 구분된 것은 아니다'(각기 독특성이 인정되지만, 결코 따로 떨어진 채 나누어져 있지 않다)라는 주제는, 칼빈의 신학 가운데 많은 곳에서 그 기초를 이루고 있으며, 그의 영성에서도 다시 등장하고 있다. 창조주 하나님을 아는 것은 그분이 창조하신 것들을 아는 것과 결코 분리될 수 없다. 피조세계가 중요하다는 것은 그것을 창조하신 분으로부터 유래하는 것이다. 그리스도인들은 세상을 창조하신 하나님께 충성하고 순종하며 그를 사랑하기에, 그분이 만드신 세상을 존중하고 거기에 관심을 기울이며 헌신해야 하는 것이다. 세상은 그런 충성을 직접 요구하지는 않는다. 하나님이 창조하신 자연을 존중할 때 그 사람은 하나님을 경배하는 것이지 자연을 경배하는 것은 아니다... 세상을 부인한다는 것은 너무나 경이로운 모습으로 그것을 창조하신 하나님을 부인하는 것이다.[19]

긍정적인 차원에서 세상은 하나님의 사랑의 장이요 인간도 세상의 일부이기 때문에 세상에 대한 이해 없이 하나님을 바르게 알 수도 없고 바르게 사랑할 수도 없다. 이런 맥락에서 세계와 인간에 대한 깊은 이해를 추구하는 학문들을 통하여 세상과 인간 이해에 중요한 자료를 제공할 수 있다.

나아가 세상은 우리의 영성을 펼치는 장이요 우리의 삶을 살아내는 장이다. 때문에 우리는 세상에서 함께 노래하고 함께 희망을 노래하고 함께 사랑하며 건설해야 할 하나님의 나라이다. 우리가 세상을 부정하는 것은 세상을 지으신 하나님을 부정하는 것이기도 하다.

세상의 영역 주권 해석과 분별

하나님은 모든 피조물을 하나님에게 절대적으로 의존하고 있다. 하나님은 피조물을 법 아래 두신다. 하나님의 법칙은 십계명에만 제한되는 것이 아니다. 하나님은 많은 다른 법칙들을 세우셨다. 하나님은 노아와 그의 가족에게 "땅에 있을 동안에는 심음과 거둠과 추위와 더위와 여름과 겨울과 낮과 밤이 쉬지 아니하리라"(창 8:22)고 하심으로서 자연이 어떤 법칙에 순응할 것이라고 약속하셨다. 모든 피조물은 결코 자신의 피조성을 넘어설 수 없다. 피조물은 항상 신적 법칙에 종속되고 이 경계를 벗어날 수 없다. 하나님께서 피조물 안에 여러 영역을 주시고 각 영역에게 필요한 규범과 법칙을 주셨다. 각 영역에 주권 원리를 주셨다.

영역 주권의 원리에 대한 전개는 아브라함 카이퍼(Abraham Kuyper)에 의해 체계화되었다. 그는 각 영역의 주권은 교회와 학교와 같은 인간사회의 관계들을 구성하는 데 있어서 우리를 인도하는 규범적 구조원리라고 주장하였다. 그는 교회, 국가, 학교, 과학, 그리고 회사 사이의 핵심적 차이를 인정하지 않는 사람들을 설득하기 위해 영역 주권의 원리를 제시하였다.

카이퍼는 각각의 영역은 다른 영역들과는 독립적으로 고유의 법칙들을 소유하고 있다고 주장하였다. 삶의 각 영역은 하나님으로부터 그 자신의 특유하고 핵심적 본질을 부여 받았다. 한 영역의 능력은 다른 영역에 의해 이전되거나 충당될 수 없다. 예를 들어 정부는 권위의 기초 위에 정의를 구현하고 유지하도록 하나님에 의해 부름을 받았다. 따라서 정부가 과학의 내적 문제들이나 교회의 신앙의 문제를 간섭하는 것은 적절하지 않다. 마찬가지로 교회는 정부에 주어진 정의를 위한 핵심적인 문제들에 대해 간섭하거나 과학적 문제들을 거론하며 결정할 소명을 갖고 있지 않다.

영역 주권의 원리는 정치적 상황을 교회적 시각에서 반대하거나 자녀들의 돌봄에 대한 부모들의 책임을 면제시키려는 정치원리들에 반대한다. 그것은 산업의 사회화, 국가통제하에 있는 방송을 반대하고, 교회의 논쟁을 교회로 한정시킨다. 왜냐하면 가정, 국가, 산업, 교회 등의 주권은 우리가 각 영역의 질서와 주권을 따를 때에만 유지될 수 있기 때문이다. 한 영역은 다른 영역으로 환원될 수 없다. 한 영역의 질서와 법칙들은 다른 영역들에 동일한 방식으로 적용되지 않는다. 수는 공간으로 환원될 수 없고, 공간은 수로부터 유래될 수 없다. 만일 이러한 환원이 시도된다면, 혼란을 피할 수 없다.

카이퍼가 전개한 영역 주권의 원리에서 각 영역의 모든 규범과 법칙은 그 타당성이 주권자 하나님으로부터 유래되었다. 때문에 각 영역의 규범과 법칙이 가지는 주권은 파생적 주권이다. 그것은 하나님의 원래적 주권과 구별되어야 한다. 그것은 절대적인 주권이 아니다. 이 주권은 각 특수 영역의 한계로 인한 상대적 주권이다. 특수한 국면의 경계의 범주 안에서는 오직 그 영역에 적합한 법칙만이 타당하다. 한 영역은 다른 영역들의 법칙은 적용되지 않는다.

그러나 영역들의 경계는 단절이 아니다. 한 영역이 다른 영역과 분리되어 존재한다는 것은 가능하지 않다. 모든 영역들은 불가분리적으로

서로 연계되어 있다. 각 영역은 다른 모든 영역을 지시한다.

하나님은 우주 법질서에 따라 각 영역의 관계들을 함께 결합시키는 보편적인 융합적인 연계성 속에서 우주를 창조하셨다. 하나님이 창조하신 우주 속에서 발견되는 모든 곳에서 연계성이 존재한다. 하지만 우주 속에 있는 모든 관계가 융합적인 연계성의 성격을 띠는 것은 아니다. 때문에 융합적인 연계성은 소극적으로 그리고 적극적으로 정의될 수 있다. 소극적으로 개체 구조들은 이 연계성이 전체와 그 부분들 간의 관계로 묘사될 수 없을 때, 연계성으로 융합되어진다고 할 수 있다. 적극적으로 연계성으로 융합된 사물들이나 사회적 관계들은 그들 고유의 내적 구조와 구조적 영역 주권을 보유한다는 것이다.

융합성은 전체의 그 부분에 대한 관계가 아니다. 전체로서의 모든 사물은 그 부분들을 갖는다. 식물은 줄기와 잎을 가지고 있다. 그러나 전체의 차원들은 전체로서 동일한 목적 기능을 갖고 있고, 동일한 구조 원리에 의해 결정된다. 식물은 유기체적 사물이다. 그 잎들은 또한 구조상 유기체적이다. 식물의 잎은 그것이 전체 안에서 그 고유의 기능을 가지는 한, 그 독립성을 향유한다. 줄기와 꽃은 다른 기능을 갖는다. 줄기와 잎이 그 식물로부터 분리되었을 때에는 그 고유의 기능을 상실한다. 그것들은 그 자체만으로는 주권적이 아니다. 부분은 전체와의 관계 속에서 존재하기 때문에 단지 상대적 독립성을 가지는 것이다. 만일 부분이 전체로부터 분리된다면, 그것은 종종 다른 목적 기능을 가지는 사물이 되어 버린다. 식물로부터 떨어져나가 흙으로 변해버린 줄기는 더 이상 유기체적 사물이 아니고, 물리적 사물이다.

전체와 그 부분과의 관계는 융합성으로 불러질 수 없다. 왜냐하면 융합성은 개체 구조들이 그 고유영역에서 내적 주권을 보유하고, 그 외적 기능들이 개현되는 개체 구조들의 통일성이기 때문이다. 융합성의 한 예는 사람과 사람이 사는 집과의 연계성이다. 사람의 목적 기능은 주체적이고 내적이다. 인간은 감성의 내적법칙의 주체이다. 반면에 사람이 사는 집은 곧 사람과의 상관성 속에서 객체적이고, 물리적으로 규정된다. 그러나 사람과는 별개로 다양한 물건들의 구조적 집합체인 집은 주체적으로 유기체적 사물로 규정된다. 집은 그 자체가 이성이나 감정을 갖지 못하고, 사람의 이성과 감정의 객체이다. 그러므로 개체들 곧 사람과 집은 이 융합적인 연계성 속에서 자신의 정체성과 구조를 보유한다.

영성생활의 실천으로서 기도와 노동 해석과 분별

노동의 영적 의미

기독교 전통에서 일은 '세속적인'(pro-fane, 성전 앞에 있는) 것이 아니라 거룩한 또는 성전의 경내에 있는 것이다.[20] 일은 기도만큼이나 세련되고 거룩한 것이다. 우리는 창조될 때 그 일을 하도록 부름을 받았다. 일은 인간의 소명이다. 하지만 우리는 또한 일에서 사랑을 받는다. 일은 우리를 깨닫게 하고, 보람 있게 하고, 위로하고, 성취감을 준다. 우리가 일을 하면서 에로틱한 느낌을 받지 못한다면 십중팔구는 영적인 차원이 부족한 것이다.[21]

기독교 의례에서 세례와 성만찬 같은 예전(liturgy)이란 말의 뜻은 '보통 사람들의 일'이라는 뜻에서 유래되었다. "교회에서 행하는 의례는 일종의 영혼의 일이다. 즉 의례란 일 속에서 영혼의 뭔가가 창조된다. 그렇다고 해도 그 일을 '세상에서' 행하는 일과 굳이 분리시킬 필요는 없다."[22] 교회에서 행하는 일이 교회 밖에서 행하는 일의 표본이다. 우리가 교회 안에서의 일과 교회 밖에서의 일은 모두 거룩한 일이다. 일의 거룩성은 장소의 문제가 아니다. 우리가 일상적으로 하는 일들을 영적으로 의식한다면 우리는 거룩한 교회와 세계 사이에 다리를 놓는 것이다. 더욱이 일상적인 일을 거룩하게 또는 영적으로 만들기 위해서 그 위에 종교성이라는 옷을 입힐 필요는 없다. 일의 거룩성은 종교의식적 형식에 의존하는 것이 아니라 일 자체가 거룩한 행위이기 때문이다.

모든 정직한 일은 거룩할 뿐만 아니라 그 자체가 사역이다. 캘빈 시어벨트는 그의 아버지로부터 이것을 배우게 된 상황을 다음과 같이 말한다.

> 우리 아버지는 생선 장수다. 우리 자식들은 어렸을 때부터 뉴욕의 롱 아일랜드, 팻초그에 있는 그레이트 사우스 베이 생선 가게에서 일을 하면서 화살통에 가득한 화살처럼 아버지를 도왔기 때문에 그 일에 대해서 잘 알고 있다. 그 가게는 작았고, 마치 한 마리 커다란 생선처럼 비린내가 가득하다. 나는 오래 전의 목요일 정오를 기억한다. 아버지는 한 부유한 여인에게 커다란 잉어 한 마리를 팔고 있었다. 잉어가 "신선합니다"라는 사실을 그 부인에게 납득시키는 일은 한 판의 전쟁이었다. 그

잉어는 아직 신선해서 지느러미가 빳빳했으며 방금 들어온 것이었다. 그러나 게임은 장사의 한 부분이었다. 두 사람은 해부학적으로 그 잉어에게 눈을 돌렸다. 잉어의 눈빛은 맑았으며 아가미 색깔도 아주 좋았다. 신선도는 확실했다. 잉어의 배는 날씬하며 단단하기까지 하였다. 꼬리도 그다지 닳지 않았다. 가격은 적당했다. 마침내 아버지는 계산대 뒤에서 그 물고기를 들어올렸다. "좋습니다. 좋아요. 손질해 드릴까요?" 그러자 여인은 마지못해 동의하면서, 거래가 이루어진 방식에 대해서 씁쓸하게 찬탄하면서 이렇게 말하였다. "저런, 당신은 부르심을 놓치지 않았군요! 정말 이 직업이 제격이시네요!" 여인의 말은 진실이었다. 아버지는 생선 장사를 하면서 선지자요 제사장이요 왕이신 주님께 전임으로 봉사하고 있었다. 그리고 가게에 들어오는 손님들은 그 사실을 느낄 수 있다. 우리가 그 도시에서 생선을 가장 싸게 파는 것이 아니다! 매우 바쁜 금요일 아침에는 실수가 전혀 없는 것도 아니다! 거기에 죄가 없는 것도 아니다! 그러나 아버지와 두 종업원이 있는 작은 그레이트 사우스 베이 생선 가게는 여러분이 미소를 지으면서 질 좋은 생선을 살 수 있는 깨끗하고 정직한 장소일 뿐만 아니라, 거기엔 어떤 분위기가 있다. 그 분위기는 구경꾼에게도 유쾌함을 주는, 사고파는 거래 속에 담겨 있는 웃음과 재미와 즐거움이다. 금요일에 있는 '생선의 날'을 준비하느라 안쪽 방에서 한 주 내내 힘들게 작업하는 일은 그저 중간에 '휴식할 짬'이 들어 있는 일상적인 고역이 아니다. 다시 한 번 말하지만 거기에는 비

천한 노동을 풍성한 섬김으로 승화시키는 어떤 정신 같은 것
이 있다. 그리고 섬김의식을 주관하는 일은 즐거운 일이다. 나
는 아버지의 크고 두툼한 두 손을 바라본다. 손가락 굵기는 내
손가락의 거의 두 배나 된다. 그 손으로는 결코 피아노를 칠 수
없을 것이다. 그러나 그 두 손이 고등어 배를 예리하게 반으로
가를 때, 가자미를 단칼에 포 뜨는 것을 볼 때, 잔혹했던 1930
년대에 생선 행상을 하면서 자전거 핸들을 잡고 있었음을 깨달
을 때, 화재, 병, 도둑, 재해, 피곤, 독감, 뜨겁고 습한 날씨에
도 휴가 한 번 없이 일하고, 불평 한마디 없이 활기차게 일하
며, 유혹을 뿌리치고, 정당한 가격을 받기 위해 밤낮으로 애쓰
고, 때로는 연약함 가운데 그러나 늘 신앙 안에서 성스럽게 주
님 앞에서 생선을 토막 내었다는 것을 깨달을 때, 나는 하나님
의 은혜가 한 사내의 손 위에 그리고 거친 생선 칼의 섬광 위에
내려앉을 수 있음을 깨닫는다.[23]

노동은 죄의 결과가 아니다. 노동은 하나님의 선물이다. 노동은 타락
이전에도 존재하였기 때문이다. 하지만 노동이 죄의 결과로 주어진 것
이라고 이해하는 경향이 있다. 이러한 경향은 에덴동산의 아담과 하와
의 불순종의 결과로 노동이 주어졌다고 이해하기 때문이다. 하지만 에
덴의 추방 이야기의 본질은 고통이나 노동에 있기보다는 하나님의 보호
와 사랑에 있다고 할 수 있다.

아담과 하와가 하나님의 명령을 어기고 선악을 알게 하는 나무의 열
매를 따먹자 하나님은 "여자에게 이르시되 내가 네게 임신하는 고통을

크게 더하리니 네가 수고하고 자식을 낳을 것이며 너는 남편을 원하고 남편은 너를 다스릴 것이니라 하시고 아담에게 이르시되 네가 네 아내의 말을 듣고 내가 네게 먹지 말라 한 나무의 열매를 먹었은즉 땅은 너로 말미암아 저주를 받고 너는 네 평생에 수고하여야 그 소산을 먹으리라"(창 3:16-17)고 하였다. 이 진술에서 보통 아담과 하와를 향한 하나님의 대응은 단지 직접적인 형벌로 이해하는 경향이 있다. 그리고 이 형벌의 결과가 노동이기 때문에 노동은 죄의 결과라고 생각하기 쉽다. 문자적으로 보면 형벌처럼 표현되어 있기 때문에 노동을 하나님의 형벌로 이해할 수 있는 여지도 있다. 하나님은 명령을 어기고 불순종한 아담과 하와를 에덴으로부터 쫓아내고 그룹들과 화염검을 두어 "생명나무의 길을 지키게" 하였다.

창세기 이야기를 살펴보면 하나님은 인간이 "그 손을 들어 생명나무 실과도 따먹고," 하나님의 권능과 통치에 대적하게 될 충분한 신적 자질들을 얻게 될 것을 두려워하시는 것처럼 보일 수도 있다. 하지만 이것이 진정한 하나님의 동기라면, 그것은 권세와 영광에 대한 집착에서 오는 것이라고 할 수 있다. 하나님의 행위가 거기에서 비롯되었다면 이러한 행위는 부당할 뿐만 아니라 하나님의 속성에도 부합될 수 없다. 그룹들과 화염검과 추방 그 자체는 아담과 하와의 어리석은 불순종의 행위를 막기 위한 하나님의 수단일 수 있다. 추방은 사탄이 아담과 하와에게 하나님같이 될 수 있다는 가능성에 집착하게 함으로써 하나님이 부여한 자유의지를 하나님께 반역하게 하는 식으로 왜곡하는 것을 막기 위한 수단이라고 할 수 있다.

그러나 창세기는 아담과 하와가 생명나무의 열매를 먹고자 하는 충동을 이겨 내지 못하리라는 것을 알고 있는 하나님의 순수한 사랑 이야기이다. 그러므로 추방은 형벌이라기보다는 보호에 가깝다고 할 수 있다. 그룹들과 화염검은 하나님의 권세를 지키기 위한 것이 아니라 인간의 진정한 자유를 보호하기 위한 것이라고 할 수 있다. 이는 아담과 하와가 에덴동산을 떠나기 전에 하나님은 어머니의 심정으로 그들을 위해 옷을 지어 입혔다는 것에서 증명된다. 따라서 에덴동산에서 아담과 하와의 추방은 신성에 집착하는 하나님의 행동이 아니라 인생이 그 창조주께 의지하지 않고는 온전해질 수 없다는 것을 아시는 사랑의 하나님의 행동이다. 하나님이 하나님 되심에 단호하다는 것은 의심의 여지가 없다. 그것을 거부할 때는 그에 따르는 확실한 결과가 있다. 그러나 하나님의 행위는 이기심이 아니라 사랑에 기초한 것이다.

노동은 아담과 하와의 불순종의 결과로 인해 주어진 죄의 결과로 보아서는 안 된다. 하나님께서 아담과 하와를 에덴에서 추방하신 후에 나타난 성경 이야기들에서, 인간의 공허한 자율성의 약속으로부터 인도하고 보호하기 위한 율법, 즉 토라가 만들어졌다는 것에서도 보듯이 에덴의 추방 이야기는 사랑 이야기라고 할 수 있다. 노동은 아담과 하와의 타락 전에 주어진 하나님의 사랑의 선물이지 죄의 결과는 아니다. 죄가 세상에 들어온 후에 노동은 오염되었지만 노동은 본질적으로 하나님의 선물이다. 인류 타락 후에 노동은 유쾌하기보다는 고통스러울 때도 있다. 그렇지만 노동은 여전히 우리의 부르심이다. 따라서 노동은 하나님에 대한 봉사이다. 폴 마샬(Paul Marshal)은 신앙적 의미와 가치에 대하여 다음과 같이 기술하였다.

바울의 생각에 따르면, 모든 형태의 노동은 신앙에서 비롯될 수 있으며 따라서 노동은 하나님에 대한 봉사다. 바울은 '하나님 형상에 따라 지음을 받은 새 사람'의 섬김에 대해 설명하면서 '자기 손으로 정직하게 일할 것'을 권면하고 있다. 분명 그리스도 안에서의 새 사람, 새로운 본성은 육신 없는 영혼이 아니다. 새 사람은 손을 가지고 있으며 그 손을 사용해야 한다! 그리스도 안에서 회복된 새 사람은 하나님의 세상 가운데서 일을 해야 하며, 다른 사람들의 필요를 채워 주어야 한다. 우리의 새로운 본성은 바로 이러한 의미에서 철저하게 세상적이라고 말할 수 있다.[24]

중세 시대가 노동에 대한 언급, 즉 몇몇 수도회가 묵상의 삶이 손수 노동을 한다고 해서 반드시 무너지는 것은 아니라는 믿음을 집약하고 있는 '노동이 곧 기도다'(laborare est orare)라는 구호를 가지고 있었다. 그렇지만 중세 시대에는 노동에 대한 부정적인 시선이 보편적이었다.[25] 종교개혁 전의 중세 서방 교회의 가르침은 종종 다른 모든 유형의 삶보다 기도와 묵상적인 삶을 더 숭고하게 보았기 때문에 "수사들과 사제들이 그리스도인들 가운데서 일급 그리스도인들이었으며, 다른 사람들은 이급 그리스도인으로 여겼다. 이와는 대조적으로 종교개혁가들은 모든 신자가 제사장 곧 사제임을 강조하였다. 만인이 제사장이라는 것은 우리가 모두 하나님께 직접 나갈 수 있음을 의미할 뿐만 아니라, 모든 인간의 봉사, 모든 종류의 노동이 똑같이 하나님께 드리는 섬김이라는 것을 의미한다. 우리는 모두 제사장이며 선지자다."[26] 종교개혁 전까지만 해도 노동은 진정한 그리스도인이라면 결코 진지하게 고려할 수 있는 선택 사항이 아니었다.

종교개혁의 주요 특징 가운데 하나는 성경적인 노동관을 재정립하는 데 있었다. 종교개혁자들에게 지대한 영향을 끼쳤던 에라스무스(Erasmus)는 기도와 같은 행위는 거룩한 것이고 노동은 세속적인 것이라고 여기는 것을 경멸하며 다음과 같은 질문을 던졌다. '저 밭을 갈고 있는 비천한 농부가 한 일이 수도원의 의식보다도 하나님을 더 기쁘게 해드리지 않는가?'[27] 개혁자들은 중세가 생명처럼 여겼던 '거룩한 것'과 '세속에 속한 것' 사이의 구분을 거부했다. '신령한' 질서와 '세속의' 질서 사이에는 그 지위에 어떤 진정한 차이도 존재하지 않았다. 모든 그리스도인들이 제사장으로 부름을 받았고, 나아가 그 부르심은 일상세계까지 확장되었다. 때문에 개혁자들은 노동과 같은 일상의 일에 대한 부정적 인식과 노동을 신앙적 삶과 무관한 것으로 여기는 현상은 성경의 가르침이 결코 아니라고 보았다.[28]

노동에 대한 부정적인 태도는 고대 헬라 문화와 깊이 연계되어 있다. 헬라 문화권에서는 특히 몸으로 하는 노동을 경시하는 현상이 있었다. 헬라 문화권에서는 정신적인 일을 하는 정치인과 철학자는 존경하였지만 노동자는 일을 해야 하기 때문에 일종의 노예 같은 존재로 여겨졌다. 헬라 문화권에서 가치 있는 삶은 정치와 철학 혹은 종교를 추구하는 것이었으며 필수적인 노동에서 벗어난 삶을 사는 것이었다. 진정한 자유인은 일을 할 필요가 없었다.[29]

헬라 노동관은 중세 스콜라 철학에도 많은 영향력을 발휘하였다. 중세 스콜라 철학은 일하는 행위보다 기도하는 묵상을 우선시했다. 이러한 이해 때문에 영적 가치가 노동으로부터 서서히 분리될 수밖에 없었다.

칼빈은 스콜라 철학의 이런 태도를 비판하고 노동을 공동선을 향한 예전과 같다고 보았다. 그는 인간의 정신과 육체를 사용하는 노동과 이 노동이 지니는 영적 위엄과 가치를 중요하게 인식했다. 칼빈은 "인간은 다양한 종류의 노동에 종사하라는 명백한 목적 아래 창조되었다. 그 어떤 희생제사도, 모든 인간의 공동선에 기여하도록 하나님의 부르심에 부지런히 몰두하며 힘껏 노력하는 것보다 하나님께 더 기쁨이 되지 않는다"고 하였다.[30] 칼빈은 일이 지닌 영적 사회적 가치를 공동선의 관점에서 이해한다. 그는 에베소서 4:26-28의 주해에서 다음과 같이 기술하였다.

> 우리는 그 일이 선한지, 공동의 선을 이해 이득이 되는지, 내 이웃이 그 일로 인해 더 잘 지낼 수 있게 되었는지를 살펴보아야 한다. 하나님은 공동체 전체에 유익하고, 또한 쓸 만하며, 모든 사람에게 선한 것을 반영해 주는 직업만을 인정하실 것이다. 그러니 하나님의 자녀는 기술을 사용하거나 직업을 결정할 때 반드시 자신의 이웃을 섬길 수 있어야 하며, 그 일이 모든 사람의 공익을 위한 것이 될 수 있도록 조치해야 한다.[31]

칼빈은 노동의 영적 의미와 공동체적 기여를 중요하게 여겼다. 그는 타락 이전에는 노동에 자발적인 즐거움이 있었지만, 타락 이후에는 노동에 고통이 스며들었어도 노동은 하나님의 동역자인 인간에게 주어진 선물로 보았다.

종교개혁의 전통에서도 모든 종류의 일이나 노동이 하나님의 사역이라는 생각보다는 하나님의 사역을 교회 안에만 가두는 일이 많았다. 교회 안의 일은 신성한 사역으로 여겼지만 일상의 일은 거룩한 사역이라는 인식이 미약했다. 성경 번역에 중요한 공헌을 한 윌리엄 틴데일(William Tyndale)은 다음과 같은 글을 썼다가 이단으로 몰려서 고소를 당하고 유죄 판결까지 받아야 했다. "하나님을 기쁘시게 하는 데는 더 좋은 일이나 더 나쁜 일이 없다. 물을 붓는 일이나 접시를 닦는 일이나 구두를 만드는 일이나 사도가 되는 일이나 모두 동일하다. 접시를 닦는 일과 설교하는 일은 하나님을 기쁘게 하는 점에서 동일하다."[32] 틴데일은 접시를 닦는 일을 설교하는 일과 영적으로 같은 가치를 지닌 것으로 보았다.[33] 이러한 관점에서 "우리는 진정한 인간의 과업 모두가 동등하게 하나님에 의해서 주어진 것이며 동등하게 영적인 것임을 인정해야 한다. 분명 때때로 어떤 것들은 더 시급하며 다른 것들보다 우선한다. 그러나 어떠한 종류의 행위에 대해서도 다른 행위와 비교하여 근본적인 영적 우선성을 주장할 수 없다."[34]

영적 의미와 가치를 기도와 예배와 같은 행위에만 두고 노동과 같은 일과는 무관한 것으로 여기는 것은 비성경적 태도이다. 또한 밤을 지새우면서 알츠하이머병 치료약 개발을 위해 연구실에서 시간을 보내는 것은 기독교 사역과 무관하고 교회 안에서 설교하는 것은 기독교 사역이라는 생각도 바른 태도가 아니다. 교회공동체를 섬기는 목회자만이 전임 사역자가 아니라 그리스도인이라면 누구나 전임 사역자이다. 알츠하이머병 환자들을 위한 연구를 통하여 이루어낸 장기적이고 광범위한 효과들이 지역 교회에서 가끔씩 행해지는 치유집회들보다 효과적인 사역이 될 수 있다. 집회들에서는 몇 사람들이 잠시 증상이 호전되었다고 주장하다가 몇 달 만에 전과 똑같은 상태로 돌아갈 수도 있지만, 헌신적인 연구 활동이 수많은 사람의 고통을 덜어 주는 잠재력을 더 발휘할 수 있기 때문이다.

〈미주〉

1 Christian Smith with Patricia Snell, *Souls in Transition: The Religious & Spiritual Lives of Emerging Adults* (New York: Oxford University Press, 2009), 75.

2 N. T. Wright, *Surprised by Hope* (London: SPCK, 2007), 283–302.

3 Glenn Weaver, "Embodied Spirituality: Experiences of Identity and Spiritual Suffering Among Persons with Alzheimer' Dementia," in *From Cells to Souls and Beyond*, ed. Malcolm Jeeves (Grand Rapids: Eerdmans, 2004), 77–101.

4 Fraser Watts, ed., *Spiritual Healing* (New York: Cambridge University Press, 2011), 1.

5 Fraser Watts, ed., *Spiritual Healing*, 11.

6 Robert Davis, *My Journey into Alzheimer's Disease* (Wheaton: Tyndale, 1980), 53.

7 Robert Davis, *My Journey into Alzheimer's Disease*, 115.

8 Parker J. Palmer, *The Active Life: A Spirituality of Work, Creativity and Caring* (San Francisco: Jossey–Bass Publishers, 1990), 5.

9 Parker J. Palmer, *The Active Life*, 6.

10 Parker J. Palmer, *The Active Life*, 6.

11 Parker J. Palmer, *The Active Life*, 15.

12 Parker J. Palmer, *The Active Life*, 15.

13 Parker J. Palmer, *The Active Life*, 15.

14 Parker J. Palmer, *The Active Life*, 16.

15 Parker J. Palmer, *The Active Life*, 16.

16 Parker J. Palmer, *The Active Life*, 16.

17 Parker J. Palmer, *The Active Life*, 16-7.

18 Parker J. Palmer, *The Active Life*, 17.

19 Alister McGrath, *Roots that Refresh: A Celebration of Reformed Spirituality* (London: Hodder & Stoughton, 1992), 127-28.8

20 Thomas Moore, *Care of the Soul: A Guide for Cultivating Depth and Sacredness in Everyday Life*, 김영운 옮김, 『영혼의 돌봄』 (서울: 아침지도영성연구원, 2007), 261.

21 Thomas Moore, 『영혼의 돌봄』, 268.

22 Thomas Moore, 『영혼의 돌봄』, 268.

23 Paul Marshal with Lela Gilbert, *Heaven Is Not My Home: Learning to Live in God's Creation*, 김재영 옮김, 『천국만이 내 집은 아닙니다』 (서울: IVP, 2000), 87-9에서 인용.

24 Paul Marshal with Lela Gilbert, 『천국만이 내 집은 아닙니다』, 91-2.

25 Alister McGrath, *Roots that Refresh*, 140.

26 Paul Marshal with Lela Gilbert, 『천국만이 내 집은 아닙니다』, 92-3.

27 Alister McGrath, *Roots that Refresh*, 141에서 인용.

28 Alister McGrath, *Roots that Refresh*, 141.

29 Paul Marshal, *A Kind of Life Imposed on Man: Vocation and Social Order from Tyndale to Locke* (Toronto: University of Toronto Press, 1996), 14-8.

30 John Calvin, *Commentary on Luke* (GrandRapids: Baker Book House, 2005), 10:38.

31 John Calvin, *Sermons on Ephesians* (Edinburgh: Banner of Truth, 1973), 4:26.

32 Paul Marshal with Lela Gilbert, 『천국만이 내 집은 아닙니다』, 95.

33 Paul Marshal with Lela Gilbert, 『천국만이 내 집은 아닙니다』, 95.

34 Paul Marshal with Lela Gilbert, 『천국만이 내 집은 아닙니다』, 95.

영혼 돌봄을 위한

해석과 분별

INTERPRETATION AND DISCERNMENT

FOR CARE OF THE SOUL

제3부

체험의 해석과 분별

5장 정신적 체험의 해석과 분별
6장 정서적 체험의 해석과 분별
7장 도덕적 체험의 해석과 분별
8장 영적 체험의 해석과 분별
9장 신비적 체험의 해석과 분별

사람들이 무의식을 어떻게 인식하는지에 대한 좋은 예가
있다. 빈종이 한 장을 가져와서 중앙에 작은 점을 하나
찍는다. 그 작은 점이 우리가 무의식에 대해 알고 있는
것이다. 나머지 흰 부분이 우리가 무의식에 대해 모르는
것이다. 우리의 경험, 감정, 감각, 반응 등의 대부분이
의식적인 인식 없이 관계 속에서 행해진다. 우리는 관계
속에서 나타나는 우리의 동기와 행동을 의식적으로
알지 못한다는 뜻이다. 우리가 어떤 특정한 상황에서 왜
그렇게 반응하는지에 대한 단서가 없을 때, 그 해답은
우리의 무의식 깊은 곳에 묻혀 있을지 모른다. 알려지지
않은 광대한 무의식의 영역을 탐색한다는 개념은
놀랄만한 일이다. 고통스런 경험에 대한 기억을 갖고
있으면 정신의 탐색 작업을 하지 않으려고 더욱 버티게
된다. 대부분 우리는 과거의 상처를 보지 않고, 묻어
두고 싶어 한다.

-로렌스 크렙-

5장

정신적 체험의 해석과 분별
Interpretation and Discernment of Mental Experience

정신층의 해석과 분별

우리가 인간의 정신이 어떻게 작용하는지를 아는 것은 매우 중요하다. 우리가 잘 알고 있는 코끼리를 만진 여섯 명의 장님들에 대한 이야기에서 '내가 귀를 만지고 있다면 그것을 부채라고 하고, 코를 만지면 밧줄이라고 하고, 다리를 만지면 성전 기둥이라고 한다'는 내용이 나온다. 지각하는 인간의 정신은 어떠한 깨달음이든 공동으로 형성하는 효과를 가진다. 우리가 경험한 것을 성찰하는 것과 성찰하면서 진실로 무슨 일이 일어나고 있는지를 깊이 있게 이해하려고 노력할 때, 그것은 해결할 수 없을 정도로 복잡하게 얽혀 있다는 것을 알게 된다.

인간의 정신이 우리가 살고 인식하는 세계를 다루는 미묘하고도 강력한 수단이라는 사실 때문에 이렇게 복잡해지는 것이다. 따라서 인간 삶의 영역 가운데 외적으로 경험하는 것들뿐만 아니라 이 경험 속에서 작용하는 사람들의 정신 활동인 상상, 기억, 예견 그리고 이러한 정신 활동 작용의 원인이 무엇인지를 발견할 수 있는 방법을 배워야 한다.

인간의 정신은 여러 층으로 형성되어 있다는 것을 알아야 한다. 우리는 일반적으로 정신의 '기능적인 층'에 익숙해져 있다. 즉 인간의 정신은 합리적인 사고를 하고 논리적인 기능을 한다는 사실을 잘 안다. 우리는 이러한 기능적인 층으로 우리에게 가능한 정보를 분석한 후에 무엇을 해야 할지 계획하고 실천한다. 우리가 인간의 정신이 이러한 기능적인 층 이상의 특징이 있다는 것을 부인하려고 하더라도, 인간의 정신은 본질적으로 인간의 자유와 창조성 그 이상의 것에 실제로 열려 있음을 부인할 수는 없다. 우리는 우리가 신비라고 부르는 절대자의 초월적인 실체를 알도록 되어 있다. 더욱이 그것에 참여하도록 영감을 주는 정신의 층이 있다.

인간의 정신의 상호 보완적인 힘으로써 의지와 절대자의 신비에 자신을 개방하도록 하는 초월층이 있다.[1] 실제로 인간의 정신이 결정한 것들을 행동으로 옮기는 것은 의지이기 때문에 우리는 의지의 기능적이거나 지향적인 특성들에 더 익숙하다. 정신의 모든 힘은 서로 다른 의식 층에서 작용하지만 우리는 그 일부만을 인식하게 된다. 의식이 미치지 못하는 곳에 '전의식'(prefocal consciousness)층이 있다. 이것은 우리 자신과 삶의 다양한 영역 사이의 숨겨진 대화층으로서 때때로 삶 속에서 의식의 차원으로 이끌어져야 한다. 또 다른 의식 층으로는 '무의식'(infrafocal consciousness)층이 있다. 이 층은 즉각적인 의식이 가능하지 않은 의식의 더 깊은 층이다. 이 층은 과거의 경험, 긴장 그리고 다루어지지 않은 분쟁들이 축적된 무의식의 침전물들로 구성된다. 이러한 무의식층의 특성을 인식하기 위해서는 특별히 종교 체험의 영역 안에서 얻어진 지혜와 정신분석적인 숙련이 필요하다. 왜냐하면 사람들이 하나님으로부터 직접 받았다고 생각하는 예지적인 말씀과 환시와 같은 경험을 혼동하는 경우가 있기 때문이다.[2]

영적 돌봄에서는 모든 인간이 초월적인 신비를 수용할 수 있는 심오한 '초의식'(transfocal consciousness)을 똑같이 가지고 있다는 것을 인식할 필요가 있다. 기본적인 인간의 능력에는 절대자의 신비 앞에 경외감을 느낄 수 있는 초의식이 있다. 이 의식은 각 사람의 삶의 영역과 창조된 실재를 전체적으로 둘러싸고 있기 때문에 우리는 그것을 느낄 수 있다. 이 의식은 일찍이 칼빈이 말한 인간의 마음 안에 있는 '종교의 *씨앗*'(the seed of religion)과 비견될 수 있는 의식이기도 하다. 칼빈은 모든 인간의 마음에는 본성에 새겨진 '종교적 씨앗,' 즉 '신성에 대한 감각'(a sense of dignity)이 있다고 보았다. 타락과 관계없이 "사람에게는 마음속 본성으로 하나님을 어느 정도 알 수 있는 지각이 있다."[3] 이는 인간이 타락 후 하나님과의 관계적 형상이 남아 있다는 의미는 아니다. 그에게 '종교적 씨앗'의 비유는 하나님과의 관계를 담아내는 형상이 지워졌음에도 그 그림자가 부정적 방식으로 보유된다는 뜻이다.

초의식은 경험한 사건을 지각하고 받아들이는 감각 이상의 층으로 사람들은 더 깊이 있는 영적 질문을 할 수 있다. 사람들은 근본적으로 항상 지니고 있는 이러한 질문들로 인해 불안해하기 때문에 이 질문들을 억압할 수도 있고 실제로 억압하기도 한다. 이러한 초월적인 질문은 인간이 절대자의 신비를 마주할 때 모든 인간에게 공통적으로 나타난다.

이는 곧 인간이 각자의 삶에서 오는 만남과 경험들 안에서 신비에 참여할 수 있다는 것이다. 그렇기 때문에 기독교는 사람들에게 이러한 의식을 일깨워주어야 하는 것이다.

정신의 초월적 체험 해석과 분별

우리가 생각하는 방식은 우리 자신과 다른 사람들에 대해 우리가 느끼는 방식과 관련이 많다. 인간의 정신은 유기체적인 특징이 있다. 정신적 차원이 몸의 영향을 받기도 하지만, 정신이 몸의 차원에도 많은 영향을 준다. 인간의 정신과 관련된 스트레스는 심장 질환, 암, 관절염, 호흡기 질환과 관련이 많다. 때문에 인지학파들은 우리가 생각하는 정신의 방식들이 어떻게 행동과 건강에 영향을 미치는지를 밝히려고 노력한다. 정신과 마음의 관계에 대한 중요한 업적을 남긴 데이비드 번즈(David Burns)는 인지 접근법을 사용하면서 사람들이 생각하는 방식을 바꾸면 기분도 달라질 수 있다고 말한다. 따라서 인간은 때로는 약물을 사용하지 않고도 감정적인 문제들인 우울증과 같은 질환을 치료할 수 있다고 주장한다.

번즈는 자기 이미지(self-image)를 파괴하고 몸을 쇠약케 하며, 의지를 무력화하고 일반적으로 새로운 영감과 마음이 갖고 있는 목적들에 도달하지 못하게 하고, 마음을 파괴하는 비논리적이고도 비관적인 정신 자세를 갖게 하는 10가지 사고방식을 이야기 한다. 이런 왜곡된 사고방식 중에 관심을 끄는 것은 이러한 사고방식이 현실에 대한 의식적인 지각

(conscious perception)과 더불어 전의식적인 지각(preconscious perception)의 대화를 통해 정서와 행동에 어떻게 영향을 미치느냐는 것이다.[4]

번즈는 특히 사람들은 '모든 것이 아니면 아무것도 아닌 것'이라는 사고방식에 기초한 완벽주의와 부정적인 경험으로부터 삶 전체를 마음대로 일반화 하는 경향이 있다고 보았다. 그리고 정신적으로 사람, 사건, 사물에 대한 모든 긍정적인 관점을 '흐리게' 할 수 있다고 보았다. 이러한 사람들은 부정적인 감정들을 가짐으로서, 그것들로부터 영향을 받아 사실에 대해 추론하게 된다. 사람들은 불가능한 것을 '해야 한다'고 하거나 자신이나 사건들에 대해 자기 파괴의 꼬리표를 붙이면서 그러한 관념에 지배당할 수 있다. 사람들은 근거도 없이 꼭 해야 한다는 생각만으로 부정적인 사건들에 대한 책임을 당연한 것으로 받아들일 수 있다.

캐런 호니(Karen Horney)는 종교적으로 열성적인 사람들이 빠질 수 있는 오류를 이해하는 데 중요한 아이디어를 제공한다. 호니에 의하면, 열성적인 사람은 완벽함을 요구하는 내면의 목소리를 만족시키기 위해 자신들을 너무 지나치게 혹사한다. 이러한 사람들은 '해야 한다'고 생각하거나 상상하는 것들에 대해 독자적으로 해석한 것들을 만족시키기 위해 자신의 진실한 모습을 찾지 못한 채 자기를 몰아붙인다. 그들은 당연히 모든 것을 인내하고 모든 사람들을 좋아하고 확실하게 이해하고 항상 생산적이어야 한다. 호니는 이러한 정신 상태를 '해야 한다라는 폭군'이라고 부른다.[5]

사람들이 이러한 정신적인 상태들로부터 고통을 받을 때에도 의식의 초월적인 차원은 특별히 중요하다. 이러한 사고방식의 양상들은 삶에서 절대자의 신비의 현존을 긍정적으로 인식하는 것을 어렵게 한다. 그것들은 사람들을 쉴 수 없게 하고 절대자의 신비의 현존에 안식할 수 없게 한다. 사람들은 잘못된 생각으로 인해 자신들의 영역의 모든 차원들을 통제하려는 데 전적으로 책임을 지려고 한다. 이러한 사고방식에서 일어나는 불안으로 지배된 기능주의적인 사고는 묵상과 관조의 차원에 속하는 창조적이며 초월적인 보다 영적인 방식을 불가능하게 하는 경향이 있다.

우리의 정신을 종교적으로 고정시키고 의지에 강하고 확실하게 압력을 가한다면 거룩하게 될 수 있다고 믿는 성향이 있다. 이러한 성향은 우리의 영성생활에도 부정적인 영향을 미친다. 절대자의 신비에 대한 진실한 접근의 역동성은 수용의 역동성이다. 우리는 절대자의 주도권에 마음을 열고 이를 수용적인 자세로 거룩한 절대자의 목적들을 분별하고 그것들과 함께할 수 있다.

기능적인 사고방식과 구별되는 초월적인 정신은 진리에 의해 형성되도록 열려 있고 그 진리에 대한 개방적인 자세에 기초되어 있다. 이러한 초월적인 정신은 플라톤과 아리스토텔레스가 경외와 경이로움의 에너지라고 말했던 것이다. 아리스토텔레스는 경외심을 무지로부터의 움직임으로 찬양했다. 초월적 정신은 우리가 삶을 형성하려고 하기보다는 우리 삶 안에서 절대자의 신비가 움직일 수 있도록 하는 묵상적인 사고와 관련이 있다. 이러한 자세로 우리는 모든 상징들과 이미지들을 뛰어넘는 '무지의 구름' 안에 계시는 하나님께 순종하고 말씀을 듣는 길을 열수 있다. 경험을 반영하는 신비적 차원의 정신을 찾으려면 초월적인 자기 현존에 집중할 수 있어야 한다. 이는 문제를 해결하는 기능적인 것과는 다른 의식의 차원이다. 물론 삶 속에서 체험하는 신비와 현실적으로 해결해야 되는 문제들도 있다. 실제로 우리는 결심하고 능동적으로 해결책을 찾고 목적들을 성취하고 판단을 내릴 필요가 있지만, 초월적인 가능성으로부터 이러한 것들을 완전히 따로 분리해서 생각할 수 없다. 그렇지 않으면 삶의 흐름을 기계적으로 조정하려다 오히려 문제 해결이 더 힘들어지거나 복잡해 질 수 있다.

우리가 단순히 정신의 기능적인 접근에만 머물게 되면 감추어진 영적인 결과들을 간과하게 된다. 이는 사람의 심장 질병과 같은 질환을 오직 신체적인 관점에서만 다루는 것과 같다. 사람들의 생각이 심장 근육 자체의 상처보다 부정맥에 더 강력한 자극을 줄 수 있다. 때문에 음식과 약물을 통한 심장 근육 치료보다 믿음, 소망, 사랑 그리고 살려고 하는 의지가 심장 건강에 더 중요하게 작용할 수 있다. 인간의 심장이 심장 자체의 기능에만 종속되어 건강하게 작동하는 것이 아니라 마음의 질에 따라 강력한 영향을 받듯이, 인간의 정신도 기능적인 접근에만 치중하고 초월적인 차원을 간과할 때 정신의 중요한 차원을 놓치게 된다. 때문에 인간 정신의 기능적 경험 자체만이 아니라 그 경험 뒤에 있는 것을 열린 자세로 묵상하는 영적 성찰이 필요하다.

정신의 '상상력' 체험 해석과 분별

우리가 어떤 것을 보고 그림을 그리고, 상상하고, 창작하고, 여러 가지 가능성을 마음속에 그려볼 수 있다는 것은, 노동하고 기도하는 것만큼이나 이 세상에서 중요한 것이다. 이런 은사들이 없다면, 우리 세계의 대부분은 삭막하고 음울해질 것이다. 하나님은 우리를 기능적인 피조물 이상으로 만드셨다. 하나님은 우리를 상상력과 예술적인 감성이 풍부한 피조물로 만들어 주셨다. 이것 역시 하나님의 형상의 한 양상이다.

인간 정신의 내적인 심상을 형성하는 상상력은 마음과 의지에 작용하여 우리가 생각하고 선택하는 데 영향을 준다. 상상력은 긍정적인 기능만 하는 것이 아니라 오히려 큰 해를 끼칠 수도 있다. 호니는 훈련되지 않은 상상력의 파괴적인 잠재력에 대해 이야기 한다. 그녀는 '영광을 추구하는' 전형적인 인간에 대해 다루면서 하나님에 대한 영혼의 초월적인 갈망을 현혹시키는 세상의 목적과 대체시키며 삶의 에너지를 잘못 쓰게 만드는 훈련되지 않은 상상력의 파괴적인 힘을 언급한다.[6]

호니는 인간이 영광을 추구할 때 오는 세 가지 삶의 전략들에 대해 설명한다. 하나는 '공격적인' 움직임으로 지배하려고 하는 전략과 자기 말살적인 '온전하게 순종하는' 움직임으로서 사랑을 얻으려는 전략, 그리고 단념하고 '도망가는' 움직임으로 자유를 얻으려는 전략이다. 이러한 인간의 전략들이 거룩한 절대자에 대한 우리의 경험과 그것으로 향하는 열망들을 망가뜨릴 수 있다. 예를 들어 우리는 우리 자신에 대해 '거짓 자기 이미지'(false self-image)를 가질 수 있다.

우리들 대부분은 존재에 관심을 가지고 계시는 하나님께서 원하시는 자신의 이미지로 살아가지 않고 우리 스스로 만들어 낸 과장된 이미지로 살아가는 경향이 있다. 이상화된 자신의 우상화된 이미지는 우리 존재의 실제 진실과는 거리가 멀다. 또 다른 거짓 자기 이미지는 다른 사람들이 바라는 대로 자신을 만드는 것으로서 언제나 임무를 완수하고 성취하라고 강요된 자신이다. 이것은 상상력의 힘을 통해 매우 부정적인 결과를 낳게 된다. 반면에 우리의 과소평가된 자기 이미지, 즉 삶의 모든 관점을 통해 최종 목적지로 거룩한 삶의 에너지를 자유롭게 흐르도록 하는 원래의 자신과 조화를 이루지 못한 자기 이미지로 소극적으로 살아갈 때, 상상력의 힘은 우리를 '낮은 자존감'(low self-esteem)으로 고착시킨다.

나아가 잘못된 상상력은 우리의 깊은 곳에 남아 있는 하나님의 형상과는 다른 위조된 자기 또는 거짓 자기를 발전시킬 수 있다. 거짓 자기는 여러 방식으로 형성되고 표출 될 수 있는데, 어떤 측면에서 거짓 자기는 계속해서 자기 자신에게 몰두하게 하는 일종의 자만심으로 나타나기도 한다. 거짓 자기는 원래의 자기와 우리 자신이 만들어 놓은 이상적 자기(ideal self) 사이의 괴리를 부정하면서 혼동의 삶을 선호하도록 조정한다. 영적인 삶을 살지 못하도록 방해하는 것은 바로 실재의 자기를 거부하는 거짓 자기이다. 때문에 거룩한 상상력은 내면과 외면의 혼돈을 일으키는 거짓 자기를 인식하는 것으로부터 시작해야 한다. 거짓 자기는 자신의 진실한 모습을 보지 못하게 하고 정직하고 개방적인 대화를 하지 못하게 하고 파괴적인 대화로 치닫게 하기 때문이다.

상상력은 또한 매우 긍정적인 방향에서 우리의 초월적인 열망에 '도움'을 줄 수도 있다. 이것은 우리의 제한된 인식을 개방함으로써 우리에게 어떤 새로운 것을 창조하도록 할 수 있다. 건강한 상상력은 그 창조성을 통해 진실한 곳으로 우리를 안내할 수 있다고 제임스 린치(James Lynch)는 주장한다. 그는 그의 책 『희망의 이미지』(Images of Hope)에서 아직 보이지 않는 것과 완전히 성취되지 않은 이상을 마음속에 그리고 기다리면서 비관론을 극복하도록 돕는 상상의 힘에 대해 이야기 한다.[7]

앤드류 그릴리(Andrew Greeley)도 그의 책 『종교적 상상』(*The Religious Imagination*)에서 그리스도인의 형성에 있어 우리의 지각과 의식을 자극하고 생기를 주고 변형하는 이러한 전의식의 중요성을 말한다. 그는 성령이 상상력을 통해 작업하신다고 강력하게 주장하면서 종교적인 삶에서의 신비와 상징의 중요성을 강조한다. 외부에서 우리에게 힘과 통제로 강요하며 거리를 두는 권위주의자로서가 아니라 세상의 모든 사람들 안에서 성령의 역동적인 움직임으로 하나님을 상상하도록 허락하는 것은 바로 상상력이 지니는 초월적인 힘이다.[8] 우리가 내적인 상들을 창조하고 새로운 어떤 것을 상상하면서 우리 자신과 다른 사람들을 도우려 할 때 하나님께서 선물로 주신 정신적 상상력의 힘을 사용한다는 것에는 의심의 여지가 없다.

우리는 우리의 삶을 형성하고 있는 억압된 무의식의 상들을 더 많이 인식할 수 있도록 돕기 위해, 왜곡된 기억을 치유하고 습성을 바꾸기 위해, 기도와 희망을 가질 수 있는 환경을 형성하기 위한 상상력을 기도 속에서 발휘해야 한다.

기독교 공동체가 하나님의 신비에 대한 신뢰의 희망에서 비롯된 겸손의 상상력이 아니라 상업화된 사회적인 상상력의 형태로 적용해서 실천해서는 안 된다. 소위 데일 카네기의 낙천주의적 상상력은 복음적인 상상력의 기대에 오해의 씨를 불러일으킬 수 있다.

하나님의 신비와 지혜에 기초한 묵상적인 상상력은 삶에 활력으로 작용한다. 이러한 상상력은 삶에 활력을 북돋우고 우리의 마음을 능동적으로 작동하게 한다. 그렇지 않다면 기대할 만한 모든 것은 메마르고 무가치한 의무가 될 수 있다. 이러한 경우에 사람들은 동기를 유발하는 목적이 갖는 내면의 매력에 관심을 갖지 않고 외적인 의지력에 의존하면서 의욕을 과다하게 소비하는 경향이 있다.

불안과 두려움으로 가득 찬 사람들은 미래의 희망을 노래할 수 없다. 때문에 건강한 상상력의 역할은 미래의 희망에 대해 질문하는 사람들에게 그들의 잠재력을 드러내주는 상상력을 발휘할 수 있도록 도와야 한다. 성경적 관점에서도 희망과 비전을 가지는 것은 성령 충만의 증거이기도 하다. 성경은 미래의 천국보다도 비전과 희망을 더 많이 노래하고 기도한다. 누가는 "하나님이 가라사대 말세에 내가 내 영을 모든 육체에게 부어 주리니 너희의 자녀들은 예언할 것이요 너희의 젊은이들은 환상(vision)을 보고 너희의 늙은이들은 꿈을 꾸리라"(행 2:17)라는 요엘 선지자에게 주어진 영감을 기록된 말씀을 통해 꿈과 비전의 중요성을 선포한다. 요엘에게 주어진 성령 충만의 증거는 비전 충만 이다. 이런 맥락에서 보면 기독교의 핵심적인 사역 가운데 하나가 비전의 상상력을 자극하는 것이다. 성령은 우리의 비전과 함께 사역하시기 때문이다. 그리스도인 공동체가 사람들에게 비전의 열정을 품도록 거룩한 상상력을 자극하는 것은 매우 중요하다.[9]

하나님의 신비에 '예' 할 수 있고, 신비에 그 근원을 두고 있는 자신을 묵상하며, 실체에 숨겨진 아름다운 의미를 밝히는 데 정신의 상상력을 발휘할 수 있어야 한다. 우리는 폴 리쾨르가 제시한 정신의 전환이 필요하다. 그는 "전환은 모든 종류의 의도와 결정 그리고 좋은 행위에 앞선, 상상 안에서의 시각의 변화, 곧 비전의 바뀜을 의미한다"고 말한다.[10] 영적 지도자는 사람들에게 상상력을 자극시키고 미래에 대한 새 비전을 분별할 수 있게 해 주면서 변화나 위기 상황을 해석하는 데 도움을 준다.

건강한 비전을 낳는 상상력은 성경의 계시 구조에서도 발견된다. 즉 성경의 계시 구조는 기억의 풍요로운 구조이지만 더 급진적으로 보면 기대의 비전의 구조이다. "새 하늘과 새 땅"(계 21:1)을 기대하고 "보라 내가 모든 것을 새롭게 만든다"(계 21:5)는 분을 만나려고 하는 것이 우리의 믿음의 본성이다. 믿음의 본성과 비전과 희망을 노래하는 상상력으로 승화된다. 이러한 상상력은 희망 가득한 기도이다.

그러나 우리 삶의 어느 시점에서 상상의 차원은 부차적인 것이 되어야 한다. 이는 우리의 영적 특성과 그 가치들에 대해 더 깊은 차원에서 관심을 가질 때 순수한 믿음의 대상이 되시는 상상으로 담아낼 수 없는 하나님께서 영적 관심의 중심이 된다. 이러한 의식의 차원에서 믿음, 소망, 사랑에 대한 초월적인 인식을 통해 자기 성찰을 할 때 우리의 상상과 노력은 줄어들거나 사라지게 된다.

정신의 '기억' 체험 해석과 분별

기억은 과거와 현재가 만나는 기회를 줌으로써 우리로 하여금 신비로운 영적 여행을 가능하게 해 준다. 우리의 모든 경험들은 어떤 형태로든 우리의 현재 인격에 흔적을 남긴다. 우리의 정신은 놀라운 기억 능력을 가지고 있다. 놀라운 기억 능력에 의해 드러나는 도전들 가운데 하나는 사람들로 하여금 갈등이나 모호함을 지닌 현재의 문제들에 대해 지나치게 몰두하는 것에서 벗어나 설명할 수 있고 설명 못할 수도 있는 과거를 탐색하게 하는 것이다. 기억의 기능은 과거를 회상하고 설명하는 것 그 이상이다. 오히려 기억은 현재 펼쳐지고 있는 삶이나 미래에 전개될 삶에 더 관심을 둔다. 분명한 것은 어떻게 사람의 과거가 현재에 기여하고 현재를 형성했는가에 관심을 가져야 한다. 하지만 우리가 기억하거나 기억하지 못하는 과거 내력에 대해 지나치게 몰두해서는 안 된다.

기억은 매우 성경적이고 기독교적인 용어이기도 하다. 어거스틴은 하나님이 거룩한 기억을 통해 인류 안에 영원히 존재하신다는 사상을 표현하기 위해 하나님에 대한 기억을 뜻하는 '메모리아 데이'(memoria Dei)라는 용어를 주셨다고 했다.[11] 그에 의하면, 기억은 하나님과 관계 형성에서 매우 중요한 기능을 한다. 하나님을 인간의 기억을 통해서 인간과 함께하시는 분이다. 성 바실리우스에 의하면, 하나님에 대한 기억은 영지(gnosis), 즉 마음속에서 찾는 하나님에 관한 참된 지식이다. 우리가 하나님을 기억할 때, 우리 영혼 안에 있는 신성을 접하게 된다.[12] 초대 교부들도 모든 인간 안에 하나님이 계신다는 것을 강조하기 위해 '하나님에 대한 기억'을 중요한 주제로 여겼다. 인간이 하나님을 발견하는 것은 우리 자아 안에서 하나님 형상을 인식하기 때문이다. 인간은 그 형상의 근원과 온전히 재회를 열망하고 그분을 기억한다.[13]

기억 안에는 두 개의 층이 있다. 하나는 육체적이고 기능적인 기억이다. 이 기능은 습득한 정보를 저장하고 그 정보를 현재 행동하는 데 쓰기 위한 유기체적인 능력이다. 이러한 기억의 능력에 의해 우리는 예배하는 법, 식사하는 법, 달리는 법, 사회적인 관습들과 협상하는 법 등을 기억한다. 또한 육체적이고 기능적인 기억은 잘못된 습관들, 즉 잘못된 식사 습관, 잘못된 자세, 다른 사람들을 기피하는 습관 등을 우리에게 각인시킬 수 있다. 왜냐하면 예전의 경험들이 우리에게 사람들은 위험하다고 경고를 했기 때문이다. 그래서 성실한 부모들은 아이들의 어린 시절의 육체적 기억이 매우 중요하다는 것을 안다.

때문에 부모들은 어린 자녀들의 육체적 기능적인 기억층에 좋은 흔적을 남기기 위해 노력한다. 이 기억층은 다양한 행동방식에 의해 프로그램화하고 재프로그램화한다. 예를 들어 맛이나 냄새로 발달될 수도 있다. 꿈의 재료로 작용할 수 있다. 그래서 어떻게 우리 몸이 이런 것들을 다 저장하는가에 대한 여러 관찰과 연구에 의해 다양한 이론들이 제시되고 있다. 이 층의 기억은 자기 연속감(sense of self-continuity)과 일상생활을 영위하기 위해 필요한 여러 능력을 위해서도 중요하다. 우리가 좋아하는 음식, 일하는 법 심지어 자신의 이름같이 반복적인 기억들은 이상의 삶을 기능하게 해 준다. 기억이 손상되면 그에 따른 인간관계도 힘들다.

다른 하나는 초월적인 기억을 위한 층이다. 즉 이 기억층은 초월적인 기억을 위한 공간으로 단순히 기억된 것 이상으로 움직일 수 있는 기능이다. 근본적인 인간 능력들 가운데 하나는 새로운 지평이라는 더 넓은 환경을 창조해가는 것이며, 그 안에서 기억되는 모든 것은 새로운 방식으로 존재하게 된다. 이런 영향력의 결과는 개인 전체의 역사와 기원을 재창조해 나가는 것과 같은 놀라운 것이 될 수 있다.

광의적인 의미에서 우리는 과거 사건에 대해 현재 기억하고 있는 주관적인 특징을 이해할 수 있다. 과거로부터 온 모든 것은 현재 가지고 있는 느낌들, 신앙, 가치, 다른 주관적 상황들의 기반을 배경으로 하여 공동으로 형성되며 재구성된다. 우리는 여기서 과거의 사실을 뛰어넘어 새로운 상황에 새로운 의미를 부여하면서 과거의 관점을 재구성해 나가는 정신의 역할을 보게 된다.

어떤 사람들은 어떤 나쁜 경험을 고착화시키고 있음을 볼 수 있다. 예를 들어 교회의 지도자들에게 상처받은 사건은 이런 사람들로 하여금 교회를 떠나가게 하기도 한다. 상처를 준 지도자가 하는 설교에 마음을 열지 않으려는 경향을 보인다. 권위 있는 사람이 행한 불의와 같은 과거의 경험은 기억 안에서 절대화하여 그 사람을 쓰라리게 하고 용서하지 않고, 미래의 삶을 영위할 수 없게 하면서, 결국 그 사람의 삶 전체를 지배하기에 이른다.

우리는 과거에 관한 부정적 생각들과 대화하기 위해 초월적인 기억의 치유에 대해 알고 있어야 한다. 자각을 통해 과거의 상처의 기억으로부터 벗어날 수 있으며, 비록 과거의 사건 그 자체는 바뀌지 않더라도 기억되는 과거는 바꿀 수 있다. 특히 우리에게 부정적인 기억들을 대하는 태도를 선택할 자유가 있다는 관점에서 볼 때, 우리가 그 기억의 희생자가 될 필요는 없다. 하나님의 신비와 현재와의 관련성 안에서 과거의 사건이 지닌 깊은 의미는 항상 재발견될 수 있다. 그러나 상처의 기억, 외상의 기억, 원한에 자신도 모르게 얽매이기 쉽다. 우리의 부정적인 기억들이 치유되지 않는다면 결국 우리는 그 부정적인 감정에 메이게 된다. 우리의 과거의 부정적인 기억들은 삶의 뿌리를 흔드는 영향을 줄 수도 있는데, 특히 하나님의 신비에 참여하는 현재의 매개체로서 기억의 초월적인 잠재력을 인식하지 못할 때는 더욱 그렇다. 때문에 부정적인 기억의 감정은 치유되어야 한다.

고통스런 경험이나 불행한 사건들이나 행동에 대한 기억은 우리에게 고통을 안겨주고 감정을 상하게 하기 때문이다. 먼저 과거의 이러한 경험들과 사건들에 대한 기억은 '회한'(remorse)으로 남는데, 이 말의 어원인 라틴어 '모르데레'(mordere)는 문자적으로 '물다'를 의미한다. 회한에 사로잡히면 물어뜯기는 느낌을 받는다. 회한은 우리를 밤에도 잠들지 못하게 하고 낮에도 쉬지 못하게 하고 마음의 평안을 빼앗는다.[14]

다음은 고통스런 기억은 우리에게 '수치심'을 안겨주기도 한다. 수치심은 주변을 의식하게 하고 다른 사람들의 부정적인 평가에 예민해지게 하고, 몸까지 웅크리게 만든다.[15] 나아가 고통스런 기억은 '죄책감'을 불러 일으킨다. 죄책감은 내가 누군가에게 상처를 주었다는 사실을 깨닫게 한다. 이러한 감정에 사로잡히면 스스로 방어적인 말과 행동을 하게 된다. 회한과 수치심과 죄책감에 붙들려 과거의 일을 이야기하는 것이 위험한 이유는 마음이 딱딱하게 굳어져서 안팎으로 하나님의 임재를 분별하지 못하게 되기 때문이다. 마음이 굳어지면, 마음 문이 닫히고, 건강하게 반응하지 못하고 냉담해 진다.[16] 이처럼 "굳어진 마음속에서 회한은 병적인 자기반성으로, 수치심은 낮은 자존감으로, 죄책감은 방어적인 태도로 변한다. 나 자신과 내가 그런 일을 하게 된 동기를 계속 생각하고, 끊임없이 다른 사람과 나를 비교하고, 내가 한 행동을 변호하려고 애쓰면서, 나는 더 점점 더 자기중심적이 되고 내 안에 있는 하나님의 사랑은 줄어든다."[17]

불행하고 고통스런 기억에 대한 회한과 수치심과 죄책감의 반응은 우리를 불행하게 하고 우리의 영적 삶을 방해하고 억압한다. 그러나 그리스도의 임재에 대한 깨달음은 기억으로 인한 상처를 치유한다. 그리스도에 대한 기억은 회한을 회개로 바꾸고, 수치심을 긍휼로 바꾸어 자신처럼 힘들어하는 이들에게 손을 뻗을 수 있게 해 준다. 나아가 "그리스도에 대한 기억은 우리가 죄책감에 억눌리는 것을 막아주고 용서를 받아들일 수 있게 해 준다. 그리스도에 대한 기억은 영적으로 치료하고 치유하는 기억이다. 그리스도의 임재의 빛 안에서 나의 삶과 힘겨움을 기억함으로써 나의 과거는 구원받고 감사와 찬양의 이유가 된다."[18] 때문에 그리스도와 함께하는 기억은 우리로 하여금 과거를 회상하게 하는 힘이 있을 뿐 아니라 현재와 미래에 과거를 변화시키는 힘이다.

그리스도인의 기억의 절정은 예배를 통해 발휘된다. 예배는 그리스도에 대한 기억으로부터 시작되었고 계속된다. 교회 예배는 기억으로부터 출발한다. 예배는 과거에 있었던 하나님의 구원 사역을 기억하고, 온 피조 세계를 다스릴 하나님의 통치를 소망하며, 사람과 공동체 그리고 온 세상을 그분의 이야기로 변화시키도록 현재 이 순간 예수 그리스도의 이름으로 모인 자리에서 하나님의 과거 이야기를 통하여 하나님의 미래 이야기를 실행하는 것이다. 우리가 하나님의 전능하신 구원의 행위를 기억할 때, 그 기억 속에서 우리는 하나님을 경배하고 싶은 열망이 생기고, 그의 놀라운 구원을 묵상하며, 그분이 오늘날 우리에게 하신 말씀에 순종할 마음이 생긴다. 이처럼 기억은 미래를 창조하는 힘으로 작용한다. 기억이란 이렇게 놀랍도록 강력하다. 나아가 성경은 기억 행위 속에 하나님의 자녀의 영성과 윤리에 대한 지침이 서로 연결되어 있음을 발견하게 된다. 특히 신명기에는 기억에 대한 구절들로 가득하다.

- 너는 기억하라 네가 애굽 땅에서 종이 되었더니 네 하나님 여호와가 강한 손과 편 팔로 거기서 너를 인도하여 내었나니 그러므로 네 하나님 여호와가 네게 명령하여 안식일을 지키라

하느니라(신 5:15).

- 그들을 두려워하지 말고 네 하나님 여호와께서 바로와 온 애굽에 행하신 것을 잘 기억하라(신 7:18).

- 네 하나님 여호와께서 이 사십 년 동안에 네게 광야 길을 걷게 하신 것을 기억하라 이는 너를 낮추시며 너를 시험하사 네 마음이 어떠한지 그 명령을 지키는지 지키지 않는지 알려 하심이라(신 8:2).

- 네 하나님 여호와를 기억하라 그가 네게 재물 얻을 능력을 주셨음이라 이같이 하심은 네 조상들에게 맹세하신 언약을 오늘과 같이 이루려 하심이니라(신 8:18).

- 너는 광야에서 네 하나님 여호와를 격노하게 하던 일을 잊지 말고 기억하라 네가 애굽 땅에서 나오던 날부터 이 곳에 이르기까지 늘 여호와를 거역하였으되(신 9:7).

- 너희의 자녀는 알지도 못하고 보지도 못하였으나 너희가 오늘날 기억할 것은 너희의 하나님 여호와의 교훈과 그의 위엄과 그의 강한 손과 펴신 팔과…(신 11:2-7).

- 유교병을 그것과 함께 먹지 말고 이레 동안은 무교병 곧 고난의 떡을 그것과 함께 먹으라 이는 네가 애굽 땅에서 급히 나왔음이니 이같이 행하여 네 평생에 항상 네가 애굽 땅에서 나온 날을 기억할 것이니라(신 16:3).

- 너희는 애굽에서 나오는 길에서 네 하나님 여호와께서 미리암에게 행하신 일을 기억할지니라(신 24:9).

- 옛날을 기억하라(신 32:7).

신약성경에서도 하나님은 과거를 잊지 않은 분으로 묘사되고 있다. 누가복음의 마리아의 찬가에서는 전에 하신 약속을 결코 잊지 않고 기억하시는 하나님을 찬양한다.

마리아가 이르되 내 영혼이 주를 찬양하며
내 마음이 하나님 내 구주를 기뻐하였음은
그의 여종의 비천함을 돌보셨음이라 보라 이제 후로는 만세에
나를 복이 있다 일컬으리로다.
능하신 이가 큰일을 내게 행하셨으니 그 이름이 거룩하시며
긍휼하심이 두려워하는 자에게 대대로 이르는도다.
그의 팔로 힘을 보이사 마음의 생각이 교만한 자들을 흩으셨고
권세 있는 자를 그 위에서 내리치셨으며 비천한 자를 높이셨고
주리는 자를 좋은 것으로 배불리셨으며 부자는 빈손으로 보내
셨도다.
그 종 이스라엘을 도우사 긍휼히 여기시고 기억하시되
우리 조상에게 말씀하신 것과 같이 아브라함과 그 자손에게 영
원히 하시리로다 하니라(눅 1:46-55).

기독교 공동체는 주님의 죽으심과 부활의 체험을 기억하면서 복음서를 읽고 성만찬을 통해 오래 전 예수 그리스도께서 자신을 제물로 바치신 것을 떠올리는 그 심오한 기억 속으로 들어간다. 이를 '아남네시스'(amannesis, 기억)라고 부르며 이런 방식으로 우리는 다시 예수님의 몸을 기억한다.

기독교에서 가르치는 기억은 단지 과거의 역사적인 사건들에 대한 정보를 진술하는 것이 아니라 자기 백성뿐만 아니라 궁극적으로는 온 세상을 구원하시는 하나님의 놀라운 구원의 신비를 현재 다시금 재현하고 실행하는 것이다. 때문에 기억의 행위는 암송의 행위가 아니라 창조적인 행위라고 할 수 있다. 이러한 창조적인 기억 활동을 통해서 하나님의 백성들은 하나님의 일과 그가 행하신 은혜를 망각으로부터 보호하고 지속적인 생명력을 유지할 수 있다. 사실 망각은 사망을 가리키는 표지라고 할 수 있다.

하나님의 신비는 항상 현존해왔다. 그 신비의 현존을 인식하는 것이 인류 경험의 연속성에 있어 주요 요소들 가운데 하나이다. 이것은 바로 영적 지도자가 신앙의 전통의 교훈들과 성경을 묵상하며 읽기를 권하는 이유이다. 기독교 고전들은 그리스도인을 위한 성경과 더불어 믿고 구하는 공동체 기억의 총체이다.

〈미주〉

1   Adrian van Kaam, *Fundamental Formation* (New York: Crossroad: 1983), 289.
2   영적 지도자들이 이러한 정신적인 문제나 현상에 직면했을 때 자신이 할 수 없는 것은 하려고 애쓰거나 함부로 해석하고 분별하지 말고, 다른 공동체의 전문가에게 위탁할 책임이 있다. 영적 지도자들이 신경증 환자들과 심각한 성적인 문제들을 영적인 문제와 혼동할 수 있는 문제이기 때문이다.
3   John Calvin, 『기독교 강요』, I.5.4.
4   David D. Burns, *Feeling Good: The New Mood Therapy*, 『필링 굿』, 차익종 이미옥 옮김 (서울: 아름드리미디어, 2011), 1장 참조.

5 Karen Horney, *Neurosis and Human Growth: The Struggle Towards Self-Realization* (New York: W.W. Norton & Company, 1991), chapter 2.

6 Karen Horney, *Neurosis and Human Growth*, 31-2.

7 James Lynch, *Images of Hope* (New York: New American Library, 1965), 35.

8 Andrew Greeley, *The Religious Imagination* (New York: Sadlier, 1981), 10-17.

9 미래의 비전을 상상하고 그것을 글로 남기는 것의 중요성을 우리는 다음 사례를 통해서도 잘 알 수 있다. 1953년 미국의 예일대학교에서 졸업생을 대상으로 "지금 현재 당신은 구체적인 목표를 글로 써서 소지하고 있습니까?"라고 물었다. 이 질문에 대한 응답자 가운데 (1) 60%는 아무 계획 없이 신간이 흘러 가는대로 산다고 했고, (2) 27%는 앞으로 어떻게 먹고 살 것인지 경제적인 부분에 대해 계획해 본 적이 있다고 했다. (3) 나머지 10%는 앞으로 어떤 꿈을 위해 시간을 보낼 것인지를 구체적으로 생각해 본적이 있다고 했고, (4) 3%는 그 계획을 상상해 보고 직접 기록해 놓은 문서를 갖고 있다고 했다. 그로부터 20년이 지난 후, 예일대학교는 그 졸업생 중 생존자를 대상으로 성공 여부를 조사했다. 아주 흥미로운 결과가 발견되었다. 우선 아무 계획도 없이 산다고 대답한 60%의 사람들은 모두 정부나 민간단체로부터 생활 보조금을 받아가며 생활하고 있었다. 또 경제적인 부분을 계획하고 있다고 말한 27%는 하루 벌어먹고 사는 일용직이나 월급에 의존해 살아가는 셀러리 맨이었다. 하지만 미래에 대한 구체적인 계획을 갖고 있다고 응답했던 10%의 사람들은 전문직에 종사하며 삶의 풍요를 느리며 살았고, 인생의 계획을 문서로 남겨 놓았다고 말한 3%는 각계각층에서 미국 사회를 이끌어가는 지도층이 되어 있었다. 더욱 놀라운 것은 졸업 당시 인생의 목표를 글로 써서 가지고 있었던 3%에 해당하는 사람의 재산이 졸업 당시 목표를 글로 써서 가지고 있지 않았던 졸업생 97%의 재산보다 많은 것으로 조사됐다. 물론 상상력의 힘과 가치를 물질적인 재화나 정치적인 성공의 관점에 평가하고 그러한 것을 위한 수단으로 결코 이용해서는 안 된다. 여기서 말하고자 하는 것은 건강한 상상력은 건강한 비전을 낳을 뿐 아니라, 이러한 비전은 하나님과 자기 자신과 다른 사람과의 대화서 매우 창조적으로 작용한다는 것을 밝히기 위한 사례일 뿐이다. 건강한 상상력이 건강한 비전을 낳을 수 있다는 것은 모두가 수용할 수 있는 논리이다. 이러한 상상력은 하나님 형상으로 지음 받은 모든 사람들에게 심겨진 에너지라고 할 수 있다.

10 Charles Reagan and David Stewart, *The Philosophy of Paul Recoeur* (Boston: Beacon Press, 1978), 241.

11 Henri Nouwen with Michael J. Christensen and Rebecca J. Laird, *Discernment*, 이은진 옮김, 『분별력』 (서울: 포이에마 2016), 202.

12 Henri Nouwen, 『분별력』, 202.

13 Henri Nouwen, 『분별력』, 202.

14 Henri Nouwen, 『분별력』, 203-04.

15 Henri Nouwen,, 『분별력』, 204.

16 Henri Nouwen, 『분별력』, 204.

17 Henri Nouwen, 『분별력』, 204-05.

18 Henri Nouwen, 『분별력』, 205-06.

6장

정서적 체험의 해석과 분별
Interpretation and Discernment of Emotional Experience

정서와 영분별의 해석과 분별

분별 전통에는 정서에 대한 많은 관심을 기울여 왔다. 교부인 오리겐
(origen, 185-254)과 아타나시우스(Athanasius, c. 357)는 영성생활에서 정서
의 작용에 관심을 가졌다. 오리겐은 분별에서 정서의 역할을 조직적으
로 서술한 초대 기독교 사상가 중 한 사람이다. 그는 정념(passions)과 감
정이 지나치게 흘러나오면 개인의 자유를 제한하게 되고, 성령이 아닌
다른 영이 작용하는 것이라고 여겼다. 때문에 만약 어떤 특별한 방식으
로 행동하거나 생각하도록 압력을 느낀다면, 분별의 기초가 되는 자유
가 결여되는 것은 아닌지 의심해 보아야 한다고 했다. 그러나 만약 우리
의 내적 자유가 보존되고 자라간다면, 그것은 성령이 역사하고 있다는
표지가 된다고 보았다.[1] 오리겐에게 배우게 되는 정서 분별의 법칙은 신

앙적 정서는 항상 더 큰 영적 자유로 우리를 이끌어 준다는 것이다.

아타나시우스는 성령의 역사와 정서의 관계에서 나타나는 긍정적 또는 부정적 표지들에 관한 내용을 제시했다. 그는 만일 우리가 느끼는 정서가 우리의 고요함을 교란할 정도로 매우 강력하거나 폭넓게 요동치면 그 이면에 성령이 없는 것이 아닌지 의심해 보아야 한다고 제안했다. 혼란스러움은 두려움, 낙담, 슬픔, 후회와 같은 것들의 원인이 된다고 했다. 반대로 정서가 성령의 인도에 의해 움직일 때 영혼에게 기쁨과 즐거움과 용기가 일어나게 한다고 여겼다. 이때 두려움은 사라지고 생각의 고요함, 기쁨 그리고 안정된 상태로 바뀐다고 했다.[2]

아타나시우스 이래 일천백 년 후에 로욜라의 이냐시오(Ignatius of Loyola)는 영 분별에 대한 지혜와 법칙들을 제공하였다. 그는 영 분별은 초자연적인 영향(preternatural influence), 지적 작용의 과정(process of intel-lection), 정서적 이끌림(attraction of affectivity)의 세 가지 요소들이 유기적인 관계 안에서 분별되어져야 한다고 보았다. 이 세 가지 요소들은 어느 하나도 빠져서는 안 되는 필수 불가결한 요소들이다.

첫째, 초자연적인 차원은 하나님의 직접적인 인도와 관련된 것이다. 이냐시오는 마태와 사도 바울이 그리스도의 부르심에 응답하여 주저함 없이 그리스도를 따랐던 경우가 이에 해당된다고 보았다. 이 차원은 하나님께서 직접적으로 역사하시거나 직접적으로 우리를 부르실 때이다. 즉 하나님께서 우리를 직접적으로 만나 주셔서, 하나님의 뜻이 너무도 분명하여 특별한 분별의 과정을 필요로 하지 않는 경우다. 하나님께서 직접적으로 역사하실 때 우리에겐 하나님의 확인을 요청하는 기도만이 필요하다.

둘째, 이성적 또는 논리적 차원은 우리가 이성에 초점을 맞추는 합리성과 논리성과 관련된 것이다. 즉 이는 이성적으로 분별하고 합리적으로 성찰하는 것에 초점을 맞추는 경우다. 때때로 자기와 같은 상황에 처한 사람이 자기에게 찾아와서 조언을 구할 때 어떤 조언을 해 줄 것인가를 과학적으로 사고해 보거나 축적된 경험들을 통해 상상해 보는 것도 하나님의 뜻을 분별하는 데 도움이 된다.

셋째, 정서적 차원은 선택해야 할 사안들을 고려할 때 우리 안에 느껴지는 정서적 느낌(feeling)에 주의를 기울이는 경우다. 이냐시오는 우리가 어떤 내용들을 놓고 기도해야 하며, 그 내용들이 우리 안에 야기하는 영적 위안(consolation)과 영적 황량(desolation)의 유형들을 인지해야 한다고 말한다. 영적 위안은 평안이 있고, 활기를 얻고, 희망에 차며, 영적인 만족을 느끼는 것을 말한다. 물론 정서적 느낌이 긍정적으로만 느껴지는 것은 아니다. 때로는 우리가 경험하는 고통과 어둠도 영적 위안이 될 수 있다. 왜냐하면 그 고통과 어둠이 우리를 하나님께로부터 멀어지게 하는 것이 아니라 하나님께로 가까이 나아가게 하는 것일 수도 있기 때문이다. 영적 황량은 활기를 잃거나 하나님께로부터 멀어짐을 느끼게 되는 것을 말한다. 우리의 정서적 느낌들을 주목하여, 그것들에 대해 기도하는 것이 중요하다.

분별의 과정에서 기도 가운데 발생한 우리의 정서적 느낌들을 사용하여 결정에 도달했다면, 그 환경의 여러 차원들을 논리적으로 검토해 봄으로써 그리고 우리의 결정에 대해 하나님께서 확증해 주시기를 소망함으로써, 우리의 결정을 시험해 보아야 한다. 반면 우리가 이성을 통해 결정했다면 그 결정을 놓고 기도하면서 우리 안에 어떤 정서적 느낌들이 발생하는지를 살펴보아야 한다. 이성과 정서가 일치하는 확실한 분별의 결론에 이르렀을 때 우리는 더 이상 사안들을 살펴보는 것을 그치고 마음의 평화와 위로를 맛보게 된다.

정서적 위안과 황량의 해석과 분별

이냐시오는 영 분별을 위한 중요한 요소인 정서에 대한 보다 체계적인 연구를 했다. 그는 인간의 정서적 차원인 위안과 황량의 영적 의미를 체계화 하였다. 그는 분별에서 신앙적 정서들인 위안과 황량 혹은 고독에 대한 왜곡된 이해, 즉 위안은 좋은 것이고 황량이나 고독은 부정적인 것으로 보는 이해를 넘어 이 정서들의 영적 의미와 그것들을 어떻게 사용해야 하는지를 체계화하였다.

그에게 위안은 세 가지 의미를 내포한다. 첫째, 위안은 평화와 즐거움 같은 느낌이다. 하지만 후회와 같은 부정적 느낌도 하나님께로 이끈다면 위안의 의미에 포함된다. 둘째, 평화와 즐거움과 같은 위안의 원인은 궁극적으로 성령이다. 셋째, 평화와 즐거움과 같은 위안의 증거는 소망, 믿음, 사랑이 증가된 결과로 나타난다. 황량은 정확하게 그 반대이다. 황량도 세 가지 의미를 내포한다. 첫째, 황량은 어두움, 혼란, 낙심 등과 같은 느낌이다. 둘째, 어두움, 혼란 등과 같은 황량의 궁극적 원인은 궁극적으로 성령을 거역하는 영이다. 셋째, 어두움, 혼란 등과 같은 황량의 증거는 소망, 믿음, 사랑을 감소시키는 결과로 나타난다.[3]

이냐시오는 황량이 불의와 절망과 상실에 대한 참되고 진정한 반응일 수도 있다는 것을 인정한다. 하지만 그는 분별의 근본적인 규칙으로서 위안 속에서만 결단을 행하라고 말한다. 다시 서술하면, 우리의 마음이 황량 또는 고독에 처해 있는 경우에는 행동하지 말아야 한다는 말이다. 왜냐하면 그 시기에는 우리가 자신을 신뢰하지 못하기에 올바르고 진실하게 행동할 수 없기 때문이다. 황량이 얼마나 합리적이냐 비합리적이냐에 관계없이 우리의 삶 속에서 황량을 존중하겠다는 결심만큼 분별의 행위에 근본적인 것은 없다.

우리는 우리가 경험하는 심각한 불의의 결과에 크게 분노할 수 있다. 분노가 때로 합당할 수 있지만, 분노 때문에 행동하는 그때에는 결단하지 말아야 한다는 것이 분별의 기본적인 원칙이다. 우리는 위안 속에서만 중요한 행동이나 결정을 해야 한다. 우리가 황량에 처하게 될 때 우리는 우리 자신을 신뢰할 수 없게 되어 잘 행동하지 못하게 된다. 이 때에 우리가 올바른 것을 행하기로 선택한다고 하더라도 잘못된 방식으로 행하거나 미성숙하게 행할 위험에 처하게 된다. 그것은 우리의 두려움이나 분노에서 나오는 행동이 될 수 있다. 그 행동은 기쁨으로 분별되거나 기쁨의 격려를 받는 행동이 아니다.[4]

황량이 우리가 경험한 것에 대한 올바른 반응일 수 있다. 하나님의 뜻을 구하며 사랑하는 우리가 하나님이 세상을 보시듯 세상을 본다면 우리도 황량을 느낄 수 있다. 큰 불의를 볼 때 우리는 분노가 합당하게 이는 것을 느낄 수 있다. 하지만 우리의 분노가 정당화될 수 있다고 하더라도, 분노는 우리가 선택할 수 있는 정서가 아니다.

황폐한 마음에서 어떤 행동이나 결정을 하지 말아야 한다는 분별의 규칙은 어떤 문제와 의문을 갖게 할 수 있다. 어떤 점에서 황폐한 마음은 이 세상의 악과 우리가 경험하는 고통의 딜레마의 일부다. 황량은 때로 우리를 겸손하게 만들 수 있다. 우리가 경험하는 기쁨이 모두 은총임을 기억나게 하는 것이다. 한편으로 황량은 우리 자신에 대해 종종 더 많은 것과 우리가 알아채지 못하는 우리의 성품에 관한 교만, 약점을 조명하고 드러내 준다. 그것이 우리를 겸손하게 만들기도 한다. 황량은 우리에게 인내를 가르친다. 황량은 단지 헛된 것만이 아니라 우리가 피할 수 없는 경험일 때도 있다. 그러나 중요한 것은 황량 속에서 선택하거나 행동하지 않는 것이다. 우리가 황량을 존중하는 이유는 평화가 우리의 마음을 다스리기를 갈망하기 때문이며 우리의 삶 속에 성령이 임재하는 열매인 희락을 알고자 하기 때문이다. 우리는 믿음 안에서 걸어가기를 선택한다.

우리가 황량 가운데서 행동하거나 결정해서는 안 된다는 분별의 규칙은 위안이 검증되어야 한다는 두 번째 규칙으로 보완된다. 위안이 우리 삶 속에 임재하시는 성령을 반영하는지를 확인해야 한다. 악한 영은 거짓 빛으로 거짓 위안으로 가장할 수 있기 때문이다. 우리 자신의 왜곡된 갈망이 어둠의 천사로 가장된 평화의 감정을 일으킬 수 있다는 것을 솔직하게 인정해야 할 때도 있다. 위안의 느낌이 선한 것, 고상한 것, 참된 것과 칭찬할만한 것에 근거한 것이 아닐 수도 있다(빌 4:8).

우리가 느끼는 위안을 검증하는 가장 유익한 방법들 가운데 하나는 우리가 가지고 있는 동기를 분명하게 밝힐 수 있는 질문을 몇 가지 정직하게 제기함으로써 얻을 수 있다. 우리가 위안을 검증하는 이유는 우리의 동기가 진정으로 하나님의 생명과 일치한다고 주장할 수 없기 때문이다. 나아가 우리가 느끼는 위안이 선한 영으로부터 올 수도 있고 악한 영으로부터 올 수도 있기 때문이다.

이냐시오는 악한 영이 광명의 천사처럼 과장하여 영적 위안처럼 느껴지거나 생각되는 거짓 위안도 있다고 보았다. 때문에 그는 위안은 하나님, 선한 영, 그리고 악한 영으로부터 올 수 있다고 보았다. 먼저 오직 하나님만이 아무 사전 원인(previous cause)이 없이 영혼에게 위안을 주실 수 있다. 여기서 사전 원인은 영혼의 지각이나 의지 작용을 통하여 위안이나 행복감을 제공해 주는 어떤 생각이나 사건을 의미한다.[5]

구체적으로 서술하면, 사전 원인이 없이 하나님께로부터 온 영적 위안은 영혼의 환경과 조건이 전혀 영적 위안을 경험할 수 있는 상황이 아닌데도 경험하는 것이다. 하나님께로부터 온 영적 위안은 사전 원인이 없는 위안(consolation without previous cause)이다. 우리가 처한 상황은 기쁨과 평안을 경험할 수 없는 상황인데도 내면에 깊은 기쁨과 평안과 같은 위로가 있다면 그러한 위안은 하나님으로부터 온 위안이라 할 수 있다. 하나님께로부터 온 이러한 영적 위안은 하나님의 뜻을 드러내는 참된 표지라고 할 수 있다. 다른 모든 영적 위안들은 이 사전 원인이 없는 영적 위안의 기준에 비추어 그 진위가 분별되어야 한다.

다음은 '사전 원인이 있는 영적 위안'(consolation with previous cause)이다. 이 위안의 근원이 선한 영일 수도 있고 악한 영일 수도 있다. 또한 사전 원인이 있는 위안의 근원은 자신일 수도 있다. 때문에 사전 원인이 있는 영적 위안을 경험했을 때는 분별이 요구된다. 선한 영이 주는 위안은 영혼의 진보를 위해서 위안을 주지만, 악한 영은 영혼이 정도를 벗어나 그의 사악한 의도에 따르도록 하기 위해 거짓 위안을 준다. 여기서 특별히 주의해야 할 것은 빛의 천사처럼 가장한 악한 영의 정체이다. 빛의 천사를 가장한 악한 영은 경건한 영혼에게 적합한 거룩한 생각을 갖게 한다. 하지만 마지막에는 영혼이 정도에서 벗어나게 한다.

이냐시오는 빛의 천사를 가장한 악한 영의 유혹에 빠지지 않기 위해서는 영혼이 생각의 전 과정을 주의 깊게 살펴보아야 한다고 말한다. 생각의 변화의 전 과정과 그 생각의 변화에 따른 정서 상태는 어떻게 변화되어 왔는지를 관찰해야 한다고 하였다. 생각의 전개 과정에서 시작과 중간과 끝의 과정이 선함–선함–덜 선함의 형태나 선함–덜 선함–더 덜 선함의 형태로 진행되어 영적 황량을 가져다주었다면, 악한 영의 덫이 사고의 과정 중 그 어디엔가 있다는 것이다. 그러나 사고의 전 과정이 선하게 진행되었다면 그 사고들은 선한 영으로부터 온 것이며, 그 사고들은 하나님의 뜻과 일치된다는 것을 의미한다고 하였다.[6] 핵심은 선한 영으로부터 오는 영적 위안은 동기와 과정과 결과가 선하다. 하지만 악한 영으로부터 온 거짓 영적 위안은 처음 동기는 선한 것 같지만 결과는 악하고 파괴적이다.

아빌라의 테레사(Teresa of Avila)도 영 분별에 중요한 아이디어를 가지고 있었다. 즉 그녀는 한 사람의 생각과 미래의 꿈이 발생했을 때, 그것이 진리의 영으로부터 온 것인지 아니면 거짓 영으로부터 온 것인지에 대한 분별에 중요한 원리를 설명하였다. 그녀는 한 사람의 생각이나 꿈이 다음과 같은 경우에는 진리의 영에서 비롯된 것이라고 말했다. 첫째는 평강과 조화를 가져오고, 불안하게 하지 않고, 소생시키고 소진시키지 않을 때이다. 둘째는 쉽게 잊을 수 없는 경우이다. 셋째는 당신 자신이 그 경험을 구성하지 않았다는 직관적인 느낌이 있는 경우이다. 그 생각이나 미래에 대한 꿈이 거짓의 영 또는 그 사람 자신의 영에 의해 만들어진 경우는 첫째는 혼란스럽고 동요하게 만들며, 그것이 지속되는 동안에 마음의 불안이 좀처럼 가라앉지 않는 경우이다. 둘째는 그 영혼에 어둠과 고통을 초래할 수 있는 경우이다. 셋째는 기도와 선한 일에 무덤덤하고 내키지 않는 생각을 들게 하는 경우 등이다.[7]

성령의 표지로서 정서 체험의 해석과 분별

정서와 성령의 관계에서 성령이 작용하는 방식에 대한 관찰적인 해석과 분별의 지혜를 남긴 사람들 중의 한 사람은 조나단 에드워즈(Jonathan Edwards)이다. 에드워즈에게 분별이란 사람들 사이에 활동하는 영이 작용하는 방식을 관찰하는 것을 의미했다. 그는 미국에서 교회의 부흥기 때에 일어난 변화의 성질과 방향을 관찰하고, 그 결과를 성경에서 이끌어낸 규범과 비교해 보았다. 그는 이런 식으로 진행하는 것이 판단을 내리는데 상대적인 안전함을 제공한다고 믿었다.[8]

에드워즈는 이 판단을 내릴 때 우리가 가진 '정서'(affection)의 성질에 초점을 맞추었다. 그가 말한 정서의 의미는 이성과 대치되는 개념이 아니라 마음에 담긴 온기와 오성의 빛이 함께 성령의 활동과 관련된 것이다. 그는 "종교라는 위대한 것이 올바르게 이해된다면 마음에 영향을 끼칠 것이다"라고 결론 내렸다.[9] 이성과 정서가 함께 있어야 한다는 그의 주장은 우리의 분별에서도 유사한 균형이 필요하다는 사실을 부각시킨다. 하나님이 우리를 어떻게 부르시며 우리가 어떻게 응답해야 하는지를 이해하려고 할 때 정신과 마음을 둘 다 사용해야 한다는 뜻이다.

에드워즈는 "하나님의 영의 역사를 구별하는 표지들"(Distinguishing Marks of a Work of the Spirit of God, 1941)에서 교회 부흥기의 대각성운동이 하나님의 일인지 아닌지를 성경을 통해 조사했다. 이러한 시대적 정황 속에서 그는 성경을 읽는 가운데 신뢰할 수 있는 영적 은총의 표지와 신뢰할 수 없는 영적 은총의 표지 목록을 만들었다. 신뢰할 수 없는 표지는 어디에나 있고, 성령의 활동일 수도 있고 아닐 수도 있다고 하였다.

그는 특히 우리의 오성을 얼마나 신뢰할 수 있는지를 밝히기 위해 "신뢰할 만한 표지들과 신뢰할 수 없는 표지들"이라는 범주들을 사용했다. 그는 신뢰할 수 없는 표지들은 사람들 사이에 행해진 일이 하나님의 영의 일이 아니라는 증거가 아닌 것으로 이해했다. 즉 우리가 신뢰할 수 없는 표지로부터는 그 현상이 하나님의 일인지 아닌지 여부를 말할 수 없다. 그것은 표지로서 확정되지 않은 것이다. 그는 분별에서 이성을 사용하는 것과 관련해서 한 가지 확정되지 않은 것을 언급한다. 즉 판단의 실수와 악한 영의 미혹은 서로 혼동될 수 있다는 것이다. 그는 또한 지식에 초점을 맞추어서 하나님의 일을 분별하는 한 가지 신뢰할 만한 표지도 제시한다. 그 운동은 진리의 영으로 작용하며, 사람들을 진리로 인도하고, 그들에게 참된 것을 확신하게 만든다(요일 4:6).

에드워즈는 『종교적 정서』(The Religious Affections)에서 자신의 주된 관심이 부흥 현상에서 부흥 안에 있는 개인의 회심 경험으로 옮겨갔다. 그는 그 경험이 하나님이 주시는 참되고 구원하는 경험인지 아닌지를 분별하기를 소망했다. 한 가지 신뢰할 만한 표지는 은혜로운 정서라고 했다. 즉 은혜로운 정서는 거룩한 것들을 바르고 영적으로 이해하거나 감지할

수 있도록 각성된 정신으로부터 일어나는 것이다.[10]

불확실한 거룩한 정서의 해석과 분별

에드워즈는 역동적으로 움직이는 우리의 정서가 성령과의 관계 안에서 움직이는 것인지 아닌지에 대한 소중한 표지들에 대한 해석과 분별의 지침을 제공하였다. 특히 에드워즈는 정서가 신앙적인 것인지 성령으로 말미암은 은혜로운 정서인지를 구별해 줄 수 있는 12가지 표지들을 설명하였다. 그는 먼저 표출되는 정서에 대한 '불확실한 표지들'과 '확실한 표지들'을 구분하여 설명하였다. 불확실한 표지들은 성령에 의한 것인지 아니면 자신에 의한 것인지가 불명확한 것들이다. 불확실한 표지들은 진짜 신앙에서 나온 진짜 정서일 가능성도 있고, 가짜 신앙에서 나온 가짜 정서일 가능성도 있기 때문에 기준으로 삼을 수 없는 표지들이다. 성령에 의한 확실한 표지들은 은혜롭고 거룩한 정서들이다. 에드워즈가 제시한 불확실한 12가지 표지들은 다음과 같다.

(1) 신앙적 정서가 매우 강하거나 높이 고양되는 것은, 그 신앙적 정서가 은혜로운 것이라는 표지도 아니며 은혜로운 것이 아니라는 표지도 아니다.

(2) 정서가 몸에 큰 영향을 미치는 것은, 그 정서가 참된 신앙의 본질을 가지고 있다는 표지도 아니고 가지고 있지 않다는 표지도 아니다.

(3) 사람들이 신앙적인 일에 관하여 말할 때 유창하고 열성적이며 풍부하게 말한다는 것은, 그 정서가 참으로 은혜로운 정서라는 표지도 아니고 그렇지 않다는 표지도 아니다.

(4) 사람들이 자신의 힘과 생각으로 정서를 자극하여 끌어내거나 만들어내지 않는다는 것은, 그 정서가 은혜로운 것이라는 표지도 아니고 그렇지 않다는 표지도 아니다.

(5) 신앙적 정서가 성경 본문과 함께 와서 선명하게 마음에 떠오른다는 것은, 그 신앙적 정서가 참으로 은혜롭고 영적이라는 표지도 아니고 그렇지 않다는 표지도 아니다.

(6) 사람들 속에 사랑의 겉모습이 나타난다는 것은, 그 신앙적 정서가 구원에 이르게 하는 것이라는 증거도 아니고 그렇지 않다는 증거도 아니다.

(7) 여러 종류의 신앙적 정서가 동시에 가지고 있는 사람들이라고 할지라도, 그들이 참으로 은혜로운 정서를 가지고 있는지 아닌지를 결정하기에는 충분하지 않다.

(8) 특정한 순서에 따라서 양심의 각성과 죄에 대한 깨달음이 있고 난 다음에 위로와 기쁨이 오는 것처럼 보인다는 사실로써는, 정서의 본질에 대해서 어떤 것도 확실하게 판정할 수 없다.

(9) 정서가 일어나서 사람들이 신앙적인 일에 시간을 많이 보내고 예배의 외형적 의무들에 열심히 참여한다는 것은, 그 사람들이 가지고 있는 신앙적 정서가 참된 신앙의 본질을 포함하고 있다는 확실한 표지도 아니고 그렇지 않다는 확실한

표지도 아니다.

(10) 신앙적 정서로 인해서 사람들이 입으로 하나님을 찬양하고 하나님께 영광을 돌린다는 사실로는, 신앙적 정서의 본질에 대한 어떤 것도 확실하게 알 수 없다.

(11) 정서로 인해서 사람들이 자신들이 체험한 것은 신령하고 자신들은 지금 좋은 상태에 있다고 과도하게 확신하는 것은, 그 정서가 옳다는 표지도 아니고 틀리다는 표지도 아니다.

(12) 사람들이 겉으로 표현한 정서와 그 정서에 연관된 것들에 대하여 참으로 경건한 자들이 감동을 받고 기뻐하고 소중하게 여기고 진심으로 받아들인다는 사실로는, 신앙적 정서의 본질에 관하여 어떤 것도 확실하게 결론지을 수 없다.[11]

에드워즈가 설명한 12가지 불확실한 표지들은 무지하고 과도한 열정 (passion)으로 기울어지는 열광주의자들이 부흥기에 보여 준 부정적인 모습들과 밀접하게 관련되어 있다. 에드워즈는 열광주의자들이 예배나 기도 중에 갑자기 정서가 고양되고 마음이 뜨거워지고 몸에 어떤 가시적인 변화가 일어나는 현상은 진짜 은혜일 수도 있고, 가짜 은혜일 수도 있고, 단순히 내적인 차원에서 일어나는 심리적인 경험일 수도 있다는 것이다.

에드워즈의 이러한 관점은 참된 신앙과 참된 신앙적 정서가 있는데도 예배, 기도, 찬양, 구제 등과 같은 신앙적 실천에서 반드시 열정적으로 수행하지 않을 수도 있다는 것을 암시한다. 그러나 그의 관점은 참된 신앙적 정서가 있어도 여러 가지 신앙적 실천들을 열정적으로 수행하지 않는 경우도 있을 수 있겠지만, 참된 신앙적 정서는 그러한 신앙적 실천들을 열정적으로 수행하는 것을 좋아하는 성향이 있다는 것이다. 즉 참된 신앙은 신앙적 정서가 강하게 고양되지 않을 수 있지만, 참된 신앙은 신앙적 정서가 강하게 고양되는 것을 좋아하는 성향을 가지고 있다.

확실한 거룩한 정서의 해석과 분별

에드워즈는 참으로 은혜롭고 거룩한 정서를 구별해 주는 12가지 표지들을 설명하였다. 이러한 12가지 표지들은 '확실한 표지'이다. 확실한 구별의 기준이 되는 12가지 표지들은 다음과 같다.

⑴ 참으로 영적이고 은혜로운 정서는 마음에 미치는 영적이고 초자연적이고 신적인 영향력과 작용으로부터 생긴다.

⑵ 은혜로운 정서의 첫 번째 객관적인 근거는 신적인 일들의 형언할 수 없이 탁월하고 사랑스러운 본질 그 자체이지 그 일들과 관련된 자기 이익이 아니다.

⑶ 참으로 거룩한 정서는 신적인 일들의 도덕적 탁월성의 사랑스러움에 근본적으로 토대를 두고 있다. 혹은 (다르게 표현하자면) 신적인 일들의 도덕적 탁월성의 아름다움과 달콤함에 대한 사랑은 모든 거룩한 감정의 시작이요 기원이다.

(4) 은혜로운 정서는 정신이 조명을 받아서 신적인 일들을 올바르게 그리고 영적으로 이해하고 파악할 때 생긴다.

(5) 참으로 은혜로운 정서는 신적인 일들의 실재와 확실성을 판단함에 있어서 합리적이고 영적인 확신을 수반한다.

(6) 은혜로운 정서는 복음적 겸손을 수반한다.

(7) 은혜로운 정서가 다른 감정과 구별되는 또 다른 점은 그것이 본성의 변화를 수반한다는 점이다.

(8) 참으로 은혜로운 감정은 예수 그리스도의 양 같고 비둘기 같은 영과 기질을 지향하고 그런 영과 기질을 수반한다는 점에서 거짓되고 기만적인 정서와는 다르다. 다른 말로 하면, 참으로 은혜로운 정서는 그리스도에게서 나타난 것과 같은 사랑, 온유, 평온, 용서 그리고 자비의 영을 자연스럽게 낳고 기른다.

(9) 은혜로운 정서는 마음을 부드럽게 하며, 기독교적인 부드러움의 영을 수반한다.

(10) 참으로 은혜롭고 거룩한 정서가 거짓된 정서와 다른 점 또한 가지는 아름다운 균형과 비례이다.

(11) 은혜로운 정서와 다른 정서 사이의 또 다른 매우 크고 뚜렷한 차이점은, 은혜로운 정서는 높이 고양되면 될수록 영혼의 욕구와 갈망이 더 커진다는 점이다. 일정한 영적인 성취를 얻은 이후에도 여전히 영혼의 욕구와 갈망은 더 커진다. 반면에, 거짓된 정서는 그 자체로 만족한 채로 머무른다.

(12) 은혜롭고 거룩한 정서는 기독교적 실천 속에서 발휘되고

열매를 맺는다. 내가 말하고자 하는 의미는 다음과 같다.
은혜롭고 거룩한 정서는 정서의 주체인 사람에게 힘과 영
향력을 미쳐서 실천하게 만든다. 기독교적 규칙에 전반적
으로 순응하고 그 규칙에 의해 나아갈 방향을 제시받는 실
천은 그리스도인이 일평생 해야 할 실천이요 과업이다.[12]

에드워즈는 12가지 확실한 표지들 사이의 관계와 구조에 대해서 아무
런 언급을 하지 않는다. 즉 이 12가지 표지들 중에서 어떤 표지들이 다
른 표지들보다 중요하게 고려되어야 하는지 혹은 더 근원적인 표지들인
지에 대해서 설명하지 않는다. 하지만 그에게 분명한 것은 모든 표지들
에 성령의 인도가 있다는 것이다.[13] 성령의 임재가 없다면 확실한 12가
지 표지들은 나타날 수 없다는 것이다.

에드워즈가 기술한 '신뢰할 수 없는 표지들'을 요약하면, 첫째, 강력
한 애정이나 열정, 흥분되고 하나님과 가까운 것처럼 느낀다. 일이 잘
되어 간다. 감동을 받는다. 물론 이런 애정이나 열정은 우리의 자아에
의해 왜곡된 것일 수 있다. 둘째, 사랑, 친절, 정중한 예절, 모든 사람이
동의하는 좋은 모임을 가질 수 있다. 이것 역시 지나가 버릴 수 있다. 셋
째, 구원받았다는 확신, 인도받고 있다는 확신, 하나님으로 채워져 있다
는 확신이다. 하지만 기억해야 할 것은 히틀러와 많은 성직자들은 히틀
러가 정말로 하나님이 보내신 자라고 생각했다. 넷째, 하나님 찬양이다.
일이 잘 되어갈 때는 누구나 찬양할 수 있다. 다섯째, 종교적 활동이다.
이런 종교 활동은 표지일 수도 있고 아닐 수도 있다.[14]

에드워즈가 제시한 '신뢰할 수 있는 은총의 표지들'을 정리하면, 첫째,

행동과 성격의 변화를 경험한다. 우리가 만들어내지 않은 은총과 선함에 놀라게 된다. 둘째, 하나님이 주시는 선물 때문이 아니라 하나님 때문에 하나님을 향한 새로운 사랑을 알게 된다. 일이 잘 되지 않을 때, 우울할 때, 아무런 좋은 느낌과 생각도 없을 때에도 하나님을 사랑할 수 있다. 셋째, 앎에 대한 새로운 인식을 발견한다. 이 지식은 지적인 자산 이상이다. 깊은 신뢰와 개인적 확신이다. 우리는 다른 사람을 억박지를 필요가 없고, 우리의 적, 특별히 우리의 가족이나 우리의 정치적 입장이 정반대인 사람을 사랑할 수 있다. 넷째, 우리의 삶에서 균형을 경험한다. 안식일을 지킨다. 놀 수 있고, 자신을 보고 웃을 수 있다. 다섯째, 어떻게 순종하는지, 어떻게 견디는지를 안다. 고통과 순종은 함께 간다. 순종은 고통을 통해 온전해진다.[14]

〈미주〉

1 Mark A. McIntosh, *Discernment and Truth: The Spirituality and Theology of Knowledge* (New York: Crossroad, 1994), 93.

2 Mark A. McIntosh, *Discernment and Truth*, 94.

3 Jules Toner, *A Commentary on Saint Ignatius' Rules for the Discernment of Spirits* (St. Louis: Institute of Jesuit Sources, 1982), 94−144.

4 Jules Toner, *A Commentary on Saint Ignatius' Rules for the Discernment of Spirits*, 94−144.

5 Ignatius of Loyola, *The Spiritual Exercises*, 330.

6 Ignatius of Loyola, *The Spiritual Exercises*, 336.

7 Ellen Stephen and Doug Shadel, *Vessel of Peace*, 최봉실 옮김 『평화의 그릇』 (서울: SFC, 2008), 281에서 인용.

8 Evan Howard, *The Affirming Touch of God* (Lanham, MD: University of America, 2000), 102.

9 Jonathan Edwards, *The Religious Affections* (Carlisle, PA: The Banner of Truth Trust, 1961), 49-50.

10 Jonathan Edwards, *The Religious Affections*, 192.

11 Jonathan Edwards, *The Works of Jonathan Edwards*, Edited by Perry Miller, John E. Smith and Harry S. Stout (New Haven: Yale University Press, 1957), 2:127(표지 1), 132(표지 2), 135(표지 3), 138(표지 4), 142(표지 5), 146(표지 6), 147(표지 7), 151(표지 8), 163(표지 9), 165(표지 10), 167(표지 11), 181(표지 12).

12 Jonathan Edwards, *The Works of Jonathan Edwards*, 2: 197(표지 1), 240(표지 2), 253(표지 3), 266(표지 4), 291(표지 5), 311(표지 6), 340(표지 7), 344(표지 8), 357(표지 9), 365(표지 10), 376(표지 11), 383(표지 12).

13 Jonathan Edwards, *The Works of Jonathan Edwards*, 2:24.

14 Gerald R. McDermott, *Seeing God: Twelve Reliable Sings of True Spirituality* (Dowers Grove: IVP, 1995)에 소개된 조나단 에드워드의 글을 정리하여 옮긴 것임.

15 Gerald R. McDermott, *Seeing God: Twelve Reliable Sings of True Spirituality* (Dowers Grove: IVP, 1995)에 소개된 조나단 에드워드의 글을 정리하여 옮긴 것임.

7장

도덕적 체험의 해석과 분별
Interpretation and Discernment of Moral Experience

도덕적 요소의 해석과 분별

우리는 일반적으로 도덕적 체험을 선과 악의 분별과 삶과 관련된 것으로 이해하는 경향이 있다. 하지만 도덕적 체험은 이런 이해보다 훨씬 광의적이다. 루이스(C. S. Lewis)는 도덕을 세 가지 차원으로 설명한다.[1] 먼저 도덕은 각 개인이 서로 공평하게 처신하며 조화를 이루는 일과 관련이 있다. 다음은 각 개인의 내면에 있는 것들을 정돈 또는 조화시키는 일과 관련이 있다. 마지막으로 인류의 삶 전체가 지향하는 보편적인 목적인 인간은 무엇을 위해 창조되었는지를 아는 목적과 관련된다. 루이스는 현대인들은 도덕을 대부분 첫 번째 요소만 생각하고 나머지 두 요소는 간과하는 경향이 있다고 말한다.

루이스에게 도덕은 사회적 관계와 밀접한 관계가 있다. 도덕의 사회적 차원에서 발생하는 부도덕한 행위들은 분별하기 어렵지 않고 우리가 매일 경험하는 것이다. 가난과 부정과 거짓말 같은 것들은 우리가 매일 목격하고 체험하는 것들이다. 도덕의 사회적 차원은 사람들이 쉽게 인식하고, 그러한 부도덕한 것에 의견이 갈리지 않는다. 하지만 도덕적 삶은 사회적 차원에만 머물거나 종속되지 않는다.

따라서 루이스는 도덕의 두 번째 차원인 각 인간의 내면의 문제로 나아가지 않으면 안 된다고 강조한다. 이유는 우리가 경험하여 익히 알고 있는 것처럼, 아무리 사회적인 행동을 위한 훌륭한 법이 있어도 우리의 탐욕과 자만심 등과 같은 내적인 차원이 성숙하지 않으면 법은 무력할 수 있기 때문이다. 그가 이러한 염려 때문에 사회, 경제 제도 개선에 관한 법의 필요를 부인하는 것은 아니다. 그가 주장하는 것은 각 개인의 용기와 이타심 없이는 어떤 제도도 제대로 작동될 수 없다는 것이다. 그는 "법으로는 인간을 선하게 만들 수 없습니다. 그리고 인간이 선해지지 않는 한 사회는 좋아질 수 없습니다. 이것이 우리가 두 번째 사항, 즉 각 개인의 내면에 있는 도덕에 관해 생각해야 하는 이유입니다"라고 하였다.[2]

나아가 루이스는 도덕적 차원과 문제는 인간의 내면 정돈에만 머물러도 안 된다고 강조한다. 도덕은 단지 한 사회와 인간의 내면의 문제와만 관련된 것이 아니라 우주에 관한 문제이기 때문이다. 도덕의 우주적 차원은 우리가 우주에 관해 어떻게 믿느냐에 따라 우리의 행동도 달라지기 때문이다. 피상적으로 보면 도덕은 우주적 차원까지 나아갈 필요가 없는 것처럼 보이지만 그렇지 않다. 그가 말하는 도덕의 우주적 차원은 "인간과 인간을 만든 힘과의 관계"이다.[3] 따라서 그에게 진정한 도덕은 단지 사람과 사람의 관계에서 발생하는 선과 악의 문제뿐만 아니라 인간의 내면의 차원과 신과의 관계적 차원까지 확장되어야 한다.

루이스는 도덕은 첫 번째 분야에서는 우리가 모두 협력할 수 있지만, 불일치는 두 번째 분야에서 생겨나 세 번째 분야에서 더욱 심화된다고 본다. 따라서 이 세 번째 분야에서 기독교 도덕과 비기독교 도덕의 사이에 주된 차이가 생겨난다.

도덕적 덕목의 해석과 분별

오래된 도덕적 분류체계에 따르면 도덕에는 일곱 가지 덕목이 있다. 루이스는 일곱 가지 도덕적 덕목을 '기본 덕목'(cardinal virtues)과 '신학적 덕목'(theological virtues)으로 구분하여 설명한다. 그는 기본 덕목을 분별력, 절제, 정의, 꿋꿋함으로, 신학적 덕목을 믿음, 소망, 사랑으로 분류한다.[4]

기본 덕목으로서 분별력은 실생활에 적용되는 양식(common sense)을 뜻하는 개념으로서 자신이 지금 어떤 행동을 하고, 그 행동이 어떤 결과를 낳을 것인지에 대해 성찰하는 것이다. 때문에 분별력은 지혜와 총명과 함께 걸어야 한다. 분별력의 덕목은 착하게만 살면 된다는 논리에 비판적 성찰이 따르게 된다. 루이스는 "사도 바울이 지적했듯이 그리스도는 지성의 영역에서 아이처럼 되라고 하신 것이 결코 아닙니다. 그리스도는 우리에게 비둘기처럼 순결할 뿐 아니라 뱀처럼 지혜로우라 하셨습니다. 그가 바라시는 것은 아이의 마음과 어른의 머리입니다"라고 진술한다.[5] 그에게 도덕적 분별력은 두뇌를 비롯한 자신의 모든 것을 성찰할 수 있는 지성적 능력과 관련된다.

절제란 말은 원래 온갖 종류의 쾌락과 관련된 개념으로서, 절제는 쾌락을 완전히 금한다는 의미가 아니라 적절한 정도까지만 하고, 그 이상은 하지 않는다는 것을 의미한다. 때문에 절제란 기독교에서 흔히 금하고 있는 술과 담배를 하지 않는 것을 절제의 덕목으로 생각하는 경향이 있다. 이러한 관점은 금욕주의적 방식으로 절제를 생각하기 쉽다. 하지만 절제는 금욕주의적인 덕목과 구분되어야 한다. 예를 들어 설명하면, 금욕주의적인 관점에서 술을 금할 때, 사람들이 그것을 어겼을 때는 죄책감을 느끼게 된다. 하지만 절제의 관점에서는 술을 마시지 않는 것은 자기에게 마땅한 이유가 있어 술을 삼가는 것이다. 따라서 자신이 술을 마시지 않는다고 해서 다른 사람이 술을 마시는 것을 죄로 생각하지 않는다. 절제의 덕목에서 보면, 다른 사람이 적당히 술을 즐기는 것은 얼마든지 좋게 보일 수 있다.

루이스는 정의는 법에서 말하는 정의 이상을 의미한다고 강조한다. 그는 우리가 흔히 사용하는 '공정함'이라고 부르는 모든 것이 옛날에는 '정의'라고 말한다. 그에게 정의는 정직함이나 공평한 교환, 성실함, 약속을 지키는 일과 같이 삶의 모든 부분을 포함한다. 때문에 정의는 옳고 그름에 대한 법칙을 훨씬 뛰어넘어 삶의 공정함이라는 관점을 지닌 광의적 의미이다. 이는 우리가 대형 마트에 가서 물건을 구매할 때 '공정 무역'(fair trade) 제품을 구입하는 것이 보다 더 정의로운 행위가 될 수 있다. 왜냐하면 '공정 무역'이라는 표가 붙어 있는 제품은 노동자의 노동에 정당한 임금을 지불하고 물건을 구입하여 만든 상품을 의미이기 때문이다.

기본 덕목으로서 '꿋꿋함'은 용기와 관련된 덕목이다. 꿋꿋함에는 두 가지 종류의 용기가 있다. 하나는 고통 속에서 버티는 용기이고, 다른 하나는 위험에 맞서는 용기이다. 꿋꿋함은 도덕적 덕목을 지속적으로 실천하는 것과 관계된다. 왜냐하면 꿋꿋함의 덕목을 발휘하지 않는 한 다른 어떤 덕목도 오래 실천할 수 없기 때문이다. 루이스는 꿋꿋함의 덕목과 관련해서 보다 더 깊은 차원에 대해 설명한다. 그것은 정의롭거나 절제 있는 행동 자체가 우리를 정의롭게 하는 것이 아니라, 꾸준히 정의로운 행동을 할 때 일정한 인격적 특질을 갖추게 되기 때문이다. 꿋꿋함의 덕목은 인격적 특질과 관련된 것이다. 루이스가 말하는 이 덕목은 특정 행동과 관련된 것이 아니라 바로 이런 특질과 관련된 것이다. 이와 같은 맥락에서 루이스는 "이러한 특질이 그 내면에서 싹조차 나지 못한 사람에게는 아무리 외부 조건이 좋은 곳도 '천국'이 될 수 없다는 것, 즉 그들은 하나님이 주고자 하시는 그 깊고도 강하며 흔들리지 않는 행복을 행복으로 느끼지 못한다"고 보았다.[6]

루이스는 신학적 덕목으로서 사랑과 소망과 믿음을 말한다.[7] 신학적 덕목으로서 사랑은 단순히 누군가에게 자선과 같은 행위의 차원을 뛰어넘는 덕목으로 어떤 '상태'이다. 사랑은 감정의 상태가 아니라 의지의 상태다. 의지의 상태로서 사랑은 우리 자신에 대해서는 자연적으로 가지고 있지만 다른 사람에 대해서는 배워서 익혀야 한다. 루이스는 사랑은 단지 좋아함이나 호감이 아니라고 말한다. 이는 우리가 어떤 음식을 좋아하거나 싫어하는 것이 죄도 아니고 덕도 아닌 것처럼, 자연스럽게 누군가를 좋아하는 마음 역시 죄도 아니고 덕도 아니기 때문이다. 그는

"기독교적인 사랑은 머릿속이 감상으로 가득 찬 사람들에게는 아주 냉정해 보일 수 있을 뿐 아니라 애정과 아주 구별되는 것임에도 불구하고, 결국 애정을 낳습니다. 그리스도인과 세상 사람의 차이는, 세상 사람들한테는 애정이나 '좋아하는 마음'만 있고 그리스도인들한테는 '기독교적인 사람'만 있다는 것이 아닙니다. 세상 사람들은 자신이 '좋아하는' 몇몇 사람들만 친절하게 대합니다. 그러나 그리스도인들은 모든 사람들을 똑같이 친절하게 대하려고 애쓰며, 그렇게 하는 가운데 점점 더 많은 사람들을—처음에는 자기가 좋아하게 되리라 상상조차 못했던 사람들까지 포함해서—좋아하게 된다는 사실을 발견합니다"라고 설명한다.[8]

신학적 소망은 단지 이 세상에서 어떤 것을 바라는 것보다 더 큰 덕목이다. 루이스에게 기독교적 소망은 영원한 세계를 바라보는 것과 관련된다. 영원한 세계를 바라보는 소망의 덕목은 삶과 세상을 전환하는 능력을 낳는 힘이 있다. 이 덕목은 로마 제국이 기독교 국가로 전환하는데 토대를 놓은 사도들, 중세를 확립한 위대한 인물들, 노예제도를 폐지시킨 영국의 복음주의자들의 정신적 신앙적 힘이었다.

루이스는 대부분의 그리스도인들이 다음 세상에 대해 더 이상 생각하지 않게 되면서, 기독교는 세상에서 그 힘을 잃어가고 있다고 보았다. 그에게 신학적 덕망인 소망으로서 천국은 문명을 뛰어넘는 예술(art)이다. 우리는 천국의 소망을 통해서 문명 이상을 바라보는 법을 배우게 된다. 그는 세상이 갖는 소망의 방식을 두 가지로 설명한다. 하나는 어리석은 사람들이 택하는 소망의 방식은 세상에서 호화스런 삶을 추구하면 신비한 무엇인가를 얻을 수 있다고 여기는 것이다. 이러한 사람들의 소망의 형태는 이 취미에서 저 취미로 옮겨 다니느라 전 생애를 낭비

한다. 다른 하나는 환멸에 빠진 '지각 있는 사람'이 택하는 소망의 방식이다. 이런 사람들은 모든 것이 환상이라는 결론부터 내려 버린다. 이러한 방식의 소망을 취하는 사람들은 자기의 이지적인 취미 정도의 소망의 방식을 취하는 사람들보다는 훨씬 낫다고 여긴다. 왜냐하면 이러한 소망의 방식을 취하는 사람들은 자신은 더 행복하고 사회에는 해를 덜 끼치기 때문이고 여기기 때문이다. 인간이 영원히 사는 존재가 아니라면 이러한 소망의 방식을 취하는 것이 최선일 수 있지만, 인간의 행복은 이 세상의 삶을 넘어서는 영적 차원이 있다. 그는 소망의 영적 차원을 소유한 사람들이 바로 그리스도인이라고 보았다. 루이스는 그리스도인들이 소망을 취하는 방식을 다음과 같이 설명한다.

피조물이 태어날 때부터 느끼는 욕구가 있다면, 그 욕구를 채워 줄 것 또한 있는 것이 당연해. 아이는 배고픔을 느끼지. 그러니까 음식이란 것이 있잖아. 새끼오리는 헤엄치고 싶어하지. 그러니까 물이란 것이 있는 거고. 또 사람은 성욕을 느껴. 그러니까 성관계란 것이 있잖아. 그런데 만약 이 세상에서 경험하는 것들로 채워지지 않는 욕구가 내 안에 있다면, 그건 내가 이 세상이 아닌 다른 세상에 맞게 만들어졌기 때문이라는 것이 가장 그럴듯한 얘길 거야. 지상의 쾌락으로 그 욕구를 채울 수 없다고 해서 우주 전체를 가짜로 볼 수는 없어. 아마 지상의 쾌락은 처음부터 이 욕구를 채우기 위해 생긴 것이 아니라, 다만 이 욕구를 일깨워 주고 진짜 쾌락이 어떤 건지 암시해 주려고 생긴 걸 거야. 그렇다면 한편으로는 이 지상의 축복들을 반갑잖게 여기거나 무시하지 않도록 조심하면서, 다른 한편으로는 이런 쾌락들이 복사판이나 메아리나 신기루에 불과하다는 걸 잊지 말아야겠지. 진짜 고향을 그리워하는 욕구는 죽은 후에야 채워질 수 있는 것이니만큼, 이것이 사라지지 않도록 잘 지켜야겠다. 이 욕구가 다른 욕구에 짓눌리거나 밀려나지 않게 하자. 나 자신이 그 나라를 향해 나아갈 뿐 아니라 다른 사람들도 그 나라를 향해 나아가도록 돕는 일을 내 삶의 주된 목표로 삼자.[9]

그리스도인의 소망으로서 일상의 욕구는 기본적인 것이지만, 이러한 욕구는 영적 욕구를 이 땅에서 살아내는 방식이기도 하다. 그리스도인들은 이 땅의 욕구와 영적 욕구를 조화롭게 선택하는 방식을 통해 소망을 가꾸어 가야 한다.

신학적 덕목인 믿음은 단순히 '신념'(belief), 즉 교리를 사실로 여기거나 받아들이는 것을 넘어서는 것이다. 그러나 당황스런 것은 그리스도인들이 신념의 믿음을 하나의 덕목으로 여긴다는 것이다. 일련의 진술을 믿거나 믿지 않는 것이 도덕이나 부도덕과는 상관이 없다.

루이스는 건전한 정신을 가진 사람이 어떤 진술을 받아들이느냐 거부하느냐는 자신이 무엇을 원하느냐에 달린 문제가 아니라 그 증거가 충분하다고 생각하느냐에 달린 문제라고 말한다. 어떤 사람이 그 증거의 충분성을 잘못 판단했다면, 그것은 그가 나쁜 사람이라는 뜻이 아니라 그다지 명석하지 못하다는 뜻에 불과하기 때문이다. 또한 증거가 충분하지 않았는데도 불구하고 믿으려고 애쓰는 이가 있다면, 그저 어리석은 사람으로 간주 할 수도 있다. 하지만 우리가 결정적으로 잘못 이해하고 있는 것이 있다. 그것은 인간의 정신이 한 번 어떤 것을 사실로 받아들이면, 그것을 재고하게 만드는 대단한 이유가 생기지 않는 한 자동적으로 그 믿음을 견지하게 마련이라는 가정을 가지고 있다. 이러한 믿음은 인간의 정신은 이성의 전적인 지배를 받기 때문이다. 하지만 이러한 생각은 옳지 않다. 믿음은 어떤 교리와 같은 이론이나 신념을 이성적으로 이해하는 것을 넘어선다. 루이스에게 믿음이란 아무리 기분이 바뀌어도 한 번 받아들인 것은 끝까지 고수하는 기술(art)이다. 기분은 이성의 생각과 상관없이 변하기 때문이다.

루이스는 믿음의 두 번째 의미를 겸손의 맥락에서 설명한다. 그에게 겸손은 자기가 교만하다는 사실을 깨닫는 것이다. 루이스는 믿음의 이 두 번째 의미는 고차원적인 특징을 가진다고 말한다. 믿음의 이 차원은 기독교 도덕을 실천하려고 최선을 다했는데도 실패한 후에야, 또 설사 실천에 성공했다 해도 그것은 원래 하나님의 것을 돌려드린 일에 불과하다는 사실을 발견한 후에야 비로소 대두된다. 이는 자신이 완전히 파산했다는 사실을 발견한 후에 대두된다. 루이스는 우리가 완전히 파산했다는 사실을 발견하기 전까지는 하나님과 올바른 관계를 시작할 수 없다고 강조한다. 때문에 하나님의 관심은 우리의 행동 자체에 있지 않고, 우리가 일정한 특성을 가진 피조물이 되느냐에 있다. 즉 하나님의 의도에 맞는 피조물이 되느냐, 일정한 방식으로 그와 관계를 맺는 피조물이 되느냐에 있다.

루이스에게 믿음이란 이론의 문제가 아니라 경험으로 체득하는 것이다. 이런 맥락에서 볼 때 우리가 하나님의 법을 지킬 수 없다는 사실을 발견할 수 있는 유일한 방법은 그것을 지켜보려고 있는 힘을 다해 노력해 보는 것이다. 이처럼 하나님께 돌아가는 길은 어떤 의미에서 도덕적으로 더욱더 열심히 노력하는 것이다. 그러나 또 다른 의미에서 보면 이런 노력은 우리를 고향으로 인도해 주지 못한다. 이 모든 노력은 하나님을 향하여 "당신이 이 일을 하셔야 합니다. 저는 못합니다"라고 고백하게 되는 순간까지만 우리를 인도해 갈 수 있기 때문이다.

그렇다고 해서 우리는 아무것도 안 하고 하나님의 인도만 점검하고 있어서는 안 된다. 우리가 기억해야 할 것은 변화의 본질 그 자체이지, 변화가 일어날 때의 느낌이 어떠했느냐가 아니다. 중요한 것은 자신의 노력을 의지하던 상태에서 자신에게 완전히 절망하고 모든 것을 하나님께 맡기는 상태로 변화된다. 믿음에 의한 변화는 바로 이러한 의미이다. 여기서 또한 기억해야 할 것은 '하나님께 맡긴다'는 것을 오해해서는 안 된다. 우리가 하나님께 맡긴다는 것은 그리스도를 전적으로 신뢰한다는 뜻이기 때문이다. 또 다른 의미에서 볼 때 모든 것을 하나님께 맡긴다는 것은 노력을 포기한다는 뜻은 아니다. 신뢰하는 사람의 충고를 따르지 않는다는 것은 있을 수 없듯이, 자신을 그에게 맡겼다는 것은 그에게 순종하는 것을 의미하기 때문이다.

그러나 이러한 일을 전혀 새로운 방식으로, 즉 전만큼 안달하지 않으면서 노력하는 것이다. 이제는 구원받기 위해서가 아니라 구원이 이미 시작되었기 때문에 이런 노력을 하는 것이다. 다시 서술하면, 행위에 대한 보상으로 천국에 가기를 바라서 이런 일들을 하는 것이 아니라, 천국의 희미한 첫 빛줄기를 마음으로 맛보았기 때문에 자연히 이렇게 행동하고 싶은 마음이 생겨서 이런 일들을 하게 된다.

나아가 루이스는 믿음은 우리의 삶과 무관하다는 것의 관점에 대해 피력한다. 그는 선행과 무관한 믿음은 머리로만 받아들인 믿음이라고 말한다. 그에게 믿음은 행위와 분리될 수 없는 관계다. 그는 믿음의 이러한 특징에 대해 바울의 관점을 통해 설명한다. 즉 바울이 "두렵고 떨림으로 너희 구원을 이루라"는 진술만 보면 모든 것이 우리와 우리의 선행에 달려있는 것같이 보이고, 후반부에서 바울은 "너희 안에 행하시는 이는 하나님이시니"라는 진술은 마치 하나님이 모든 것을 하시므로 우리는 아무것도 할 일이 없다고 말하는 것처럼 보인다. 하지만 이는 모순된 진술이 아니라 하나님과 인간의 사역의 특징을 말하는 것으로 보아야 한다. 우리의 삶 속에서 경험하듯이 하나님과 인간이 함께 일할 때 정확히 어디까지가 하나님의 일이고 어디까지가 인간의 일인지 명확하게 구분할 수 없는 특징이 있다.

우리가 기억해야 할 것은 하나님은 우리 밖에 계실 뿐 아니라 우리 안에도 계시기 때문에, 설사 하나님의 몫과 인간의 몫이 무엇인지 이해할 수 없다고 해도, 그 내용을 인간의 언어로 적절하게 표현할 수 없다. 때문에 우리의 믿음에서 하나님을 강조하는 것과 인간의 선행을 강조하는 것을 지나치게 대립적으로 보아서는 안 된다. 우리는 선행의 중요성을 크게 강조하는 교회도 믿음의 필요성을 이야기하며, 믿음을 크게 강조하는 교회 또한 선행을 권면한다는 사실을 발견하는 사실 속에서 믿음과 선행은 대립적인 관계가 아님을 깨닫게 된다.

근원적 악의 해석과 분별

인간에게 가장 근원적인(capital) 악이 있다. 이 악은 세상에 사는 사람이라면 누구도 자유로울 수 없는 악이다. 이 악은 다른 사람에게 그것이 나타나면 누구나 혐오하는 악이다. 이 악은 그리스도인 외에는 자신에게 그런 악이 있다는 것을 생각조차 하지 못하는 악이다. 바로 이 악이란 '교만'(pride)이다. 기독교 교부들의 가르침에 따르면, 가장 핵심적인 악은 교만이다. 존 카시안(John Cassian)은 교만을 '가장 심각한 유일한 죄'라고 보았다. 그 이유는 하나님에게 저항하고 반대를 불러일으키기 때문이다. 그는 교만의 악을 증명하기 위하여 야고보서 4:6과 베드로전서 5:5을 중심으로 설명한다.

> 하나님은 교만한 자를 대적하시되 겸손한 자들에게는 은혜를 주시느니라(벧전 5:5).

교만이라는 악은 얼마나 대단한지, 당연히 이것을 대적하는 어떤 천사도 또는 다른 선도 없다. 오직 하나님만이 이것을 대적하실 수 있으시다! 하나님과 반대되는 다른 죄에 얽힌 사람들을 물리치신다고 하신 적이 절대 없다는 점을 우리는 주목해야 한다. 하나님은 "탐식, 정욕, 탐욕적인 사람"이 아니라 오직 교만만을 물리치신다. 왜냐하면 그런 죄는 그것을 저지른 사람들 자신에게 반응하거나 그런 죄에 연루된 사람들이나 그 외 다른 사람들에 대항해서 저질러지는 것이지만 교만은 특별히 하나

님과 관련이 있으므로 하나님은 교만을 물리치신다는 것이 정
확하게 맞는 말이다.[10]

카시안은 교만을 죽음에 이르는 죄로서 '악'(evil)이라고 말했다. 교
만은 온갖 다른 악으로 이어진다. 다른 악의 뿌리이다. 이것은 하나님
께 전적으로 맞서는 마음 상태이다. 교만의 이런 특징은 거짓된 자치권
(autonomy)을 강화한다. 엄밀하게 교만은 그 자체가 적대감의 특징을 갖
는다. 교만은 사람과 사람 사이의 적대감일 뿐 아니라 하나님에 대한 적
대감이기도 하다.

교만은 경쟁적이다. 교만은 하나님과 경쟁하고 다른 사람들과 경쟁
한다. 탐욕, 시기, 분노와 같은 악들은 우연히 경쟁적인 반면에 교만은
본질적으로 경쟁적이다. 교만은 한없이 욕심을 낸다. 교만한 사람은 자
기보다 힘 있고 돈 많은 똑똑한 사람이 전 세계에 단 한명만 있어도 경
쟁자로 여기고 적으로 여긴다. 창조 이래 모든 나라와 가정을 불행하게
만든 주된 원인은 교만이다.[11]

루이스는 분명히 교만하기 짝이 없는 사람이 있는데, 자기는 하나님
을 믿는다고 여기면서 아주 신앙적으로 행세하는 사람에 대해 단호하게
말한다. 그는 이런 사람들은 상상 속에 하나님을 섬기고 있는 것이라고
말하면서 이렇게 설명한다.

이론적으로는 자기들이 하나님 앞에서 아무것도 아닌 존재임
을 인정하지만, 실제로는 이 허깨비 하나님이 자신들을 다른
모든 사람들보다 훨씬 낮게 여기며 인정해 준다고 늘 생각합

니다. 즉 하나님께 상상 속의 겸손을 1페니(약 한화 15원) 어치 지불하고는 동료 인간을 향한 교만은 1파운드(약 한화 1500원) 어치나 얻어내는 것이지요... 모든 악 중에서도 가장 나쁜 악이 우리 신앙생활의 중심부까지 침투할 수 있다는 것은 무서운 일입니다. 그러나 그 이유를 이해하기는 어렵지 않습니다. 덜 나쁜 악들은 사탄이 우리의 동물적 본성을 이용하기 때문에 생기는 것들입니다. 그러나 교만은 동물적 본성을 통해 오는 것이 아닙니다. 그것은 지옥에서 곧장 나옵니다. 교만은 순전히 영적인 악입니다. 그렇기 때문에 다른 악들에 비해 훨씬 더 교묘하고 치명적입니다.[12]

교만은 악 중의 악이다. 그것은 사랑이나 자족하는 마음과 심지어 상식까지 파괴하는 악이다. 교만은 무엇보다도 영적인 악이다. 교만은 근본적인 관계를 파괴하는 악이요, 다른 악을 파생시키는 악이다. 때문에 우리가 가장 경계해야 할 것은 교만이다. 우리가 자유로워지기 위해서는 다른 악들을 몰아내기 위해서는 자기 자신의 교만이 어떻게 생겼는지를 알아야 한다. 교만은 스스로를 우월하다고 여기는 것에서 태어난다. 이러한 교만은 많은 하위특성들과 함께 다양한 조합들로 나타난다. 교만의 하위특성들은 우리의 삶에서 다양하게 자리하고 있다.

구체적으로 서술하면, 다른 사람들로부터 주목받으려고 하고, 잘못을 인정하는 것을 꺼리고, 지나치게 논쟁적이기를 좋아하고, 자신의 방식을 지나치게 강요하고, 다른 사람 위에 군림하기를 원하고, 자신의 권리를 과시하고, 조언을 거절하고, 배려심이 없으며, 독선적이고, 자신의 근원이 자신이라고 생각하고, 다른 사람을 자주 무시하고, 다른 사람을 평가 절하하고, 다른 사람의 시선에 지나치게 몰두하고, 위선을 드러내고, 완벽주의 성향이 강하여 강박적인 증상들이 있다.[13] 교만은 일곱 가지 대죄 가운데서도 가장 근본적이고 치명적인 죄악이다. 왜냐하면 시기, 분노, 탐욕, 나태, 정욕, 탐식과 같은 하나님의 규율에 반하는 모든 반란은 모두 교만에 기반을 두고 있기 때문이다.[14]

도덕적 분별의 해석과 목적

도덕적 분별의 출발은 옳은 것과 그른 것을 분별하는 것이다. 도덕적 분별은 먼저 악이 강력하며 치명적이라는 사실을 인식하는 것이다. 나아가 옳은 것과 그른 것에 합당한 방식으로 반응하는 것이다. 그리스도인의 도덕적 분별은 합당하게 반응하기 위하여 옳은 것과 그른 것을 구별하는 것이다.

도덕적 분별은 옳은 것과 그른 것을 이해하려고 시도하는 추상적인 행동이나 지성적인 행동이 아니다. 도덕적 분별은 양심 형성의 출발 단계일 뿐이다. 도덕적 분별의 두 번째 요소는 적합한 반응을 분별하는 것이다. 이 분별은 무엇이 옳고 그른지 그리고 이 시간에 올바른 응답이 무엇인지 분별하는 것이다. 이러한 분별은 언제나 상황적이고 특별한 것이다. 사도 바울은 노예제도가 하나님의 뜻에 명백하게 그릇된 것임을 알았지만, 노예제도를 두고 조바심을 내지 않았다.

존 소브리노(Jon Sobrino)는 그리스도인의 도덕적 분별에는 두 단계가

제3부 / 7장 • 도덕적 체험의 해석과 분별 … **189**

있다고 보았다. 먼저 일반적으로 '선한 것과 악한 것이 무엇인지를 결정하는 것'이고, 다음은 '우리가 행동해야 하는 선한 것'을 분별하는 것이다.[15] 분별은 악과 불의의 현존을 인식하는 것을 의미한다. 분별력 있는 사람의 가장 기본적인 자질은 어떤 문제를 가볍게 보지 않는다. 도덕적 분별은 어떤 물건을 분별하듯이 즉 밭에 심겨진 것이 보리인지 잡초인지를 구별하여 잡초를 뽑아내는 것과 같이, 단지 옳은 것과 그릇된 것을 식별하는 일에만 관련되는 것이 아니다. 오히려 우리의 세계에서 악의 현존은 훨씬 모호하다. 이는 악의 문제는 원리적인 문제이기도 하지만 매우 정황적인 것이기도 하기 때문이다.

성경의 '도피성' 이야기는 도덕적 분별에서 정황성에 대한 인식의 필요성을 암시한다. 도덕적 분별은 선한 것과 악한 것에 대한 보편적인 규범에 기초되지만, 인간의 내적 외적 정황도 고려해야 한다. 즉 선과 악의 판별 기준이 때로는 인간의 내적 의지와도 관련되어 해석되어야 하기 때문이다. 개인과 사회는 때로 특정한 도덕적 결단을 해야 하는 정황에 직면하게 된다.

민수기 35장과 신명기 21장은 도피성 법을 다루고 있다. 만약 어떤 사람이 다른 사람을 계획적으로 죽인 것도 아니고, 전적으로 우연히 죽인 것은 아니지만 부주의한 행동으로 인해 사람을 죽였다면, 그는 신속히 6곳의 지정된 도피성 중 하나로 가야했다. 도피성에서 그는 공정한 재판을 받았다. 만약 살인이 부주의로 인한 것이라고 판결이 나면 살인자는 제사장이 죽을 때까지 도피성에서 살아야 한다. 제사장이 죽으면 그는 자유로워진다. 도피성으로부터 자유로워지는 것은 사회를 보호하는 것과 살인자의 사회 복귀를 모두 꾀하는 것으로도 볼 수 있다.

나아가 도피성 제도의 중요한 목적은 인간 생명의 가치를 지키는 것에 있었다. 즉 도피성 제도는 생명의 중요성을 개인과 사회에게 생생하게 보여 주려는 데 목적이 있었다. 도피성 제도에서 발견되는 지혜는 바로 도덕적 분별의 중요한 목적이 생명의 존엄성에 대한 인식과 보호에 있다고 할 수 있다. 개인의 생명에 대한 관심 부족은 사회를 파괴시키고 땅을 더럽히기 때문이다(민 35:33). 한 개인의 생명을 귀하게 여기지 않는 사회는 거룩하지 않으며 인간 사회 전체의 목적을 부정하는 것이기 때문이다.

도덕적 분별은 단지 인간의 선과 악을 판별하는 것에만 있지 않다. 도덕적 분별은 오히려 인간의 가치를 존중하고 보호하기 위한 사랑의 행위이기도 하다. 이는 도덕적 사회는 하나님의 형상으로 창조된 형제의 가치를 인정하는 것에 기초해야 한다. 인간의 가치와 노력을 수용하는 것이 공동체나 국가의 주된 지도 원리이여야 한다는 것이다. 한 나라의 가장 귀중한 자원(commodity)은 사람들이다. 고의로 살인을 저지르지 않은 살인자들을 도피성으로 추방하는 것은 아벨을 죽인 가인을 추방했던 것을 상기시킨다. 살인자를 일상의 생활로부터 추방하는 것은 그가 죽인 피해자를 죽음에 의해 생명의 소중함에서 배제된 것의 의미를 알게 할 것이다. 추방의 주된 목적은 처벌이 아니라 속죄다. 즉 잘못을 인정하고 뉘우치며, 그 죄책감을 다루고, 계속 살아가는 것이다.

도피성에 머물던 살인자는 제사장의 죽음과 함께 끝이 난다. 이것은 부주의한 살인과 성직자의 의무 사이의 관계를 가리키는 것이다. 사실 도피성은 레위 지파가 거주하던 곳이다. 레위 지파와 성직자들은 사람들을 가르치고 성전에서 일했다. 그들은 율법을 만들거나 사건들을 재판하지 않았다. 그들은 이스라엘 사회의 도덕 선생이었기 때문이다. 그들의 직무는 인간 행위와 인간의 피의 중요성과 거룩함에 대한 원리를 전파하는 것과, 인간의 경솔함과 부주의함에 반대하는 것이었다.

도덕적 소명의 해석과 분별

우리는 선을 선택하고 선한 것을 행해야 한다. 하지만 모두 도덕적으로 선하게 보이는 다중의 대안에 직면할 때 큰 도전을 받는다. 많은 사람들이 지지한다고 해서 모두 선한 것은 아니기 때문이다. 때로는 소수의 대안이 더 선한 것이 될 수도 있기 때문이다. 문제는 '어떤 것이 하나님이 내게 요구하시는 선한 것인가?' 하는 것이다. 우리가 선한 것들을 행하면서도, 반드시 행해야 하는 것을 소홀히 할 수 있다. 예컨대 자녀들에 대한 합당한 관심을 갖지 않고 다른 선한 일을 행한다고 하면서 실수를 변명할 수 있다. 그러나 선행이 우리의 소명에 중심이 되는 것을 소홀히 한 것을 정당화할 수 없다.

우리는 성경의 마르다와 마리아의 이야기를 통해 종교적 활동이 항상 다른 형태의 활동보다 더 선하다는 주장을 경계해야 한다. 마리아와 마르다는 모두 선한 일을 했기 때문이다. 우리의 삶에서 아버지로서의 책임을 소홀히 하고도, 이렇게 소홀히 하게 된 이유가 종교적 활동을 하고 있기 때문이라고 변명하는 것은 매우 비도덕적인 행동이다. 우리는 어떤 선한 일을 한다는 이유로 가장 중요한 일을 소홀히 하는 것을 정당화하려는 유혹을 경계해야 한다.

그리스도인들은 특히 종교적인 선택과 행위를 더 선하게 여기려는 생각을 경계해야 한다. 바울은 예배나 기도와 같은 종교적 또는 신앙적 활동을 다른 활동보다 더 선하다고 말하지 않고 최선의 것을 분별하는 방법을 배우기 위해 기도하라고 제안한다. 사도 바울은 "내가 기도하노라. 너희 사랑을 지식과 모든 총명으로 점점 더 풍성하게 하사 너희로 지극히 선한 것을 분별하며 또 진실하여 허물이 없이 그리스도 날까지 이르고"(빌 1:9-10)라고 말한다. 분별의 기준은 이것이 종교적인 활동의 유무에 있기보다는 분별된 사랑에 있다. 우리는 우리의 삶을 위해서 그리고 서로를 섬기기 위하여 '선한 것'만이 아니라 '최선의 것'도 구해야 한다. 우리는 종종 올바른 것을 행하는 것에 만족한다. 그러나 단순하게 선한 것을 행하는 것만으로 만족할 수 없다. 우리는 자신과 서로를 위해 부르심 받은 모든 것을 반영해야 한다.

우리의 선한 것에 대한 분별의 기준은 옳고 그른 것에 대한 이론적인 것만이 아니라 소명과도 관계된다. 우리가 종교적인 소명만이 신성한 소명이라고 확신한다면, 평범한 삶이나 예술적인 활동은 덜 유용하기 때문에 중요하지 않다고 생각한다면, 우리의 소명을 놓쳐버리기 쉽다. 이렇게 되면 종교적인 활동이 더 선한 것이고 가족을 위한 경제적인 활동은 덜 선한 것이라는 논리를 정당화시킬 수 있다. 따라서 우리의 선한 삶이나 선의 실천의 기준은 단지 옳고 그름의 문제보다 훨씬 크다는 것을 인식해야 한다. 선의 실천은 소명의 분별을 수반한다고 보아야 한다. 소명의 분별은 순전히 우리 자신과 우리의 상황에 대한 합리적인 분석의 문제만이 아니다. 소명을 분별하는 일은 정서적인 혼란, 우리를 힘들게 하는 두려움과의 대결, 때로는 우리의 기쁨을 수용하는 복잡한 훈련도 포함한다.

그리스도인으로서 우리의 정체성과 소명을 분별하기 위해서는 우리가 섬기는 대상을 분명히 해야 한다. 소명을 분별하는 것은 우리의 삶을 어떻게 다루어야 하는지를 이해하는 것이지만 그것은 사실상 복종의 문제이기도 하다. 이는 우리가 하나님께 부르심을 받는다는 사실을 인식하는 문제이다. 이것은 매우 구체적이고 어려운 일일 수 있다. 그것은 귀한 직장을 사임하고 병약한 배우자를 보살피라는 부르심을 받았음을 깊이 느끼고 그것을 받아들이는 문제일 수도 있다. 그것은 엄청난 대립과 난관에 직면하여 평화를 갖는 것, 일을 그만두고 신학을 하고 싶어도 유보하는 것일 수 있다. 그것이 무엇이든 우리는 이것이 하나님의 부르심이라는 확신에 이르렀기 때문에 그렇게 행하는 것이다.

도덕적 선의 분별과 해석

우리는 예수님과 바리새인들의 선의 기준에서 중요한 것을 깨닫게 된다. 바리새인들과 예수님의 선의 기준의 근본적인 차이는 율법을 형식적으로 지켰는지, 아니면 율법의 정신을 사랑했는지에 있는 것만이 아니다. 바리새인들은 삶 속에서 '피함'으로 선을 증명하려고 했던 반면, 예수님은 '참여'로 선을 증명하였다. 바리새인들은 어떻게 하면 하나님께 영광을 올려드릴 수 있을까를 질문하지 않았다. 오히려 바리새인들은 어떻게 하면 하나님의 이름을 더럽히는 것을 피할 수 있을까라고 고민했다. 바리새인들의 이런 성향은 하나님께 관심을 두기보다는 자아에게 관심을 쏟는 것으로 변질되었다. 그들은 죄를 '피하는' 것에만 관심이 있었다. 그들은 죄인을 구하는 일에 참여하는 것에는 관심이 없었다.

바리새인들과는 대조적으로 예수님은 적극적으로 참여하셨다. 예수님은 다른 이들을 돕고, 돌보기 위해 항상 모든 방법을 동원하는 노력을 기울이셨다. 예수님은 악으로부터 도망치기보다는 선을 향해 달려가셨다. 예수님은 참여의 소명으로 선을 실천하신 반면 바리새인들은 피함의 소명으로 선을 증명하려 하였다.

우리가 종종 예수님의 선보다 바리새인들의 선을 더 선호한다는데 우리의 비극이 있다. 우리는 종종 우리가 만든 '죄론'에 우리를 가둔다. 우리는 죄를 담배를 피거나 술을 마시지 않는 것, 혼전 성관계를 하지 않는 것, 욕을 하지 않는 것, 분노를 하지 않는 것으로 생각하고, 이러한 삶을 우리의 선한 삶의 증거로 생각하는 경우가 많다. 물론 그리스도인들이 이러한 것을 피하는 것은 필요하다. 하지만 그리스도인들이 선한 사람을 '무엇을 하지 않는 사람,' '어떤 것을 피하는 사람'으로 정의하는 것은 바람직한 것이 아니다. 이는 마치 초상화를 그리는 작가가 사람은 그리지 않고 배경만 그리는 것과 같기 때문이다.

예수님은 진정한 제자의 기준으로 술을 마시지 않는 자나 담배를 피우지 않는 자 등으로 제자의 신원을 확인하지 않으셨다. 예수께서는 내가 주릴 때에 너희가 먹을 것을 주었고, 나그네 되었을 때에 영접하였고, 벗었을 때에 옷을 입혔고, 옥에 갇혔을 때에 와서 보았으므로 너희가 나의 참 제자라고 하였다(마 25:35-40). 예수님은 제자도를 죄 된 일을 피하는 소극적 선보다 선한 일에 참여하는 적극적 선에 더 중심을 두셨다.

마가는 참여의 선인 적극적 선과 피함의 선인 소극적 선의 차이점을 예수님의 삶과 사역을 통해 포착해 낸다. 예수님과 바리새인들이 '시장'에서 무엇을 했는지를 묘사한다.

건너가 게네사렛 땅에 이르러 대고 배에서 내리니 사람들이 곧 예수신 줄을 알고 그 온 지방으로 달려 돌아다니며 예수께서 어디 계시단 말을 듣는 대로 병든 자를 침상째로 메고 나아오니 아무 데나 예수께서 들어가시는 마을이나 도시나 촌에서 병자를 '시장'에 두고 예수의 옷가에라도 손을 대게 하시기를 간구하니 손을 대는 자는 다 성함을 얻으니라 바리새인들과 또 서기관 중 몇이 예루살렘에서 와서 예수께 모였다가 그의 제자 중 몇 사람의 부정한 손 곧 씻지 아니한 손으로 떡 먹는 것을 보았더라 바리새인들과 모든 유대인들이 장로들의 유전을 지키어 손을 부지런히 씻지 않으면 먹지 아니하며 또 '시장'에서 돌아와서는 물을 뿌리지 않으면 먹지 아니하며 그 외에도 여러 가지를 지키어 오는 것이 있으니 잔과 주발과 놋그릇을 씻음이러라(막 6:53-7:4).

예수님은 시장을 병든 사람들을 어루만져 치유하는 장소로 활용하신다. 예수님은 시장에 계셨다. 그곳에서 사람들과 부대끼며, 두 팔을 벌리고, 열병으로 불덩이처럼 달아오른 몸, 죽음의 문턱에서 차가워진 몸에 부드럽게 손을 얹으셨다. 이것이 바로 예수님의 모습이었다. 이것이 바로 예수님의 선이었다. 바리새인들도 시장에 있었다. 그들은 경계 지역의 주권자, 안전한 하나님을 수호하는 협회의 핵심 간부들이었다. 그들은 시장에 있는 물건이나 병자들의 그림자까지 피했다. 예수님은 질병으로 고통당하는 사람들을 치유하시는 데 관심이 있었다. 그러나 바리새인들은 그들을 피하는데, 병원균에 감염되지 않도록 피하는 데 그들의 일차적인 관심이 있었다.

그리스도인의 선의 기준과 실천은 단지 옳은 것은 선택하고 그른 것은 피하는 것에만 있지 않다. 그리스도인의 선은 소극적 선과 적극적 선 모두를 포함한다. 바리새인들의 선은 정의와 자유와 사랑의 적극적 선의 결핍을 드러내고 있다. 이런 선은 성경적 선이라고 할 수 없다. 그리스도인의 선은 그름(wrong)을 피하는 소극적 선의 문제만이 아니라 정의와 자유와 사랑에 참여하는 적극적 선을 포함해야 한다. 그리스도인의 도덕적 분별은 단지 소극적 선에 대한 분별에만 관심이 있는 것이 아니라 적극적 선에 대한 차원도 포함해야 한다.

도덕적 죄책감의 해석과 분별

그리스도인들 중에 십자가에서 과거, 현재, 미래의 죄를 모두 사함 받았기 때문에 죄를 고백하고 회개할 필요가 없다고 주장하는 이들이 있다. 하지만 그러한 생각은 핵심을 놓치는 것이다. 우리는 그리스도로 말미암아 확실하게 용서받고 용납되었지만, 우리는 성도인 동시에 죄인이다. 우리는 하나님께 용납되고 그리스도로 말미암아 의롭다함을 입었다는 점에서 성도다. 하지만 우리는 또한 죄인이다. 우리는 다양한 방식으로 생명을 빼앗아 가는 죄의 파괴성을 진지하게 대해야 한다. 우리가 죄 사함을 받은 성도이기 때문에 죄를 고백할 필요가 없다고 주장하는 것은 '성도인 동시에 죄인인 이중적 신분'을 인식하는 것에 실패한 것이다.

그리스도인들이 기억해야 할 것은 성령은 우리로 하여금 죄를 깨닫게 하시고, 종종 성령은 하나님의 말씀을 통하여 우리의 마음과 생각을 감찰하시면서 그런 역할을 한다(히 4:12-13). 하지만 이러한 성령의 사역을 혼동해서는 안 된다. 즉 우리의 삶 속에서 어떤 죄책감을 느낀다면 모두 성령이 죄를 깨닫게 해 주시는 것이 틀림없다는 결론을 내릴 위험성이 있다. 즉 죄책감이 모두 하나님에게서 온다고 쉽게 결론을 내릴 위험이 있다. 하지만 우리가 느끼는 대부분의 죄책감은 성령의 사역에 의한 것이 아니다. 그러므로 죄를 깨닫게 하는 성령의 사역은 분별을 요구한다.

죄책감을 느낀다고 해서 하나님의 영이 우리 죄를 깨닫게 하신다는 의미는 아니다. 성령이 죄를 깨닫게 하시는 핵심적인 표지는 정죄의 감정이 아니라는 것이다. 정죄의 감정으로 가득한 죄책감은 거짓된 죄책감이다. 거짓된 죄책감은 우리 자신을 정죄한다. 반면에 성령의 사역으로 인한 죄책감은 우리를 해방시키고 자유를 지향한다. 그러므로 사도 바울은 생명과 구원으로 인도하는 참된 죄책감인 '하나님의 뜻대로 하는 근심'과 '사망을 이루는 근심'(고후 7:9-10)을 구별했다. 죄를 깨닫게 하시는 성령의 사역은 우리를 정죄하는 것이 아니라 오히려 생명을 주고 자유하게 하며 권능을 준다. 요한은 우리가 진리 안에서 살아가고 있다는 핵심적인 증거는 우리 마음이 우리 자신을 정죄하지 않는 것으로 이해했다(요일 3:21).

우리를 정죄하는 거짓된 죄책감은 악한 영과 미분화된 불안한 정서와 다른 사람들과의 관계로부터 기인하는 경우가 대부분이다. 우리 마음이 우리 자신을 정죄한다면, 우리가 느끼고 경험하는 것은 하나님으로부터 온 것이 아니다. 죄를 깨닫게 하시는 성령의 사역은 항상 생명으로 인도하시는 성령의 총체적 사역의 한 차원이다. 그리스도를 통하여 아버지 하나님은 우리를 자신에게로 이끄신다. 우리가 죄를 깨닫는다면, 그것은 우리가 악한 사람들이기 때문이 아니라 우리가 생명으로 인도함을 받았기 때문이다. 우리는 거짓된 죄책감을 경계해야 한다.

거짓된 죄책감은 세 가지 형태로 나타날 수 있다. 먼저 악한 영이 일으키는 죄책감이 있다. 성경에서 나쁜 천사 무리는 우리를 비난하고 정죄하는 세력으로 언급된다. 우리가 그리스도 안에서 용서를 알게 된 것은 더 이상 이러한 형태의 죄책감을 경계할 필요가 없음을 의미하지 않는다. 정죄의 감정이 악한 영에서 기인하는 경우가 많다. 성령은 그리스도 안에는 정죄함이 없다는 것을 항상 인식하고 살아가도록 우리를 돕는다(롬 8:1).

다음은 우리는 다른 사람의 기대와 정서적인 조작에 반응함으로써 죄책감을 느낀다. 분별력 있는 사람은 다른 사람들이 자신으로 하여금 죄책감을 느끼도록 하는 방식과 자신의 마음이 다른 사람들의 기대에 응답하는 방식을 잘 인식한다. 하지만 우리는 자신의 기대를 충족하려고 다른 사람들로 하여금 죄책감을 느끼게 하는 경향이 있다. 즉 이러한 죄책감은 자신의 기대나 목표를 이루기 위해 다른 사람의 정서를 조작하여 자신의 기대를 충족하려고 할 때 종종 발생한다. 예를 들어 어떤 지도자가 하나님이 이것을 원하신다고 넌지시 암시하면서 영적인 견지에서 자기 기대를 표현할 수 있다. 아마도 이것은 정서적 조작 중 최악의 행태일 수 있다.

거짓된 죄책감의 또 다른 형태는 우리 자신의 기대와 개인적인 열망을 실현하는데 실패했을 때 느끼는 죄책감이다. 거짓된 죄책감은 우리의 실패를 반복해서 자세히 그리고 자주 반복함으로써 발생하는 경우가 있다. 분명한 것은 죄는 우리의 개인적 이상을 이루지 못한 것과는 아무런 관련이 없다. 이것은 죄에 대한 참된 슬픔이 아니라 오히려 교만의 또 다른 표현이다.

거짓된 죄책감은 실패와 부정적인 것에 초점을 맞출 때 강화된다. 거짓된 죄책감은 사실의 일부에만 초점을 맞추어 전체를 왜곡한다는 데 문제가 있다. 이러한 죄책감은 자신의 실패나 약점에 너무 선택적으로 반응하여 좋은 것을 상당 부분 잃어버리게 된다. 하나의 실패나 부정적인 것 때문에 전체를 부정하는 오류를 낳게 된다. 이는 마치 아무것도 쓰여 지지 않은 하얀 종이 중앙에 점이 찍혀 있을 때, 종이 전체를 보지 않고 점만 보는 것과 같다. 대부분의 사람들은 놀랍게도 하얀 종이에 점이 찍혀져 있는 것을 보여 주고 무엇을 보았느냐고 물으면 검을 점을 보았다고 말한다. 사람들은 이런 상황에서 손쉽게 점을 선택하여 눈에 보이는 상황을 추상화시키는 경향이 많다.

사실 사람들은 종이 위의 점만을 본 것이 아니라 아마도 그것을 들고 있는 사람과 종이 전체를 보았을 것이다. 거짓된 죄책감은 종이의 하얀 면은 보지 않고 점만 보는 것과 같이 자신의 실패나 약점만 보려는 내적 경향에서 발생하는 경우가 많다. 즉 거짓된 죄책감은 자신의 잘못들과 성격적 결함을 중심으로 보는 성향에서 발생하는 경우가 많다. 거짓된 죄책감에 중독된 사람들은 자신의 실패나 실수와 다른 사람의 잘못을 부각시킬 뿐 좋은 측면과 긍정적인 측면까지 함께 보기를 거부한다. 그렇게 되면 거짓된 죄책감에 중독된 사람들은 기분 전환을 위해 종교 중독 속으로 도피하는 경우가 많다. 이러한 사람들은 쉽게 상처를 입는다. 그들은 자신을 포함하는 모든 것에 대해 극도로 비판적이고 부정적인 경향이 있다. 이러한 사람들은 다른 사람들과의 관계에서도 매우 부정적이다. 이러한 성향이 무의식적으로까지 습관화되면 세상을 보는 눈이 매사에 부정적으로 작동하게 된다.

그리스도인들이 놓치지 말아야 할 것이 있다. 그것은 우리의 가치는 우리의 이상과 일의 성취에 비례하는 것이 아니라 하나님이 우리를 존귀하게 여기신다는 그 사실에 있다는 것이다. 우리의 정체성은 우리를 존귀하게 여기시는 하나님의 사랑에 기초되어야 한다. 거짓된 죄책감은 우리의 왜곡된 정체성으로부터 발생한다. 이는 성경에서 핵심적으로 가르치는 교훈이기도 하다.

'다윗의 믹담'이라고 일컬어지는 황금 시에 "땅에 있는 성도는 존귀한 자니 나의 모든 즐거움이 저희에게 있도다"(시 16:3)라는 내용이 있다. 이 내용은 다윗이 하나님 앞에서 자신의 정체성을 고백하는 시이다. 다윗은 이 고백과 함께 "밤마다 내 심장이 나를 교훈하도다"(시 16:7)라고 고백한다. 이 고백은 그의 시의 전후 문맥을 통해 볼 때, 밤마다 자신의 심장이 그를 교훈할 때, 자신의 약점을 인정하되, 그 약점을 너무 곱씹어서는 안 된다는 고백이기도 하다. 이는 그가 자신의 약점을 인정하고 성찰하는 것은 매우 중요한 것이지만, 자신의 잘못을 지나치게 곱씹거나 자신의 모습에 지나치게 엄격해서는 안 된다는 말이기도 하다. 왜냐하면 자신의 정체성은 부족하고 연약함에도 자신을 존귀하게 여기시는 하나님의 사랑에 기초하기 때문이다.

이는 진정한 자기 성찰은 자신의 연약성과만 관련된 것이 아니라 하나님의 사랑과도 관련되어져야 한다는 것을 교훈한다. 나아가 자신을 성찰하는 것은 자기 자신과만 관련된 행위가 아니라 다른 사람과도 관련된 행위가 되기 때문이다. 이는 자기 자신에게 너그러운 사람은 다른 사람에게도 너그러울 수 있기 때문이다. 특히 자신의 이상이 실현되지 않아 어렵고 힘들 때 지나친 스트레스나 죄책감으로 인해 자신을 잃어버려서는 안 된다는 것을 암시한다. 이럴 때 일수록 정적을 찾아야 한다. 이럴 때 일수록 기도해야 한다는 고백이기도 하다. 자신을 변화시키고 싶다면 평온의 공간이 필요하다는 뜻이기도 하다.

'너에게 잘하라'는 말이 있다. 이 말은 '자신에게 자비롭게 대하라'는 뜻이기도 하다. 다시 말하면, 내 안의 상처 입은 아이에게 다가가 그에게 연민을 느낀다는 것을 의미이기도 한다. 내면의 상처를 진심어린 연민과 애정으로 대하는 것을 의미하기도 한다. 내 자신의 약점에 화내지 말고, 약점을 사랑으로 대하라는 것이기도 하다. 약점의 초라함은 오직 따뜻한 시선에 의해서만 치유되기 때문이다. 이는 다윗이 "내가 여호와를 항상 내 앞에 모심이여 그가 내 우편에 계시므로 내가 요동치 아니하리로다"(시 16:8)라는 그의 다짐에서 이러한 실천을 예시한다.

〈미주〉

1 C. S. Lewis, *Mere Christianity*, 장경철 이종태 옮김, 『순전한 기독교』(서울: 홍성사, 2014), 123-27.

2 C. S. Lewis, 『순전한 기독교』, 125.

3 C. S. Lewis, 『순전한 기독교』, 127.

4 C. S. Lewis, 『순전한 기독교』, 129-136.

5 C. S. Lewis, 『순전한 기독교』, 130-31.

6 C. S. Lewis, 『순전한 기독교』, 136.

7 C. S. Lewis, 『순전한 기독교』, 204-35.

8 C. S. Lewis, 『순전한 기독교』, 207-08.

9 C. S. Lewis, 『순전한 기독교』, 214-15.

10 William D. Backus, *What Your Counselor Never Told You: Seven Secrets Revealed—Conquer the Power of Sin in Your Life*, 전요섭 옮김, 『죽음에 이르는 7가지 죄를 극복하는 비결』(서울: CLC, 2017), 89-90에서 인용.

11 C. S. Lewis, 『순전한 기독교』, 195-96.

12 C. S. Lewis, 『순전한 기독교』, 196-98.

13 William D. Backus, 『죽음에 이르는 7가지 죄를 극복하는 비결』, 97-8.

14 William D. Backus, 『죽음에 이르는 7가지 죄를 극복하는 비결』, 98.

15 John Sobrino, *Christology at the Crossroads: A Latin American Approach* (New York: Orbis, 1978), 129-30.

8장

영적 체험의 해석과 분별
Interpretation and Discernment of Spiritual Experience

하나님 음성의 해석과 분별

하나님의 음성에 대한 해석과 분별은 매우 복잡한 주제이다. 하나님의 음성을 바르게 이해하기 위해서는 성경적인 이해뿐만 아니라 인간의 내면의 질서와 경험과 같은 영역의 해석과 분별이 필요하다. 먼저 성경에서 하나님이 말씀하는 방편이 너무나 다양하기 때문이다. 성경에는 하나님은 때로 직접적으로 말씀하기도 하지만, 때로는 사람을 통해서도, 때로는 환경을 통해서도, 때로는 인간의 양심을 통해서도 말씀하시기 때문이다(시 16:7). 인간은 자신이 가진 정신세계와 자신이 처한 환경을 통해서도 수많은 소리를 듣기 때문이다. 우리는 의식적인 기도 가운데에서도, 때로는 무의식의 세계인 꿈을 통해서도 자신의 내면의 소리를 듣게 된다. 이러한 내면의 소리들이 하나님의 음성과 어떠한 관계가 있는지를 분별해 내는 것도 쉽지 않기 때문이다. 하나님은 때로 우리의 내면에 속삭임으로 말씀하실 수 있고, 때로는 우리가 처한 삶의 환경을 통해서 말씀하실 수 있기 때문이다.

하나님은 그의 형상으로 창조된 우리에게 내적 세계의 질서와 외적 세계의 질서를 선물로 주시고, 그 질서에 따라 살아가도록 지으셨다. 때문에 우리의 건강한 정신적 사고와 생각이 하나님의 뜻과 어떤 관련이 있는가를 해석하고 분별하는 것도 매우 중요하다. 특히 인간의 내면의 질서와 세계는 타락의 영향을 받아 부패하였음에도 불구하고, 여전히 하나님의 대리인으로서 그 소명을 감당하고 있다. 때문에 인간의 내적 세계는 하나님의 소명을 감당하는 대리인이라고 할 수 있다. 이런 맥락에서 칼 융(Carl Jung)은 우리에게 중요한 통찰을 제공한다. 융에게 하나님은 환상이 아니라 인간의 내면에 있는 '자발적 대리인'(autonomous agent)으로서 인간에게 가장 깊숙하고 친밀한 모습을 지닌 대상이었다.[1] 따라서 인간이 자신의 내면의 질서에 새긴 하나님의 질서를 통해서 나오는 소리를 듣고 순종하는 태도는 인간의 총체적 개성화(individuation) 과정에 깊이 관여하며, 개인의 주체성은 자기의 모습으로 무의식 속에 내재된 하나님의 형상과 자아의 의지와 충동의 사이에서 벌어지는 끊임없는 충돌과 투쟁에 의해 발전을 거듭한다. 이런 차원에서 융에게 전통적인 기독교 영성의 주제인 그리스도를 본받는다는 명제는 단순한 기계적 또는 문자적 모방 차원에 머물지 않으며, 인간에게 소속되지 않고, 소속될 수 없는 그리스도를 통해 각자 내면의 인격 통합을 추구하고 통전적인 차원에서의 참 자기를 실현하는 전체 과정을 뜻한다.[2]

인간이 하나님의 형상으로 창조되었다는 것은 인간 정신의 신비와 측량할 수 없는 인간 의식의 깊이에 관한 강력한 의식을 지니고 있다는 것을 의미한다. 인간이 하나님의 형상대로 신비롭고 헤아릴 수 없는 하나님의 이미지로 만들어졌다는 사실은 인간이 그 신비를 공유하고 있다는 것을 내포한다. 그레고리 대제(Gregory the Great)는 바다가 이와 같은 인간의 신비를 상징하는 것이라고 보았다.

> '바다'는 인간의 정신이며, 하나님은 바다 깊은 곳으로 들어가신다... 하나님은 절박한 마음을 바꿀 때마다 깊숙한 곳까지 스며드신다... 심연은 인간 정신, 그 자체를 이해할 수 없지만 마치 모호한 심연처럼 모든 것으로부터 감추어져 있는 인간 정신의 외부에 존재하기 때문이다... 하나님은 말 그대로 심연 속을 걸으신다. 그리고 그때 하나님은 어두운 마음속에 스며들어 불가시적인 죄의 파도를 짓밟으신다.[3]

하나님의 형상으로 지음 받은 인간의 정신은 하나님의 뜻과 의지가 가장 귀하게 펼쳐지는 장이다. 마카리우스(the Macarian) 전통에서는 마음을 하나님의 자리로 묘사한다. 즉 "마음의 깊이는 측량할 수 없다. 하나님은 그 마음속에 천사와 함께 거하신다. 거기에는 빛과 생명이 있고, 왕국과 사도들이 있으며, 천국의 도시들이 있고, 은총의 보물이 있다. 거기에는 모든 것이 다 있다."[4]

또한 하나님의 음성을 해석하고 분별할 때 인간의 경험의 세계와 어떠한 관련이 있는지도 알아야 한다. 인간의 몸과 정신세계는 자신이 경험한 것과 본 것과 사모하는 것의 영향을 받는다. 이러한 인간의 몸과 정신세계는 때로는 의식의 언어로 때로는 무의식의 언어인 꿈을 통해 표출되기도 한다. 때문에 우리가 들은 어떤 음성이나 꿈은 하나님의 음성이라기보다는 내면의 소리일수도 있고, 무의식의 언어일 수도 있다. 마지막으로 우리가 보고 들은 환상이나 음성은 사탄의 유혹으로부터 올 수도 있다. 그럼으로 하나님의 음성에 대한 해석과 분별은 성경적 신학적 인간학적 해석과 분별이 함께 이루어 질 때 가능하다고 할 수 있다.

하나님 음성의 유형 해석과 분별

성경 시대에 하나님께서 말씀하신 방법들은 크게 여섯 가지로 나타나고 있는 것을 알 수 있다.

첫째, 하나님은 직접적인 계시로 말씀하셨다. 하나님은 성령을 통해서 아브라함과 같은 사람에게 말씀하셨다. "여호와께서 아브라함에게 이르시되 너는 너의 본토 친척 아비 집을 떠나 내가 너에게 지시할 땅으로 가라 내가 너로 큰 민족을 이루고 네게 복을 주어 네 이름을 창대케 하리니 너는 복의 근원이 될지라"(창 12:1-2).

둘째, 하나님은 꿈을 통해 말씀하셨다. 하나님께서 연속적인 꿈을 통하여 다니엘에게 말씀하였을 뿐만 아니라 꿈을 통해 솔로몬과 대화하였다(왕상 3:5). 하나님은 이상(vision)을 통해 다니엘에게 장차 올 왕국을 보여 주셨다. 이러한 방법으로 하나님은 다니엘에게 세상에서 일어날 사건들에 대한 엄청난 통찰력을 주셨다(단 2:14-49).

셋째, 하나님은 모세에게 십계명을 주시고 자기 백성과 대화하기 위하여 그 율법을 사용하였듯이 기록된 말씀을 통하여 이야기하셨다. 성경 시대에 하나님은 인간이 들을 수 있게 말씀하기도 하셨다. 다소의 사울은 다메섹에 있는 그리스도인들을 핍박하기 위해 가던 중 하나님의 음성을 들었다(행 9:4).

넷째, 하나님은 선지자나 사도를 통하여 말씀하셨다. 믿음의 사람들은 선지자들의 외침이 하나님으로부터 직접 오는 말씀임을 알았기 때문에 순종하였다. 이러한 예는 성경의 전반에 걸쳐서 나타난다. 느헤미야, 이사야, 바울 등과 같은 하나님의 사람들을 통해서 말씀하셨다.

다섯째, 하나님은 환경을 통해 말씀하셨다. 하나님은 기드온에게 원수를 대적하여 이스라엘 민족을 이끌고 싸우기를 원하셨지만 기드온은 두려움 때문에 양털을 바깥에 펴놓고 하나님의 뜻을 확인하기를 원했다. 그는 두 번 양털을 내놓았는데 첫 번째 아침에는 마른 풀밭 가운데서 양털이 젖어 있기를 구했고, 두 번째 아침에는 젖은 풀밭 가운데서 양털이 보송보송 말라 있기를 구했다. 은혜의 하나님께서는 그러한 기드온에게 오셔서 확신과 믿음을 주셨다(삿 6:36-40).

여섯째, 하나님은 예수 그리스도의 탄생을 천사의 예언으로 마리아와 요셉에게 계시하듯이 천사를 통하여 말씀하셨다. 대표적인 예는 바울의 선교여행에서 그가 아시아로 가던 중에 하나님께서 성령을 통하여 그곳에 가지 못하게 하였던 사건에서 볼 수 있다. "성령이 아시아에서 말씀을 전하지 못하게 하시거늘 브루기아와 갈라디아 땅으로 다녀가 무시아 앞에 이르러 비두니아로 가고자 애쓰되 예수의 영이 허락지 아니하는지라(행 16:6-7).

일곱째, 하나님은 하나님이 창조하신 자연세계를 통해서도 말씀하셨다. 다윗은 다음과 같이 고백하였다. "하늘이 하나님의 영광을 선포하고 궁창이 그 손으로 하신 일을 나타내는도다. 날은 날에게 말하고 밤은 밤에게 지식을 전하니 언어가 없고 들리는 소리도 없으나 그 소리가 온 땅에 통하고 그 말씀이 세계 끝까지 이르도다"(시 19:1-4). 다윗은 이 세상에 존재하는 모든 평범한 피조세계가 실제로는 하나님의 영광의 소리라고 믿었다. 언어나 소리 없이도 "그 소리가 온 땅에 통하고 그 말씀이 세계 끝까지 이르도다"라고 노래했다. 하나님의 음성은 하나님의 완전하신 법을 통해서뿐만 아니라 하늘을 통해서도 선포된다. 다윗은 피조세계를 통해 하나님이 우리에게 그분의 사랑의 말씀을 속삭이고 있다고 믿었다.

하나님의 음성 해석과 분별 방법

우리가 말씀과 기도와 그 밖의 다른 방법들을 통해 하나님의 음성을 들을 수 있다면, 그것이 하나님의 음성인지를 구별하는 일반적 원리와 방법을 알아야 한다. 내가 들은 음성이 하나님의 음성이 아니라 자신의 내면의 소리일 수도 있고 때로는 악한 영의 소리일 수도 있기 때문에, 하나님의 음성을 구별하는 원리와 방법을 아는 것은 중요하다. 찰스 스탠리는 하나님의 음성을 구별하는 방법을 다섯 가지로 설명하였다.[5]

첫째, 하나님의 음성은 결코 우리들이 성경에 위배되는 어떤 활동을 하거나 관계를 가질 것을 요구하지 않는다. 특히 기도할 때 죄의식과 정죄감을 느끼는 것은 하나님으로부터 오는 느낌이 아니다. 자신이 죄를 고백하였고 불순종하는 생활을 하지 않았는데도 여전히 죄의식과 정죄감을 느낀다면 그것은 사탄으로부터 오는 소리라고 보아야 한다. 왜냐하면 정죄의 음성은 하나님의 말씀과 맞지 않기 때문이다(롬 8:34). 우리의 기도와 말씀 묵상과 같은 실천에서 들은 음성이 성경과 일치하지 않는다면 그것은 하나님의 음성이 아니다. 이러한 음성은 자신의 내면의 소리나 사탄의 소리로 보아야 한다.

둘째, 예외가 있기는 하지만 일반적으로 하나님의 음성은 반드시 우리의 이성적 생각과 일치되는 것은 아니다. 외형적으로 보기에 하나님의 음성은 때로 자연적이고 합리적인 일에 모순이 될 수도 있다. 하나님께서 아브라함에게 그의 아들을 바치라고 하신 경우가 대표적인 예이다. 아브라함이 판단하기에 하나님의 이러한 음성은 매우 비합리적인 것으로 이해되었을 수도 있다. 이러한 음성은 하나님의 뜻을 실현하기 위한 것이기 때문에 우리의 생각을 뛰어넘는다. 하나님은 이사야 선지자를 통하여 "내 생각은 너희 생각과 다르며 내 길은 너희 길과 달라서 하늘이 땅보다 높음같이 내 길은 너희 길보다 높으며 내 생각은 너희 생각보다 높으니라"고 말씀하였다(사 55:8).

셋째, 하나님은 우리에게 결코 육적인 소욕을 만족시키는 일을 명하시지 않는다. 여기서 육적인 소욕은 자기의 이기적인 소욕을 충족시키는 것을 말한다. 우리가 들은 음성이 자기의 이기적인 소욕을 만족시키고 다른 사람의 일을 생각하지 않은 채 우리 편한 대로만 할 것을 주장한다면 그것은 결코 하나님의 음성이 아니다. 하나님은 우리 자신뿐만 아니라 다른 사람들에게도 항상 참된 유익을 끼치는 음성을 들려주시기 때문이다.

넷째, 하나님은 항상 우리들의 믿음에 도전을 주심으로써 우리들과 하나님의 관계를 맺으시고 우리들이 하나님과 더욱 가까워지도록 이끌어 주신다. 특히 우리가 어떤 결정을 내릴 때 반드시 큰 믿음이 요구되는 것은 아니지만 지금 자신이 듣고 있는 것이 하나님의 음성이라는 확신이 서지 않는 가운데 어떤 결정을 내려야 할 때 이러한 질문이 그 음성의 기원이 과연 무엇인가를 판단하는 데 도움이 될 수 있다.

다섯째, 하나님의 음성은 우리들의 용기 있는 행동을 하게 하는 경우가 많다. 여호수아에서 이에 대한 좋은 예를 볼 수 있다. 하나님께서는 여호수아에게 용기를 일으키는 메시지를 주시면서 불평하는 이스라엘 민족을 이끌고 요단강을 건너라고 명하셨다(수 1:1-9). 하나님은 기드온에게 하나님의 대적들을 물리칠 수 있도록 용기를 주는 말씀하셨다. 하나님은 바울의 선교 여정에서 용기를 불러일으키기 위해 여러 방편을 통해 말씀하셨다. 하나님의 음성은 우리들을 소심한 사람들로 만드는 것이 아니라 담대하고 용기 있는 증인으로 인도한다.

로욜라의 이냐시오는 하나님의 음성을 듣기 위해 개발해야 할 다섯 가지 영역에 관해 기술하였다.

> 첫째, 내적 자유이다. 우리는 내적 자유를 개발해야 한다. 그래서 부, 명예, 교만에 의해 흔들리지 말아야 한다. 내적 자유의 결핍은 삶을 하나님 중심이 아니라 우리 중심으로 살아가게 만든다. 자기중심의 경향은 참된 분별을 방해한다.
>
> 둘째, 지식이다. 우리 자신, 우리의 가장 깊은 바람, 그리고 우리의 개인적 은혜와 유혹의 역사를 아는 것은 분별을 위한 핵

심적인 배경을 제공해 준다. 교육을 통한 지식은 우리가 비판적으로 사고할 수 있도록, 복잡성을 인식할 수 있도록, 구조와 체계를 이해할 수 있도록 도와준다. 하나님께서 우리가 어떤 존재가 되기를, 우리가 어떤 일을 하기를 원하시는지에 관한 구체적인 지식이 필요하다.

셋째, 상상력이다. 분별의 과정은 우리가 쉼을 갖고 재충전되었을 때 더욱 생동감을 발휘할 수 있다. 왜냐하면 그럴 때 우리는 새로운 가능성들을 상상할 수 있게 되기 때문이다. 새로운 가능성들을 상상할 수 없을 때, 우리는 참으로 곤경에 처하게 된다.

넷째, 인내이다. 하나님을 기다리는 것은 어렵다. 성실하게 우리 자신의 발달 과정을 기다리는 것은 어렵다. 우리는 즉각적으로 손에 넣을 수 있는 것에 안주하려는 유혹에 빠지기가 쉽다. 우리는 또한 삶의 얽힌 실타래들이 풀어질 때를 기다리거나 삶의 전환기에 속해 있음을 인식하면서 기다리는 대신에 억지로 안을 짜내려는 유혹에 빠지기가 쉽다.

다섯째, 행동하는 용기이다. 하나님의 뜻이 분병하게 여겨질 때조차도 우리의 결정을 인정하지 않거나 지지하지 않는 사람들이 있을 수 있다. 우리는 그 결정의 열매를 살펴봄으로써, 분별의 결론을 확인할 필요가 있다. 우리가 행동을 시작함에 따라 무슨 일이 발생하는가? 계속해서 기도하는 것이 중요하다. 우리를 부르신 하나님은 우리와 동행하신다.[6]

달라스 윌라드(Dallas Willard)는 하나님의 음성을 분별할 때 고려할 수 있는 세 가지 기준점 또는 세 개의 빛으로 환경, 성령의 감화, 성경 말씀을 유기적으로 고려해야 한다고 제안하였다. 이 세 가지가 동일한 방향을 향해서 가고 있다면 하나님의 원하시는 방향이라고 믿어도 된다고 보았다.[7]

> 환경의 메시지를 따로 읽고 성경의 메시지를 따로 읽고 성령의 메시지를 따로 읽을 수 있다는 것은 완전히 틀린 생각이다. 각기 별개로 돌아가는 세 개의 시계를 보면 시간을 좀 더 정확하게 알 수 있다는 식으로 세 빛 중 하나를 다른 두 빛에 기계적으로 맞춰 보아 하나님의 뜻을 확인한다는 것 역시 말이 안 된다.[8]

중요한 것은 하나님의 음성을 특징짓는 가장 중요하고 결정적인 기준은 성경이다. 성경에 부합되지 않은 내용은 하나님께로부터 온 것이 아니다. 다시 서술하면, "하나님의 음성은 절대 우리에게 성경에 어긋나는 활동이나 관계에 가담할 것을 명하지 않는다."[9] 하나님의 음성의 분별 기준에서 가장 중요한 것은 성경의 원리이다. 여기서 말하는 성경의 원리는 지엽적인 사건이 아니라 으뜸 되는 원리이다. 성경의 가장 으뜸 되는 원리는 예수님의 말씀에서 발견하게 된다. "예수께서 대답하시되 첫째는 이것이니 이스라엘아 들으라 주 곧 우리 하나님은 유일한 주시라 네 마음을 다하고 목숨을 다하고 뜻을 다하고 힘을 다하여 주 너의 하나님을 사랑하라 하신 것이요 둘째는 이것이니 네 이웃을 네 자신과 같이 사랑하라 하신 것이라 이보다 더 큰 계명이 없느니라"(막 12:29-31). 하나님으로부터 오는 모든 구체적인 말씀이나 음성은 절대 이 계명과 모순될 수 없다.

하나님의 음성을 분별하기 위한 성경적 원리를 더 구체적으로 기술하면 세 가지로 정리할 수 있다. 첫째, 하나님을 사랑하고자 하는 마음이 일어나는가? 둘째, 개인과 공동체를 유익하게 하는가? 셋째, 사랑으로 결론되어 가고 하는가? 물론 하나님은 범죄 한 사람에게 회개를 촉구하는 경우가 많다. 하지만 하나님의 음성은 다른 사람을 정죄하도록 역사하지는 않는다.

우리가 '하나님의 음성'을 분별하는 기준에 대해서 이야기할 때 또한 주의해야 할 것은 '음성'의 의미를 어떤 물리적인 소리로 이해해서는 안 된다. 한국 교회 안에서 어떤 사람들은 '음성'을 실제적인 소리로 이해하기도 한다. 이렇게 하나님의 음성을 어떤 실제적인 소리로 이해하는 사람들은 자기의 내면의 소리를 하나님의 음성으로 이해하는 경향이 있다. 하지만 하나님의 음성에서 음성은 어떤 실제적인 소리를 듣는다는 의미기이기보다는 하나님께서 기도하는 사람의 의식의 감화를 일으키는 '무게' 내지 '영향력'이라고 보아야 더 옳다.[10]

하나님의 음성을 우리의 무의식의 언어 또는 음성과 구분할 수 있는 기준을 스탠리 존스는 "무의식의 음성은 나와 다투며 나를 설득하려 하지만 내면에서 들려오는 하나님의 음성은 다투지 않으며 나를 설득하려 하지 않는다. 그저 말할 뿐이며 스스로 진짜임을 증명한다. 자체 내에 하나님의 음성이라는 느낌이 담겨 있는 것이다"라고 하였다.[11]

어두운 밤과 우울증의 해석과 분별

영성생활의 특징 중의 하나는 이성과 정서와 몸이 각자 자기 역할대로 움직이는 수많은 체험을 동반하는 것이다. 영적 체험에 대한 심리학적 반작용도 있고, 영적 체험이지만 기본적인 심리적 변화로 오해하는 경우도 있으며, 영적 체험이라고 생각했지만 심리적인 현상인 경우도 있다. 이 외에도 더 많은 다른 조합이 있을 수 있다.

우리의 기도생활에서 메마름이나 공허나 우울증이 있다면, 그 메마름이나 공허나 우울증이 기도 중에 일어나는 영적 메마름이나 공허에 동반되는 것인지, 아니면 그 자체가 메마름이나 공허를 일으키고 있는지를 정확하게 분별하는 것이 중요하다. 이것을 분별하지 못하면, 영적 메마름이나 공허를 우울증이라고 말하는 것이 그 반대의 경우보다도 더 나은 것이다.

어떤 사람이 약간의 반작용으로서의 우울증을 동반하는 영적 메마름이나 고독, 또는 어두운 밤을 경험하고 있다면, 우울증을 다루려는 노력만으로는 성공적인 결과를 얻지 못할 것이다. 메마름이나 고독은 사라지지 않을 것이고, 우울증 진단과 치료가 실패함에 따라, 진행되고 있는 문제의 진정한 성격이 분명해 질 것이다. 역으로 단순하게 우울증을 영적 메마름이나 고독의 체험으로 간주한다면, 문제가 효과적으로 해결될 수 없을 뿐 아니라 문제를 경험하고 있는 사람은 참된 영적 메마름과 고독의 성격에 대해 불필요한 혼란에 빠지게 될 수 있다. 이러한 혼동이나 잘못된 분별은 아주 자주 발생한다. 어떤 경우에는 이것을 심리적으로 불편한 일을 회피하는 '영적 태만'의 근거로 볼 수 있다.

십자가의 요한이 말한 영혼의 어두운 밤이 모든 영성생활에 적용될 수 있는 것은 아니지만 그가 말한 영적 체험의 성격을 파악하는 것은 많은 도움이 될 수 있다. 요한이 설명한 영혼의 어두운 밤은 영적인 체험과 심리적인 체험을 구분하는 데 특히 중요하다. 왜냐하면 어두운 밤은 삶이나 하나님에 대한 개인의 심리적 현상이 아니기 때문이다.

우리는 영적 여정에서 많은 상승과 하강을 경험한다. 영적 여정에서 어떤 것들은 삶과 관계에서의 실패, 성공, 상실 등 일상생활의 경험에 의해 발생한 것이다. 어떤 것들은 자신의 내적인 문제인 오래된 정신적 상처나 분노가 내적 성찰에 대한 반응으로서 표출되는 것이다. 어떤 것들은 생리적인 문제로 뇌의 화학 물질 변화에 의해 발생하기도 한다. 이 모든 것은 우리의 심리적인 차원에서 발생한 것이지만, 기도생활이나 영적인 인식과 영향을 서로 주고받는다. 즉 우울증은 기도를 힘들게 할 수 있고, 기도 체험은 우울증을 증가시키거나 감소시킬 수 있다.

예배와 기도와 같은 영성생활에서 깊은 침체를 경험하고 있고 예배와 기도 체험이 그 침체의 원인이라면, 그리고 그 체험의 하나님으로부터 오는 것으로 보인다면, 이러한 체험은 고독이라고 할 수 있다. 이러한 체험은 삶의 태도가 예배와 기도 체험에 영향을 주었다기보다는 기도 체험이 그 사람의 전반적인 삶의 태도에 영향을 준다. 이와 비슷하게 위로와 평안을 주는 기도 체험이 하나님으로부터 오는 것처럼 보이고, 그것이 일상생활에 긍정적인 마음과 사랑과 용기를 불어넣는다면, 이것은 위안이라고 부를 수 있다.

중요한 것은 우리가 체험하는 것들이 하나님으로부터 온 것인지 아니면 우리 자신으로부터 오는 것인지 구분하는 것을 지나치게 구획화하는 것처럼 여겨질 수도 있지만, 혼란을 피하기 위해서는 이러한 구분은 중요하다. 위안과 고독은 형식을 갖춘 기도가 아닌 다른 길을 통해서 올 수도 있다.

어두운 밤의 경험에 대한 인식이 사람에 따라 조금씩 다른 방식으로 해석되는 경우가 있지만, 어두운 밤의 경험은 개인의 심리적 반응에 의해 영향을 받지 않는다. 어두운 밤의 경험은 영성생활에서 진보와 퇴보보다 더 극적이다. 어두운 밤의 경험은 때로 매우 고통스럽지만 고통보다 더 깊고 더 심오하다. 어두운 밤의 경험은 다양한 시기에 다양한 방식으로 나타날 수 있다. 즉 감각적인 즐거움에 대한 애착이나 일상적인 열망이나 동기에 대한 애착의 상실로 나타날 수도 있고, 영적 탐식에 대한 거부나 상실로 나타날 수도 있고, 기존 하나님 상의 상실이나 기존 신앙관의 상실로 나타날 수도 있고, 예배와 기도에서 겪었던 기쁨의 상실로 나타날 수도 있고, 몸이 심하게 아픔으로 나타날 수도 있다. 이러한 상실은 겸손과 자기 부인이 깊어지는 모습으로 드러난다. 어두운 밤의 여정을 통해 경험하는 것은 새로운 통찰을 더하는 지적이라기보다는 기존의 앎을 감소시키는 경험이기도 하다.

어두운 밤의 경험이 심리적인 원인에서 발생하는 것은 아니지만, 심리적인 반응과 결합되어 있다는 것은 분명하다. 이러한 반응은 정서적 메마름과 우울증과 같은 것이 될 수 있는데, 이것은 어두운 밤 자체의 일부가 아니라 어두운 밤의 인식에서 오는 반작용으로 이해되어야 한다. 일반적으로 어두운 밤의 체험에 대한 반응과 뇌의 신경 전달 물질의 농도가 불균형하게 되어 심리적 일차성(급성) 우울증과 어두운 밤 체험에 대한 반작용은 모두 희망과 의욕의 상실, 메마름과 공허감 등을 포함한다. 제랄드 메이(Gerald May)는 어두운 밤에 나타나는 현상과 심리적 일차성 우울증과의 차이점을 다음과 같이 설명하였다.

첫째, 어두운 밤의 체험들은 일차성 우울증과 달리 생활이나 직업에서의 능력 상실이 나타나지 않는 것이 보통이다. 사실 자기가 계속 제대로 역할을 다하는 것을 신기하게 생각하는 경우도 많다. 특히 다른 사람들의 영적 여정을 도와주는 일에 대해서는 더욱 그러하다.

둘째, 놀랍게도 어두운 밤 체험 이후에도 유머 감각은 지속된다. 이 유머는 가벼운 우울증에서 나오는 냉소적이거나 쓴웃음을 짓게 만드는 유머가 아니고, 밝은 빛이 느껴지는 것이다.

셋째, 다른 사람을 긍휼히 여기는 마음이 어두운 밤 체험 이후로 더욱 커진다. 임상적 우울증에서 보이는 자기 몰두는 거의 또는 전혀 나타나지 않는다.

넷째, 어두운 밤이 아니었다면 있을 수 없는 일들이 나타난다. 표면적으로는 불만족과 혼란이 매우 심하면서도, 가장 정직한 대답과 가장 깊은 반응을 들여다보면 모든 것이 제대로 되어 가고 있다는 감각을 지니고 있다. 이것은 일차성 우울증과는 극히 대조적이다. 우울증의 경우에는 깊은 곳에서 무언가 잘못되어 가고 있다는 느낌이 있으며, 적어도 의식적인 수준에서는 철저하고 기적적인 변화를 바라는 욕구가 팽배하다.

다섯째, 어두운 밤을 경험하는 사람은 임상적 우울증에 빠진 사람처럼 도움을 간절히 요청하는 것 같지는 않다. 설명이나 평가를 바라기는 하겠지만, "날 좀 여기서 구해 주세요"라는 식의 말은 거의 들을 수 없다.

여섯째, 아주 미묘하긴 하지만 가장 중요한 것은, 어두운 밤을 경험하는 사람은 다른 사람이 어두운 밤의 시기를 통과하고 있는 것을 보고 좌절하거나 분노나 짜증을 느끼지 않는다는 것이다. 이런 감정들은 내면화된 분노를 지닌 우울증을 가진 사람들에게서 흔히 볼 수 있다. 그러나 어두운 밤을 체험하는 사람은 다른 사람이 같은 체험을 하는 것을 알고 위안을 받을 때가 많다.[12]

물론 어두운 밤의 체험과 우울증의 이러한 차이점을 일반화시키는 것은 적절하지 않을 수 있다. 때문에 이러한 차이점들은 우리가 경험하는 두려움과 메마름과 공허 등이 단지 인간의 내면적인 심리적인 현상만이 아니라 하나님과의 관계에서 발생하는 영적 체험이 될 수 있다는 것을 알도록 도와주는 보완적인 현상으로 이해되어야 한다. 또한 이러한 차이점의 현상들을 가지고 모든 사람에게 동일하게 적용하거나 억지로 적용하여 사람들의 체험을 규격화하려고 해서도 안 된다.

예를 들어 어두운 밤의 체험과 다른 어떤 요인으로 발생한 일차성 우울증이 함께 진행되는 것도 가능할 수 있기 때문이다. 이러한 경우에는 위에서 제시한 차이점들이 오히려 우울증을 경험하고 있는 사람에게 필요한 심리치료나 약물치료를 간과해버리는 과오를 범할 수 있기 때문이다. 때문에 인간의 영적 체험이나 심리적 체험에 대한 이론적 연구나 임상적 연구를 통하여 내놓은 객관적인 자료라고 할지라도, 어떤 영적 체험이나 심리적 체험을 한 사람에게 그 자료는 항상 이차적인 것이다.

나아가 어두운 밤의 경험처럼 보이는 것들 중에는 나태와 영적 교만과 영적 탐식으로 인해 발생하는 영적 질병인 것들도 있다. 또한 어두운 밤의 경험처럼 보이는 것들 중에는 어떤 것은 사실상 악한 영의 일일 수도 있다는 것도 염두에 두어야 한다. 때문에 어두운 밤의 체험과 다른 영적 체험들을 통해 여러 질문들을 해 보아야 한다.

자신의 체험에 대한 건강한 개방성이 유지되는가? 자신의 체험을 모든 방향에서 그 경험에 대해 도움 받고자 하는가? 체험에 대한 자신의 느낌과 상관없이 다른 사람에게 그것이 정직과 사랑과 믿음을 격려하는 것으로 느껴지는가? 자신의 체험이 하나님을 의지하도록 하는가, 아니면 가로막는 것 같은가? 자신의 체험이 하나님 사랑과 이웃 사랑을 자라게 하는가, 아니면 방해하는가? 자신의 체험이 하나님의 임재와 은혜에 대한 더 깊은 감각으로 이끄는가, 아니면 냉랭함, 분리, 이기심, 적대감으로 이끄는가?

만약에 자신이 체험한 것이 하나님으로부터가 아니라 악한 영의 작용으로 의심이 생기는 경우 기도해야 한다. 그리고 그 기도가 자신 안에서 어떻게 작용하는지를 살펴보아야 한다. 하나님이 주신 은혜의 체험을 대면하는 경우, 그 기도는 자신에게 편안하고 조용하게 느껴진다. 자신의 기도가 악한 영을 대면하고 있을 경우, 기도는 방해를 받거나 때로는 가로막히기도 한다. 물론 기도에 대한 이런 지침은 보충적으로 이해되고 사용되어야지 절대적인 것처럼 남용되거나 완전한 분별 기준처럼 여겨서는 안 된다.

〈미주〉

1　Wallace B. Clift, *Jung and Christianity*, 이기춘, 김성민 역, 『융의 심리학과 기독교』(서울: 대한기독교출판사, 1984), 148.

2　Wallace B. Clift, 『융의 심리학과 기독교』, 149.

3　Kenneth Leech, *Soul Friend: A Study of Spirituality* (London: Sheldon Press, 1985), 136에서 인용.

4　Kallistos Ware, *The Power of the Name: The Jesus Prayer in Orthodox Spirituality* (Oxford: SLG Press 1974), 17에서 인용.

5　Charles Stanley, *How to Listen to God*, 이미정 옮김, 『하나님의 음성을 듣는 법』(서울: 두란노, 2008), 55–59.

6　Wilkie Au, S.J., *By Way of The Heart: Toward a Holistic Christian Spirituality* (New York: Paulist Press, 1989), 76–8에서 인용.

7　Dallas Willard, *Hearing God: Developing a Conversational Relationship with God*, 윤종석 옮김, 『하나님의 음성』(서울: IVP, 2010), 252–53.

8　Frederick B. Meyer, *The Secret of Guidance* (Chicago: Moody Press, 1997), 18.

9　Charles Stanley, *How to Listen to God* (Nashville: Thomas Nelson, 1985), 51.

10　Dallas Willard, 『하나님의 음성』, 260.

11　E. Stanley Jones, *A Song of Ascents* (Nashville: Abingdon Press, 1979), 90.

12　Gerald G. May, *Care of Mind Care of Spirit: Psychiatric Dimensions of Spiritual Direction* (New York: Harper & Row Publishers, 1982), 90–1.

9장

신비적 체험의 해석과 분별
Interpretation and Discernment of Mystical Experience

신비 체험의 해석과 분별

그리스도인들 중에서 상당히 많은 사람들은 '기적'과 '신비' 중에 신비를 기적보다 더 부정적인 것으로 인식하는 경향이 있다. 이는 성경에 기적에 관한 이야기가 많이 있을 뿐 아니라 기적은 하나님의 초자연적인 역사라고 받아들이고 있지만, 신비란 말은 특히 은사주의적인 사역을 추구하는 목회자들 중에 신비를 성령 체험의 증거로 '넘어짐'이나 '병고침'과 같은 형태에 초점을 맞추어 강조하는 현상과도 무관하지는 않다. 그러나 체험의 목적은 결코 넘어짐과 같은 현상에 있지 않다. 나아가 그리스도인들이 신비적 체험의 의미와 특성에 대해 바른 이해를 가진다면, 기적보다 신비의 중요성을 깨닫게 된다.

구체적으로 서술하면, 기적이란 자연의 법칙들을 넘어서거나 정지시키는 신적 힘에 초점을 두는 특징이 강하다. 기적은 자연, 이 땅의 실재에 대한 하나님의 통치는 초자연적인 사건을 통하여 보이게 된다. 어떤 의미에서 기적은 보편적으로 행해질 수 없는 특성을 그 자체에 내포하고 있다. 하지만 신비적 감수성이나 체험은 존재 그 자체 안에서, 창조 안에서, 장미가 피어나는 것 안에서 신성을 경험하는 것과 기적을 보는 것이다. 물론 걷지 못한 자가 걷게 될 때, 보지 못하는 사람이 보게 될 때, 듣지 못하던 사람이 듣게 될 때도 역시 신비주의자는 보게 된다. 그러나 신비는 지배적인 개입에 결정적 차원이 있는 것은 아니다. 그것은 치유와 회개에 따라 요청되는 '존재'와 '은혜'의 개입 사이에서의 상호 관계성 안에 있는 것이다.

신비 체험은 이성의 독재로부터 민주화하는 과정이기도 하다. 신비 체험은 영적 인식에 관한 것이기도 하다. 성경에는 이성적 논리만으로는 이해할 수 없는 내용들이 많다. 성경은 하나님을 인식하는 다양한 방편들을 보여 준다. 즉 성경에는 몸에 의한 인식, 꿈을 통한 인식, 직관적인 인식, 신비로운 체험을 통한 인식 등과 같이 이성의 법칙을 넘어서는 인식의 지평들이 많다. 하나님 체험과 인식의 다양한 방편들은 모세, 엘리야, 바울 등과 같은 하나님의 사람들의 삶의 여정에서도 자주 나타난다. 우리가 성령의 역사는 지금도 계속된다는 확신을 가지고 있다면, 성령은 이성에만 제한되거나 의존되어 체험되는 것은 아니다.

또한 우리가 성령은 오직 성경을 통해서만 역사하신다는 견해에 동의한다 하더라도 성령은 오직 이성을 통해서만 체험되는 것은 아니다. 성령을 통한 성경의 진리와 비전도 우리 내면의 직관적 체험이나 신비적 체험을 통해서도 확증되는 경우가 많다. 다음 내용은 체험의 이러한 특징을 보여 주는 한 예이다.

> 갑자기 그런 일이 일어나게 되었는데, 모두가 아는 바와 같이 말로 표현되어질 수 없는 것이다. '나는 하늘이 열리는 것을 보았네'라는 성경 구절은 문자 그대로 인용하는 것이 아니라면, 여느 다른 문장에서도 많이 등장한다. 나는 두려움과 경외로 스스로에게 이렇게 말한 것을 기억한다. '그래. 이제 나는 하늘이 어떻게 보이는지 알았고, 교회에서 말하는 뜻도 알겠어.' 시편 23편 말씀들이 내 머리에 떠올랐고, 그 말씀들을 나는 반복하였다. '그가 나를 푸른 초장과 잔잔한 물가로 인도하시네.' 곧 그 장면은 사라졌고, 나는 아기와 홀로 초원에서 보리수 나무의 달콤한 향기를 즐기고 있었다. 이렇게 단지 지상적 아름다움만이 남아 있음에도 불구하고 나는 커다란 기쁨으로 가득 채워지게 되었다. 나는 저 멀리 너머를 보았던 것이다.[1]

그리스도인들은 아주 성급하게 이와 같은 체험들을 극복된 유년기의 것으로 해석하기도 하고, 임의적이고 비형식적인 것으로 사소하게 여기기도 하고, 잘못된 신앙 체험으로 단정하기도 하고, 망상, 지나친 흥분 등에 의한 것으로 여기는 경향이 있다. 우리들은 그것들을 다른 사람들에게서 쫓아내 버리고 동시에 우리 자신에게서도 망가뜨려버린다.

지성주의 시대 안에서 그리스도인들이 아마도 삶에서 시시하게 여기는 것이 가장 강한 반신비주의적인 힘일 것이다. 왜냐하면 우리를 지배하고 있는 주지주의적인 가치를 뒤집어 놓게 할 수 없기 때문이기도

하다. 많은 그리스도인들이 이러한 체험을 '그것은 아무 의미도 없다'라고 자주 규정한다. 이러한 규정은 하나님 체험에 대한 독재적 또는 폭력적 행위가 될 수 있다. 폭력적 행위는 진정으로 민주화된 곳에서는 생각하기 힘든 것이다. 물론 신비적 체험이 모두 정당하고 가치 있고 하나님 체험의 민주화의 지름길이라고 여겨서도 안 된다. 하지만 우리의 체험의 깊은 심층에서 나오는 '비전을 향한 외침'의 한 형태라고 할 수 있다. 즉 사람들의 이러한 체험은 애통 가운데 비전에 대한 예전적인 형태를 준비하는 행위라고 할 수도 있다.

우리는 종종 학자들에 의해 형성된 교리나 지도자들이 만들어 놓은 규범 외의 모든 것을 사소한 것으로 치부해버리는 경향이 있다. 체험에 대한 인식과 이해에서도 지나치게 이성의 법칙의 감옥에 가두어 놓는 경향이 많다. 어쩌면 황홀경이나 임사 체험과 같은 경험들은 신비적 체험의 민주화의 무의식적 반응이라고도 할 수 있다. 체험에 대한 기존의 규범화된 관점에서는 황홀경 체험들은 일반적으로 하찮게 여겨지는 경향이 있다. 이러한 체험들을 끊임없이 부수적인 것으로 여겨왔다.

대부분의 그리스도인들은 황홀경과 꿈 체험 등은 단지 인간의 왜곡된 심리적 현상이나 심리치료에만 관계되는 것으로 여겨왔다. 이러한 체험들을 비합리적인 신앙의 산물이라고 치부했다. 이것은 한 사람에게서 일어나는 내적인 빛을 쉽게 꺼버리는 것일 수도 있다. 세상의 합리성과 유용성에 길들여지면 우리들은 이렇게 살아가기가 더욱 쉽다. 우리들은 자신의 경험들을 잘라내고 그러한 경험들은 부수적이고, 알릴 가치가 없는 것이라고 여긴다. 낮과 밤의 꿈들과 우리 삶 가운데 확대되는 비전들을 우리는 무시하고 잃어버린다.

그리스도인들이 성경을 단지 이성적 연구나 앎만을 목적으로 할 때 성경이 주는 영적 생명력을 경험할 수 없듯이, 신비적 경험을 막아버리는 것, 경험 그 자체에 맡기는 것이나 몰입하는 것은 일종의 '영적 자살 행위'이다. 우리는 '하나님이 내게로 오셨다' 혹은 '꿈속에서 그 빛을 보았다'는 식으로 말할 수 있는 경험의 직접성이 있어야 한다. 우리는 그와 같은 경험을 학문적 언어의 교만함에서 때로는 '경건한 감정' 또는 '경건한 경험'이라 부르는 것과 너무 지나치게 구분해서는 안 된다.

성경적 관점에서 볼 때 신비주의자는 평범한 일반인이고, 책을 쓰는 사람, 농사를 짓는 사람, 아기를 보는 사람, 환자를 치료하는 사람, 가정주부일 수 있다. 신비적인 하나님 경험은 어떤 특정한 사람들만 소유하는 그런 것이 아니다. 이는 하나님은 우리와 함께하신다는 것의 다른 표현이다. 즉 우리는 하나님께 속하여 있다는 것을 일상의 경험을 통해 아는 것이다.

신비적 감수성은 신비적 찬송을 부르게 한다. 즉 신비적 찬송은 하나님의 창조세계 안에서 찾아지는 '하나님'을 찬양하는 심화된 시민적 경건성의 표현이다. 하나님과 영혼이 그 주제이며 영혼은 하나님과 함께 노래하는 것이다. 그 노래는 영혼이 하나님과 연합됨을 경험하는데, 그것은 전통적으로 항상 자연 현상에서 드러남보다 더 아름답고 사랑스러운 것이다.

신비적 그림자 한가운데에서

오직 당신과 함께

새롭게 태어난 자연의 장엄한 침묵

호흡을 멈추게 하는 찬양 가운데 오직 당신과 함께

아침의 고요함과 신선함 안에서

조용히 조용히 당신과 함께!

늘 새롭게 태어나는 아침처럼

신선하고 고요한 빛남이

여전히 주어지며

축복된 의식이 깨어나며

당신과 하늘에 날마다

더 가까이 가도록 호흡하라.[2]

이 찬송에서 '찬양'이란 호흡이 멈추는 것이며, 하나님과 연합을 의식함은 '달콤한' 것인데 이것은 여성 신비주의에서 가장 애호하던 단어 가운데 하나이다.[3] 이 찬송에서 '고요함'이란 결정적인 역할을 하고 있다. 고요함은 신비적 길 위에 가게 내버려두는 능력과 관련이 있다. 고요하게 된다는 것은 걱정과 욕망으로부터의 자유를 상징한다. 고요함은 단순히 소음이 없는 것과는 다른 것이다.[4]

여기서 고요함은 사랑의 원자탄 손양원 목사님이 자기의 아들을 죽인 자를 양아들로 삼았던 그런 고요함 같은 것이다. 마음의 고통의 파도를 하나님과 연합으로 경험하는 고요함이요 신비적 체험이다. 신약성경에서는 어떻게 예수님이 풍랑이 일 때 바람이 잔잔하라고 말씀하셨는지 알려주고 있다. 위대한 고요함이란 마태복음 8:26에서 사용되었던 것과 같은 것이다.[5] 신비주의적 전통에서 이렇게 체험되어 질 수 있는 고요함이란 항상 두 가지를 의미한다. 하나는 하나님이 그 고요함으로 초대

하는 것과 다른 하나는 자신을 하나님에게 드림으로써 삶을 맡기는 것이다.[6]

신비 체험의 목적과 분별

황홀경과 같은 체험을 이해하고 신앙 안에서의 신비적 요소를 파악하기 위하여 우리는 '의심의 해석학'을 넘어서야 한다. 우리의 경험을 이성의 법칙에만 제한하지 않고, 다양한 체험들에 대한 겸손한 성찰과 분별이 있을 때 의심은 오히려 적절한 기회를 갖게 된다. 나아가 신비의 미학은 후기 중세기의 미신적 신앙과 체험에 대한 욕심에서 공동체적 삶의 사회적 가치를 사라지게 만드는 경향성과 함께 시작된다.

신비적 요소들은 수용하고 개별적으로 받아들이는 '순전한 신앙'에 대한 미학적 열망이 있다. 내적인 빛은 그 점에서 현실을 투명하게 하는 것이 아니라, 그 안에서 향유하는 내가 있는 것이다. 키에르케고르는 '미학적 스타디움'에 있는 이러한 집착을 도망하는 것으로 비판하였다. 순전한 신앙은 이러 저러한 신앙 전통을 기웃거려 보는 유희적 관심이 아니라 풍성하고 역동적인 신비적 일상을 찾도록 한다.

성경에는 신비 체험에 대한 이야기를 여러 곳에서 볼 수 있다. 바울의 다메섹 체험은 그를 선교의 사람으로 이끌었다. 중요한 것은 이러한 신비 체험은 그 자체가 결코 목적이 아니다. 더욱이 신비 체험이 신앙의 강도를 말해 주는 것도 아니다. 신비적 체험들은 하나님께서 그의 자녀들과 교회를 격려하기 위한 선물이다. 그것은 한 개인이 그런 특별한 체험을 하지 못한 다른 그리스도인보다 자신이 더 성숙한 신앙인이라는 것을 증명해 주는 척도도 아니다. 신비적 체험의 중요한 목적은 예수 그리스도를 통해 하나님에 대한 지식으로 이끌어 주기 위한 것이다. 신비적 체험이나 영적 체험은 아주 다양한 형태로 나타날 수 있지만, 핵심은 예수 그리스도에게 초점을 맞춘다는 것이다. 우리는 성령을 통해 그분의 임재를 의식하고, 그분이 우리에게 약속하신 은혜인 사랑, 희락, 화평, 인내, 자비, 양선, 충성, 온유, 절제와 같은 은혜를 의식한다(갈 5:22).

인식의 확장으로서 신비 체험: '신비적'(mystical)이라는 단어는 헬라어 '무에인'(muein)에서 파생된 것이다. 이 단어는 '잠잠히 있다,' '감각을 멈추다,' '평온해 지다,' '정지하다'라는 의미를 가지고 있다. 본래 이 단어는 특히 헬라 신비 종교와 관련되어 있었던 용어이다. 신비적이란 단어는 인간의 지각과 경험과 이성의 한계를 넘어서서 신적 신비를 경험하는 것과 관계된 것이다. 따라서 신비적이란 단어는 하나님 인식과 관련이 있는 개념이라고 할 수 있다.

신비적 체험은 어떤 능력과 은사를 받아 그것을 사용하는 데 주요한 목적이 있기보다는 하나님 인식의 지평을 확장하고 나아가 체험적 인식의 중요성을 깨닫도록 하는 데 있다. 때문에 신비적 체험은 하나님에 대한 직접적인 인식과 체험 그리고 하나님에 대한 직접적이고 친밀한 지식에 초점을 두고 해석되어야 한다.[7]

성경에 나오는 신비 체험들이 이러한 목적을 예시한다. 특히 사무엘의 신비 체험에 이와 같은 특징이 나타나 있다(삼상 3: 1-21). 사무엘상에서 엘리와 사무엘은 개인 숙소에서 거의 잠이 들려는 상황이었다. 그때 어떤 음성을 들은 사무엘은 그것을 엘리의 음성이라 생각했다. 사무엘은 세 번 그 음성을 들었고 세 번 모두 엘리 제사장이 자기를 부른다고 생각했다. 성경에 나오는 이 이야기를 살펴보면 사무엘은 아직 하나님의 음성을 듣고 이해할 능력을 얻지 못했음이 분명하다. 하지만 세 번의 경험 이후 엘리는 하나님의 음성을 들어 본 적이 없음에도 불구하고, 그 음성이 하나님으로부터 온 것임을 깨달았다. 엘리는 사무엘에게 다음에 하나님이 말씀하시면 어떻게 응답해야 하는지 가르쳐 주었다. 결국 네 번째 음성이 들리자 사무엘은 적절하게 응답한다. 사무엘은 그 체험 자체와, 그 체험의 성격이 무엇인지 알고 있는 그 상황을 내면화 할 수 있었다. 사무엘의 체험 이야기에서 중요한 것은 사무엘의 체험이 다른 신비적인 체험과 어떤 점이 같고 다르냐 하는 것이 아니라 하나님을 찾는 법을 배우는 방식이다. 이 과정에서 하나님에 대한 그의 인식의 변화가 일어났다.

바울의 다메섹 체험 이야기(행 9: 1-19)에서 바울은 하나님과 신비적으로 만난다. 이 체험에서 바울은 그의 삶의 운명을 근본적으로 바꾸어 놓는다. 초대 교회 그리스도인들을 박해하기 위해 다메섹으로 가던 바울은 어떤 빛에 의해 눈이 멀고, 그에게 그의 길을 바꾸고 하나님에 대한 새로운 이해로 나오라는 음성을 듣는다. 결국 바울의 시력은 회복되고 하나님에 대한 그의 인식은 근본적으로 변화된다.

사무엘과 바울의 체험 이야기에서 우리가 깨닫게 되는 것은 신비적 체험은 하나님에 대한 인식이 온전해지도록 돕는다는 것이다. 하나님에 대한 체험은 우리로 하여금 하나님과 함께하는 삶의 중요성을 인식하게 할 뿐만 아니라 하나님에 대한 인식의 지평을 확장시켜 준다. 신비적 체험은 또한 그리스도인들 사이에 존재하는 아주 다양한 체험들과 하나님에 대한 다양한 이해들을 더욱 확고하게 한다.

기도로서 신비 체험: 그리스도인들이 종종 임사 체험을 자신의 영이 육체를 떠나 천국이나 다른 영역에 갔다 왔다고 해석하려는 경향 때문에 이러한 체험을 평가절하하거나 부정적으로 보려는 경향이 강하다. 하지만 그리스도인들이 어떤 신비한 체험이나 황홀경 체험을 부정적으로 보기보다 이러한 체험의 가치의 의미를 재해석할 필요가 있다. 임사 체험을 자신의 영이 육체를 떠나 다른 영역에 갔다가 왔다는 해석은 무리한 해석임에 거의 틀림없다.

인간은 얼마든지 이성적 논리에 의존되거나 제한된 체험만을 하는 존재는 분명 아니다. 인간은 자기의 비전을 이성이나 감성의 세계만을 통해 표출하는 것은 아니다. 때로는 몸을 통해서도, 무의식의 세계인 꿈을 통해서도, 어떤 신비한 체험이나 황홀경의 체험으로도 할 수 있다. 기도는 비전과 매우 밀접한 관계가 있다. 이런 맥락에서 그리스도인들이 경험하는 황홀경 체험은 '기도의 한 유형'이라고도 볼 수 있다.

황홀경 체험의 해석과 분별

일찍이 에밀리 디킨슨이 황홀경에 사로잡힘을 소유와 재화에 대한 질문과 연결했던 것은 깊은 성찰과 경험에서 나온 것이다. 황홀경의 경험은 신비적 감수성과 연관이 있다. 이러한 경험 없이 종교는 인간 언어와 의식(ritual)으로 가득 찬 것으로써 이해될 수밖에 없다. 신비적 감수성이나 황홀경과 같은 체험은 기존의 사고방식에 따라 경건성과 수줍음과 함께하는 가장 오래된 문화적 단계를 지적 계몽적 세계에 대한 모순적 관계성 안으로 설정한다.

영적 자유는 우리가 우리의 한계를 벗어나기 때문에 우리가 우리의 한계를 경험하는데서 살아 있는 것이다. 신비적 체험은 영적 한계를 발견하고 주어진 한계를 넘어서는 것을 의미한다. 우리가 새롭게 볼 때에야 비로소 우리는 장님이었다는 것을 알게 되며, 어두운 문이 열릴 때에야 감옥에 갇혀 있었다는 것을 인식하게 된다. 그것은 우리 스스로를 넘어서고 떠난다는 것이 아니다. 그것은 굳어지고 감옥 안에서 잠든 우리 자신을 넘어서고 떠난다는 것이다. 신비적 초월 때문에 생동감 있는 내면성을 포기하는 것이 아니라 초월과 내면의 새로운 관계성을 찾는 것이다. 그곳에서 내면성을 두텁게 닫아 놓는 것이 아니고, 협소하게 자신을 반복하는 것도 아니며, 초월이 자리할 수 있도록 초월을 위하여 문을 여는 것이다. 우리에게 아주 익숙하게 자리 잡은 것으로부터 벗어남 없이, 나는 날마다 죽노라고 고백했던 바울처럼 죽어감 없이, 소유와 재화의 한계에 대한 체험적 깨달음 없이 그러한 일은 일어나기 어렵다.

초월을 위하여 아주 익숙해진 황홀경과 설정된 공간으로부터 거리를 두어야 한다. '영적 자살'은 근대적 이성의 지배 안에서 허용된 황홀경에 대한 감옥이다. 영적 자살을 위해서는 냉철한 관찰 능력과 스스로에 대한 비판적 거리감의 신비적 경험을 배제하지 않는다. 역으로 이러한 능력은 학문적 세계상의 절대성을 상대화하고, 이와 같은 하나님 체험에 근대의 많은 증언자들의 학문적 청렴함은 이를 신빙성 있게 뒷받침

한다. 이것은 아주 기대하고 있지 않은 데에서 단순한 질문을 하는 것과 같다. 하나님의 세계가 온 우주 만물에 펼쳐져 있는데, 왜 그대는 하필이면 이성이란 감옥 안에 잠들어 있는가? 하나님의 집은 아름다운 빛깔을 지니고, 폭넓고, 매혹적이지만 그 안에서 아름다움을 경험할 수 없다면 참으로 이상한 것이다.

신비적 감수성 없이 인간의 모습은 영적인 것을 원하지도 않고 그럴 소망도 꿈꾸지 않는다. 신비적 감수성은 정통주의를 넘어선다. 왜냐하면 신비적 감수성은 항상 신적 능력에 열린 자세를 갖게 하기 때문이다. 신비적 감수성은 우리에게 필요한 것은 이성주의적인 신의 체계를 넘어 하나님의 사랑을 갈망하게 한다.

기억해야 할 것은 환상, 꿈과 같은 특별한 경험은 잠재적으로는 하나님에게서 온 것일 수 있지만 궁극적으로는 연합의 도구가 될 수 없다는 것도 알아야 한다. 환상이나 꿈 등은 수용할 수는 있지만 기본적으로는 하나님께로 이끄는 지름길로 받아들여서는 안 된다. 때문에 이러한 경험들에 순수하고 단순하게 어떤 특정한 지식에 의해 제한받거나 끌려서는 안 된다. 그리고 경험의 형태와 논리적 개념 그리고 이미지의 영역에 의해서 변형되어서는 안 된다.[8] 그러므로 어떤 체험의 현상에 지나치게 몰두하거나 거기에 너무 안주하거나 매료되지 않도록 해야 한다. 보이는 경험 자체는 경험일 뿐이다. 하나님의 임재가 그것들 가운데 순간적으로 번득일 수 있지만 하나님과의 연합은 어떤 특정한 형태와 지식에 몰두하지 않고 하나님의 신성을 묵상할 때 발견되는 것이다. 데니스 에드워즈(Denis Edwards)는 이 주제에 대해 다음과 같이 설명한다.

하나님 경험을 육화하는 전 과정 안에서 표현된 결과와 열매들을 제외하고는 한 개인이 언제 성령의 인도를 받는지 알 수 있는 방법은 없다. 이론적이며 실제의 많은 사례들로부터 알 수 있는 분명한 사실 두 가지는 사람이 매우 거룩해 질 수 있고 분명히 하나님과의 순수한 경험을 즐거워할 수 있다는 것과 그럼에도 불구하고 환상과 들리는 말씀은 매우 잘못된 것일 수 있다는 것이다. 십자가 요한은 이러한 현상들에 대한 실제적 접근을 하도록 돕는다. 우리는 하나님께 직접 우리를 인도하는 길에서 벗어나 이런 경험들을 추구하기보다는, 언제나 마음을 열고 믿음의 어둔 밤을 통과하며 주어지는 하나님의 선물을 기다려야만 한다.[9]

환상과 꿈과 같은 체험이 우리가 하나님을 경험하는 도구는 될 수 있으나 그 자체로 하나님은 아니다. 때문에 신비적 체험을 통하여 하나님을 경험하고 하나님에 대한 인식의 지평을 넓히는 경험을 하였다고 하여 그러한 경험을 계속적으로 추구하거나 다른 사람들에게 자기가 체험한 신비적 현상들을 강요하거나 다른 사람도 자기와 같은 방식으로 경험을 해야 한다고 주장해서는 안 된다.

임사 체험의 해석과 분별

그리스도인들 가운데 '임사 체험'(near-death experience)을 유체이탈 체험 또는 입신을 하였다고 말하는 사람들이 있다. 유체이탈 체험이란 사람의 영혼이 육체를 떠나 천국이나 다른 영역으로 갔다가 돌아온 것을 의미한다. 구체적으로 서술하면, 흔히 지속 시간이 아주 짧고 의식적 자아는 그 사이에 자기 몸을 떠나 외부에서 자신과 타인을 바라보는 현상을 체험하게 된다. 일부 은사적인 사역을 추구하는 교회나 공동체에서는 유체이탈 체험을 귀중하게 여기고 추구하기도 한다. 그리스도인들은 전통적으로 그런 체험을 하나님과의 신비한 연합으로 여기는 경향이 있다. 데이비드 마이어스는 전형적인 임사 체험의 내용을 다음과 같이 기술하였다.

> 한 남자가 자신에 대해 사망선고를 내리는 의사의 목소리를 듣는다... 그는 자신이 길고 어두운 터널을 빠르게 통과하는 것을 느낀다. 그리고 자신이 몸 밖으로 나와 있다는 것을 알게 된다. 그는 멀리서 자기 몸을 바라본다. 곧 여러 일들이 발생한다. 사람들이 와서 그를 돕는다. 오래전에 죽은 친척과 친구들의 영이 보이고... 따뜻한 사람의 기운을 가진 낯선 영이 그의 앞에 나타난다... 그는 기쁨과 사랑과 평화의 느낌에 압도된다. 그러나 이 모든 경험에도 불구하고 그는 결국 자신의 몸과 재결합하고 살아난다.[10]

그리스도인들 중에는 이러한 임사 체험을 영적 체험, 즉 하나님께서 특별한 사람들에게 하나님과 천국을 경험하게 하기 위해서 유체이탈 체험을 통해 영적 체험을 하게 하신다는 것이다. 임사 체험을 영적 체험으로 해석하는 근거로 바울이 고린도후서에서 언급한 내용을 제시한다.

> 무익하나마 내가 부득불 자랑하노니 주의 환상과 계시를 말하리라 내가 그리스도 안에 있는 한 사람을 아노니 그는 십 사년 전에 셋째 하늘에 이끌려 간 자라(그가 몸 안에 있었는지 몸 밖에 있었는지 나는 모르거니와 하나님은 아시느니라)내가 이런 사람을 아노니 (그가 몸 안에 있었는지 몸 밖에 있었는지 나는 모르거니와 하나님은 아시느니라) 그가 낙원으로 이끌려가서 말로 표현할 수 없는 말을 들었으니 사람이 가히 이르지 못할 말이로다(고후 12:1-4).

조엘 그린(Joel Green)은 바울의 이러한 체험은 "유체이탈 체험을 이야기하고 있을 가능성은 낮다. 그렇지 않다면 그는 이 '환상과 계시'가 '몸 밖에서' 이루어진 것이라고 분명히 밝혔을 것이다. 이런 고려 사항은 아이러니한 두 번째 결론으로 이어진다. 유체이탈 체험은 우리 몸 안에서 뇌의 작용으로 발생한다는 것이다. 유체이탈 체험은 인간이 물질적 몸과 정신적 자아로 이루어져 있어서 둘을 분리할 수 있음을 입증하기는 것이라기보다는 대부분 우리가 당연시하는 방식으로 우리를 시공간 속에 자리 잡게 해 주는 뇌의 놀라운 복잡성을 보여 준다"라고 하였다.[11]

유체이탈 체험의 현상은 여러 요인에 의해 발생하는 것으로 알려지고 있다. 유체이탈 체험을 간질이나 정신분열증 같은 뇌 질환의 산물로 여기는 경향이 있지만, 유체이탈을 체험했다고 말하는 대부분의 사람들은 정신 병력이 없는 보통 사람들이다. 헨릭 에르손(Henrick Ehrsson)은 마약을 쓰거나 뇌에 전기 자극을 주지 않고도 건강한 사람이 유체이탈을 경험할 수 있다는 것을 연구를 통해 밝혔다. 그는 건강한 사람의 열 명 중한 명 정도가 인생의 어떤 시점에서 유체이탈을 경험하는 것 같다고 하였다.[12] 이런 현상은 간질이나 뇌졸증 같은 뇌 기능에 문제가 생긴 경우와 관련되어 일어날 수도 있다.

유체이탈 체험은 일어날 때 뇌의 어떤 부위가 주로 활성화되는지도 밝혀지고 있다. 즉 인간의 뇌의 측두엽과 두정엽의 경계 부위가 그곳이다. 뇌의 특정 부위에 전기 자극을 주면 그전까지 유체이탈 체험을 해보지 않은 환자가 유체이탈 체험을 했다고 보고되고 있다. 이런 실험은 환자가 완전히 깨어 있고 주위 환경을 인식하는 상태에서 이루어졌는데, 환자는 침대에 누워 있는 자기 모습과 그 주변을 위쪽에서 내려 보고 있다고 말했다.[13]

중요한 것은 그리스도인들이 이와 같은 체험이나 그리스도인의 공동체 안에서 이와 비슷한 체험들을 영적 체험으로만 규정해서는 안 된다. 이런 경험은 심장마비나 그 밖의 외상으로 죽음 직전까지 갔던 사람들이 들려준 임사 체험의 전형적인 예이기 때문이기도 하다. 일반적으로 심장마비나 그 밖의 외상으로 죽음 직전까지 갔던 사람들 중에 12-40%가 임사 체험을 한 것으로 알려졌다.[14] 이런 임사 체험은 다양한 요인들에 의해 일어난다. 뇌의 측두엽 간질이 있는 사람들이나 어떤 공간에서 산소 부족으로도 임사 체험과 같은 신비 체험을 하였다는 보고도 있다.[15] 사람은 산소 부족 상태가 되면 뇌의 억제 세포가 중지되기 때문에 시각 피질의 활동과 뇌의 신경활동이 증가되게 되고, 그 결과 터널을 통과할 때처럼 빛줄기가 점점 커지는 걸 보게 된다고 보고되고 있다. 한 연구자는 임사 체험을 '뇌의 환각 반응'으로 이해하는 것이 가장 낫다는

결론을 내렸다.[16]

엔돌의 마녀 해석과 분별

성경에서 엔돌의 마녀가 죽은 사무엘을 이 세상으로 다시 불러오는 이야기(삼상 28장)는 매우 특별한 영적 현상이기 때문에 해석이 매우 다양하다. 이 이야기를 한국 무교에서 말하는 죽은 사람이 귀신이 되어 사람들의 선악의 행위에 관여한다는 종교적 사상을 정당화하는 증거로 삼기도 한다. 또한 이 이야기가 비물질적이고 불멸하는 영혼의 존재를 증명한다고 여기는 사람들도 있다. 즉 사무엘의 영혼이 엔돌에 정말로 나타났다면 인간은 몸과 영혼의 두 실체로 구성된 존재라는 것을 증명하기 때문에 일원론적 인간관은 유지될 수 없다고 주장하기도 한다. 그러나 성경에서 귀신이나 악한 영은 죽은 인간과는 관계가 없고 하나님의 종인 영의 타락으로 인해서 나타난 파괴하고 죽이는 영들이다.

아놀드에 따르면, 엔돌에 나타난 존재가 "사무엘이 아니라 악마적 세력에 기원을 두고 거짓 예언을 일삼는 망상적이고 기만적인 환영"이라고 하였다.[17] 이러한 이해는 사도 바울이 말한 "사탄도 빛의 천사로 가장합니다. 그렇다면 사탄의 일꾼들이 의의 일꾼으로 가장한다고 해서, 조금도 놀랄 것이 없습니다"(고후 11:14-15, 새번역)라고 말한 것을 통해서 가능하다. 아놀드는 아우구스티누스를 포함한 많은 초기 주석가가 바울의 관점을 통해서 엔돌의 이야기를 이해했다고 말하였다. 하지만 엔돌의 이야기를 바울의 관점으로 해석하는 것에 동의를 하지 않았던 사람들도 있다. 그 중 잘 알려진 이들로는 니사의 그레고리우스이다. 그는 이미 죽은 거룩한 선지자가 강령술 의식으로 불러 나오는 것이 불가능하다고 생각했다. 따라서 악마나 사탄이 사무엘로 나타나 사울 왕과 그 여자를 속였다는 결론을 내렸다. 아놀드에 따르면 당시 대부분의 주요 주석서들은 죽은 선지자가 나타났을 가능성을 고려하는 것조차 거부했다고 기술하였다.

사무엘상의 이 구절을 다룬 초기 저작들 중에는 사무엘의 출현을 사실로 받아들이는 이들도 있었다. 하나님이 직접 부활시켰는지 아니면 여자가 효력 있는 불법 강령술을 써서 부활시켰는지는 몰라도 분명히 사무엘이 직접 엔돌에 나타났다고 믿었다. 순교자 유스틴은 이 본문을 근거로 인간 영혼이 존재하며 죽음 이후에도 생존한다고 주장했다. 오리게네스와 암브로시우스 그리고 역사가 요세푸스도 사무엘이 엔돌에 정말 나타났다고 믿었다. 아우구스티누스는 사무엘이 진짜 나타난 것인지 아니면 기만적인 영이 나타난 것인지 혼란스러워 했지만 말년에는 기만적인 영이라고 이해했다.

아놀드는 중요한 것은 역사가 진행되면서 같은 본문을 가지고 전혀 다른 해석을 내릴 수 있다는 것을 알아야 한다고 하였다. 그는 사무엘이 물리적 몸으로 소생하여 엔돌에 나타났다고 보는 것은 고대 이스라엘의 인식에 더 가깝다고 보았다. 그는 성경 본문을 해석할 때 주석적 문제를 검토하기 전에 지금까지의 해석의 역사를 살펴보아야 한다고 말한다. 아놀드는 이런 관점 안에서 "고대 이스라엘 민족에게 이 질문을 던진다면, 그들은 '물론 육신과 별개의 존재는 없다'고 대답할 것이다. 그러므로 사무엘의 엔돌 출현이 망상이 아니라고 받아들인다면 그가 어떤 식이 되었건 물리적으로 나타난 것이라고 생각해야 한다"라고 말한다.[18] 더 나아가 그는 이런 고전적 해석이 오늘날의 새로운 성경 해석에 비추어 어떤지 물으면서, "이 본문은 구약의 규범적 종교가 인정하지 않았지만 가나안 일부들과 일부 이스라엘 사람들에게 남아 있던 관습과 종교적 관행을 보여 준다"라고 하였다.[19] 그러나 아놀드는 "이 내용이 육체적이나 소생 개념의 사례를 제시하긴 하지만 히브리 성경의 다른 자료들이 그렇듯이 기독교 인간론의 문제를 확정할 만한 결정적인 단서를 제공하지 않는다"는 것을 기억하는 것도 매우 중요하다고 하였다.[20]

오늘날 그리스도인들 중에는 사무엘상 28장을 문자적으로 해석하여 사무엘의 영이 직접 나타났다고 주장하기도 한다. 하지만 성경의 전체적인 맥락에서 보면 죽은 사람이 영이 되어 다시 나타났다는 관점은 성경적 지지를 받기가 빈약하다. 성경은 한국 무교에서 말하는 것처럼 죽은 사람이 악한 영 또는 귀신이 된다는 증거가 없기 때문이다. 따라서 성경의 전체적인 맥락에서도 엔돌에 나타난 영을 사무엘의 영으로 보는 관점보다는 악한 영으로 보는 것이 보다 더 설득력 있는 해석이라고 할 수 있다.

〈미주〉

1 F. C. Happold, *Mysticism*: *A Study and an Anthology* (London: Penguin Books, 1979), 130.
2 Dorothee Solle, *The Silent Cry*: *Mysticism*: *and Resistance* (Minneapolis: Fortress Press, 2001), 121에서 인용.

3 Dorothee Solle, *The Silent Cry*, 121.

4 Dorothee Solle, *The Silent Cry*, 121.

5 Dorothee Solle, *The Silent Cry*, 121.

6 Dorothee Solle, *The Silent Cry*, 121.

7 Paul N. Anderson and Howard R. Macy, eds., *Truth's Bright Embrace* (Newberg: Barclay, 1996), 137−44.

8 John of the Cross, *The Collected Works of St. John Cross* (Washington DC.: The Institute of Carmelite Studies, 1979), 152−53.

9 Denis Edwards, *Human Experience of God* (New Jersey: Paulist Press, 1983), 126−27.

10 David G. Myers, *Psychology* (New York: Worth Publishers, 2010), 126.

11 Joel B. Green, "Resurrection of the Body: New Testament Voices Concerning Personal Continuity and the After Life," in *What About the Soul?* ed. Joel B. Green (Nashville: Abingdon, 2004), 95.

12 Henrick H. Ehrsson, "The Experimental Induction of Out−of the−Body Experiences," *Science* 317(2007):1048.

13 Olaf Blanke, T. Landis, L. Spinelli and M. Seeck, "Out−of−Body Experience and Autoscopy of Neurological Origin," *Brain* 127(2):243−58.

14 David G. Myers, *Psychology*, 126.

15 David G. Myers, *Psychology*, 126.

16 David G. Myers, *Psychology*, 126.

17 Bill T. Arnold, "Soul−Searching Questions About 1 Samuel 28: Samuel's Appearance at Endor and Christian Anthropology," 78.

18 Bill T. Arnold, "Soul−Searching Questions About 1 Samuel 28: Samuel's Appearance at Endor and Christian Anthropology," 78.

19 Bill T. Arnold, "Soul−Searching Questions About 1 Samuel 28: Samuel's Appearance at Endor and Christian Anthropology," 81.

20 Bill T. Arnold, "Soul−Searching Questions About 1 Samuel 28: Samuel's Appearance at Endor and Christian Anthropology," 81.

영혼 돌봄을 위한

해석과 분별

INTERPRETATION AND DISCERNMENT
FOR CARE OF THE SOUL

제4부

성격의 해석과 분별

10장 성격유형의 해석과 분별
11장 행동 중심 성격유형의 해석과 분별
12장 감성 중심 성격유형의 해석과 분별
13장 이성 중심 성격유형의 해석과 분별
14장 성격형성의 방안과 적용

자녀를 위한 기도문

오, 주님이시여!
나의 자녀를 이렇게 키워주소서.
약할 때에 자기를 분별할 수 있는 강한 힘과
무서울 때 자신을 잃지 않을 수 있는 담대한 마음을 주시고
정직한 패배에 부끄러워하지 않고 태연하며
승리할 때 온유하고 겸손할 수 있는 자녀로 키워 주소서.
생각해야 할 때에 고집하지 말게 하시고
주님을 알고 자신을 아는 것이
지식의 근본임을 아는 자녀로 키워 주소서.
바라옵건데, 그를 안일과 쾌락의 길로 인도하지 마옵시고
고난과 역경 속으로 인도하사
폭풍우 속에서도 용감히 일어설 줄 알고
패자를 불쌍히 여길 수 있는 사랑을 배우게 하소서.
마음이 깨끗하고 목표가 고상한 자녀
남을 정복하려고 하기 전에 먼저 자기 자신을 다스릴 수 있는 자녀
장래를 내다보는 동시에 과거를 잊지 않는 자녀로 키워 주소서.
그리고 또 유머를 알게 하시고
인생을 엄숙하고 진지하게 살면서 삶을 즐길 줄 알게 하시며
자기 자신을 너무 크게 평가하지 않는 겸손한 자녀로 키워 주소서.
또한 참으로 위대한 것은 소박한 것이며
참된 지혜는 개방된 것이요
참된 힘은 온유함이라는 것을 항상 기억하게 하소서.
그러면 아버지 나는 감히 이렇게 고백하겠나이다.
내 생애는 결코 헛되지 않았노라! 아멘

-더글라스 맥아더-

10장

성격유형의 해석과 분별
Interpretation and Discernment of Personality Types

자기 인식의 길

우리의 인식의 출발점은 바로 "너 자신을 알라"는 문장에 기초한다. 우리 자신을 아는 것은 내적 자아를 찾는 모든 사람에게 가장 중요한 과제이다. 옛 교부들은 하나님과 만나기 위해서 먼저 자기 자신과 만나고 자신을 인식해야 했다. 하나님을 알기 위해서는 자기 자신을 알아야 했다. 자기 자신을 인식하지 못하는 사람은 무의식적인 소망과 자신의 억압된 욕구를 하나님께 투사하게 된다. 그러고는 자기 자신의 왜곡된 이미지에 매달려 진정한 하나님을 만나지 못한다. 우리가 자신을 인식할 때 왜곡된 환상에서 자유할 수 있다. 이때 명료하고 얽매이지 않은 시선으로 다른 현실을 볼 수 있다.

다음의 우화는 우리가 열정과 감정의 내면을 어떻게 다루어야 하는지를 아름다운 비유를 통해 보여 준다.

옛날에 한 백작이 아들을 먼 곳의 스승에게 보내며 소중한 것을 배워 오라고 했다. 아들은 1년 후 집으로 돌아왔는데, 개의 말 즉 짖는 소리를 배워왔다. 아버지는 너무나 화가 나서 이번에는 다른 스승에게 아들을 보냈다. 하지만 이번에도 아들은 아버지의 기대를 채워 주지 못했다. 아들은 개구리의 말을 배워왔고, 그 다음에는 새의 말을 배워왔다. 화가 난 아버지는 아들을 죽이라고 하인에게 명령했다. 그러나 하인은 백작의 아들이 불쌍해서 죽이지 않고 그냥 풀어 주었다. 어떤 성에 도착한 아들은 하룻밤 묵어가려고 부탁했으나 성의 주인은 사나운 개가 지키는 탑 외에는 잠자리가 없다고 했다. 그러나 아들은 개를 무서워하지 않았으므로 개들과 사이좋게 이야기를 나누었다. 그리하여 그는 개들이 보물을 지키느라 그렇게 사납게 굴었다는 사실을 알게 되었고, 개들은 그가 보물을 가지고 도망갈 수 있도록 도와주었다.[1]

이 비유가 말하고자 하는 것은 우리가 정신의 언어를 말할 수 있으려면, 먼저 개와 개구리의 언어를 이해해야만 한다는 것이다. 우리 안의 개가 짖는 그곳, 바로 그곳에 보물이 있다. 우리 삶에서도 이러한 힘을 지닌 언어를 이해하고, 보물을 우리 안에서 발견하는 것이 중요하다. 우리 안의 공격적인 열정과 복잡한 문제가 존재한다는 사실이 더 이상 방해가 되지 않을 때, 우리는 자유로워질 수 있다. 문제가 가장 많은 바로 그곳에서 우리는 하나님이 만드신 있는 그대로의 모습을 만날 수 있다.

그리스도인의 길은 무엇보다도 영혼의 열정을 올바르게 다루고, 격정적인 감정의 지배로부터 벗어나 내면의 자유로운 상태에 이르는 것이라고 할 수 있다. 중요한 것은 감정을 판단하는 것이 아니라 관찰하는 것이다. 내면을 들여다보고 그에 너그러워질 수 있을 때에만, 삶은 흐를 수 있다. 그것을 우리에게 보여 주는 것이 바로 '호흡'이기도 하다. 우리는 호흡을 통해, 머리, 가슴, 배, 오성, 감정 그리고 생명력을 결합하는 통합적인 구조를 가지게 되고, 생동감 있게 움직이면서 우리가 우리 자신이 되는 길을 깨닫게 된다.

성격유형 인식의 중요성

사도 바울은 고린도의 그리스도인들이 파벌로 분쟁하며 고통 중에 있을 때 다음과 같이 썼다.

> 몸은 하나인데 많은 지체가 있고 몸의 지체가 많으나 한 몸임과 같이 그리스도도 그러하니라. 우리가 유대인이나 헬라인이나 종이나 자유자나 다 한 성령으로 세례를 받아 한 몸이 되었고 또 다 한 성령을 마시게 하셨느니라 몸은 한 지체뿐 아니요 여럿이니(고전 12:12-14).

바울은 몸의 은유를 통하여 개별 지체들의 독특한 영적 여정을 말한다. 그러나 고립된 순례의 여정이 아니라 몸의 다양한 지체들로 구성된 여행자들(caravan)의 순례라고 암시한다. 바울은 여기서 개인과 신앙공동체가 얼마나 중요한 관계인지를 다룬다. 특히 바울은 공동체에 대한 개개인의 독특한 관계와 개개인에 대한 공동체의 독특한 관계를 다루고 있다.

바울은 몸의 은유를 통해 개인과 공동체의 관계를 설명했다. 바울은 공동체의 개별 지체의 독특성을 강조한다. 신앙공동체는 독특한 성격이 없는 개인들의 집단이 아니기 때문이다. 바울은 몸이 건강해야 각 세포가 활기가 있고, 세포 하나하나가 활기가 있어야 몸이 건강하듯이, 그리스도인은 신앙공동체의 다른 지체들과 상호 의존하여 상호 작용함으로써 온전해진다.

이러한 관점에서 우리는 좀 더 나아가 우리의 독특한 창조 선물들, 즉 우리 존재와 행동의 특징인 우리의 성격적 선호(personality preferences)를 구성하는 매우 인격적이고 개인적인 구조들을 생각하게 된다. 이 독특한 창조 선물들은 부부관계, 친구관계, 신앙공동체 등을 풍성하게 하시는 하나님의 은혜의 수단이며, 우리의 관계와 신앙공동체는 하나님께서 우리의 창조 선물들을 온전하게 육성하시는 은혜의 수단이다. 물론 이러한 선물들이 때로는 자기 자신과 지체들에게 부정적으로 작용할 수도 있다.

우리의 얼굴이 서로 다르고 다양하듯 우리의 성격도 매우 다양하다. 우리는 우리 자신과 다른 지체들에게 주어진 선물들을 인식하는 것이 필요하다. 우리의 지식 중에 가장 뒤떨어지는 지식이 바로 우리 자신에 관한 지식이다. 우리는 우리 자신을 잘 아는 것 같지만 실은 자신에 대한 지식의 부족으로 인해 자신과 갈등하며 살아가는 경우 많다. 우리가 우리 자신을 모를 때 우리는 왜곡된 자기 사랑에 빠지기 쉽다. 나르시시스트적인 형태의 사람이 되기 쉽다. 나르시시스트적인 사람은 자기가 누군가에 대하여 단일한 생각에만 고착되게 되고, 바로 여러 가지 가능성은 자동적으로 거부된다.

우리의 삶에서 자아 인식은 모든 상황을 더욱 긍정적이고 효과적으로 다루도록 도와준다. 자아상에 대한 두 가지 고전적인 관점이 있다. 하나는 그리스의 나르시소스 신화에 나타나고, 다른 하나는 최초의 사람을 창조하는 창세기의 이야기다. 나르시소스는 자신의 자아상을 다루는 데 무력하였다. 이는 그를 소외된 삶으로 내몰았고 현실에서 도피하여 불행하게도 자살로 생을 마감했다. 이와는 대조적으로 아담의 자아상은 그가 하나님에 의하여 하나님 형상대로 창조되었음을 아는데 기초를 두고 있다.

나르시소스 신화에 대한 가장 완성도 있는 작품은 오비드의 『변신』(Meta-morphoses)이다. 이 작품에 등장하는 강의 요정인 리리오페는 강의 신인 케피소스에 의해 강간을 당하고 나르시소스란 아들을 낳게 된다. 그녀는 예언자인 티레시아스를 찾아가 자기 아들이 나이 들어서까지 오래 살 수 있는지를 묻는다. 티레시아스는 나르시소스가 자기 자신을 알지 못하는 한 오래 살 수 있을 것이라고 예언하였다. 이런 유형의 예언은 다른 신화에서는 속이는 자로 알려진 티레시아스의 특이한 방식으로서, 그는 항상 사람들이 오해하도록 애매하게 진실을 말함으로써 사람들을 조롱하곤 했다. 티레시아스의 예언으로 인해 나르시소스는 다른 사람뿐 아니라 자기 자신에 대한 인식으로부터 소외되는 삶의 양식을 살게 된다.

나르시소스는 매우 잘생겼기 때문에 남녀를 막론하고 그에게 반한 사람과 연인들이 간절하게 그를 찾았다. 특히 요정 에코가 그를 사모했다. 하지만 나르시소스는 그들 모두를 비웃듯 숲 속에 은둔하여 혼자 사는 것을 더 좋아했다. 어느 날 그가 우연히 맑은 연못에 가서 그 안을 들여다보게 되었다. 그는 가만히 바라보는 모습이 그 자신의 모습인 줄 모르고 사랑에 빠지게 되었다. 실물처럼 보이는 자신의 모습에 마음이 사로잡혀 연못 속의 모습에 강박적으로 집착하게 되었다. 그는 그 모습을 결코 소유할 수 없음을 깨닫게 되면서 수척해지고 결국 죽음이 그를 찾아오게 되었다. 다른 사람의 작품에서는 그가 스스로 자살하였다고 기술하고 있다.

나르시소스가 자기 자신을 적절히 사랑하면서 진실하게 인식했다면 그것이 그의 인성발달의 시작이자 기초가 되었을 것이다. 나르시소스는 잘못된 예언으로 인해 자아인식의 부재를 초래함으로 자기의 진정한 모습을 볼 수 없었다. 그가 그의 진정한 자아를 인식하지 못함으로 자기 자신뿐만 아니라 다른 사람과도 관계를 맺을 수 없었다. 그는 자기 자신을 직면해야 했을 때 심한 충격을 받아 극도의 고통을 겪었다.

성경의 아담의 창조 이야기는 나르시소스의 이야기와 다르다. 하나님은 자신의 형상으로 아담을 지으시고 창조적 능력 등을 인간과 공유하심으로써 하나님의 사랑을 표현하셨다. 아담의 삶의 시초는 영광스러웠고 좋았다. 아담은 하나님과의 관계를 통해서 자신의 자아와 정체성을 인식하였다. 아담이 죄를 범한 후에도 하나님께서는 여전히 사랑과 신실함으로 그를 구하시려고 배려해 주셨다. 하나님은 아담이 동산을 떠난 후에도 성장하고 발전하도록 동일하게 의와 사랑과 은혜로 돌보셨다. 아담과 하와는 부부로서 위협을 받았음에도 불구하고 하나님의 치유와 은혜로 더욱 친밀하고 견고한 관계를 갖게 되었다(창 3:17-21).

나르시소스는 자기 인식의 부재로 연못을 들여다보고는 소외된 자기를 보았다. 그는 지혜나 선을 추구하는 꿈을 꿀 수도 없었고 일상적인 현실마저 다룰 수 없었다. 그에게는 내적인 자원도 없었으며 실수에서 돌이키도록 도우시는 하나님도 없었다. 그는 다른 사람과 진정한 관계를 가질 수 없었다. 그는 내면으로부터 일어나는 확신보다는 외적인 형상에 마음을 써야 했다. 그리스의 나르시소스에게는 자신을 아는 것이 금지되었지만 아담은 자신을 아는 사명을 받았다고 할 수 있다. 자기 인식은 하나님과 자기 자신과 다른 사람과의 관계에서 핵심으로 작용하기 때문이다.

우리는 기질과 성격을 쇄신하며 마음과 자신을 현명하게 다룰 수 있어야 한다. 이는 결코 그리스도인들에게 예외가 될 수 없다. 기질과 성격은 에너지와 힘을 어떤 방향으로 흐르게 하는 내적 구조로서, 그 힘들은 왜곡된 상태에서는 통합되지 않기 때문에, 통합되지 않는 기질과 성격에 대해 주의 깊은 인식과 훈련이 필요하다. 특별히 우리의 기질과 성격에 대한 해석과 분별에 도움을 주는 유익한 모델이 MBTI와 에니어그램이다.

MBTI 성격유형

MBTI 성격유형 이해

MBTI(Myers-Briggs Type Indicator)는 성격유형들을 구별하는 과정이나 구조 틀이기 때문에 성격유형지표라고 불린다. MBTI는 케서린 브릭스 (Katharine Briggs)와 그녀의 딸 이사벨 마이어스(Isabel Myers)에 의해 고안 되었다. 1920년대와 1930년대에 브릭스와 마이어스는 그들의 가족과 친구들의 성격유형을 계속 관찰하였다. 2차 대전이 시작되었을 때, 그들은 아는 사람에 의해 선택된 전쟁 관련 업무 때문에 놀라게 된다. 그들은 많은 사람들이 자신들의 성격을 잘 이해한다면, 더 나은 선택을 할 것이라고 믿었다.

이사벨은 칼 융(Carl Jung)의 『심리유형론』(*Psychological Types*)에 기초해서 사람들이 그들의 성격유형을 확인하도록 도와줄 수 있는 일련의 질문들 을 개발하기 시작했다. 그 후 20년 동안 그녀가 작성했던 질문들은 심 리검사 타당도의 기준을 사용하여 점검되고 또 점검되어 MBTI가 탄생 했다.

MBTI와 다른 검사 도구들의 개념은 대부분 융의 저작에 기초하고, 케서린 브릭스와 이사벨 마이어스가 중요한 부분을 추가한 것이다. 융 은 외향형과 내향형, 감각형과 직관형, 사고형과 감정형의 개념을 개발 하였다. 융은 우리 모두가 각 쌍의 두 가지 영역 모두에서 기능하지만, 각 쌍에서 한 가지를 다른 것보다 선호한다고 믿었다.

브릭스와 마이어스는 우리가 외부세계에서 기능할 때 정보를 수집하는 것을 선호하는 인식형, 혹은 정보에 대해 결정하는 것을 선호하는 판단형을 나타내기 위해서 심리유형의 네 번째 이분척도, 즉 판단형과 인식형을 추가하였다.

융 학파 심리학은 상호 의존성이 그리스도 안의 전인성을 향한 성장을 풍부하게 향상시키고 있는 한 차원을 보여 주는 유익한 모델이다. 인간 행동에 대한 오랜 연구를 통하여 융은 인간에게 자신의 주변 세계와 관계하고 자신들이 그 주변 세계로부터 받아들이는 데이터를 처리하는 방식을 형성하는 네 가지 본질적인 선호들(preferences)이 있다는 것을 발견하였다. 네 가지 선호들은 기본적으로 짝을 이루고 있다. 외향성(E: extraversion)과 내향성(I: introversion), 감각(S: sensing)과 직관(N: intuition), 사고(T: thinking)와 감정(F: feeling), 판단(J: judgement)과 인식(P: perception)이다. 각각의 짝 속에서 사람들은 대체로 저런 행동 방식보다 이런 행동 방식을 더 선호하고, 한 행동을 더 선호하게 되면 다른 행동은 덜 선호하게 된다.

성격유형별 특징

MBTI는 4개의 주요 요소들을 가진다. 먼저 외향형과 내향형이다. 외향성은 사람, 활동, 사물과 같은 외부세계를 통해 에너지를 받아들이는 성격을 가리키고, 내향성은 아이디어, 정서와 같은 자신의 내부세계로부터 에너지를 만들어내는 성격을 가리킨다. 다음은 사고형과 감정형이다. 사고형은 의사결정 과정에 인과원리나 논리적으로 정보를 조직하고 구조화하여 결론을 내리는 성격이며, 감정형은 인간적이며 가치지향적인 판단을 선호하는 성격이다. 다른 하나는 감각형과 직관형이다. 감각형이 더 많은 정보를 제공하기 위해서 현재에 초점을 맞추고 과거의 기억들을 활용하는 반면, 직관형은 미래에 초점을 맞춘다. 직관형은 큰 그림과 전체 주제, 나타난 유형, 수집된 자료들 사이의 연관, 그리고 무엇보다도 정보의 의미를 탐구한다. 그리고 판단과 인식은 외부세계에 대한 우리의 선호성을 말한다. 인식은 정보를 받아들이는 기능을 의미하며, 판단은 정보에 대해 결정하는 것을 의미한다.

외향형과 내향형

융은 우리가 외부세계에 두 가지 다른 태도로 기능한다고 보았다. 우리가 외부세계에 의해 에너지를 얻고 우리의 에너지가 외부세계를 향할 때, 우리는 외향을 사용하고 있는 것이다. 우리의 에너지의 원천과 초점은 우리 밖에 있는 사람과 사물, 활동이다.[2] 우리가 사고와 개념의 내부세계에 의해 에너지를 얻고 우리의 에너지가 내부세계를 향할 때, 우리는 내향을 사용하고 있는 것이다. 우리는 내향성과 외향성을 모두 사용한다.[3] 그러나 우리는 대부분 두 가지 가운데 하나를 더 선호한다. 하지만 우리가 이 용어를 사용할 때 우리는 외향형들도 때로는 내향을 사용한다는 사실을 기억해야 한다. 어떤 외향형들은 내부세계에 초점을 맞추는 것을 매우 잘 한다. 그들은 단순한 그들이 외향을 선호하는 만큼 강하게 그것을 선호하지는 않는다.

마찬가지로 내향형도 외부세계에 대해 기능할 수 있고, 또 기능해야 한다. 우리는 삶에 필요한 것들이 물리적인 세계와의 접촉을 어느 정도 수반하기 때문에 평균적으로 내향형들은 외향형들이 내향의 기술을 개발하는 것보다 더 고도로 외향의 기술을 개발하는 것이 가능하다.

외향성과 내향형은 우리의 에너지의 방향, 원천과 주의 집중에 관계된 것이다. 어떤 사람들은 주로 외적 세계를 지향함으로써 그들의 인식과 판단도 사람과 대상 등 외부세계와 외부 환경에 초점을 두려는 경향을 가진다. 어떤 사람들은 주로 내적 세계를 지향함으로써 그들의 인식과 판단도 개념이나 사상 등 자신의 내부세계에 더 초점을 두려는 경향을 가진다. MBTI에 의해 알려진 전자는 외향적인 사람들(extroverts)이고, 후자는 내향적인 사람들(introverts)이다. 이 두 유형은 인간 에너지를 지향하는 방향성을 가리킨다.

감각형과 직관형

융은 우리의 마음이 두 가지 주요 과제를 수행한다고 믿었다. 우리는 정보를 받아들이고 정보에 대해 결정한다. 그는 우리가 정보를 받아들이는 두 가지 방식이 있고 정보에 대해 결정하는 두 가지 방식이 있다고 보았다. 감각과 직관이다. 감각을 통해서 정보를 받아들이고 있을 때 우리는 오감의 현실 속에 있다.[4] 직관을 통해서 정보를 받아들이고 있을 때 우리는 감각 자료로부터 연상되는 가능성들로 비약하기 위해서 충분한 자료를 받아들이기에 충분할 만큼 감각의 현실 속에 있다.[5] 감각형은 더 많은 정보를 얻고 제공하기 위해서 현재에 초점을 맞추고 과거의 기억들을 활용하는 반면, 직관형은 미래에 초점을 맞춘다. 직관형은 큰 그림과 전체 주제, 나타난 유형, 수집된 자료들 사이의 연관, 그리고 무엇보다 정보의 의미를 탐구한다. 감각을 선호하는 사람들은 실제적이고, 구체적이고, 전체의 숲을 연구하기보다는 구체적인 각각의 나무에 대해 관심을 갖는 경향이 있다. 직관을 선호하는 사람들은 추상적이고 포괄적으로 사고하는 경향이 있다.

감각형과 직관형의 사람들은 정확한 세부사항의 특수한 견해보다 일반적인 견해를 가지려는 경향이 있다. 인식 과정은 감각기능(sensing)과 상반된 견해인 직관기능(intuition)으로서 알려진다. 모든 사람은 이러한 과정 모두를 사용하지만 그들은 실질적으로 어느 한쪽 기능만을 선호한다.

감정형과 사고형

융은 감각과 직관을 우리의 두뇌가 정보를 받아들이기 위해서 작용하는 두 가지의 방식이기 때문에 기능이라고 불렀다. 그는 또한 우리의 마음이 정보에 대해 결정하기 위해서 기능하는 두 가지의 방식, 즉 사고와 감정이 있다고 보았다. 감정(feeling)은 인간의 가치에 대한 관심을 포함해서 관계에 조화를 우선적으로 생각하는 의사 결정 유형에 대해 말하는 것이다. 감정은 깊이 고수되고 있는 가치들에 기초한 의사 결정이다. 이와는 대조적으로 사고(thinking)라는 단어는 논리와 사실에 대한 관심으로 의사 결정을 하는 것을 포함한다. 사고는 감정보다 공정하고 객관적이다.[6] 감정은 가치와 조화에 대한 관심을 포함하고, 사고는 논리와 사실에 대한 관심을 포함한다. 감정과 사고는 심리유형 이분척도들 가운데 유일하게 성별로 다른 성향을 보이고 있다. 약 남자의 3분의 2는 사고를 선호하고, 여자의 약 3분의 2는 감정을 선호한다.

사람들은 감각기능이나 직관기능 중 어느 한 기능을 통하여 정보를 수집하는 것처럼, 이러한 정보를 취급하고 결정하는 데 사용하는 방법은 또 다른 선택에 의존한다. 어떤 사람들은 객관적인 원칙들에 더욱 관심을 갖고 사고형을 선호하는가 하면, 어떤 사람들은 주관적인 조화로움이나 원만한 관계 수립에 더욱 관심을 갖는 감정형을 선호한다. 이와 같이 모든 사람들은 이러한 두 기능을 다 사용하지만 실질적으로는 그 중 어느 하나를 선호하여 사용한다.

다만 선택을 하는 데 있어서 지적인 관여는 특별한 의미가 없기 때문에 포함되지 않는다. 또한 사고 과정이 감정보다 더 지적이고 영리한 면이 있다는 것이 아니다. 다만 서로 다른 측면의 유일성을 지닌 것뿐이다.

판단형과 인식형

브릭스와 마이어스가 융의 심리유형론을 연구했을 때, 그들은 우리 모두가 외부세계에 대해 선호하는 기능 방식을 가지고 있다고 믿게 되었다. 어떤 사람들은 정보를 받아들이거나 인식하면서 외부를 향하는 우리의 삶을 가장 편안하게 살아간다. 어떤 사람들은 항상 더 많은 정보를 받아들이려 하기보다는 결정이나 판단을 내리는 영역에서 외부로 향하는 삶을 보다 편안하게 살아간다.[7]

판단과 인식은 외부세계에 대한 우리의 선호도를 말한다. 대부분의 사람들이 외부세계를 향해 한 가지 기능을 사용하고, 다른 기능은 내부세계를 사용한다. 다시 서술하면, 우리의 행동은 우리가 사람, 장소, 사물에 대하여 어떻게 정보를 받아들이는가에 대한 결과이다. 이러한 과정이 인식(perception)이다. 또 다른 요소가 여기에 연합되는데, 그것은 우리가 어떻게 결정에 도달하는가이다. 결정에 도달하기 위한 과정을 판단(judgement)이라고 한다. 인식과 판단이란 개념은 기술적인 것이지 가치기준을 포함하는 것은 아니다.

우리가 인식 과정을 바라볼 때 우리는 선택에 직면하게 된다. 어떤 사람들은 그들이 취급하는 정보의 주요한 부분을 공급하기 위하여 그들의 5가지 감각에 의존하는 경향이 있다. 보고, 듣고, 만지고, 냄새 맡고, 맛보는 것을 통하여 사람, 장소, 사물에 대한 정보를 취한다.

성격유형과 그림자

그림자는 자아 콤플렉스의 어두운 차원, 아직 살지 못한, 억압된 차원이라고 말할 수 있다. 그림자는 낡은 방식들, 낡은 인격들, 안일한 것들, 인격의 열등한 부분, 부정적 차원, 잘 발달되지 못한 기능들, 강렬한 저항에 의해서 억압되고 있는 것으로 정의된다. 그림자는 인간 정신의 무의식의 이미지이다. 자아는 자신이 어떤 그림자를 가지고 있는지 모른다. 그림자는 자아에게는 보이지 않는 무의식에 속한 인격이기 때문이다.

우리가 대인관계에서 갑자기 화부터 내는 것은 우리 무의식의 아픈 곳이 건드려졌기 때문이다. 아픈 곳이란 바로 격한 감정을 내포하고 있는 무의식의 콤플렉스인 것이다.

그림자는 의식에서는 배제되었고 의식의 입장에서 자기 속에는 없다고 부정하는 거짓, 비겁, 불성실, 탐욕 등 열등한 성격의 한 부분이다. 때문에 그림자를 보고 그림자를 의식화하려면 무의식의 표현인 꿈을 분석해 보아야 한다.

그림자를 인식하는 방법 중에 하나는 무의식의 그림자를 밖으로 투사하였을 때 그 투사 대상을 향한 자기의 감정을 살펴보는 일이다. 투사는 자신을 돌이켜보고 다른 대상으로 떨어져 나가 자기의 분신을 되찾아올 수 있는 좋은 기회가 될 수 있다. 아직 밖으로 투사되지 않는 무의식의 내용도 있다.

무의식의 내용이 밖에 있는 어떤 대상에 투사되면 우리는 최소한 우리 안에 있는 것을 투사 대상 속에서 경험하게 되고 그런 경험을 통해서 자기 정신 속의 무의식적 내용을 깨달을 수 있는 기회를 갖게 된다. 하지만 우리는 투사를 통하여 의식이 받아들이지 않는 좋지 않은 성격 경향은 모두 다른 사람들에게 있고 본인에게는 없다고 생각하는 경향이 있다.

성격유형론은 그림자를 파악하는 데 중요한 역할을 할뿐만 아니라 전체 정신을 위한 특성을 부각시키는 데 도움을 주는 보조적 기능을 한다. 때문에 성격유형에 대한 이해는 전체 정신에 이르는 방향성에 지혜를 제공한다. 예를 들어 외향형은 내향적 태도가 무의식에 있어 그것을 의식화함으로써 전체에 접근해야 하고, 비합리적 유형인 감각형과 직관형은 합리적 기능이 전혀 없는 것이 아니고 무의식에 합리적인 기능이 대극을 이루어 의식을 보상하고, 합리적 유형에서는 비합리적 특징인 감각과 직관 기능이 무의식에 있으면서 의식의 기능에 포함되고자 작용한다.

우리가 기억해야 할 것은 서로 상반된 성격유형 간에 반드시 갈등을 초래하는 것은 아니다. 유형 간의 긴장을 가진 경우도 서로 보충하며 사는 사람들도 많다. 예를 들어 부부로서 남자는 외향적 사고형이고 여자는 내향적 감정형인 경우, 남편은 자기의 미숙한 감정을 알고 아내의 성숙한 감정 판단을 존중한다면 남편은 자기의 미숙한 감정을 발달시킬 수 있는 좋은 기회가 되는 것이다. 또한 아내가 자기의 미숙한 사고를 알고 남편의 우월한 사고를 인정하면서 위축됨이 없이 스스로 미숙한 사고를 발전시킨다면 그림자의 상호 투사로 말미암은 갈등은 해소될 수 있다.

그림자는 한 사람의 어떤 기능이 지나치게 발달되어 반대편의 기능이 상대적으로 발달하지 못하고 무의식 속으로 들어가 버린 기능이다. 예를 들어 외향적인 사람에게서 내향성은 열등하게 나타나며 사고형의 사람에게는 감정은 열등기능이다. 상대적으로 발달되지 못한 그림자는 의식에서 자리 잡지 못하고 그림자 영역으로 들어가 투사된다.

내향적인 사람은 자기의 마음을 반성하는 데는 탁월한 능력을 가지고 있지만 다른 사람의 마음을 살피는 것에는 서투르다. 사고형의 사람은 공사 구분은 잘하고 합리적이며 이성의 법칙을 잘 구사하며 살아가는 장점이 있으나 인간관계에서 다른 사람의 감정을 공감하는 능력이 부족하다.

사고, 감정, 직관, 감각의 네 기능에 가장 발달된 주 기능이 있으면 가장 덜 발달된 그림자가 있다. 외향과 내향의 두 가지 일반적인 태도 가운데 어느 하나가 우세하면 다른 하나는 열세하다. 무의식의 그림자는 의식화 과정을 통해 분화 발달시킬 수 있고 그렇게 되면 우월기능과 열등기능의 차이가 거의 없는 정도가 되지만 열등기능이 의식화되지 못한 상태에서는 그것이 다른 사람에게 투사되기 때문에 인간관계에서 오해와 갈등을 일으킬 수 있다.

열등기능은 우월기능의 그림자라 할 수 있으며 또한 그림자에는 열등기능이 들어있다. 열등기능은 우월기능의 대극에 있고 우월기능과 쌍을 이루고 있기에 열등기능을 알려면 우월기능이 무엇인지 아는 것이 도움이 되고 반대로 열등기능을 알면 우월기능이 무엇인지 파악할 수 있다. 예를 들면 외향적 사고형의 무의식에는 열등한 내향적 감정이 있고 내향적 직관형의 무의식에는 열등한 외향적 감각이 숨어 있어 이들 그림자의 특성을 구성한다. 열등기능의 상호 투사는 대인관계에서 가치관 대립으로 나타난다.

에니어그램 성격유형

에니어그램 성격유형 이해

에니어그램은 모든 인간의 성격이 아홉 가지의 성격유형으로 설명될 수 있다고 보는 가장 오래된 성격유형론이다. 에니어그램이라는 용어는 헬라어의 '아홉'을 뜻하는 에네아스(enneas)와 그램(gramma, 문자 혹은 점)이 결합된 것이다. 서로 다르지만 연결된 성격유형을 나타내는 아홉 개의 점으로 이루어진 기하학적 그림이라는 뜻이다.

에니어그램은 하나의 원으로 되어 있고, 그 원주는 1부터 9까지 번호가 매겨진 아홉 개의 점으로 나뉘어져 있다. 3,6,9는 정삼각형을 이루며, 화살표로 연결된 육각형이 1,4,2,8,5,7로 이루어진다. 원을 가로지르는 화살표들은 각 번호들의 역동적인 상호 작용을 말한다. 아홉 가지 유형들 중 한 유형이 나머지 유형들 보다 더 좋거나 더 나쁜 것은 아니다. 아홉 유형 모두가 성숙으로 나아가야 할 미성숙하거나 건강하지 못한 모습을 가지고 있으며, 또한 그 유형만이 가지고 있는 독특함과 장점을 가지고 있다.

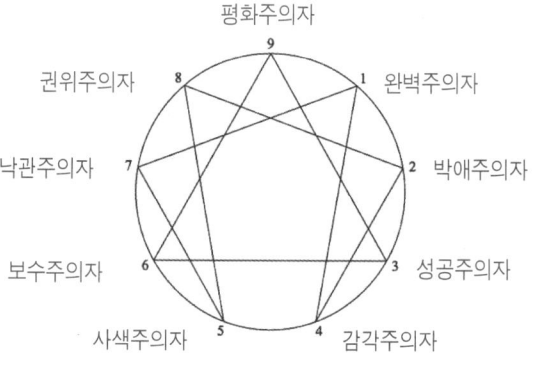

전통적으로 에니어그램은 장 중심, 가슴 중심, 머리 중심으로 구분하고 있지만, 여기서는 각각의 특성과 의미를 살려서 행동 중심, 감성 중심, 이성 중심으로 구분하고 있다. 각 그룹은 자기의 삶을 어떻게 받아들이고 어떻게 처리하며 혹은 어떻게 반응하는지를 기준으로 유사한 유형들을 한 그룹으로 묶은 것이다. 행동 중심 유형은 분노의 영향을 많이 받는다. 8,9,1유형이 이 그룹에 속하며 감각적이고 본능적으로 반응하는 유형이다. 8유형은 분노를 외적으로 표출하며, 9유형은 잊으며, 1유형은 내면화시킨다. 감성 중심 유형은 감정에 충실한 2,3,4유형이 이 그룹에 속한다. 2유형은 다른 사람의 감정에 집중하고, 3유형은 사람들의 감정을 인식하는 데 어려움을 겪으며, 4유형이 자신의 감정에 내적으로 집중하며 관심을 기울인다. 이성 중심 유형은 두려움의 영향을 많이 받는다. 5,6,7유형이 이 그룹에 속하며 이들은 자기를 보존하는 것에 관심이 많다. 5유형은 두려움을 외면화하고, 6유형은 잊으며, 7유형은 내면화한다.

에니어그램은 환경이 바뀜에 따라 거기에 맞게 적응해가는 성격의 유동적인 특성을 고려한다. 인간이 처한 환경이 건강할 때도 있고, 그냥 무리 없이 괜찮은 환경일 때도 있고, 때로 정말 너무나도 힘든 병적인 환경일 때도 있다. 중요한 것은 어느 환경에 처해 무슨 일이 벌어지느냐에 따라 인간은 모두 각각 미성숙한 혹은 건강하지 못한 모습과 성숙한 혹은 건강한 모습 사이에 어딘가에 있고 그 사이를 옮겨 다닌다. 에니어그램은 이러한 극과 극을 오가는 현상을 각 유형별로 설명하고 있다. 자기 속에 빠진 사람, 자기 자신을 향한 사람은 자기 자신을 너무 진지하게 생각하여 자기가 보는 세계만이 전부라고 생각한다. 그래서 다른 쪽에 있는 성숙하고 건강한 모습의 풍요로움을 경험할 수 없다. 더 나아가 많고 더 성숙할수록 다른 한 쪽에 이를 수 있지만 거기에 도달한 사람은 아무도 없다고 볼 수 있다. 단지 영적으로 성숙한 사람들이 직관적으로 이해하고 실천해 온 것을 표현하고 있을 뿐이다.

에니어그램은 각 번호가 다른 네 개의 번호와 역동적인 관계를 맺고 있다. 한 번호는 양쪽 옆에 있는 두 번호와 또한 화살표로 연결된 다른 두 번호와 연결되어 있다. 자신의 동기는 절대 바뀌지 않지만 행동은 연결된 네 개의 다른 번호의 영향을 받을 수 있다. 한 유형은 양쪽 옆에 있는 두 번호 중의 하나의 에너지나 특징을 취해 그쪽으로 기울어 질 수 있다. 지나친 압박이나 비난을 받을 경우, 친구나 배우자 같은 가까운 사람과 함께 있을 때 스트레스가 어떻게 표현되는가를 보여 주는 것은 그림에서 화살표가 나가서 닿는 번호의 성격유형이다. 자신이 스트레스를 받을 때 어느 쪽으로 가는지를 아는 것은 매우 중요하다. 그것을 잘 알아야 더 나은 선택을 하고 자신을 잘 살필 수 있기 때문이다.

한편 안정감을 느낄 때 우리는 화살표를 받는 성격번호의 에너지와 자원을 사용한다. 영적으로 보면, 스트레스 상황에 놓일 때 자기 유형에 어떤 일이 벌어지는지 아는 것이 매우 중요하고 유용하다. 또한 안정감을 느낄 때 어느 번호유형의 자질로 옮겨 가는지 아는 것 또한 중요하다. 우리의 삶에는 각종 스트레스 요인이 많이 있으며 우리는 이에 늘 노출되어 있기 때문에 어느 방식으로 생각하고 행동하는지 어디에서 에너지와 자원을 얻는지를 아는 것은 성숙으로 나아가는 길에 매우 도움이 된다.

에니어그램의 각 번호는 이와 관련된 치명적이고 근본적인 죄를 포함하고 있다. 현대 그리스도인들은 죄라는 단어를 상당히 표면적으로 문자적으로 혹은 상대적으로 받아들이는 경향이 있다. 우리는 죄의 문제를 좀 더 치밀하고 진지하고 절대적으로 받아들여야 할 필요가 있다. 성숙하고 건강하며 균형 잡힌 영성생활을 회복하고 유지하기 위해서는 우리의 그림자의 실재와 근원을 반드시 직시하고 해결해야 한다. "죄는 너무나 견고한 집착과 같아서 생명의 에너지와 하나님의 사랑이 자유롭게 흘러가지 못하도록 막아 버린다. 그 집착은 하나님의 현존하심을 부정하게 하고 또한 우리 자신의 진정한 잠재력을 깨닫지 못하도록 우리 스스로가 만든 차단막"[8]이라는 말을 수긍하지 않을 수 없다.

에니어그램의 아홉 가지 유형은 모두 고유하게 에너지의 원천이 포함되어 있으며 근본적이고 치명적인 죄들을 포함하고 있다. 에니어그램을 개발한 사람들은 아홉 가지 유형 안에 일곱 가지 대죄를 짓게 하는 유혹이 있음을 발견했다. 여기에 기만과 두려움이 더해졌다. 우리 모든 인간들 중에 이 아홉 가지 죄에 해당하지 않는 사람은 아무도 없을 것이다. 인간은 어린 시절부터 안전하다고 느끼는 특정한 방향으로 대처하면서 적응하고 그 쪽으로 계속 끌려가면서 개인의 특정한 성격유형을 형성한다. 개인이 어떻게 생각하고 느끼며 행동하는지는 이렇게 형성된 개인의 특성 속에 담겨 있다.

에니어그램이 표현하는 각 유형은 이러한 개인의 특성을 표현하는 것뿐만 아니라 각 유형이 왜 그렇게 생각하고 느끼며 행동하는지 그 이면에 숨겨진 동기를 설명한다. 또한 모든 인간은 자신도 의식하지 못하는 가운데 자신도 설명할 수 없는 방식으로 생각하고 느끼고 행동하는 '중독'과 같은 것을 자행한다. 에니어그램은 이와 같은 '중독 현상' 혹은 근본적이고 치명적인 죄를 은혜의 빛에 비추어 밝혀내는 데 도움을 준다. 그래서 성숙의 길에 도달하기 위한 과제들과 성숙을 향한 길에 선물로 받는 열매를 알려 준다. 에니어그램은 인생의 어두운 면만 보여 주는 것이 아니다. 수련을 통해 얻는 선물을 알려 줌으로써 성숙의 길로 인도할 영적 조언을 제공한다.

현대에 많이 사용되고 있는 MBTI는 우리의 인성 가운데 적극적 차원을 보여 주지만, 에니어그램은 부정적 차원, 즉 각 사람의 인성을 형성해가는 기본적 힘으로써의 어두운 면을 진단하여 준다. 이 두 유형론 외에도 여러 유형론들이 우리가 우리 자신을 알아 가는 데 많은 도움을 주고 있지만 어떤 유형론이나 취약점은 있다. 개인의 고유성과 독창성 등 개인의 속성을 무시한 채 정해진 유형이라는 표준에 맞추어 넣어 해석 하려는 위험이 있기 때문이다. 따라서 표준적 전형은 변화의 가능성을 반영할 때 그 의미가 있다. 그러한 의미에서 에니어그램은 그 가능성을 열어 준다. 왜냐하면 오랜 기간을 지나면서 많은 문화와 종교의 전통을 통해 검증된 에니어그램은 각 표준적 전형을 설명하면서도 변화를 지향 하는 내적 역동성을 포함하고 있기 때문이다. 에니어그램은 변화와 방 향전환과 종교적 전통에의 귀의 혹은 회개라고 하는 것과 연관되어 있 기 때문에 다른 유형론적 이론과 달리 자기 자신을 알아가는 것 그 이상 의 의미가 있다.

　기독교 신학과 조화를 이루는 에니어그램은 우리 각 사람에게 진정한 자아를 이루어 가는 데 장애가 있음을 지적하고 있다. 이는 우리가 삶 의 정황에 대처하려고 시도할 때 실패하는 경향이 있는 방어기제이기 도 하다. 이를 설명하는 데 죄라는 단어가 적합하다. 왜냐하면 이는 스 스로의 노력으로 안정과 의미를 획득하려는 자기 노력의 결과이기 때문 이다. 이같이 우리가 의식하지 못하는 사이에 형성된 우리의 인격 뒤에 감춰진 죄 혹은 우리의 인성의 어두운 부분이 다스려지지 않을 때 영적 지도를 통한 해석과 분별의 필요성이 대두된다. 영적 지도를 통해 개개 인은 자신이 회피하려고 시도하는 것이 무엇이며 어떤 방향으로 대응하 게 되는지를 볼 수 있도록 도움 받을 수 있다. 이런 일은 일반적으로 지 도자가 분별해 내기가 쉽지 않지만, 자신이 스스로 이런 문제들을 인식 해 내기는 더더욱 쉽지 않다. 왜냐하면 우리는 자신의 대응방식을 하나 의 성취로 보고 자부심을 가지려는 경향이 있기 때문이다.

에니어그램의 세 가지 힘의 중심

에니어그램은 힘의 중심을 행동 중심, 감성 중심, 이성 중심으로 구분하여 설명한다.

힘의 중심	유형	이미지	특징
행동 중심	8	권위주의자	자신 있고 당당하며 강렬하고, 도전적이다. 강한 것에 집착하고, 유약하고 취약하게 느껴지는 것을 피한다.
	9	평화주의자	쾌활하고 느긋하며 친절하다. 사람들과 갈등을 최대한 피하고 화평과 융합을 추구한다.
	1	완벽주의자	윤리적 헌신적이며 신뢰할 수 있다. 올바른 길을 추구하고, 더 좋은 세상을 만들기 위해 노력하고, 잘못과 비난을 피하려는 열망과 동기를 품고 행동한다.
감성 중심	2	박애주의자	따뜻하고 보살피고 타인을 돕기를 즐거한다. 필요한 존재가 되고 싶어 하며 사람들에게 사랑받고자 노력한다. 하지만 자신의 필요는 잘 인식하지 못한다.
	3	성공주의자	성공 지향적이고 이미지를 의식하며 생산성을 우선시한다. 성공을 목표로 삼으며 실패를 피하고 싶어 한다.
	4	감각주의자	창조적이고 민감하며 변덕스럽다. 이해 받고 싶어 하며 자신들의 극대화된 느낌을 경험하고 싶어 한다. 평범한 것을 거부한다.
이성 중심	5	사색주의자	분석적이고 객관적이며 독립적이다. 지식 습득에 몰두하며 누군가에게 의지하는 것을 싫어해 에너지를 최대한 아끼고 비축한다.
	6	보수주의자	헌신적이고 실용적이며 유머가 있다. 항상 최악의 시나리오를 상상하기 때문에 두려움을 안고 살며 언제나 안전 제일주의로 행동한다.
	7	낙관주의자	재미있고 즉흥적이며 모험심이 많다. 놀기를 좋아하고 자극적인 경험을 추구하며 고통을 피하고 싶어 한다.

이상화된 자기 이미지와 죄의식

에니어그램의 9가지 성격유형은 많은 의문이 제기될 수 있다. 혼합된 유형들도 있을 수 있는가? 각 개인이 에니어그램의 9가지 유형들의 특징을 모두 가질 수 있는가? 내가 어떤 유형에 속한다고 어떻게 말할 수 있는가?

우리는 우리 자신의 경향, 부모들의 영향, 환경의 영향, 사회적인 요소들에 토대를 두고 성장 과정에서 어떤 이상을 가지며, 그 이상들의 실현을 추구한다. 우리의 자기 이미지는 보편적으로 그런 이상들을 추구하는 과정에서 형성된다. 우리의 이상들은 우리를 앞으로 나아가게 하는 요인이기도 하지만 죄의식을 낳는 요인이기도 하다. 죄의식은 우리가 추구하는 이상들에 맞지 않게 될 때 생기는 경우가 많기 때문이다. 우리 안에 내면화된 이상들은 잘못되어 있거나 과장되어 있는 경우도 많다.

우리의 이상은 우리를 진취적이고 생동적이게 하지만 함정과 위험과 죄라는 골목으로 치닫게도 한다. 우리의 죄의식은 대부분 함정에 빠질 때가 아니라 우리의 이상을 실현하지 못할 때 키워나가는 경우가 많다. 예를 들면, 1유형들은 자기는 칭찬받는 사람이 되어야 한다고 생각하는 경향이 강하기 때문에 자기가 다른 사람에게 칭찬받지 못한 말이나 행동을 하지 않았다고 느낄 때 죄의식을 키워나간다. 그러나 자기를 다른 사람에게 칭찬받는 것과 동화하는 것은 우리가 자만심의 포로가 되는 바로 그 지점이다.

이상화된 원칙은 '내가 무엇이나 어떤 것을 할 때, 나는 훌륭하다'라는

것이라고 할 수 있다. 각 유형들의 이상화의 진술과 자기 이미지는 서로
다르게 나타난다. 다음과 같이 정리할 수 있다.

유형	이상화	자기 이미지
1유형	나는 정직하고 열심히 일하며 규칙을 지킨다	나는 정당하다
2유형	나는 사랑스럽고 이기심이 없으며 남을 잘 도와준다	나는 돕는다
3유형	나는 성공적이고 유능하며 능률적이다	나는 성공적이다
4유형	나는 독창적이고 민감하며 교양 있다	나는 다르다
5유형	나는 현명하고 영리하며 수용력이 풍부하다	나는 통찰력이 있다
6유형	나는 충실하고 복종적이며 충성스럽다	나는 내 의무를 다한다
7유형	나는 낙천적이고 행복하며 멋지다	나는 행복하다
8유형	나는 정의롭고 강하며 지배적이다	나는 강하다
9유형	나는 평온하고 조화롭고 균형 잡혀 있다	나는 만족한다

유혹-회피-저항

에니어그램은 각 유형별로 특별히 취약하여 영적 성숙으로 나아갈 때
주의해야 할 것들을 구체적으로 서술하고 있다. 특히 빠지기 쉬운 유혹
들, 회피하려고 노력하는 것들, 혹은 강력히 저항하는 양식 등을 방어기
제로 설명하고 있다.

유형	유혹	회피	저항
1유형	완전	분노	반응형성
2유형	타인을 돕는 것	숨겨진 욕구	억압
3유형	효율성	실패	동일화

4유형	고유함	평범함	인위적 승화
5유형	지식	공허	후퇴
6유형	안전추구	의심	투사
7유형	이상주의	고통	합리화
8유형	정의	무력함 허약함 종속	부정
9유형	자기경시	갈등	중독

에니어그램과 강박적인 애착의 형태

최근에 재발견된 에니어그램은 자신의 정신, 본능, 마음의 전형적인 거짓태도에 강박적으로 끌리는 것을 알 수 있는 기준으로 아홉 가지 성격유형을 제시한다. 에니어그램 뒤에 있는 사상의 핵심적인 자기(self)는 본질적으로 선하다는 점과 하나님께 온전히 참여함으로써 나오는 힘에 근원을 둔다는 점이다. 그러나 어느 한 특성이 유독 두드러지게 과장될 때 아홉 가지의 편향적인 성격들이 나타날 수 있다. 각각의 잠재력들은 하나님의 지혜, 즉 하나님의 원형으로의 참여와 같은 좋은 것과 진실한 것에 기반을 두고 있다.

하지만 개인의 성격이 이런 힘들 가운데 하나에만 너무 치우치게 될 때, 정체성은 충동이나 강박이라는 형태를 취하며 사람의 일생을 좌우할 수 있다. 이는 건강한 애착이 균형을 잃은 지 오래된 상태이며, 지금은 뒤틀린 열정인 것이다. 에니어그램은 만일 어떤 유한한 가치에 대한 열정적인 사랑이 그 사람 인격에 절대적인 것이 된다면, 그것은 강박으로 되어가는 방어기제를 낳는다는 것을 보여 준다.

우리가 강박 증세를 보이면 문제가 생긴다. 비록 우리가 이런 방어기제를 처음부터 선택했어도 그리고 그것이 우리의 안전망으로 작용한다고 하더라도 이 기제는 우리를 부자연스럽게 만든다. 그것은 절대자의 신비로, 생기 넘치는 사람으로, 부르심 받은 사람들을 위축시키고 왜곡시킨다. 에니어그램의 아홉 가지의 강박 형태는 죄의 유형들이다. 그것들은 하나님께서 주시는 자유의 변형적인 힘을 거부하면서, 자신의 이기적인 면과 자기 방어나 자기 구원의 성향을 띄기 때문이다.

에니어그램에서 사용하는 단어들은 선함, 사랑, 능력, 독창성, 지혜, 충실, 즐거움, 힘 그리고 평화라는 하나님의 아홉 가지 특성이 왜곡된 것들이다. 에니어그램과 같은 성격유형은 우리를 제한시키는 자아(ego)의 기능을 전형적인 방법으로 묘사하여 쉽게 이해시킬 수 있기 때문에, 왜 성령의 좋은 은사들이 그들의 삶에 열매 맺지 못하는지에 대해 의문을 가지기 시작한 사람들을 도와줄 수 있다.

하지만 죄를 다루는 데 있어 인간 노력의 어떤 산물, 즉 에니어그램 테스트 같은 것들을 절대화해서는 안 된다. 성령께서 여러 가지 방법으로 속박되고 악에 찌든 양심을 어루만져주고 밝혀 주실 것이다.

〈미주〉

1 Anselm Grun, *Buch Der Lebenskunst*, 이온화 옮김, 『삶의 기술』 (경북 왜관: 분도 출판사, 2007), 34에서 인용.

2 C. G. Jung, *Psychological Types* (New Jersey: Princeton Unoversity Press, 1971), 333-37.

3 C. G. Jung, *Psychological Types*, 373–78.

4 C. G. Jung, *Psychological Types*, 362.

5 C. G. Jung, *Psychological Types*, 366.

6 C. G. Jung, *Psychological Types*, 342.

7 Isabel Briggs, Myers with Peter Myers, *Gift Differing* (Palo Alto, Calif: Counseling Psychological Press, 1980), 8–9.

8 Richard Rohr and Andreas Ebert, "Sins are fixations," in *The Enneagram: A Christian Perspective* (New York: Crossroad, 2001); 이안 모건 크론, 수잔 스테빌, 『나에게로 가는 길』 (서울: 두란노, 2017), 53–54에서 인용.

11장

행동 중심 성격유형의 해석과 분별
Interpretation and Discernment of Action-centered Personality Types

행동 중심의 유형들은 본능적으로 반응하는 사람들이다. 적대감을 가지고 있는 유형들로 이들 유형에 속한 사람들은 힘과 정의에 관심이 있다. 이들은 주로 단도직입적이고 공공연하게 혹은 은연 중에 공격적이며 자기의 공간을 원한다. 행동 중심의 사람들은 의식적으로 혹은 무의식적으로 공격성을 보인다. 이들의 공격성은 사실 자기 자신을 보호하기 위해 발달시킨 방어기제 혹은 생존 전략이다. 하지만 자기 안에 있는 갈등과 두려움은 접근하지 못하는 경향이 있다. 행동 중심 유형들은 표면적으로 자기 주장이 강한 사람처럼 보이지만 이들의 내면에서는 도덕적인 자기 의심과 딜레마로 갈등을 겪고 있다. 이들은 성숙을 위해 깊은 묵상이 필요하며, 본능적 충동을 따르기 때문에 이것을 인식하고 균형 있고 건강한 삶을 회복할 필요가 있다.

8유형: 권위주의자

주요 특징

8유형의 사람들은 힘과 강함을 추구하는 사람들이다. 다른 사람들도 그것을 느낄 수 있을 만큼 강함을 풍기는 사람들이다. 이들은 불의와 부정을 본능적으로 아는 능력을 가지고 있으며 그것을 공개적으로 직접적으로 표현하는 사람들이다. 이들은 책임감이 강하며 다른 사람들에게 듬직하다고 믿음을 주는 사람들이다. 정의가 부르면 이를 구현하기 위해 엄청난 에너지를 쏟을 수 있는 사람들이다.

8유형의 사람들은 9유형 1유형과 함께 행동 중심의 사람들이다. 자신의 영역을 침해받는 것을 싫어하며 세상과 대항하여 싸울 준비가 된 사람들이다. 1유형이 성공한 사람이 되어 세상에게 자기 존재를 보여 주기를 원하는 것처럼, 8유형은 힘과 강함으로 자신의 존재감을 나타내려 하는 사람들이다. 8유형과 1유형은 여러 면에서 유사하며 공격성을 가지고 있는 점 때문에 혼동하기 쉽다. 1유형과는 달리 8유형은 약해 보이는 것을 싫어하기 때문에 자기의 실수를 인정하지 않고 사과도 하지 않는다. 이것은 8유형의 경직성을 보여 주기도 한다. 1유형이 빈틈없는 완벽함에서 에너지를 얻는 반면 8유형은 세상을 향해 자기 힘을 과시함으로써 에너지를 얻는다. 8유형은 세상을 향하여서 뿐만 아니라 자기 자신도 거칠게 다루고 가혹하게 벌할 수 있다.

8유형은 공격성 표현이라는 점 때문에 6유형과 혼동 될 수 있다. 6유형의 공격성은 불안과 자기 보호의 표현인 반면, 8유형의 공격성은 위선과 불의에 대항하는 표현이다. 8유형은 삶이 위협적이고 적대적이어서 대항해야 한다고 생각한다. 이들은 갈등을 초래하거나 갈등이 있는 곳을 찾는다. 이들은 다혈질적이고 열정적이며 전투적이다. 맞서기를 좋아한다. 이들은 낯설게 느껴지는 생각이나 사람이나 상황에 먼저 저항과 부정의 반응부터 보인다. 다행인 것은 이들은 정의와 진리의 편에 선다는 것이다. 그래서 억압받고 약한 사람들 편에 선다. 이것은 이들이 겉으로 강하고 거친 것 같아도 그들 안에 연약한 아이가 있다는 것을 그들이 무의식적으로 알고 있기 때문이다. 이들의 내부에 있는 상처 받기 쉬운 여린 아이는 평생 동안 아주 소수의 사람에게만 보여 준다. 그중의 하나가 배우자가 될 수 있다.

성격형성 원인과 과정

이들은 어려서부터 어깨가 무거운 삶을 살았다. 자신뿐만 아니라 다른 사람의 삶도 책임을 져야 했다. 일찍부터 어른처럼 책임을 지고 행동해야 했다. 강하고 거친 것에 칭찬이나 보상을 받았을 수 있고 혹은 학창 시절 따돌림을 당해서 자기 이외에는 아무도 믿을 수 없게 되었을 수 있다. 이들은 어린 시절부터 약하고 부드러운 사람들이 벌을 받는 것 같다는 인상을 받은 사람들이다. 이 유형의 많은 사람들이 어릴 때 억압을 받았거나 온정을 느끼지 못하였을 수 있다. 이들은 강한 자가 세상을 지배하며 약한 자는 억압을 받거나 하찮은 취급을 받는다는 것을 경험하거나 배웠을 수 있다. 그래서 착한 사람이나 순응하는 사람이 아니라 힘 있고 저항하며 명령하는 사람이 되기로 하였다. 어떤 8유형의 부모들은 자녀를 방치한 경우도 있다. 자녀의 반항에 너무 관대하게 대했을 수도 있다.

중요한 것은 이러한 근본 원인과 상관없이, 이들은 "세상은 강한 자만이 살아남는 불안하고 적대적인 곳이다. 약하거나 순진한 사람들은 감정적으로 상처를 받거나 배신당한다. 그러므로 나의 약한 면을 절대로 보여 주지 않아야 한다"라는 신념을 갖게 되었다.[1]

8유형은 주로 근육형이거나 큰 체격을 가지고 있다. 강함을 표현하는 것을 좋아하는데 그것이 자신이 힘이 있음을 보여 주기 때문이다. 이들은 다른 사람들과 접촉하고 연결되기 위해 싸움을 걸기도 한다. 10대 소년들이 또래들에게 싸움으로 관심을 표현하는 것과 유사하다. 하지만 8유형은 이런 종류의 표현이 상대방에게 겁을 줄 수 있다는 것을 알지 못한다. 그들이 대결하는 것을 즐기기 때문에 다른 사람도 그럴 것이라고 생각한다.

딜레마: 힘과 강함

8유형은 분노가 에너지의 원천일 것으로 보이지만 사실은 진실, 생명, 정의에 대한 열정이 이들을 움직이게 하는 원동력이다. 정의를 위한 투쟁은 8유형에게 힘을 주지만 한편으로 그것이 이들의 올무가 될 수 있다. 이들에게 정의는 힘의 균형을 잡는 것이다. 말하자면 나쁜 사람은 벌을 받아야 한다는 것이다. 그러나 자기 자신을 자세히 살펴보면 그 자신이 정의의 칼날 앞에 서야 할 위험이 생기기 때문이다. 이것이 이들의 딜레마이다. 하지만 이들은 보통 죄의식을 별로 느끼지 않는다. 이들에게 가장 큰 고통은 감옥에 갇히는 것과 같은 외적으로 행동을 표현할 수 없도록 차단되는 고립이다.

한편 8유형은 어떤 식으로든 자신의 힘으로 상대방을 제압하려한다. 그래서 이들과 함께하는 사람들은 겁을 먹거나 압박에 굴복하게 되고 이들의 시나리오에 말려들기가 매우 쉽다. 이들은 상대방이 참는 것에 익숙해 있다. 8유형들은 약한 사람을 보호하지만 겁내는 것과 연약해 보이면 심하게 공격할 수 있다. 이것이 이들의 딜레마이며 그림자이다.

이들이 딜레마를 겪는 것 중의 한 영역은 파트너를 선택할 때이다. 이들은 표면적으로 혹은 의식적으로는 복종하는 사람을 원한다. 하지만 실제로 혹은 무의식적으로 이들이 선호하고 존중하는 사람은 자기 주관이 뚜렷하고 저항할 줄 아는 사람이기 때문이다.

미성숙의 양상과 방어기제: 부정과 통제

미성숙한 8유형들은 배신당할지도 모른다는 생각에 사로잡혀 있다. 의심이 많고 다른 사람을 쉽게 믿지 못하기 때문에 오해가 생기거나 뭔가 어긋나면 복수하려고 한다. 8유형들은 권력을 좋아하고 힘의 소유권을 주장하고 그것을 확장하고 싶어 한다. 이들은 어떤 방식으로든 모든 것을 통제하기를 원하기 때문에 무엇이든지 다 알기 원하고 자기만 모르는 상태가 생기면 미성숙한 8유형은 기만당했다고 여기고 분노를 터뜨릴 것이다. 무엇이든 점검하고 사소한 것도 모두 자신의 통제하에 있어야 한다. 이들은 자신은 규율과 통제받는 것을 견디기 어려워하면서도 다른 사람이나 환경을 통제하기를 원한다.

8유형이 공격성으로 힘과 강함을 나타내는 것은 그들의 약점인 무력함이나 허약함을 회피하기 위함이다. 미성숙한 8유형은 그래서 더 거만한 모습을 보이는 경향이 있다. 이들은 자기 의견을 절대적으로 신봉하며 다른 사람의 말은 들으려고도 하지 않는다. 때로 상대방의 인격까지 비판하는 것도 서슴지 않는다. 이들의 촉각은 상대의 약점을 찾는 데 매우 발달되어 있다. 자신의 약점이 드러나지 않도록 하기 위하여 이 촉각을 곤두세워 상대를 공격하는 데 사용한다. 그런 식으로 모든 것을 통제하려고 애쓴다. 미성숙한 8유형은 자기의 힘을 과시하여 남을 조종하고 위협하려 든다. 이들은 권위에 예민하며 어떻게 해서든지 자신이 더 힘이 세다는 것을 증명하려 한다. 이들은 모든 관계를 친구 아니면 적으로 줄 세운다.

8유형은 본성을 따르는 행동 중심의 사람들로 공격성이라는 본성과 상통하는 정욕이 넘치는 유형이다. 미성숙한 8유형들은 그들의 정의 개념에 맞지 않는 모든 것을 부정하는 방어기제를 사용한다. 자기의 약점과 힘의 한계도 부정하고 억압할 수 있다. 자신의 쾌락이나 열정 때문에 다른 사람을 침해할 수 있다는 것은 이들의 근본적이 죄이다. 아무리 정당한 분노라도 분노는 쉽게 죄로 오염될 수 있다.[2] 미성숙한 8유형은 다른 사람을 이용하고 조종하고 착취하고 억압하고 존중하지 않는다.

미성숙한 8유형은 때로 엄격한 도덕주의자여서 자기도 지키지 못하는 것을 남에게 지키도록 요구할 수 있다. 한편 때로는 도덕적으로 매우 관대하여 지나치게 본능적 만족을 추구하는 경향이 있다. 그러면서도 자신이 정의롭지 못하고 진실하지 못하다는 생각이 들면 깊은 죄의식을 느낀다. 한편 미성숙한 8유형들의 공격성은 다른 사람들의 공격성을 유발시킬 수도 있다. 그래서 이들은 두려움과 미움의 대상이 되기도 한다. 이들의 공격적인 말과 행동은 그냥 그렇게 보이고자 하는 것이 아니다. 진짜로 강함을 보여 주고자 함이다. 이들은 남들에게 충격을 주어 혼란시키는 것을 즐긴다.

8유형은 취약한 면을 보이는 것을 꺼리고 두려워하기 때문에, 내면을 성찰하는 것, 심리치료를 받는 것, 명상하는 것과 같은 내면 여행을 떠날 준비가 되어 있지 않다. 미성숙한 8유형은 특히 상담사나 심리치료사 등에게 자신 점검당하고 조종되는 것을 두려워하기 때문에 더 어렵다.

성숙의 양상과 선물: 관용과 수난

8유형들은 무방비 상태의 어린아이 같다. 성숙으로 가는 길에 이들은 외부에 있는 상처 입고 무방비 상태인 어린아이를 살피는 것뿐만 아니라 자신의 내면에 있는 무방비 상태의 아이도 돌볼 필요가 있음을 알 필요가 있다. 이것은 이들의 정직하지 못한 점이므로 다른 사람에게 정직함을 요구하는 것만큼 자기 자신에게도 정직함을 요구하는 것을 배워야 한다.

8유형의 과제는 힘의 문제를 직시하는 것이다. 힘 자체가 문제가 아니라 그 힘으로 다른 사람을 모욕하고 조종하고 통제할 수도 있다는 것을 인식해야 한다. 진리가 자유를 준다고 했듯이 자기 자신의 미성숙한 약점을 보고 인정할 필요가 있다. 성숙으로 가는 길에 8유형은 관용을 배워야할 필요가 있다. 자기 자신과 다른 사람에게 너그럽지 못한 성향을 인식해야 한다.

성숙한 8유형은 자신의 힘으로 남을 지배하지 않고 보호할 수 있다. 또한 다른 사람에게 기대하는 것만큼 자신도 다른 사람들의 관점을 존중할 줄 안다. 자기가 틀릴 때도 있고 용서를 구해야 할 때도 있음을 인정한다. 그것이 약함이 아니라 진정한 강함이라는 것을 알고 있다.

성숙한 8유형은 이들의 공격성을 훌륭한 지도력을 발휘하는 것으로 발달시킨다. 다른 사람들의 잠재력을 이끌어내는 재능이 있다. 8유형 중에는 마틴 루터와 같은 저항적이고 카리스마가 강한 사람들이 많다.

변화를 위한 방법[3]

(1) 삶에 대한 열정과 욕망이 넘쳐서 주도권을 잡으려는 유혹을 주의할 필요가 있다. 지나치게 흥분되어 있을 때, 극단적인 행동의 충동이 들 때, 잠시 숨을 돌리며 상대방의 말에 귀를 기울여 보자. '적당하고, 적당하며, 적당하게'라는 말을 항상 기억하자.

(2) 어린 시절의 순수함을 회복하기 위해서 내면의 아이와 친구가 되어보자. 상처받은 내면의 아이의 모습을 살펴보고 안아주는 시간을 갖자. 이 시간은 풍성한 삶을 선물로 되돌려 줄 것이다.

(3) 흑백논리로 가지 않도록 조심하고 경계하자. 어쩌면 회색이 실제 색깔일 수 있다. 흑색과 백색 사이에 수많은 색깔들이 있음을 인정하자.

(4) 힘과 용기를 정의할 때 그 범위를 확장시켜 보자. 취약성도 이에 포함될 수 있다는 것을 알게 될 수 있다. 자신의 취약한 점까지도 깊게 나눌 수 있는 한 사람이라도 찾아보자.

(5) 자신의 충동적 성향을 인지할 필요가 있다. 행동한 다음에 점검하고 생각하는 것보다 먼저 생각하고 점검한 다음에 행동으로 옮기는 방향으로 바꾸자.

(6) 옳음은 상대적일 수 있다. 논쟁이 격화되는 것 같으면 내 생각이 반드시 절대적으로 옳은 것인지 자문해 보자. 매일 백 번씩 '내가 틀렸다면?'이라는 말을 해 보자.

(7) 나의 성격이 내가 생각하는 것보다 두 배 이상 강하다고 생각하자. 내가 열정이라고 느끼는 것을 다른 사람들은 종종 협박이라고 느낄 수 있다는 것을 인정하자. 누가 나 때문에 위협을 느꼈다고 하면 무조건 사과하자.

(8) 늘 대항하려고만 하지 말자. 권위자들이 모두 나쁜 사람들은 아니다. 괜찮은 권위자와는 힘 겨루기를 하지 않도록 노력해 보자.

(9) 열이 오르기 시작하고 화가 날 때 잠깐 멈추자. 그리고 분노가 왜 일어나는지 숨은 동기가 무엇인지 깊이 생각해 보자. 상처 입은 감정을 숨기려고 하는지, 부정하려고 하는지 자문해 보자. 어떤 느낌이 드는가? 공격성을 어떻게 사용하는가? 감정을 숨기기 위해서인가 아니면 방어하기 위해서인가?

(10) 사람들이 약하기 때문에 자신의 빈틈을 보이고 내면의 아이를 드러내는 것이 아니다. 그것은 오히려 용기가 더 필요한 행동임을 알자.

9유형: 평화주의자

주요 특징

9유형들은 평화주의자들이다. 이들은 다른 사람을 편견 없이 그대로 받아들일 수 있는 자질이 있다. 그래서 다른 사람들은 이들과 함께 있으면 이해받고 인정받는다고 느낀다. 이들은 공평한 청취자이다. 상대의 입장을 긍정적으로 보고 평가할 수 있기 때문에 갈등이 일어났을 때 공평하게 중재할 수 있는 평화와 정의의 중재자가 될 수 있다. 어떤 상황에서도 감정적 동요를 일으키지 않고 담담하게 표현할 수 있기 때문에 다른 사람들은 그것을 그대로 받아들일 수 있다. 이들은 다른 사람들이 편안함을 느낄 수 있게 하는 훌륭한 자질을 가지고 있다.

9유형의 사람들은 경쟁적이고 자기 자신을 어떻게든 나타내야 생존할 수 있는 문명화된 현대 사회와는 거리가 있는 사람들이다. 어쩌면 에니어그램의 여러 유형 중에서 가장 순진무구한 사람들이라고 볼 수 있다. 계산하고 이해를 따지며 앞으로만 달려 나가는 식으로 경쟁적 게임을 하는 성장제일주의 현대 산업 사회에서는 어쩌면 9유형의 사람들은 게으르고 나태한 사람들로 지탄을 받을 만한 유형이다. 이들은 삶에 활력이 부족하고 미온적이며 다른 사람에게 늘 떠밀려서 반응하고 자기의 색깔이 선명하지 않다.

이러한 이유는 내적으로 자기 자신을 잘 이해하지 못하고 있기 때문이다. 자기가 실제로 무엇을 원하는지, 내 느낌이 어떤 것인지, 내가 의식해야 하는 것은 무엇 혹은 누구인지를 파악하는 능력이 부족하기 때문이다. 9유형들이 모든 사람을 모든 것을 다 이해하고 포용하는 것처럼 보이지만 사실 어쩌면 모든 것을 한다는 것은 어느 하나가 우수한 것이 없다는 이야기일 수도 있다.

9유형들의 이러한 모습은 담담하지만 대담하지 못하고 자기를 과시하는 것을 그리 중요하다고 여기지 않기 때문일 수도 있다. 이들은 다른 사람의 이목을 끌고 싶지 않고 그냥 있는지 없는지 조용하게 있을 수 있다. 대화의 주제에 적절하게 자기의 의견을 표현하기도 하지만 적극적으로 자기의 주장을 강하게 표출하지는 않는다.

성격형성 원인과 과정

많은 경우 9유형들은 어린 시절에 '잃어버린 아이'였을 것이다. 자기의 의견을 표현하면 무시당하거나 거부당하는 경험을 했을 가능성이 있다. 비판적인 부모에 의해 끊임없이 비판을 받았을 수 있다. 부모나 형제들 사이에서 그들의 이야기가 호소력을 주지 못했고 존재감이 인지되지 못했을 것이다. 이런 경우 주관이 약하고, 감정을 느끼기 어렵고, 문제해결 능력도 부족해지며 때로 자기가 누구인지도 정확히 표현하지 못할 수 있다.[4] 아마도 가족 구성원 중에 성격이 강한 사람이 있어서 그들의 그늘에 가려졌을 가능성이 크다. 화가 났을 때 이를 강하게 폭발하는 것은 좋지 않다고 배웠을 것이다. 그래서 화가 나도 그것을 내면에 간직하게 되었다. 또한 강한 부모나 형제들 사이에 갈등이 있을 때 이 사이에서 양쪽의 입장을 이해하고 중재하려고 노력했고 그 와중에 그들의 노력이 크게 영향력을 미칠 수 없음을 경험했을 것이다.

이러한 과정에서 이들은 다른 사람들의 욕구와 필요에 반응하는 예민한 감각을 발달시킨 반면, 그만큼 자기 자신의 욕구를 스스로 억제하는 과정에서 더 감지하게 되는 결과를 초래하게 되었다. 이런 점에서 9유형의 사람들은 착하고 필요한 사람이 되어야 했던 2유형의 사람과 많이 닮았다. 이들은 자라면서 어떤 면에서 뛰어나지도 않고 그럭저럭 문안하게 지내온 사람들이다.

9유형의 사람들은 많은 사람들에게 사랑을 받는다. 다른 사람들과 크게 갈등을 일으키지 않기 때문에 강력한 적이 없다. 하지만 이들이 늘 공평을 유지하려 하기 때문에 이들을 열광적으로 좋아하는 내편은 그리 많지 않다. 이들은 변화에 적응하는 것은 잘 하지만 스스로 세상을 변화시키려는 의도는 약하다. 그것은 무엇이 잘못되면 책임을 져야 하는 것이나 복잡하고 너무 많은 에너지를 필요로 하는 것을 회피하고자 함이다. 사실 9유형은 내부에 어떤 나쁜 동기를 숨기고 있지 않다. 그래서 이들이 하는 말을 그대로 믿으면 된다. 하지만 자기의 느낌을 그대로 표현하는 것을 힘겨워한다.

딜레마: 두려움과 게으름

9유형은 자신을 과소평가하기 때문에 겸손해 보인다. 하지만 그것은 거짓 겸손이며 갈등에 대한 두려움을 숨기고 있는 것이다. 이들은 전면에 나서지 않고 도전하지도 않고 현실에 안주하며 자기의 세계 안에 숨어 있으려는 경향이 있다. 그래서 9유형 중에서는 탁월하여 존재감을 드러낸 사람이 별로 없다. 현실의 긴장되는 삶에서 도피하여 마치 어떤 중독된 상태처럼 공상에 잠긴 상태가 되게 하는 식으로 자기 자신을 방어한다. 때로 이들은 강한 흥분제를 찾기도 하는데 그것은 이러한 자극을 자기 자신 안에서는 찾기 어렵다는 것을 알기 때문이다. 현실의 삶에서 너무 많은 긴장과 갈등이 있으며 이를 회피하기 위하여 잠시 긴 낮잠에 빠질 수도 있다.

9유형은 고통스러운 상황에서 회피하고 뒤로 물러서지 말고 외부의 도움을 얻을 수 있다는 것을 알 필요가 있다. 이들에게 필요한 것은 사랑이 가득한 돌봄이다. 이들의 어려움을 잘 이해하고 스스로 자기의 감정과 생각을 표현하도록 이끌어 주고 비판 없이 들어 줄 수 있는 따스한 마음의 소유자가 필요하다. 9유형은 자기 안에서 가치를 발견해 내고 그것을 발전시키며 그것을 원동력으로 하여 삶을 적극적이고 활동적으로 살아가도록 노력해야 하는 과제를 가지고 있다.

미성숙의 양상과 방어기제: 수동적 공격과 회피

9유형이 갈등을 회피하는 것은 긍정적인 면도 있지만 부정적인 결과를 초래하기도 한다. 8유형과 1유형이 갈등이 있을 때 직접 개입하고 적극적으로 해결하려고 하는 반면 9유형은 끝까지 견디거나 혹은 뒤로 물러서는 식으로 해결한다. 이러한 방식으로는 당장에 불꽃 튀는 긴장과 싸움을 모면할 수는 있으나 긴장과 갈등이 완전히 사라진 것은 아니다.

9유형은 뛰어들지 않고 결과를 지켜보다가 결과에 대한 책임을 지지 않기 때문에 다른 사람의 화를 돋울 수 있다. 이러한 것이 수동적인 공격이라고 볼 수 있다. 만일 9유형이 분노를 직접 표현했다면 오랫동안

눌러놓고 있었던 분노를 폭발하는 식으로 하기 때문에 상대방은 평소의 모습이 아닌 이들의 모습에 당황할 수도 있다. 9유형은 겉으로 보기에는 공격성과는 전혀 상관없는 것처럼 보이지만, 이들은 8유형과 1유형과 함께 공격성을 품고 있는 행동 중심 유형에 속한다. 이들은 다른 행동 유형들처럼 내부에 깊은 불신과 적대감이 있지만 단지 그것은 뒤로 감추고 있을 뿐이다. 미성숙한 9유형은 수동적으로 공격성을 표현한다. 미성숙한 9유형은 게으름을 피우고 활력을 빼앗고 고집을 피워 일을 지연시키는 식으로 상대방을 수동적으로 공격한다.[5]

9유형의 수동적인 이러한 특징을 게으름이라고 볼 수 있다. 9유형과 이들의 장점을 좋아하는 사람들은 동의하지 않을 수도 있겠지만 게으름은 사막의 교부들이 말하는 7대 대죄 중의 하나이다. 평화주의자이며 갈등을 피하는 9유형의 사람들을 모든 사람들이 좋아하는 것은 아니다. '이들이 무슨 해를 끼치는 것도 아닌데...'라는 생각을 하기 쉽지만 그렇지 않다. 특히 세상을 치밀하고 치열하게 살아가는 1유형과 어떤 식으로든 자신을 나타냄으로 성공해야 하는 3유형과 자기중심이 없어 보이는 연약한 모습 자체를 혐오하는 8유형을 화나게 할 수 있다. 9유형은 그룹이 무엇을 결정하는 데 자신의 의견을 적극적으로 피력하지 않는다. 또한 나중에도 그 결정을 따르기는 하지만 소극적으로 임한다. 9유형의 이러한 소극적인 태도는 전체의 활력을 떨어뜨리기 때문에 위의 세 유형들의 화를 돋울 수 있다.

미성숙한 9유형은 모든 것을 회피한다. 심지어 긍정적인 부분과 자기 자신까지도 회피한다. 이들은 조금의 긴장과 갈등도 없는 '천국'에서 무방비 상태로 살고 싶어 한다. 하지만 이들은 내적 외적 갈등을 억제하느라고 많은 에너지를 소모하고 있다. 사실 9유형들은 재능이 많은 사람들이지만 이들의 약한 도전의식과 게으름 때문에 혹은 자기 자신의 욕구를 억압해 온 것 때문에 자기가 가지고 있는 재능을 실현시키지 못하고 발휘하지 못한 경우가 많다.

성숙의 양상과 선물: 근면과 행동

9유형이 추구해야 할 삶의 과제는 근면이다. 성숙한 9유형이 되기 위해서는 게으르고 현실에 안주하고 싶은 충동을 극복해야 한다. 근면과 도전이 없는 진정한 평화와 안전감은 거짓 평화이며 거짓 안전감이라는 것을 9유형이 알 필요가 있다. 마치 힘들게 일한 후에 오는 휴식과 여가 시간이 더 가치 있는 것과 같은 것이다.

9유형이 추구해야 할 또 다른 삶의 과제는 적극성이다. 많은 사람들이 9유형과 오래 길게 사귈 수는 있지만 이들은 먼저 다가가지 않는다. 9유형이 성숙의 길로 가기 위해서는 관계에서도 좀 더 적극적으로 다가설 필요가 있다. 이들과 함께하는 사람들은 이들의 성향을 알고 먼저 다가가기만 하면 부드럽고 평화로운 9유형과 좋은 관계를 더 깊이 발전시킬 수 있을 것이다.

미성숙한 9유형들은 모든 것을 지연시키고 망설이고 주저해왔다. 하지만 성찰을 통하여 결정해야 할 때와 행동할 때를 회피하지 않을 수 있게 된다. 그래서 성숙한 9유형에게는 행동이라는 선물이 주어진다. 성숙한 9유형들은 결정할 때와 행동할 때를 알며 그때는 조금의 의심도 없이 확실하게 행동한다.

제4부 / 11장 • 행동 중심 성격유형의 해석과 분별 ⋯ **287**

성숙으로 가는 길에 9유형은 하나님과 다른 사람들이 그들을 믿는다는 것을 알 필요가 있고 그래서 자기를 믿고 자기의 가치를 알 필요가 있다. 미성숙한 9유형들은 다른 사람과 논쟁을 벌이는 것이 스트레스가 되기 때문에 아예 그러한 상황을 회피하는 식으로 행한다. 하지만 갈등을 회피함으로 완전히 받아들일 수 없는 상대방의 행동을 받아들일 수 있는 것은 아니다. 성숙으로 나아가기 위해서 9유형은 이것을 직시할 필요가 있다.

사실 9유형들은 자기가 원하는 것보다 원하지 않는 것에 대해 더 잘 안다. 그러므로 성숙으로 가는 길에 9유형들은 자신의 이러한 자질을 활용하여 내적 갈등을 일으키는 요소들을 하나씩 제거함으로써 자기 자신에게도 귀를 기울이고 현실의 상황에서도 스트레스를 줄이면서 살아갈 수 있을 것이다. 성찰을 통해 9유형은 그들 안에 힘이 있음을 깨달을 수 있다. 과단성 있게 결단하고 단호하게 행동할 수 있는 원천이 그들 안에 있음을 알 수 있다. 9유형은 행동 중심 유형의 사람들이므로 그들의 에너지를 어디로 향하게 할 것인지를 살펴보면 된다.

성숙한 9유형은 비본질적인 것에서 본질적인 것을 구별해 내고 우선순위를 정하여 일관성 있게 행동할 수 있게 된다. 9유형은 관심을 다른 사람의 기분이나 생각에 두지 말고 자기 자신의 관점을 향하도록 할 때 더 행복하고 더 조화롭고 온전한 평안을 찾을 수 있게 된다. 건강하고 성숙한 9유형은 다른 사람들의 관점을 볼 줄 알고 소중하게 여긴다. 갈등이 있는 순간에 타고난 중재자의 자질을 발휘하여 화합할 수 있다. 그래서 이들은 다른 사람들에게 영감을 주며 자기실현을 할 수 있다.

변화를 위한 방법[6]

(1) 하나님께서 내게 주신 소명은 무엇인가? 내 인생의 계획은 무엇인가? 나는 그것을 위해 노력하는가 아니면 뒤로 미루고 있는가? 스스로 질문해 보자.

(2) 다른 사람들에게 부탁하고 도움을 구해 보자. 생각보다 얻을 수 있는 것들이 많이 있을 것이다.

(3) 하고 싶지 않은 일을 누군가 부탁할 때 '아니오'라고 말해 보자. 부드럽게 거부하는 방법을 평소에 연습해 보자.

(4) 현실의 갈등을 회피하는 전략으로 내가 무엇을 사용하는지 살펴보자. 쇼핑, 음주, 게임, 도박, 심지어 종교생활 등 어떤 '중독'에 빠지지 않도록 주의하자.

(5) 누구나 자신의 의견을 가질 수 있다. 그것을 표현하는 일을 두려워하지 말자.

(6) 일을 미루거나 회피하는 식으로 수동적으로 공격하고 싶은 충동이 일어나는지 살펴보자. 화가 나면 그것을 숨기지 말고 솔직하게 드러내 보자.

(7) 나 자신의 의견을 소중하게 여기자. 사람들은 자신들의 견해가 반사되어 돌아오는 게 아니라 당신의 생각이 무엇인지 들을 권리가 있다.

(8) 나에게는 극심한 갈등이나 충돌이라고 느껴졌어도 상대방에게는 단지 전형적인 의견차이일 수 있다. 심호흡을 깊게 하고 관계를 지속하도록 하자.

(9) 다른 사람들과 동화되려는 경향은 그것이 하나님을 향해 있다면 정말 아름다운 은사가 될 수 있다. 하지만 다른 사람들과 융화되려다가 고유한 자신의 모습을 놓치지 않도록 하자.

(10) 무엇을 결정하는 것이 힘들다면 내가 정말로 무엇을 하고 싶은지 알아내어 그것을 말해 줄 수 있는 사람을 찾아 상담해 보자. 그리고 그것을 실행해 보자.

1유형: 완벽주의자

주요 특징

1유형은 이상주의자이며 완벽주의자들이다. 그들은 정직하고 공정하며 타인들을 격려하여 더 성장하도록 자극할 수 있다. 그들은 나름의 모델을 정하여 그에 도달하기 위하여 정진해 나가는 탁월한 능력을 가진 지도자들이다. 그들은 자신과 다른 사람들이 완전하지 못하다는 점을 받아들이기 어려워한다. 그들은 분노를 대처하는 방식으로 모든 일에서 '옳게' 행함으로 인정받으려고 애쓰는 경향이 있다. 부정적으로 본다면, 완벽주의자는 지나치게 비판적이고 참을성이 없다. 긍정적으로 본다면, 그들은 주의 깊고, 직접적이고, 희생적이다.

성격형성 원인과 과정

1유형의 사람들은 도덕적인 완벽주의나 어떤 것에도 만족하지 못하는 부모들을 두었을 가능성이 많다. 그들의 부모는 칭찬에 인색하고 보통 이상의 기준을 가지고 있다. 이러한 부모는 자신들이 이루지 못한 꿈을 자식에게 보상받으려고 완벽함을 요구했을 가능성이 크다. 지그문트 프로이트에 따르면, 배변 훈련을 할 무렵 부모의 역할이 중요하다. 이때 아이에게 지나치게 청결하고 완벽한 것을 요구할 경우 아이는 '완벽'해야만 부모의 칭찬과 인정을 받는다는 것을 학습하고 강화하게 된다. 아이는 부모의 사랑을 잃지 않으려고 부모의 욕구와 기대를 충족시키는 법을 습득하여 어린 시절부터 모범적이려고 노력해왔을 것이다. 한편 부모의 욕구와 기대에만 초점을 맞추면서 자기 자신의 감정과 욕구가 일어나는 것을 죄악시하고 이를 억압해왔을 수 있다. 그 결과 나중에는 자신의 진정한 감정과 욕구에 접근하는 방식조차 잊어버린 사람들이 많다.

이들은 '착해야 한다. 열심히 노력해야 한다. 더 잘해야 한다'라는 부모의 목소리를 들으면서 자랐다. 그 목소리는 내면화되어 어른이 되었을 때도 자신의 삶을 규정하는 기준이 되었다. 성인이 되어 이제 부모는 더 이상 곁에 없고 그들의 목소리는 사라졌지만 부모의 요구와 기대는 이들의 내면에서 지시하고 책망하고 비난하는 소리를 낸다. '너는 완벽할 때만 좋다'는 신호는 '나는 완벽해야만 가치가 있다'는 신념으로 고착된다.[7]

1유형의 아이들은 여러 가지 이유로 너무 일찍 어른이 된다. 부모 중한 명을 일찍 잃거나 가정의 맏이로서 부모의 기대를 어깨에 지고 동생들에게 모범을 보여야 하는 모범적인 아이여야 했다. 자라면서 이러한 모습은 칭찬과 인정을 받고 반대로 그렇지 못한 모습에는 비난을 받아야 했다. 그러면서 자신의 존재를 완벽주의자가 되게 했다.

그리스도인들도 여기에서 예외가 아니다. 특히 도덕적 완벽주의로 엄격한 부모에게 엄격한 종교 교육을 받을 경우에는 이러한 강박적 완벽주의와 도덕적 기질은 더욱 강화될 가능성이 크다. 모든 것이 깨끗하고 정리되어야 마음이 편하고 좋다. 자기 자신뿐만 아니라 가족이나 주변 사람들에게도 이를 요구하며 자기가 정해 놓은 기준에 미치지 못할 경우 매우 실망한다. 사실 이러한 점, 즉 우리의 불완전함은 우리가 완전하신 하나님을 추구하게 하는 원동력이기도 하다. 따라서 강박적 완벽주의자들은 종교적이고 영적인 길에서 매력을 느낀다.

딜레마: 완벽과 분노

1유형의 사람들은 진지한 사람들이다. 농담을 하지 못하며, 여유가 부족하고 진정한 휴식을 취하지 못한다. 이들은 자신의 욕구와 감정을 부정하고 억압하는 경향이 강하다. 춤과 놀이와 같이 인생을 즐기는 것에 죄의식을 느낀다. 결국 완벽에 도달하기 위해 노력을 통해서 자신에게 보상하려고 한다. 자아 성찰과 영적 훈련에서 묵상은 매우 중요하다. 하지만 이 유형의 사람들은 묵상할 때, 자신을 질책하는 내부의 목소리가 점점 커지는 것을 발견한다. 이러한 딜레마를 극복하려면 처음에는 힘들겠지만, 불완전한 세상을 관찰하고 그것을 받아들이기 위해서 휴식을 취하는 것을 배워야 한다.

이 유형의 사람들은 세상과 자신에게 늘 화가 나 있다. 분노는 이 유형의 그림자이고 근원적인 죄이다. 하지만 본인들은 분노를 수치스러워하기 때문에 회피하려한다. 이 유형의 사고와 감정과 행동의 동기를 일으켜 어떤 방식으로 표현하게 하는 것은 분노인데, 이들의 문제는 스스로에게나 다른 사람에게 분노를 일으키고 있는 사실을 받아들이지 못한다는 것이다. 이들이 분노하고 있는 자신을 받아들이지 못하는 것은 분노는 불완전한 것이며 모범적인 어린이는 분노에 차 있지 않다고 생각하기 때문이다. 이것이 이 유형의 딜레마이다.

세계는 불완전한 것들이 많기 때문에 이들의 내면은 분노로 가득 차 있다.[8] 그러나 그런 분노를 지각할 수 없고, 분명하게 드러낼 수도 없다. 이들은 화가 났다는 것을 받아들이지 못하기 때문에 '화가 난 것을 인정하라'고 주장하는 사람과 논쟁을 벌인다. 본인이 생각하는 것과는 달리 다른 사람들이 이들이 화가 났다고 말하며 의심하는 것에 깊은 상처를 받는다. 중요한 것은 다른 사람들이 이러한 우리 자신의 모습을 더 쉽게 잘 인지할 수 있으며, 하나님께서 이들을 우리에게 주신 것이다. 그러므로 다른 사람들 특히 가까운 사람들의 진심 어린 반영의 조언을 받아들이고 자신의 모습을 성찰해 볼 수 있다면 성숙의 길로 갈 수 있을 것이다.

미성숙의 양상과 방어기제: 비판과 중독

1유형의 사람들은 다른 사람을 공격할 수 없기 때문에 분노를 억압한다. 하지만 마치 끓어오르는 주전자처럼 언제 터질지 모르는 분노는 억압되어 있다. 하지만 억압되어 있을 뿐 완전히 사라진 것은 아니기 때문에 어떤 방식으로든 터져 나오게 되어 있다. '착한 아이는 공격적이지 않아'라는 내면의 소리에 대항하려 한다. 따라서 미성숙한 9유형들은 분노를 보여 주지 않기 위해서 '방어기제'를 발전시킨다. 방어기제는 어릴 때부터 자기 자신을 지키기 위해 혹은 환경과 상황과 관계 안에서 살아남기 위해 발전시켜온 반응형성이며 생존전략이다. 어떤 일에 대해 우리의 내부에서는 아주 짧은 순간 검열 과정이 이루어지고, 우리가 표현할 것은 무엇이고 그 적당한 방법은 어떤 것인지를 결정한다.

미성숙된 1유형들은 매우 위선적이고 도덕적이다. 끊임없이 비교하며 비판을 하는 식으로 자기 자신을 방어한다. 이상적인 상을 자기 자신과 동일시하며, 매우 거만하고 독선적으로 보인다. 1유형과 가까운 사람들은 이들이 독선적인 경향이 있음을 알려줄 필요가 있다. 미성숙한 1유형들은 지나친 비판을 하지 않도록 해야 한다. 이들은 자신과 다른 사람의 의견을 받아들이는 것을 배워야 한다. 다른 사람의 티끌을 보기 전에 자신의 눈에서 들보를 보는 것을 배워야 한다(마 7: 3-5). 이들의 주변 사람들은 이들이 한마디를 하지 않아도 그들에게 비판을 받고 있다고 느낀다. 주변 사람들은 이러한 부정적인 에너지의 흐름을 느낀다. 이들은 자기 눈에 완벽하게 보이는 사람에게는 깊이 빠진다. 하지만 조금 가까워져서 약점이 보이기 시작하면 이들은 다른 사람을 변화시키기 위해 흠을 들추어내기 시작한다. 미성숙한 1유형의 사람들은 자신의 부정적인 감정과 기분을 투사할 대상이나 환경을 찾는다. 보통 이것은 이들과 가까운 사람에게 먼저 향한다. 이들이 자기의 분노를 느낄 때 그것이 자기 것이라고 인지하지 않으면 그것은 배우자나 자녀에게 투사되고 혹은 발에 걸리는 어떤 물체 탓으로 돌릴 것이다. 이것은 1유형의 인간관계를 힘들게 하는 요인이다.

일 중독증은 이러한 억압된 에너지를 제거하기 위한 미성숙한 1유형의 하나의 시도 즉 방어기제인 것이다. '선한 일'을 하는 것으로 자기 딜레마를 극복하는 사람들이 있다. 루터의 종교개혁과 같은 경우를 예로 들 수 있다. 하지만 자기 딜레마를 다른 방식으로 해결하려고 하는 사람들이 있다. 이들은 이중생활을 하게 된다. 다른 사람들에게 알려지고 보이는 공적인 삶에서는 늘 도덕적으로 부끄러울 것 없이 행동한다. 그러나 다른 사람들이 보고 있지 않는 사적 공간에서는 억압된 그림자의 모습을 드러낸다. 특히 억압된 성적 욕구가 이에 해당한다. 복음주의적이고 윤리적인 문제를 강하게 설교하는 반면 사적인 공간에서는 성적 일탈로 문제를 일으키는 성직자들이 있다. 건강하지 못한 1유형은 위선자들이다. 간음한 여인을 예수님께 데리고 온 바리새인들에게 예수님은 "죄 없는 자가 먼저 돌로 치라"고 말하면서 사실상 그들의 위선을 지적하셨다.

성숙의 양상과 선물: 평온과 융통성

어떤 유형이든 미성숙 혹은 건강하지 못한 죄의 양상을 보이고 있으며 반대쪽에는 성숙한 모습 혹은 건강한 모습이 있다. 1유형의 성숙의 열매는 마음속에서 진정으로 우러나는 평정 혹은 평안이다. 어린 시절부터 억압된 분노와 함께 살아온 이 유형의 사람들은 이 분노를 정당하고 건설적으로 다스리는 법을 배울 필요가 있다.

1유형의 삶의 과제는 의무, 책임, 질서 등을 잠시 내려놓고 휴식하고 기쁨과 감사를 회복하며 삶의 순간들을 즐기는 것이다. 이러한 의미에서 7유형의 사람들과 삶을 나눌 수 있다면 마음에서 우러나는 진정한 기쁨을 배울 수 있을 것이다. 1유형은 또한 기도와 사랑과 자연을 통해 이것을 달성할 수 있다. 기도하고 있을 때는 의무와 책임의 목소리로부터 벗어날 수 있고 완전하신 연인 하나님께 집중할 수 있다. 그것은 사랑으로 이끈다. 우리가 누군가와 혹은 무엇인가와 사랑에 빠져 있을 동안에는 부정적인 소리가 들리지 않는다. 사랑하지 않을 때는 부정적인 소리들이 고개를 들기 시작한다. 꽃을 키우거나 정원을 가꾸거나 야외로 나가 푸른 숲길을 걸어보는 것 등은 1유형들을 평안으로 이끌 수 있는 중요한 방법이다. 이 세 가지를 실천하는 1유형의 사람들은 진정한 평온이라는 선물을 받을 수 있다.

평온을 통해 내적 성숙으로 나아가는 1유형은 합리적이고 정확하며 균형이 잡힌다. 그래서 이들은 교사나 목회자가 되기를 좋아한다. 1유형들은 사고가 깊으며 합리적이다. 흑백이 아주 선명하고 모든 것이 명확하고 단순하다. 따라서 이들을 반박하는 것이 어려울 수 있다. 이들이 더 성숙하게 되려면 1유형의 사람들은 사고의 융통성을 키울 필요가 있다. 옳은 길이 한 가지만 있는 것이 아니라 여러 가지가 있다는 것을 알아야 한다. 자신과 다른 사람에 대해 판단하기 전에 먼저 자기의 분노를 인지해야 한다. 1유형의 사람들은 분노를 사용하는 책임이 자신에게 있음을 인식할 필요가 있다. 그리고 배우려는 자세와 다른 사람의 입장을 생각하는 훈련을 해야 할 필요가 있다.[9]

1유형의 사람들은 자신에 대한 거짓된 절대적인 상을 가지고 있다. 따라서 주변 사람들은 이들을 대하기가 쉽지 않다. 이들이 자기 자신을 상대적으로 보고 자신을 내려놓기만 하면 평안과 자유를 누릴 수 있다. 이들의 사고는 흑백논리 혹은 전부 아니면 전무(all or nothing)인 경향이 크다. 이러한 경향적 사고를 그만두어야 한다.

1유형이 성장으로 나아가려면 인내하시며 기다리시는 하나님을 의지할 필요가 있다. 평안을 얻기 위해 고요히 자기 자신을 성찰할 필요가 있다. 자신을 뒤흔드는 분노의 에너지를 파괴적으로 분출하지 않고도 정당하게 표현할 수 있다는 것을 알 필요가 있다. 성령의 분노는 사랑의 표현이다. 사랑이 빠진 분노는 정당성을 잃는다. 성령의 분노는 사랑과 상반된 작용을 하지 않고 파괴를 원하지 않는다. 단지 정의가 강물처럼 흐르기를 원할 뿐이다. 이를 위해서는 내게 일어나는 분노의 원천이 어디서 오는지를 진실하게 살펴볼 필요가 있다.

변화를 위한 방법[10]

(1) 마음속에서 나 자신을 비평하는 내용과 비슷한 것들을 신문이나 책에서 찾아 본 다음 큰 소리로 읽어 보자.

(2) 내면에서 나 자신을 비평하는 소리가 들리기 시작할 때, "내가 실수하지 않도록 도와주고 더 발전할 수 있도록 채찍질해 주어서 정말 고마워. 하지만 지금 난 나 자신을 받아들이는 새로운 길을 걸어 보려고 해"라고 말해 보자.

(3) 사람들이 나의 기준에 미치지 못한다는 생각이 든다고 그들에게

어떻게 하라고 촉구하지 말자. 그들에게 고맙다고 말하고 일을 제대로 할 만한 다른 사람에게 그 일을 맡기도록 하자.

⑷ 잘못과 불의를 바로 잡는 일에 뛰어들기 전에 먼저 그 문제에 대해 느끼는 열정이 정말 그것 때문인지 아니면 다른 것에 대한 분노 때문인지 스스로 질문해 보자.

⑸ 새로 일을 시작하기 전에 잠시 멈추고, 7번 유형이나 9번 유형의 친구들로부터 휴식하고 즐겁게 사는 법을 배워보자.

⑹ 일을 끝내지 못하고 미적거리고 있는가? 그 이유가 무엇인지 생각해 보자. 그 일을 완벽하게 끝내지 못할까 봐 두려워서 미루는 것은 아닌지 살펴보자.

⑺ 취미를 가져 보자. 특별히 잘할 필요까지는 없고 그냥 좋아하는 것이면 된다.

⑻ 나 자신과 다른 사람들의 실수를 용납하고 용서하자. 실수하지 않는 사람은 없다.

⑼ 남과 자주 비교하고 있는 것은 아닌지 살펴보자. 누가 더 나은 직장을 가졌는지, 또는 더 열심히 일하고 있는지, 더 성공했는지 재보고 비교하는 일을 어떻게 하면 멈출 수 있을지 고민해 보자.

⑽ 다른 사람들이 나를 비판할 때 주로 지적하는 것이 무엇인지 생각해 보자. 그것은 내가 보완하면 내게 유익이 되는 것들이다. 그들의 비판에 방어하려고만 하지 말고 받아들일 수 있도록 노력해 보자.

〈미주〉

1 1유형은 어린 시절부터 재능이 많은 사람들이다. Alice Miller, *The Drama of the Gifted Child* (New York: Basic Books, 2008), 참조.

2 William D. Backus, *What Your Counselor Never Told You*, 전요섭 옮김, 『죽음에 이르는 7가지 죄를 극복하는 비결』 (서울: CLC, 2017), 163, 174-75.

3 Ian Morgan Cron, Suzanne Stabile, 『나에게로 가는 길』, 104-105.

4 정신분석에서는 내적 삶이 축출당하여 마음이 텅 빈 상태를 '축출적 내사'라고 한다. 이에 관하여는 Christopher Bollas, *The Shadow of the Objec Psychoanaysis of the Unthought Known*, 이재훈 이효숙 옮김, 『대상의 그림자: 사고되지 않은 앎의 정신분석』 (서울: 한국심리치료연구소, 2010), 210-25를 참고하라.

5 이충헌, 『성격의 비밀』 (서울: 더난, 2008), 250.

6 Ian Morgan Cron, Suzanne Stabile, 『나에게로 가는 길』, 145.

7 이충헌, 『성격의 비밀』, 189-198 참조.

8 Wayne Oates, *Behind the Masks*, 안효섭 옮김, 『그리스도인의 인격 장애와 치유』 (서울: 에스라서원, 1996), 76.

9 Wayne Oates, 『그리스도인의 인격 장애와 치유』 89-97.

10 Ian Morgan Cron, Suzanne Stabile, 『나에게로 가는 길』, 176-77.

12장

감성 중심 성격유형의 해석과 분별
Interpretation and Discernment of Heart-centered Personality Types

감성 중심 유형인 2,3,4유형들의 에너지는 다른 사람들을 향하여 움직인다. 이 유형들은 감각적으로 우수하며, 상호 주관적인 관계에 관심이 있다. 행동 중심의 사람들이 힘에 관심이 있듯이 이들은 다른 사람을 위해 존재하는 것에 관심이 있다. 이들은 관계 중심적이기 때문에 혼자 있는 것을 힘들어 한다. 이들은 무의식적으로 권위와 이미지에 관심이 있다. 이들은 책임을 중요하게 여기는 반면, 지나치게 연대감을 중시하면서 공격성을 친절과 적극성 뒤에 숨기는 경향이 있다. 겉으로는 쾌활하며 조화롭게 보이지만 내면에서는 공허와 슬픔 혹은 수치심과 투쟁하고 있다. 결속력이 강한 단체에 매력을 느끼지만, 주목이나 보상에 연연해하지 않는 것이 필요하다. 어떤 순간에는 광야와 고독 속으로 들어갈 필요가 있다.

2유형: 박애주의자

주요 특징

2유형의 사람들은 다른 사람들의 필요에 대처할 때 가능하면 도움을 주는 사람이 됨으로 감사를 받으려고 노력한다. 다른 사람의 건강이나 안녕을 보살피고 양육이나 교육 등으로 다른 사람에게 봉사를 함으로써 좋은 평판을 얻는다. 지지하고 격려하는 것은 이들의 은사이다. 다른 사람들의 필요를 채우고 괴로움과 고통 혹은 갈등으로 힘들어 하는 사람들의 위안이 된다. 하지만 이러한 이타적인 행동의 결과 뒤에 이기적인 숨은 동기가 있을 수도 있다는 점이 이 유형의 그림자이다.[1] 부정적으로 본다면, 2유형의 사람들은 자신에게 감춰진 동기를 알지 못함으로 남을 조종하려는 경향이 강하다. 이것은 자기 자신과 다른 사람에게 정직하지 못하며 교만한 모습으로 나타날 수 있다.[2]

남자들보다 여자들에게 2유형이 더 많은 것은 일종의 사회적 문화적 학습이 영향을 주었을 수도 있다. 여성의 직감과 공감 그리고 헌신을 이상화시켜서 여성들로 하여금 2유형이 되도록 격려하고 때로는 방치한 경향도 있다. 남에게 베푸는 것이 여성들이 힘과 영향력을 행사하는 방법이라는 가르침을 받아왔다. 많은 여성들이 한 남자 혹은 한 가정을 위해 자신을 희생하고 소모시켜 버리고 스스로 그것에 집착하는 것을 사랑이라고 여기며, 그 과정에서 몸과 마음이 병에 걸리지만 헤어나지 못하는 경우가 있다. 주변 사람들은 이러한 2유형들에게 자신들의 진정한 욕구를 발견할 수 있도록 격려해 줄 필요가 있다.

성격형성 원인과 과정

2유형의 사람들이 다른 사람에게 친절을 베풀고 지나치게 좋은 평판을 얻으려고 하는 이유는 어쩌면 어둡고 슬펐던 이들의 어린 시절에서 찾아볼 수 있다. 사랑이 결핍된 가정환경에서 자라면서 그들이 원하는 만큼 마음의 평화와 사랑의 체험을 누리지 못하였을 가능성이 크다. 조건부적인 사랑만을 체험했을 수 있다. 착한 행동과 다른 사람의 필요를 채워주는 식으로 어떤 조건을 충족시켰을 때만 사랑과 인정을 받았을 수 있다. 암암리에 '다른 사람의 필요를 우선 생각하고 내 욕구를 뒤로 미루어야 나는 사랑을 받는다'는 메시지를 받았을 것이다. 이들은 주목받고 사랑받기 위해 일찍부터 다른 가족 구성원의 욕구를 들어 주어야 하고 쓸모 있는 사람이 되어야 한다는 메시지를 내재화시켰을 것이다.

딜레마: 친절과 자기애

착한 사람이 되는 것은 1유형에게는 도덕적인 범주에 속하는 것이지만, 2유형은 스스로 자신이 착하고 도움이 되는 사람이라고 생각한다. 다른 사람의 필요에 예민하고 호의적이라는 점은 2유형 사람들이 가진 긍정적인 자질이다. 이 양상은 때로 다른 사람이 부탁하거나 요청하지 않았는데도 지나치게 잘해 주고 돌보는 결과를 가져오기도 한다. 문제는 자신의 친절과 봉사에 상대방이 감사를 표현하지 않거나 혹은 그들이 부담을 느끼고 거리를 두게 되는 일이 생길 수 있다. 그러면 이들은 '내가 너를 위해 이렇게 했는데 네가 나에게 어떻게 이럴 수가 있느냐?'

는 서운함과 배신감을 느낀다. 이러한 경우 상대방의 진정한 필요가 무엇인지를 살피는 진정한 이타주의 혹은 박애주의라기보다는 칭찬받고 싶은 자신의 동기에 기초한 이기주의를 위장한 이타주의 행동이었을 가능성이 크다. 이것이 2유형들이 행하는 친절의 딜레마이다.

2유형이 주의해야 하는 것 중의 하나는 다른 사람에게 필요한 사람이 된다는 것은 그들의 중요한 자질이지만 상대방이 원하는 것이 아니라 바로 자기 자신이 원하는 것을 준다는 것이다. 이들의 이러한 자질을 가장 자극하는 대상은 어린이이다. 특히 도움을 필요로 하는 불우한 어린이들이다. 2유형의 사람들은 그들 안에 버려진 아이가 있기 때문에 불행해 보이는 아이들의 고통에 특히 동일시하는 경향이 크다. 문제는 2유형의 사람들이 진정으로 주의하고 성찰하지 않는 한 이러한 자신을 방어할 능력이 없고 고통 중에 있는 취약한 어린이들은 이들의 '먹잇감'이 되기 쉽다. 2유형의 사람들은 자칫 어린이와 같은 취약한 사람들을 여러 가지 면에서 학대할 수 있는 경향이 크다는 것을 인식할 필요가 있다.

2유형들이 다른 사람들의 필요와 문제에는 큰 관심을 가지지만 자기 자신의 필요와 문제에 다른 사람이 관심을 가지는 것을 부담스러워한다. 자기를 다른 사람에게 맡기는 것을 어려워한다. 자신의 필요나 문제를 다른 사람에게 내보이지 못하는 것의 이면에는 자신이 이해받지 못하거나 거부당할 지도 모른다는 두려움 혹은 다른 사람이 나를 좋아하지 않을 것이라는 거짓된 신념이 자리 잡고 있다.

2유형의 사람들은 후원자, 기부자, 조력자들이다. 이것이 이 유형의 가장 큰 자질이다. 하지만 이러한 점을 자랑하고 싶은 유혹에 저항해야 한다. 2유형의 사람들이 가장 유의해야 하는 점은 끊임없이 다른 사람들을 도와줌으로써 자기 자신의 필요를 회피하려는 유혹이다. 이들은 자신을 필요로 하는 사람의 필요에 부응하기 위하여 자기 자신을 변화시키는 경향이 있는데, 이것을 자신의 의미를 다른 사람의 필요와 바람에 두는 자기 동일성이라고 한다. 따라서 미성숙한 2유형들은 종종 감정적으로 혼돈을 경험하고 자기중심을 찾기 어려워한다.

2유형의 사람들은 분위기 온도계를 늘 가지고 다니면서 온도계의 눈금에 따라 이렇게 저렇게 행동하고 다른 사람의 주목을 끌기 위해 주의를 기울인다. 하지만 이에 집중한 만큼 상대방의 주목이나 사랑을 받지 못하면, 이타주의 행동을 하게 자신을 이끈 그 강력한 에너지는 사라지게 된다.

엄밀한 의미로 보면, 표면적으로 다른 사람의 필요를 채우기 위해 준비된 듯한 2유형의 사람들의 이러한 양상은 '나를 주목해 주세요'라는 암묵적 의미로 나타나며, 그것은 또한 '나를 필요로 하세요'라는 다른 표현이기도 하다. 한편 상대방은 무의식적으로 이들의 '나를 필요로 하세요'라는 강요를 받는 느낌을 피할 수 없게 된다. 이들은 어쩌면 이런 식으로 상대방을 통제하고 있는지도 모른다. 상대방이 '당신이 없으면 안 되겠어요'라고 인정하고 감사를 표현하게 함으로 자신의 존재감을 암묵적으로 강조하는 식으로 말이다.

미성숙의 양상과 방어기제: 억압과 투사

꽤 많은 2유형의 사람들은 위장된 이타주의 행동을 한다. 이것은 성숙되지 못한 2유형의 모습이라고 볼 수 있다. 2유형의 사람들이 경계해야 할 근본적인 문제는 자만이다. 자만의 특징은 자기를 부풀려서 다른 사람으로 하여금 자기의 팽창된 모습을 숭배 혹은 인정해 주기를 바라는 것이다. 남을 속이는 기만이나 남과는 상관없는 자기애와는 다른 것이다. 다른 사람에게 없어서는 안 되게 자신을 내어 주는 것은 이들의 소중한 자질이만, 한편으로 그것은 상대방에게 던지는 미끼이다. 미성숙한 2유형의 사람들은 이러한 미끼를 던져 놓고 상대방을 조종하고 자신에게 의지하게 만든다. 이러한 과정에서 2유형의 사람들은 자기의 이러한 모습을 발견하기가 매우 어렵다. 왜냐하면 오직 자기가 하고 있는 것은 다른 사람의 필요를 채우고 사랑하는 것이라고만 생각하기 때문이다.

따라서 자신의 숨겨진 동기 혹은 이로 인한 왜곡된 사랑을 인식할 수가 없다. 죄를 인식한다는 것을 자신의 교만을 깨닫게 되는 것을 의미한다고 보면, 교만은 이들이 자신의 진정한 모습을 깨닫지 못하도록 방해한다고 볼 수 있다. 2유형이 교만을 경계해야 하는 또 다른 이유가 여기에 있다. 이를 위해 분별이 필요하며, 자기 자신의 숨겨진 동기까지도 살필 수 있는 내적 관찰자를 양육해야 한다. 이들은 어쩌면 하나님을 필요로 하지 않는다. 오히려 하나님이 그들을 필요로 한다고 믿고 있다.

2유형의 사람들은 자신의 욕구를 억제하고 그것을 다른 사람들이 자신을 필요로 하도록 자신을 다른 사람에게 투사하는 방식의 회피전략을 사용한다. 1유형들이 분노를 숨기고 있다면, 2유형들은 자기의 필요를 다른 사람에게 투사하여 그것이 상대방에게 미묘한 압박이 되게 하는 만큼 지독히도 자기 자신이 빈곤하다는 사실을 숨기고 있다. 이들은 친밀감과 사랑 등에 대한 엄청난 욕구가 여과 없이 드러나게 되면 어쩌나

하는 두려움을 가지고 있다. 2유형의 사람들은 억압이라는 방어기제를 사용한다. 1유형들처럼 2유형의 사람들도 공격과 성의 영역에서 부정적인 충동과 감정을 억압한다. 하지만 2유형의 사람들은 자기의 감정을 간접적으로 표현하는데, 그 기분에 대해서 말 한마디 하지 않으면서 상대방의 주목을 받고 때로 집단 전체의 분위기를 해칠 수 있다.

미성숙한 2유형들은 다른 사람을 돌보고 친절하게 대하면서 자기 자신을 부정하는 것에 빠지지 않는 것이 필요하다. 다른 사람을 기쁘게 해주려고 자기의 욕구를 억압하지만, 그 대신 자신이 친밀함과 사랑의 욕구가 너무 크다는 것이 드러나지 않도록 상대방에게 투사하는 식으로 표현하는 빈곤함이 있다. 이 때문에 이들은 다른 사람의 도움을 부담스러워하며 오히려 겉으로는 독립적으로 보이려고 하는 경향이 있다. 이 것은 이들이 다른 사람에게 '아니오'라고 말하지 못하며, 본인이 할 수 있는 것을 넘는 약속을 하는 경향 때문에 많은 문제가 생길 수도 있다. 미성숙한 2유형들은 상실을 두려워하기 때문에 친절과 같은 행동으로 자기와 가까운 사람들을 보이지 않는 끈으로 묶어두려 한다. 이들은 일반적으로 지도자 역할을 부담스럽게 여기고, 작은 비판 한마디에도 '모든 사람이 나를 적대시한다'고 느낀다.

성숙의 양상과 선물: 겸손과 자유

2유형의 사람들은 교만의 다른 쪽 끝에 있는 성숙의 열매인 겸손을 치유 목표로 살아야 한다. 2유형들은 겸손을 향하여 가는 길에서 우선 자기 자신의 진정한 동기를 인정하는 것이 중요하다. 내가 다른 사람의 필요를 채워주는 것이 내가 원하는 것을 숨기고 그것을 상대방에게 투사하는 과정의 일부라는 것을 인지할 필요가 있다. 나는 누구의 도움도 필요 없으며 나의 필요를 내보이는 것은 매우 빈약한 모습이라고 여기는 교만한 모습을 내려놓을 필요가 있다. 우리 모두는 부족함이 있으며 관계 속에서 서로의 필요를 채워주며 살도록 창조되었다. 우리가 이것을 인정하지 않는 것이 교만이다. 사랑받을 수 있는 조건을 갖추어야 사랑받을 수 있는 것이 아님을 알 필요가 있다. 우리 존재 그대로, 연약하고 부족해도 거저 주시는 은혜의 풍성함을 누릴 수 있어야 한다.

거짓 겸손은 교만과 다를 바 없다. 교만이 자기를 과대하게 평가하는 것이라면 거짓 겸손은 자기를 거짓으로 과소평가하는 것이다. 따라서 교만과 거짓 겸손은 같은 선상에 있다. 진정한 겸손은 자기 자신을 너무 과대하거나 너무 과소하게 평가하는 것이 아니라 실질적으로 그대로 평가하는 것이다. 있는 그대로 보고 가치를 부여하는 것이 진정한 겸손이고 건강한 모습이다. 성숙한 2유형들은 자기 자신을 잘 알고 있으며 더 과대하게 포장할 필요를 느끼지 않는다. 왜곡된 독립성이 아니라 상호관계에 입각한 자율성을 가치 있게 여긴다.

2유형을 성숙하고 건강한 모습으로 이끄는 길은 진정한 자유에의 초대에 응하는 것이다. 이 길은 다른 사람의 필요를 채워주면서 상대를 조종하려고 하거나 거짓 사랑을 표현하거나 의존하거나 의존하게 만드는 식의 왜곡된 시도를 끝내는 것이다. 오직 무조건적인 사랑의 체험과 불가항력적 은총의 경험을 할 때 이러한 자유를 누릴 수 있게 된다. 무거운 짐을 내려 놓고 해방된 사람은 상대방을 자유롭게 해 주고 관계 안에서 친밀함에 감사하고 다른 사람의 관심을 고맙게 여길 수 있다. 친밀감과 독립성 간에 균형을 이룰 수 있다. 이것을 위해 2유형들은 '아니오'라고 말하고 자기의 욕구를 확실하게 표현하는 법을 배워야 한다. 성숙한 2유형의 특징은 사랑이다. 친절과 사랑을 베풀되 되돌려 받을 것을 생각지 않고 베풀 수 있는 것은 성숙한 2유형의 중요한 자질이다.

변화를 위한 방법[3]

(1) 나의 필요를 암시만 하거나 상대방이 알아맞히도록 내버려 두지 말자. 그러면 서운함만 늘어난다. 상대방에게 나의 필요를 직접 말하도록 노력하자.

(2) 내적으로 깊은 호흡을 하자. 다른 사람들의 인정을 얻으려고 좋은 이미지를 보여 준다거나 아첨하려 애쓰는 나의 모습을 발견하면 다시 심호흡을 시작하자.

(3) 다른 사람이 도움을 요청할 때 반사적으로 '예'라고 말하지 말고, 그것에 대해 생각할 시간이 필요하다고 해 보자. 아니면 그냥 연습하는 셈 치고 그냥 '아니요'라고 해 보자.

(4) 도와주고 싶은 충동이 생기면 그것이 내가 해야 할 것인지 자문해보자. 확신이 서지 않는다면 믿을 만한 친구에게 물어보자.

(5) 2유형의 전형적인 행동으로 돌아가고 있는 것을 알아차리면 부드럽게 자문해 보자. '지금 당장 이 사람의 필요를 채워 주거나 맞춰주지 않는다면 어떤 느낌이 들까?'

(6) 가능하면 오른손이 하는 일을 왼손이 모르도록 하자.

(7) 나는 최고도 아니고 최악도 아니다. 나는 나임을 기억하자.

⑧ 분노나 억울한 느낌이 생길 때 그냥 내버려 두지 말고 그것이 나의 내면을 들여다 볼 기회로 보자. 그리고 '지금 내 인생에서 가장 주의를 기울여야 할 것은 무엇인가?'라고 질문해 보자.

⑨ 다른 사람들에게 지나치게 공격적이거나 감정적으로 변할 때 너무 자책하지 않도록 하자. 그것을 알아챈 것을 축하하고 자제하도록 노력해 보자.

⑩ '지금 어떤 기분인가? 지금 나에게 필요한 것은 무엇인가?' 하루에 두세 번씩 스스로에게 물어보자. 대답을 바로 찾을 수 없어도 상관없다. 자기 돌봄의 근육을 키우는 데는 시간이 걸리는 법이다.

3유형: 성공주의자

주요 특징

3유형의 사람들은 성공주의자이다. 이 유형은 실패의 두려움을 대처하는 방식으로 성공을 획득하는 데 가치를 부여하려는 경향이 있다. 늘 무엇인가를 해야 한다는 생각 때문에 자원봉사를 포함하여 여러 일을 한다. 이들은 사랑도 획득해야 하는 것으로 본다. 다른 사람들에게 신뢰를 주는 확실성이 이들의 자질이다. 자신의 목표를 정하고 달성해 가면서 일을 효과적으로 해 나갈 수 있는 사람들이다. 이들은 다른 사람들에게 영감을 주고 동기를 부여하여 앞으로 정진해 나가도록 돕는다.

2유형들은 감성 중심 유형인 2,3,4유형의 하나로 모든 에니어그램 유형들 중에서 자신의 감정을 인지하는 데 가장 힘들어 할 수 있을 것이다. 스스로에게 늘 '상대방이 나를 좋아하는가?'라고 믿는 2유형과는 달리 3유형의 사람들은 '나는 성공하고 있는가?'라고 늘 묻는다. 자신의 능력에 자신감이 없는 것은 아니지만 표면적으로 드러나는 이미지를 의식한다. 그래서 '실패하면 어쩌나, 다른 사람의 눈에 띄지 못하면 어쩌나' 하는 걱정을 늘 가지고 산다.

성격형성 원인과 과정

3유형의 사람들은 보통 어린 시절에 있는 그대로의 모습이 아니라 어떤 특별한 성취를 이루었을 때 칭찬받았다. 좋은 성적을 받거나 운동 경기에서 이겼을 때에 부모로부터 '잘했구나, 우리는 네가 자랑스럽다'는 말을 들으며 자랐다. 그러면서 '나는 성공했을 때 나는 훌륭하다'라고 자신에 대한 신념을 발달시켰다. 이들은 '너는 훌륭해. 너는 할 수 있어'라는 말을 되풀이해서 들었고 이 말은 이들에게 자기 충족을 주는 예언적 역할을 해왔다. 결국 이들의 정체성은 '나의 이미지는 내가 무엇을 하느냐에 달려 있다'는 신념으로 고착하게 되었다.

이런 신념은 3유형의 사람들이 성공을 삶을 살아가는 에너지로 여기게 했다. 이들에게 산다는 것은 이기느냐 지느냐의 문제이다. 이들은 모든 면에서 이기기를 원하고 그 덕분에 이들은 성공한다. 이들은 열심히 일하고 자신의 일에 모든 에너지를 쏟을 수 있으며, 종종 자기 분야에서 최고를 이룬다. 이들은 매력적이고, 지적이며, 에너지가 넘치는 생산적인 사람으로 다른 사람의 귀감이 되고 있다.

딜레마: 효용성과 변화

3유형의 사람들은 효용성의 문제에 빠지지 않도록 할 필요가 있다. 현대 문화는 효용성을 신봉한다. 이기고 잘살고 성공하는 것을 숭배하는 사회에 살고 있다. 효용성이 강조되는 만큼 과정보다는 결과를 중시하게 되고 목적을 위해 수단이 이용될 수 있는 위험한 결과를 초래할 수 있다. '갑'의 위치에 있는 우리 사회의 성공한 사람들이 '을'에 속한 사람들에게 갑질하는 것들은 바로 이러한 효용성을 숭배하는 사회 문화의 위험 요소이다.

기독교계 안에서도 이러한 효용성 숭배의 문제가 퍼져있다. 복과 은혜가 물질적이고 양적인 면에 집중되어있다. 성취, 부, 성공에 치중되어 있는 복음이 교회 내에 만연하여 있고, 성공주의와 물질지상주의적인 세속적 가치와 다를 바가 하나도 없다. 심지어 예수님도 성공을 위한 수단으로 상품화되어, 어느새 십자가의 의미는 희미해져 있다. 그리스도의 죽음은 철저한 패배와 고난의 잔이지만 성공에 치중하는 사회는 이 부분을 간과하기 쉽다.

3번 유형은 마치 카멜레온과 같이 변화에 능한 사람들이다. 환경이 바뀌어도 자기의 이미지를 바꾸어 바뀐 환경에 순간적으로 적응하는 놀라운 능력을 가지고 있다. 3유형의 사람들은 이것을 긍정적으로 생각한다. 칭찬은 이들이 하는 모든 일의 원동력이다. 성공한다고 늘 칭찬을 받을 수 있는 것은 아니기 때문에 성공이 다른 사람의 칭찬에 의해 좌우

될 수 있다는 딜레마가 있다. 또한 중요한 것은 감정은 이들에게 느끼거나 가지고 있는 것이라기보다 행하는 것이다. 이들이 감정을 표현하는 것은 그들의 감정이 아니다. 단지 상황에 따라서 혹은 다른 사람에 따라서 감정을 표현하는 것뿐이다. 자기 자신의 정체성이 제거된 변화는 어쩌면 성숙을 향한 변화라기보다는 오히려 퇴행적 변화가 될 수 있다. 결국 성공을 위하여 카멜레온처럼 자기 자신을 변화시키는 것은 이들에게는 동일화라는 방어기제이면서도 성공을 지향하는 사회에서 살아가는 이들의 딜레마이다.

미성숙의 양상과 방어기제: 허영과 자기 합리화

미성숙한 3유형들은 자신의 실패를 인정할 수 없기 때문에 자신의 실수나 실패로부터 빨리 탈출하거나 그 탓을 다른 사람에게 떠넘기는 것으로 자기의 이미지를 지킨다. 미성숙한 3유형은 그래서 자신을 실제 이상으로 과대평가하고 자기의 일은 모든 일이 좋은 일이고 훌륭한 것이라고 믿는다. 3유형들이 성공에 대한 압박으로 빠지기 쉬운 유혹은 거짓 혹은 기만이다. 이들은 이기기 위해서, 실패를 포장하기 위해서, 혹은 성공을 과장하기 위해서 진실을 가장하는 경향이 있다.

기만이나 가식은 고전적으로 내려오는 7대 대죄에 들어가지는 않지만, 그만큼 우리가 간과하기 쉬운 죄의 영역에 들어간다. 예를 들어 '복음'의 이름으로 원주민의 문화를 파괴하고 다른 나라를 점령하며, 인류를 대량으로 살상하는 무기를 만들어 놓고 평화를 위한 것이라고 한다. 기만이나 거짓말은 우리가 자칫 간과하기 쉽기 때문에 더욱 치명적이다. 우리 인간은 의식적으로 무의식적으로 자신의 과오나 실수나 죄를 덮으려고 하거나 알리고 하지 않거나 혹은 때로 알 수 없기 때문이다. 미성숙한 3유형들은 먼저 자기 자신을 기만한다. 스스로 자기를 기만하고 있다는 것을 알지 못할 수도 있다. 자기 거짓말이 진실이라고 스스로를 이미 설득했기 때문이다. 그리고 다른 사람도 그렇게 설득할 수 있다. 자기 거짓말을 믿는 3유형들은 어쩌면 가장 왜곡된 인격체라고 볼 수 있다.

미성숙한 3유형들은 허영이라는 유혹에 빠지지 않도록 주의할 필요가 있다. 미성숙한 3유형들은 깊이를 추구하기보다는 표면적인 것에 치중하는 극도로 실용주의적인 면이 있다. 외적인 것을 근본적인 것보다 더 중요하게 여긴다. 미성숙한 3유형들은 선천적인 배우형의 사람들이다. 그들의 삶은 많은 사람들의 찬사를 받으며 무대 위에서 공연된 연기이다. 배우로서의 연기 속에는 진실한 자기 자신이 들어 있지 않다. 단지 연기일 뿐이다. 사실 3유형들은 개인적인 관계에서는 이렇듯 행동하기가 쉽지 않다. 그래서 3유형은 대인관계가 폭넓기는 하지만 깊이 있는 관계를 오래 지속하지는 못한다. 왜냐하면 개인적인 관계는 진실성과 취약함 그리고 깊이를 추구할 때에 가능한데, 이러한 것은 3유형들에게 가장 어려운 영역이기 때문이다.

3유형의 사람들은 동일화라는 방어기제를 사용한다. 자기 일에 철저히 몰두하거나 그 환경에 자기를 일치시킴으로써 자기를 보호하며, 그래서 집단이나 주변의 비판을 받아들이기 어려워한다. 밝은 면, 성공, 효용성에 가치를 두는 3유형의 사람들에게 약간의 비평이라도 그것은 어두움, 실패, 비효율적이라는 말이기 때문에 받아들이기 힘들어 한다.

제4부 /12장 • 감성 중심 성격유형의 해석과 분별 ··· 313

따라서 3유형의 사람들에게 실패는 '회피'로 받아들여진다. 성공적이지 못한 3유형의 사람은 실패가 잊을 수 없는 정신적인 충격이다. 때로 실패를 씻고 승리자로 자기를 재해석하기도 한다.

성숙의 양상과 선물: 진실성과 안식

3유형이 성숙하기 위해서 도달해야 할 과제는 진실성과 솔직함이다. 성숙한 3유형은 진실로 이르는 길을 발견한 사람들이다. 진실로 이르는 길에서 우선적인 것은 자기 자신의 진정한 모습을 인식하는 것이다. 성공을 추구하는 길에 기만과 거짓을 행해왔고 허영의 유혹에 빠져있었음을 철저히 인식하는 것이다. 고통스럽더라도 크고 작은 거짓들을 직시하고 직면하고 거부할 때에만 솔직함과 진실성이라는 성령의 열매를 선물로 받을 수 있다. 진실로 이르는 길에서 성숙한 3유형의 사람들은 다른 사람들을 도와 효율적으로 일하게 하고 동기를 일으키며 잠재성을 발견하도록 도울 수 있다. 성숙한 3유형들은 조직과 공동체를 활기 있게 만들 수 있는 에너지원이 될 수 있다.

3유형들이 성숙하고 성화의 길에 이르기 위해서는 2유형들과 마찬가지로 혼자 있는 것을 배울 필요가 있다. 대중의 칭찬과 찬사가 없는 침묵과 은둔의 장소가 필요하다. 이들에게 필요한 처방전은 묵상적 기도이다. 아마도 3유형이 침묵을 가장 힘들어 하는 유형일 것이다. 아무것도 하지 않고 배우지도 않고 그냥 존재 하는 것 그 자체에 초점을 두는 것이 중요하다는 것을 깨닫기 위해서 이들에게는 많은 시간이 걸릴 수 있다. 침묵 속에서 자신의 부정직함과 성공주의적인 관점을 성찰하는 것이 필요하다. 자신의 그림자, 실패, 취약함을 회피하려하지 말고 스스로 이런 모습을 인정하고 고백하는 것이 중요하다.

3유형들의 치유 목표는 '왜냐하면'으로가 아니라 '그럼에도 불구하고'로써 어떻게 사랑의 체험을 맛보느냐에 달려 있다. 그 결과 성공이란 하나님의 손에 달려 있으므로 단지 신실하게 살아가도록 부르심을 의지할 수 있게 된다. 이들의 삶의 과제는 변화의 신호를 포착하는 것이다. 질병이나 실패 등을 하나의 기회로 파악할 수 있는 것이다. 또한 때로 잠시 멈추어 서서 자기 자신을 살펴보는 것이다. 새로운 일을 시작하기 전에 잠시 멈추어서 진실한 나의 내면을 들여야 보는 것이다. 내가 진정으로 원하는 것이 무엇인가, 나의 꿈, 나의 목적 등을 점검해 보는 것이다. 또 하나의 삶의 과제는 다른 사람들이 칭찬하고 인정할 만한 것이 아니라 내가 진정으로 원하는 것이 무엇인지를 주의 깊게 들어보는 것이다. 성숙한 3유형들은 자기 안에 있는 공허를 인정하고 내면에 존재하는 칭찬과 사랑의 갈망을 솔직하게 직시할 수 있다. 허영으로부터 자유로워지며 모든 일의 주권을 하나님께 진정으로 맡길 수 있다.

변화를 위한 방법[4]

(1) 묵상과 고립, 침묵을 연습하고 개발하는 일은 모든 유형에게 중요하지만 특히 3유형에게 필요하다. 3유형이 활동과 생산성에 높은 가치를 두고 있기 때문이다.

(2) 진정한 자아를 되찾는 여정에 동행할 영적 지도자를 찾아보자. 그 길을 홀로 걷는 것은 매우 힘든 일이다.

(3) 가족이나 문화에서 물려받은 성공에 대한 정의를 되짚어 보자. 그리고 나의 감정과 욕구와 가치에 기초하여 새롭게 정의해 보자.

(4) 내가 감당하기 힘든 일이나 끔찍한 일이 나에게 일어나기 전에 '내가 이 성격이 아니라면 나는 누구인가?'를 스스로에게 물어보자.

(5) 물질적인 성공과 진정한 나 자신이 되는 것은 상호배타적인 것이 아니다. 성공의 동기와 과정과 결과의 주체가 진정한 나 자신이라면 그것은 좋은 것이다.

(6) 성공하는 과정에서 놓쳤거나 희생된 사람들의 목록을 적어 보자(예를 들면, 배우자, 자녀들, 건강, 우정 등).

(7) 일거리들을 챙기지 말고 휴가를 떠나 보자.

(8) 누군가의 관심을 독차지하거나 리더십을 맡고 싶은 유혹에 저항해 보자. 대신 다른 사람들이 빛을 발하고 성공할 수 있도록 돕는 일을 해 보자.

(9) 함께 있으면 솔직해지고, 나의 연약한 모습까지도 보여 줄 수 있는 친구를 적어도 한 명 이상 두도록 하자. 많은 친구들 중 내가 성공적으로 살고 있을 때뿐 아니라 철저히 실패했을 때에도 내 곁에 있어 줄 친구가 있는지 확인해 보자.

(10) 친절하고 너그러운 사람으로 보이기 위해 이미 사용하고 있는 전략이 무엇인지 살펴보자. 그 중에 진정으로 나를 표현하며 나를 성숙으로 이끄는 것은 어떤 모습인지 그것을 구체화시켜보자.

4유형: 감각주의자

주요 특징

4유형은 아름다움과 조화에 대한 감각이 뛰어난 예술가적 자질이 풍부하다. 자신의 느낌을 문학이나 음악이나 그림 등으로 표현할 수 있다. 다른 사람들의 기분이나 느낌 혹은 상황의 분위기를 정확하게 파악하는 자질을 가지고 있다. 이들은 일상적인 일에도 감정이 쉽게 자극되고 예민하며, 무의식과 상징 등에 친밀함을 느낀다. 상징으로 자신을 표현하는 능력이 뛰어나다. 다른 사람들이 자신의 이러한 미적 세계와 상징적 세계를 발견하도록 돕는 자질이 있다. 이들은 미적인 면에서 창조적이고 뛰어난 사람이 되고 싶어 한다. 어떤 경우에는 보편적인 것을 거부하고 독특하며 특별한 사람이 되기를 원한다.

4유형은 외적으로도 구분하기가 쉽다. 색깔이나 모양 면에서 기이하고 별나고 눈에 띄는 옷을 입거나 혹은 특별한 주의에 몰입된 운동가나 동조자일 가능성이 많다. 4유형은 갈망이 크지만 소유를 하고 나면 그 갈망은 이내 사라져 버린다. 이러한 현상은 이 유형의 사람들이 평범하고 지루한 일상을 싫어하고 늘 특별한 것들을 추구하기 때문이지만 독창성의 딜레마이다. 3유형들이 성공을 위해 외적이고 표면적인 것에 집중하느라 내적이고 진실한 것을 도외시하는 반면, 4유형들은 내적이고 진실한 것이 아닌 것은 아무 의미가 없다. 그래서 이들은 위대한 시인이나 음악가나 영적 지도자와 같은 내적 권위를 가진 사람들을 존경한다. 이들은 예술적 감각이 뛰어나 어느 분야에서든지 미적 감각의 우월성을 드러내는 한편, 진부한 것이나 평범한 것 등 '정상적인 것'은 모두 거부한다.

성격형성 원인과 과정

4유형의 사람들은 어린 시절 무의미하고 견디기 힘든 현실을 경험했을 가능성이 크다. 아주 고통스러운 상실을 겪었을 수도 있다. 상실은 부모의 죽음, 부모의 이혼, 잦은 이사, 부모의 편애 등 실제적인 것일 수도 있고, 단순히 자기가 느끼는 감정이었을 수도 있다. 혹은 신체적으로 왜소하거나 관심이 남달라서 형제들이나 또래 집단 사이에서 외톨이였을 수 있다.

현실이 긍정적인 영향을 줄 수 없을 때 아이들은 자기를 외부세계로부터 거두어 들여 내부세계로 향하게 한다.[5] 사랑의 근원이 없거나 미약할 경우 아이들은 상상 속에서 그것을 창조해 낸다. 언젠가 진정한 사랑이 그들을 구원해 주리라고 확신하면서 이들은 잃어버린 사랑을 갈망하면서 찾아 떠돌아다닌다. 때로 상실에 대한 분노가 너무 깊어서 미성숙한 4유형은 그 분노를 자기 자신에게 돌린다. 자신이 소외되고 거부당하는 것은 자신 때문이고 자신이 나쁘기 때문이라고 생각한다. 어린아이들은 자신을 보호할 수 없는 취약한 존재이기 때문에 상대방을 특히 부모를 절대적 존재로 의지한다. 이들에게 부모는 완벽하고 절대적인 존재이기 때문에 잘못이 있을 수 없다.

따라서 무엇이 잘못되면 예를 들어 그 부모가 자기를 버리거나 거부할 경우 그것은 부모가 잘못된 것이 아니라 내가 잘못한 것이고 내가 나쁘기 때문이라고 여긴다. 실제로 부모와의 사별이나 이혼으로 인한 이별을 어린아이들은 '내가 나쁘기 때문'이라고 해석한다. 이것은 수치심으로 발전하고 많은 4유형들은 숨겨진 수치심 때문에 매우 힘들어하고 있다. 이러한 이유로 4유형의 사람들은 아이러니하게도 자기가 거부되거나 버림받는 상황을 계속 연출한다. 평범하지 않은 것, 어둡고 금지된 것들에 이들이 매력을 느끼는 이유도 여기에 있다. 이들은 스스로 아웃사이더라고 느끼고 행동한다.

딜레마: 독창성과 고유성

4유형들은 독창적이고 고유한 것을 늘 갈망하는 경향이 있기 때문에 거기에 빠지는 유혹을 경계해야 한다. 하지만 미성숙한 4유형들이 독창성과 고유성을 얻으려고 노력하면 할수록 주변 사람들은 이들이 개성이 강하다고 인정을 받는다는 점이 딜레마이다.

독특함을 추구하면서 평범하고 통상적인 '정상적인' 모든 것을 회피하는 경향은 아이러니하게도 4유형들이 다른 유형들보다 변화를 더 거부하는 현상을 보여 준다. 변화의 문제를 향한 이 딜레마는 그들 안에 존재하는 두 세계의 갈등이라고 볼 수 있다. "나는 남과 다르고 싶다. 하지만 다른 모든 사람들의 방식에 따르고 싶지 않다"와 같은 내적 갈등이 있다. 4유형들은 그들의 독특함과 민감함과 미적 감각으로 인해 많은 사람들의 이목을 끌었지만, 그 모든 것 자체 때문에 진정한 자기 자신은 오히려 주목받지 못하고 있는 것을 알게 된다. 이들이 이것을 깨닫게 되기까지도 오랜 시간이 걸리지만 자기 이미지를 포기하기까지는 더 오랜 시간이 걸린다. 왜냐하면 너무 오랜 시간 동안 독특한 자기 이미지 구축에 집중하느라고 그 이면에 존재하는 그림자, 즉 그 이미지들로 인해 진정한 자기 자신이 주목받지 못하고 있었다는 사실을 인식하지 못했기 때문이다. 더 나아가 그러한 행위 자체가 그들의 생존 전략이었기 때문에 이것을 포기하는 것은 더 어렵고 더 오랜 시간이 필요하다. 이것이 이들의 딜레마이다.

미성숙의 양상과 방어기제: 질투와 승화

4유형들이 근본적으로 빠지기 쉬운 죄는 질투이다. 늘 독특함을 추구하는 이들의 경향은 이들의 미적 감각과 더불어 독창적이고 창조적인 개성을 표현하게 하지만 한편으로는 자기보다 더 독특한 것에 예민하다. 누가 자기보다 더 멋이 있고 안목이 좋은지, 더 독창적이고 뛰어난 감각을 지녔는지를 바로 알아본다. 이들이 선망을 느끼지 않는 대상은 없다. 어느 것을 보더라도 거기에 있는 것은 무엇이고 그들이 가진 것 중에 내가 가지지 않은 것은 무엇인가에 늘 예민해 있다. 관계 안에서는 이러한 선망과 예민함은 질투로 나타난다. 질투의 이면에는 다른 사람이 나보다 더 매력적이고 흥미 있는 파트너가 될지도 모른다는 두려움이 있다. 이는 열등감의 발현이라고 볼 수 있다. "나는 사랑받을 가치가 없어. 그러니 다른 사람의 사랑을 받기 위해서는 강한 인상을 주어야 해"라는 신념을 내재화시킨 것이다. 그래서 4유형들은 그들의 우정과 사랑을 투쟁적 경쟁관계로 발전시키는 불행을 초래한다.

4유형은 획일성을 높이 평가하는 공동체에서는 적응하기 힘들어한다.

혹은 공동체가 이들을 거부할 수도 있다. 이들은 "내가 다른 사람과 같다면 나는 내가 누구인지 모르는 것이다. 그래서 나는 다른 사람과 달라야 하고 어떻게든 나를 표현할 수 있는 것으로 이목을 끌어야 한다"는 신념을 가지고 있다. 이러한 신념 때문에 개성이 빛을 발하지 못하게 하는 획일적인 공동체는 이들에게 맞지 않다.

4유형의 사람들은 절망이나 슬픔에 빠지지 않도록 주의할 필요가 있다. 우울함에 빠질 가능성이 있는 것이 이들의 함정이다. 이들은 비극적 낭만주의자이다. 이들은 행복하기 위해 때로 절망하고 고통받아야 했다. 4유형의 사람들은 절망과 고통이 클수록 더 창조적이 될 수 있다고 믿는다. 창조적인 작업을 하는 많은 위대한 예술가, 문인, 철학자 등이 이 길을 걸어왔고 걷고 있다. 위대한 문학 작품과 예술 작품들이 죽음과 관련 있는 것은 죽음이 궁극적 슬픔과 고통에 대한 갈망을 내포하기 때문일 것이다. 또는 죽음만큼 영원성과 영원한 아름다움을 제대로 표현하는 것이 없기 때문일 것이다.

4유형들은 거절의 고통이나 슬픔 등에서 상처를 입지 않기 위해 혹은 거기에서 오는 두려움을 줄이기 위해 '승화'라는 방어기제를 사용한다. 이들이 자기 내부에서 나온 것에 권위를 두고 이를 추구하는 것은 주로 이들이 소유한 특유의 미적 감각으로 상징적으로 표현된다. 하지만 이 모든 것은 두려움이나 상처로부터 자기 자신을 지키기 위해 인위적으로 승화시킨 표현들이며 하나의 생존 전략이다. 그렇게 하지 않으면 스스로를 지탱할 수 없다고 생각하기 때문이다.

4유형의 사람들은 늘 비교하여 탓을 자기 자신에게 돌리는 사람들이기 때문에, 자기 자신과 자신의 육체에 만족하지 못한다. 외모 면에서도 객관적으로 볼 때 매력적이고 날씬 함에도 불구하고, 자신이 너무 못생기고 뚱뚱하다고 여기는 면이 있다. 여성들에게 특히 신경성 거식증과 같은 경향이 나타나기도 한다.

4유형의 사람들에게는 이들의 기분 변화에 말려들지 않으면서 그것을 견뎌줄 수 있는 가까운 사람이 필요하다. 4유형의 사람들에게는 곁에서 이들을 이해하고 격려하면서 변함없이 함께 해 줄 수 있는 사람이 필요하다. 미성숙한 4유형의 사람들과 함께한다는 것은 많은 인내가 요구된다. 4유형의 사람들은 현실에 만족을 하지 못하는 사람들이기 때문에, 현재의 파트너가 아닌 다른 사람에게 호감과 흥미를 느끼고 비교하는 등 현재의 파트너에게 만족하지 못하고 계속 불평과 불만을 쏟아 놓을 수 있다. 그래서 파트너가 좀 멀어지는가 싶으면 어느 새 온갖 수단을 동원하여 파트너를 잡아당긴다. 이러한 변덕스러운 성향을 꿋꿋이 견뎌내 줄 수 있는 사람이 얼마나 되겠는가? 4유형의 사람들은 겉보기에 평범하고 잔잔하며 '평안'한 행복을 갈망하면서도 혐오한다. 이러한 행복 속에서는 자기 자신을 느낄 수 없기 때문이다.

미성숙한 4유형들 중 좀 더 외향적인 사람들은 이렇게 조울병적인 변덕스러움을 보이지만 내향적인 사람들은 완전히 우울성으로 바뀔 수 있다. 미성숙한 4유형의 우울은 정상적인 슬픔과는 다르다. 4유형의 우울은 그들의 독특한 감정과 큰 고통과 도움을 받아들이지 않는 태도와 관련이 있다. 대부분의 4유형들은 자신의 감정을 중요하게 여기기 때문에 상처를 받았다고 여길 때 그것은 이들에게 매우 크게 영향을 미친다. 특히 미적 감각과 예술적 표현에 대한 비평은 이들에게 가장 깊은 상처를 줄 수 있다.

성숙의 양상과 선물: 평정과 현실감

성숙한 4유형이 얻을 수 있는 선물은 조화와 마음의 평정이다. 4유형들이 감정적인 면에 균형을 잡기 위해 수련을 할 필요가 있으며 이를 잘 수행한다면 성숙한 4유형이 될 수 있을 것이다. 감정적 수련을 통한 조화와 마음의 평정이 4유형이 진정한 예술가가 되느냐 아니면 아류 예술가가 될 것이냐를 좌우할 것이다. 성숙한 예술가는 감정적 수련을 쌓아 감정과 거리를 두고 그것을 객관적으로 볼 수 있다. 자기 감정을 객관적으로 볼 수 있기 때문에 그것으로 다른 사람을 좌우하는 식으로 장난을 치지 않을 것이다. 성숙한 4유형은 어느 누구도 도달할 수 없는 감정의 깊이에 도달할 수 있다. 그 심오한 감정을 미적 감각으로 예술적으로 표현할 수 있으면 위대한 예술작품이 탄생될 수 있을 것이다. 성숙한 4유형은 깊은 어둠과 슬픔과 고통을 겪어왔기 때문에 다른 사람을 이해하고 인도하는 데 뛰어나다.

4유형을 성숙에로 초대하는 것은 독창성에 대한 사명감이다. 고유함에 대한 갈망과 아름다움을 사랑하는 이들의 성향은 상당히 중요한 자질이다. 만일 그들이 하나님과의 관계에서 이 갈망과 풍성함을 찾을 수 있다면 이들이 오랫동안 갈망해 온 휴식과 조화에 이를 수 있을 것이다.

4유형들은 이상에만 머무를 것이 아니라 건강한 현실성을 발달시킬 필요가 있다. 그들이 갈망하는 것을 현실적으로 도달할 수 있는 목표로 만들 필요가 있다. 요동치는 감정의 롤러코스터에 자신을 내어 맡기는 것이 아니라 그 안에서 자기 에너지를 발견하는 것이 필요하다. 우리의 삶이 항상 행복하거나 항상 절망적인 것은 아님을 알 필요가 있다. 때로 조금은 기쁘고 조금은 슬플 수도 있다는 것을 인정하는 것이 필요하다. 4유형들은 양 극단에서 현실감을 가질 필요가 있다. 현실이 추하고 괴로운 것일지라도 그것을 미화시키지 말고 그대로 받아들이는 것이다. 현실에서 겪는 상실의 경험도 직시할 때 너무 큰 상처로 다가오지 않을 수 있다. 분노를 인정하고 상실을 인식할 필요가 있다. 슬퍼해야 할 것을 슬퍼할 수 있을 때 진정한 해방을 얻을 수 있다.

4유형들은 자신의 예술적 감각과 독창성 안에 숨어 있는 그림자를 인지할 필요가 있다. 예술적 감각과 독창성 추구의 이면에는 속물성과 엘리트 의식이 숨어 있을 수 있다. 이것을 직시하고 비평적으로 볼 필요가 있다. 자기 자신의 고유한 자질을 다른 사람과 비교하지 말고 그대로 평가하는 것이 중요하다. 자신의 자질과 에너지를 승화시켜 인류를 위해 봉사하는 데 사용하면 4유형의 사람들은 성숙한 위대한 예술인으로 남을 수 있을 것이다.

변화를 위한 방법[6]

(1) 자아도취에 빠지지 않도록 주의하자. 다른 사람들이 자신의 고통에 대해 나눌 때 그들의 말을 귀 기울여 들어보자. 그러면 고통을 느끼는 것이 나 혼자만의 일이 아님을 알게 된다.

(2) 내가 형편없다고 느껴질 때 가까운 사람들이 나의 우울한 분위기의 희생자가 되지 않도록 조심하자. 이것은 관계에 큰 위기를 가져올 수도 있다.

(3) 잃어버린 것이나 없는 것에 초점을 맞추기보다는 감사할 거리를

찾아 표현하도록 노력해 보자. 사랑하는 사람들과 내게 있는 독특한 것들 100가지를 찾아 목록을 만들어 보자.

⑷ 일생 동안 계속해서 나를 괴롭히는 수치심과 열등감을 이겨 나갈 때마다 내게 선물을 해 보자. 이 과정을 포기하지 말고 꼭 실천해 보자.

⑸ 고통이 느껴질 때 그 원인이 무엇인지 찾아보자. 그것을 치유하려면 무엇을 어떻게 해야 하는지 살펴서 실천해 보자.

⑹ 질투하지 않도록 주의하자. 질투는 비교하는데서 시작된다. 다른 사람들과 비교하기 시작하면 절대로 질투에서 빠져나올 수 없다.

⑺ 세상에 완벽한 것은 아무 것도 없다. 이상적인 관계나 직업이나 공동체에 대한 환상을 내려놓자. 이상에 대한 갈망에 갇혀 현실을 놓치지 않도록 하자. 현실에서 가능한 것이 무엇인지 그것을 갈고 닦아 보자.

⑻ 비범한 것이나 특별한 것만 추구하지 않도록 하자. 평범하고 단순한 것에서 아름다움과 의미를 찾아보자. 일상에서 발견하는 신비를 경험해 보자.

⑼ 과거에 있었던 고통스러운 일이 생각나면 스팸 메일처럼 휴지통에 넣어 버리자. 그리고 잊어버리자. 그것은 전혀 새로울 것도 없고 필요한 것도 아니고 유익한 것도 아니다.

⑽ 나의 느낌을 꾸미거나 그 느낌에 휩쓸리지 않도록 주의하자. 부정적 감정이 한 번 일어나면 사고도 마비되고 그것은 더 부정적 감정을 일으키는 악순환을 일으킨다는 것을 기억하자. 부정적 감정이 일어나면 순간적으로 환기시킬 수 있는 방법을 평소에 개발해

놓자. 예를 들면, 기쁜 음악을 듣는다든지, 친한 친구에게 전화를 건다든지...

〈미주〉

1 Russell Willingham, *Relational Masks*, 원혜영 옮김, 『관계의 가면』 (서울: IVP, 2006), 99-118 참조.

2 Russell Willingham, 『관계의 가면』, 103.

3 Ian Morgan Cron, Suzanne Stabile, 『나에게로 가는 길』, 206-207.

4 Ian Morgan Cron, Suzanne Stabile, 『나에게로 가는 길』, 236-37.

5 이충헌, 『성격의 비밀』, 165-174.

6 Ian Morgan Cron, Suzanne Stabile, 『나에게로 가는 길』, 267-68.

13장

이성 중심 성격유형의 해석과 분별
Interpretation and Discernment of Mind-centered Personality Types

이성 중심 유형인 5,6,7유형들은 불안정하다는 특징이 있다. 이 유형들은 사고형으로 상황을 철저하게 분석한 후에 행동하며 나름의 논리에 따라 임한다. 이들은 명령과 의무를 중요하게 생각한다. 이들은 자신의 감정을 객관성과 단순함 뒤에 숨긴다. 외적으로는 확실하고 설득력이 있고 현명하게 보이지만 내면적으로는 고립되고 혼돈스러우며 무의미함을 느낀다. 이성 중심의 사람들에게는 그림과 같은 구체화된 것들이 호소력이 있다. 이들은 사고에서 행동으로 그리고 고립에서 공동체적 연합으로 옮겨가야 한다.

5유형: 사색주의자

주요 특징

5유형은 이성 중심의 사람들이다. 이들은 행동하기 전에 생각하며 객관적인 판단이 설 때 행동한다. 5유형은 새로운 사실과 정보에 대해 개방적이고 수용적이다. 이들은 새로운 것을 탐구하고 배우는 것을 좋아하는 사람들로 발명가나 연구가들이 이 유형에 속한다. 이들은 세심하게 주의를 기울여 들을 수 있는 훌륭한 경청자이다. 성숙한 5유형들은 자기의 지식을 통해 지혜를 추구하는 것과 연관을 시키고 단순한 지식으로서의 지식이 아니라 공감할 수 있는 마음의 지식을 추구한다. 그래서 성숙한 5유형들은 자기가 획득한 지식에 고착되지 않고 오히려 그것을 내적 힘으로 소유하되 자기와 다른 견해를 가진 사람에게 부드럽고 친절하다.

성격형성 원인과 과정

5유형 중 많은 사람들은 일종의 공허감을 경험했을 것이다. 그래서 그들은 늘 무엇인가 그들을 채워주는 것을 갈망해왔다. 자신을 지식으로 꽉 채우려고 하는 배움에 대한 갈망도 바로 이러한 공허감을 해결하고자 하는 것이다. 5유형 중 어떤 사람들은 태어나기 전부터 무의식적으로 공허감을 경험했을 수 있다. 강압적인 부모 밑에서 혹은 여유롭지 못한 환경에서 자란 사람 중에 5유형이 많다. 강압적이고 여유가 없는 부모는 아이에게 안전한 환경을 제공해 주지 못했다. 애정과 접촉이 결핍된 어린 시절의 경험은 이들로 하여금 외부 환경은 안전하지 않기 때문에 내부로 움츠러들게 했다. 내면세계만이 안전하고 믿을 수 있는 것이며 방해받지 않고 자유를 누릴 수 있는 유일한 공간이라고 믿게 했다. 모든 것을 무릅쓰고 배움에 몰입했던 한 여성은 상담 시간에 "마치 나를 보호해 줄 울타리가 없고 집이 없는 것 같은 외로움과 공허가 엄습할 때가 있다"고 말했다. "위험이 다가오면 죽은 체하는 동물처럼 숨을 죽이고 가만히 있어야 했다"고 했다. 5유형 중 많은 사람들이 어린 시절부터 외부세계와 내부세계 사이에 담을 쌓아 놓고 있었기 때문에 자기의 감정을 표현하고 보여 주는 능력이 개발되지 못했다. 이것은 이들이 공허감을 깊이 느끼는 또 다른 이유가 된다.

딜레마: 지식과 소유

5유형의 사람들은 내적 공허를 채우기 위하여 많은 것들을 한다. 2유형들이 주고 싶은 충동에 좌우된다면, 5유형의 사람들은 갖고자 하는 충동에 좌우된다. 이들의 갖고자 하는 충동은 단지 어떤 특정한 것에 국한되지 않는다. 지식, 관념, 심지어 공간을 소유하고자 하는 충동이 있다. 그 충동은 모든 것을 끝도 없이 가지려고 하는 욕심으로 나타나기도 하고 특정한 종류를 수집하는 수집광으로 나타나기도 한다. 이들은 공간에 대한 충동도 있어서 사적으로 보호받을 수 있는 공간을 갈망한다. 외부의 압력에 영향을 받지 않을 '나의 요새'를 갈망한다.[1]

5유형들은 예외가 있을 수 있지만 거의 내성적인 사람들이다. 이들은 세상과 벽을 쌓고 있는 주로 수도자, 은둔자, 책벌레, 도서관 사서와 같이 까다로운 사람이다. 이들은 앎에 대한 욕구가 매우 커서 보는 것과 듣는 것을 진공청소기처럼 흡수한다. 관찰할 수 있는 행동들은 이들에게 모두 매력적인 일들이다.

5유형의 사람들은 감정과 사건 속에 말려들지 않고 객관성을 찾으려고 노력한다. 이들은 평온을 유지하는 것, 즉 감정을 통제하는 것을 중요하게 생각한다. 이들은 감정을 잘 통제하기 때문에 눈에 띄게 감정에 동요를 보이고 호들갑을 떠는 사람을 좋아하지 않는다. 하지만 자기감정을 잘 드러내지 않는 경향은 심해지면 때로 자기감정을 제대로 표현하지 못하게 되는 결과를 초래할 수도 있다. 또한 때로 이러한 모습은 다른 사람들에게 거만하고 냉정해 보일 수 있다. 거의 모든 5유형들이 정서적으로 풍성한 삶을 살고 있지만 어떤 일이 일어나서 그들의 감정에 상처를 받게 되면 뒤로 움츠러들게 된다. 이 유형들은 사건에 감정을 이입하지 않고 객관적으로 분석하면서 거리를 두고 볼 수 있다.

5유형의 사람들은 가까운 사람에게는 자기의 감정을 잘 표현하지 않지만 오히려 거리가 있는 사람들에게 관심을 표현할 수 있다. 따라서 주변 사람들은 이들을 경직된 사람으로 느낄 수 있다. 5유형과 관계를 맺는 사람들은 주도권을 잡으려하거나 신체적인 접근을 계속 시도하려 하거나 완전한 복종을 바라지만 않는다면 이들과 아주 좋은 관계를 맺을 수 있다.

5유형에게 지식은 원동력이면서 한편 경계해야 할 것이기도 하다. 미성숙한 5유형들은 모든 것을 자세히 알고 싶어 하는데 그것이 그에게 보호막이 된다고 생각하기 때문이다. 그러나 그들이 습득한 지식과 정보는 항상 충분할 수 없다. 그래서 이들은 또 다른 과정과 또 다른 책을 필요로 한다. 5유형들은 지적 우월성으로 여러 공헌을 하지만 그 지적 우월성을 다른 사람들보다 자기 자신이 더 많이 알고 있다고 여기기 쉬우며 다른 사람들을 내려다보기 쉽다는 딜레마를 가지고 있다.

위대한 철학자들 중에 많은 사람들이 5유형에 속한다. 5유형은 선천적으로 철학과 종교적 신비주의에 이끌린다. 4유형들이 주목을 끌기 위해 온갖 노력을 다하는 반면, 5유형들은 주로 주목을 끌 만한 일을 하지 않으려고 한다. 이것 또한 성장 과정에서 훈련된 적응 과정이다. 이들은 가능한 한 다른 사람의 주목을 끌지 않도록 하려면 어떻게 행동해야 하는가를 습득한 사람들이다. 대화 중 화제가 개인적인 주제로 돌아가면 주제를 일반화시키고 객관화시켜서 자신과 멀어지게 할 수 있는 기술을 가지고 있다. 공적인 장소에서 자기의 사적인 이야기를 꺼내는 것을 꺼려하는 경향이 있다. 대부분의 5유형들은 함께 나누거나 소통하는 것을 좋아하지 않는다. 어떻게 하면 자기의 내면을 내어 보이지 않을까를 늘 고심한다. 이들은 다른 사람이 하는 말을 잘 듣기 때문에 토론에 참여하고 있지 않더라도 그 흐름을 전혀 놓치지 않고 있다.

5유형의 사람들은 부모 역할을 하는 데 어려움을 느낀다. 5유형의 사람들은 자기의 사적 공간과 시간을 중요하게 여기고 그것을 어떻게든 지키려고 하는 반면, 어린아이는 부모의 시간과 공간과 에너지를 끊임없이 요구하기 때문이다. 이것이 꽤 많은 사람들이 결혼을 하고도 자녀 출산과 양육을 회피하는 이유 중 하나이다. 5유형들은 다른 사람들이 자기의 사적 공간과 시간을 침입하는 것을 매우 싫어한다. 이들은 자신의 사적 영역을 소중하게 여기며 보호하려고 애를 쓴다. 이는 이들이 홀로 있을 때 더 많은 에너지를 얻기 때문이다. 많은 사람들과 함께 있을 때는 쉽게 피곤하고 지치기 때문이다. 이들은 자신의 생각과 감정을 정리하고 자기 자신과 만나는 시간이 필요하다. 누가 옆에서 무엇을 원하며 이들의 시간과 공간을 내어 주기를 요구하지 않고 휴식을 취할 수 있다면, 몇 시간이고 한 곳에 앉아 있고 명상을 할 수 있다. 이들은 이러한 사적 시간과 공간을 이 세상 어느 것보다 더 좋아한다.

많은 5유형의 사람들이 지적이라고 보기 쉬운데 사실 그렇지 않은 5유형도 있다. 이들도 역시 머리로 움직이는 이성 중심의 사고형이다. 미성숙한 5유형은 정신분열적 특징을 보일 수 있다. 이들은 자폐성이 있거나 허무주의에 빠질 가능성이 많다.

미성숙의 양상과 방어기제: 비사회성과 탐욕

5유형들은 감정적으로 얽히는 것을 가장 싫어하기 때문에 그러한 상황이 생기지 않도록 회피하고 뒤로 물러서는 방어기제를 사용한다. 미성숙한 5유형일수록 이러한 방어기제를 더 많이 사용하며 친밀감을 필요로 하는 결혼을 회피하는 사람들이 있다. 이들의 비사회성은 유명한데 어떤 사람들은 가명을 사용하거나 변장을 함으로써 자신의 신분과 정체를 드러내려 하지 않는 사람들도 있다. 미성숙한 5유형들은 친밀하고 가까운 관계를 두려워한다. 철학자들이 추상적이고 이론적 관념의 차원에만 머무르는 것처럼 사실 지식 혹은 앎은 다른 사람을 비판하는 도구가 될 수 있다는 것이 이들의 딜레마이다. 이런 태도 때문에 이들은 보수적인 경향이 있다.

5유형들은 그들의 삶을 여러 분야로 구분하는 식으로 자신을 방어하는 경향이 있다. 그들은 아무 관련이 없는 여러 분야의 사람들과 알고 지내며 친구가 될 수 있다. 하지만 이들은 다른 사람들이 자신의 삶에 깊이 관여하는 것과 감정적인 얽힘을 두려워하기 때문에 관계의 시공간적 한계가 정확할 때만 안정을 느낄 수 있다. 이것이 5유형들의 한계이다.

5유형의 사람들은 가지고자 하는 충동이 있는 사람들이다. 5유형들은 가지려는 사람이지 주는 사람이 아니다. 이들이 주의해야 할 것이 탐욕이다. 자기가 가지고 있는 모든 것을 쌓아놓고 나누려고 하지 않는 사람들이다. 이들이 성숙에 이르려면 자신들이 인색하다는 것을 인식하는 것이 필요하다. 이들이 인색한 이유는 나눔으로써 자기 자신을 잃을까 두렵기 때문이다. 사실 5유형들은 선천적으로 금욕적인 사람이다. 이런 점에서 볼 때 5유형의 욕심과 검소함은 서로 대립되는 것은 아닐 수 있다. 미성숙한 5유형은 무엇인가 갖고 있지 않을까봐 두려워하는 경향이 있다. 이것이 이들의 모든 행동의 숨겨진 동기이다.

성숙의 양상과 선물: 객관성과 참여

성숙한 5유형은 객관성을 선물로 얻는다. 다른 유형들과 마찬가지로 하나의 성격적 특징은 동전의 양면처럼 장점과 단점의 역할을 한다. 미성숙한 5유형은 감정적으로 초연해야 하는 것이 과제이지만 성숙한 5유형은 감정적으로 초연할 수 있다. 5유형은 훌륭한 경청자이다. 모든 것을 듣고 흡수할 수 있는 능력이 뛰어나면서도 자기가 감정적으로 얽이기를 싫어하기 때문이다. 그래서 이들은 침착하게 객관적으로 상대방을 도와줄 수 있다.

5유형이 추구해야 할 목표는 참여와 경험의 지혜이다. 지혜는 사색으로뿐 아니라 직접 참여하고 경험함으로써 얻어지는 것이다. 그래서 이들의 삶의 과제는 헌신과 행동하는 것을 배우는 것이다. 사랑이 무엇인가 정보를 모으고 사색하고 분석하는 것보다 직접 사랑하는 법을 배우는 것이 필요하다. 자신을 죽기까지 내어 주신 그리스도를 통해 하나님을 직접 체험하는 것이 필요하다. 또한 인간관계 안에서도 확고한 사랑을 체험해야 한다.

변화를 위한 방법[2]

(1) 감정이 자연스럽게 일어나도록 하고 현재 순간의 느낌을 충분히 경험해 보자. 그런 다음 그 감정이 지나가게 하자.

(2) 애정이나 사생활, 지식, 시간, 사랑, 돈, 물질적인 소유, 또는 생각을 축적함으로써 정신적인 결핍을 메꾸려 한다는 것을 인정하자.

(3) 다른 사람들 안에서 감정을 이끌어내는 것처럼 보이는 일이 생기면 그 감정을 나중에 처리하려고 하지 말고 그 순간의 감동을 그냥 느끼려고 해 보자.

(4) 나의 삶에 대해서 다른 사람들과 이야기를 많이 나누려고 해 보자. 그들이 나에게서 들은 정보를 잘못 사용하지 않을 것이라고 믿어 보자.

(5) 안전지대에서 나오는 모험을 해 보자. 내가 누구인지, 무엇을 가지

고 있는지 다른 사람들과 더 많이 나누어 보자.

(6) 모든 것에 대해 답이 반드시 필요한 것은 아님을 기억하자. 내가 다 알고 있어야 한다고 생각하지 말자.

(7) 친구에게 전화를 걸어 아무 이유 없이 놀자고 제안해 보자.

(8) 어느 정도의 소비나 사치가 그리 해가 되는 것은 아니다. 다른 사람과 함께 여행을 한다든지 한 달에 한 번 누군가에게 점심대접을 해 보자.

(9) 몸과 머리가 분리된 것을 연결해 줄 수 있는 요가나 다른 활동을 시작해 보자.

(10) 내게 확신이 없을지라도 뒤로 물러나 있기보다 대화에 참여해 보자.

6유형: 보수주의자

주요 특징

6유형은 협동적이며 조화를 잘 이루는 사람들이다. 이들은 믿을 만하며 충성심이 강하다. 사랑하는 사람을 위해 최선을 다하며 모든 것을 바치는 사람들이다. 이들은 상황을 판단하여 가능한 것과 불가능한 것을 알아내는 능력이 있다. 성숙한 6유형들은 새로운 길을 모색하면서 동시에 새로운 길과 건전한 전통을 조화시키는 방법을 알고 있다. 자신의 내적 성향에 대한 두려움을 대처하는 방식으로써 모든 일을 정해진 규칙과 임무를 따라 이루려고 애를 쓴다. 이들은 쉽게 회의에 빠지고 겁이 많고 의심이 많다. 편집증적인 경향을 가지고 있다. 이들에게는 '세상은 위험하므로 경계해야 한다'는 신념이 있다. 이들은 교리적이고 불안정하며 과도한 책임의식에 사로잡혀 살아간다.[3]

6유형들은 자기가 지지하는 체계를 유지하는 데 필요한 계급과 권위를 중요하게 여기며 안전을 추구한다. 그래서 6유형들 중에 군국주의자들이 많은 것은 당연하다고 볼 수 있다. 이들은 판사, 검사, 변호사, 경찰, 탐정 등과 같은 법과 관련된 일을 선호한다.

성격형성 원인과 과정

6유형의 부모들은 감정 조절이 되지 않고 난폭하거나 냉정한 사람들이었을 가능성이 크다. 이들의 부모는 벌을 주거나 구타를 함으로 자기 자신의 갈등을 해소하곤 했다. 그래서 이들은 부모와의 관계에서 인간관계의 기초인 신뢰를 발달시킬 수 없었다. 6유형의 사람들은 자기를 스스로 보호할 수 없기 때문에 다른 보호자를 찾아야 했고 위험을 감지하는 법을 배우고 예상해야 했다. 6유형은 어릴 때부터 위험이나 위협이 있는 것을 감지하는 능력을 발달시켜왔다. 그것을 스스로 예측해야 자기 자신을 보호하고 안전을 도모할 수 있었다. 이들은 또한 안전을 제공해 줄 권위자를 외부에서 찾아야 했다. 그래서 교회나 정당이나 학문 등 어떤 제도를 찾아 나서고, 완벽한 해답이 들어 있는 성경과 같은 한 권의 책을 필요로 한다.

6유형들의 세상은 흑백으로 확연하게 구분된다. 회색과 같은 불확실한 것을 원치 않는다. 확실하지 않으면 불안하고 불편하다. 6유형 중 가장 미성숙한 사람들의 경우에는 상당히 독선적이어서 자기가 주장하는 것이 진리라고 확신하거나 '외적 권위'라고 자기가 믿는 것을 맹목적으로 따를 준비가 되어 있다.

3유형들이 성공을 위해서 모든 것을 다하는 반면, 6유형들은 성공보다는 자기를 지키기 위해 싸운다. 이들은 성공 자체를 의심하는 염세주의자로, 결국에는 자기 스스로 패배에 이르는 상황을 만든다. 처음부터 도달할 수 없는 목표를 설정하거나 성공을 해도 혹은 하지 않아도 그다지 신경 쓰지 않는다. 이들은 새로운 상황에 위협을 느끼기 때문에 성공에도 위험이 내포되어 있다고 여긴다. 3유형들은 칭찬에 목말라하지만 6유형들은 칭찬받는 것을 거북스러워한다. 왜냐하면 칭찬 안에 어떤 숨은 뜻이 있을지도 모른다는 의심이 있기 때문이다. 따라서 이들에게 칭찬을 하려면 약간의 비판을 하면서 칭찬을 하는 것이 필요하다.

딜레마: 안전과 보호

6유형은 안전과 보호에 대한 끊임없는 갈망이 있다. 그래서 변화를 두려워하며 지금까지 지켜져 왔던 것을 그대로 유지하는 쪽을 택한다. 이념과 종교를 막론하고 정통적이고 폐쇄적인 쪽을 선호한다. 아이러니하게도 이들은 자기가 신봉하는 것을 위협하는 것에 대항하기 위하여 행하는 행태가 그들이 대항하는 사람들의 행태와 별반 다른 것이 없다는 것이다. 근본주의 이슬람교도들의 행태와 그들이 기독교를 믿는 체계를 위협한다고 여기며 대항하는 기독교 근본주의자들의 행태는 그다지 다르지 않다. 공산주의의 인권 유린의 위협에서 나라를 지켜야 한다면서 촉각을 세우는 극보수주의자들의 사고와 행태는 공산주의자들의 것과 다른 점을 그리 찾아보기 힘들 정도이다. 자기의 체계의 근본을 무너뜨린다고 생각하는 것을 지키기 위해 무모하게 행동하고 변화와 다양성에 대해 폐쇄적인 점이 매우 유사하다.

6유형에 속하는 사람들 중에 공포에 사로잡히는 유형과 공포를 저항하는 유형이 있어 이를 구분하는 것이 필요하다. 공포에 사로잡히는 유형은 선천적으로 의심이 많고 주의 깊은 사람으로 도전을 주저하는 경향이 있다. 이들은 위험한 상황 자체를 회피한다. 한편 공포를 저항하는 유형들은 공포를 부인하고 과하게 반응하는 경향이 있다. 극단적인 경우 KKK와 같은 극우파나 오토바이 폭주족 등이 여기에 속한다. 이들은 자동차 경주와 같은 위험한 상황을 스스로 찾아감으로써 자신에게 있는 공포를 무마시키려고 한다. 이들에게 공포는 하나의 추진력이지만 그것을 혐오하고 그것에 굴복하기를 거부한다. 이들은 자기가 옳다고 생각하며 지지하는 것을 위하여 모든 수단과 방법을 동원하여 지키려 한다. 이 때문에 때로 무모하거나 과잉한 행동을 보이기도 한다.

미성숙의 양상과 방어기제: 의심과 투사

6유형들은 투사를 주요 방어기제로 사용한다. 이들의 불신의 경향과 풍부한 상상력은 최악의 결과를 초래할 수 있다. 명백한 증거가 거의 없는 경우에도 의심으로 시작하여 상대의 어떤 행동에도 부정적인 생각을 투사하고 적의와 혐오로 이르게 되는 불행한 일이 일어날 수 있다. 인간

관계에서도 마찬가지이다. 이들은 상대방이 전혀 의식하지 않고 행한 말과 행동의 무의식적 동기까지도 의심하고 자신들이 가지고 있는 안전을 위협할지도 모른다는 공포증을 상대방에게 투사하는 경향이 강하다. 자신이 가지고 있는 부정적인 동기가 상대방에게도 있을 것이라고 상상하고 자신의 불안과 공포를 상대에게 투사하는 것이다.

6유형은 불안을 넘어선 공포가 이들을 휘감아버리도록 자기 자신을 내어 주는 것은 근본적으로 죄라는 것을 인식할 필요가 있다. 성경은 두려워하지 말라는 메시지로 우리가 두려움을 극복하도록 격려한다. 하지만 상당히 많은 권력자들은 자기의 권위와 체제를 지키기 위해 공포정치를 통해 다른 사람들을 통제한다. 우리는 충성이나 순종이라는 이름으로 포장하여 권위에 복종하는 것이 미덕이라는 메시지를 주입받아 왔다. 그것이 왜곡되고 인간성을 상실시키는 것이어도 덕으로 여기고 복종해야 한다고 말이다. 사실 진정한 복종은 의지의 자유를 기반으로 할 때 가능한 것이다.

하지만 거짓 복종을 종용하는 것은 공포를 조장하고 불안을 은폐하는 것이다. 공포를 조장하거나 공포에 사로잡히는 것이 감정적인 것으로 보이지만 사실 머리에서 시작된다는 점을 환기시킬 필요가 있다. 6유형의 사람들은 이성 중심의 사람들이다. 다시 말하면 6유형을 괴롭히는 불안과 공포는 머릿속에서 시작된다. 어떤 일이 잘못되면 어쩌나하는 마음이 풍부한 상상력을 바탕으로 그려낸 공포의 시나리오인 것이다. 대부분의 극우 보수주의자들의 사고와 행태들을 보면 바로 실제로 근거가 없이 그들의 머릿속에서 그려진 불안과 공포의 시나리오임을 알 수 있다. 예를 들면, 기독교 역사에서 육체와 성을 두려워하게 조장했던 시나리오, 작은 이슬람 기업 하나가 우리나라에 들어온다고 우리나라 전체가 이슬람 으로 개종될 것이라고 보는 시나리오, 기독교 신학교와 인근 불교 사찰 의 지역사회를 위한 연합 모금 바자회를 마치 하나님을 모독하고 기독교 신앙을 뿌리째 흔드는 것으로 여기는 시나리오 등이다.

사실 공동체로서, 단체로서, 권위 집단으로서 종교 특히 기독교는 불 안과 공포에 취약한 사람들에게 매우 매력적이다. 교회가 스스로 혹은 거기에 속한 성도들이 근본주의적인 함정에 빠지지 않도록 하려면 바 로 이러한 딜레마를 극복해야 한다. 인간은 근본적으로 안전을 추구하 기 때문에 시대를 막론하고 근본주의가 없어지지는 않을 것이다. 중요 한 것은 특히 6유형과 같은 사람들이 불안과 공포의 함정을 보고 극복할 수 있도록 주변에서 도와줄 필요가 있다는 것이다. 교회 지도자들이 성 도들로 하여금 진정으로 하나님을 사랑하도록 하는 것이 아니라 신앙이 라는 이름으로 하나님을 두려워하도록 조장하지 않았는지 성찰해 보아 야 한다.

미성숙한 6유형들이 규범과 규칙과 법률 등을 지키는 것을 목숨을 지 키는 것처럼 하거나 다른 사람들이 그것을 어기지는 않는지 예민하게 지켜보는 것은 사실 이들이 가진 의심의 경향을 회피하는 하나의 수단 이다. 미성숙한 6유형들의 딜레마이며 빠지기 쉬운 함정은 불안과 공포 에 대항한다고 하면서 무모하게 위험을 무릅쓰는 것이다. 이들은 권위 자를 맹목적으로 따르는 동시에 불신하는 경향을 보이는데 이것은 이 들 안에 있는 취약함을 반증하는 것이다. 권력과 권위에 아첨하며 맹목 적으로 굴복하는 것은 권위와 연합하여 개인적인 불안을 극복하려는 것 으로 볼 수 있다. 모든 공동체는 체제를 유지하기 위해 충성심과 희생과 책임감을 필요로 한다. 그래서 6유형들의 이러한 자질은 공동체에 매우 긍정적으로 작용한다. 하지만 기대가 큰 만큼 실망도 크다. 예를 들어 지도력에 문제가 생겨 자기들의 요구가 충족되지 못하거나 하면 그 충성심과 희생은 반역으로 돌변한다.

성숙의 양상과 선물: 용기와 믿음

성숙한 6유형들에게 주어지는 선물은 용기이다. 이들은 평생 두려움과 싸워왔기 때문에 어쩌면 그것을 극복하는 방법도 익혀왔을 것이다. 성숙한 6유형에게 주어지는 또 다른 선물은 예민한 감각이다. 성숙한 6유형들은 다른 사람에게 무슨 일이 일어나고 있는지 알 수 있는 능력이 있다. 그것은 그들이 자신의 불안과 공포가 어디에서 오고 왜 오는지를 오랫동안 성찰해왔기 때문이다.

하지만 이렇게 건강하고 성숙한 6유형들이 그리 많지 않다. 6유형들이 성숙으로 가는 길에 필요로 하는 것은 믿음이다. 성경에서 말하는 믿음은 신비 혹은 불확실성으로 나아가는 여정이며 하나님과의 신뢰관계를 의미한다. 6유형들이 도달해야 할 과제는 외부의 권위에 의존하는 것에서 벗어나 내적 권위를 찾는 것이다. 자기의 감정과 삶을 스스로 책임지도록 하는 것이다. 이 길에서 중요한 것은 자기 안에 있는 불안과 공포를 직접 확인하고 그것이 공포라는 것을 인정하는 것이다. 공포를 인정할 때 그것은 더 이상 공포로 다가오지 않을 것이다. 6유형은 선천적으로 이성 중심 유형이기 때문에 영적 생활에서도 지적이고 분석적이며 추상적인 면이 강할 수 있다. 그러므로 더욱 성숙되고 건강하고 균형 잡힌 영성을 향하여 나아가기 위해서는 우뇌를 사용하여 좀 더 직관적이고 상징적인 면과 또한 몸의 감각까지도 겸비할 필요가 있다. 6유형은 영성생활에서도 특히 강박적으로 접근하는 것을 벗어날 필요가 있다. 하나님과의 신뢰의 관계에서 자신이 언약적 동반자임을 확인하고 하나님의 섭리의 넓이와 깊이를 경험하는 것이 중요하다. 이들에게는 불안과 공포의 경계심을 풀어 놓고 자신을 개방할 수 있는 공동체를 찾는 것이 큰 도움이 될 것이다.

변화를 위한 방법[4]

(1) 향심기도나 묵상을 규칙적으로 해 보자. 이러한 시간은 모든 유형에게 필수적이지만 6유형들에게는 특히 중요하다.

(2) 권위자와의 관계가 건강하지 못한 쪽으로 흐르지는 않는지 늘 주의해야 한다.

(3) 일기를 써 보자. 좋은 결정을 한 결과가 얼마나 만족을 주었는지, 나쁜 결정을 해서 힘들었던 일들을 기록해 보자.

(4) 칭찬 뒤에 숨겨진 의도나 동기를 의심하지 말자. 있는 그대로 받아들이는 연습을 하자.

(5) 다른 사람의 생각이나 계획에 대해 부득이 평가를 해야 한다면 잘못을 말하기 이전에 긍정적인 것을 인정해 주자.

(6) 24시간 뉴스 방송이나 불필요한 걱정과 불안을 부추기는 책이나 영화를 보는 시간을 줄이자. 이것은 비판적이고 비관적인 관점을 더 강화시킬 수 있다.

(7) 이성관계를 시작했을 때 혹은 부부관계에서 상대방의 행동이나 헌신에 대해 의심스러운 생각과 느낌이 드는지 확인해 보자.

(8) 정당한 두려움과 걷잡을 수 없는 불안의 차이점을 구별하는 법을 배우자. 합리적인 두려움은 나름의 가치가 있다.

(9) 줄리안 노리치의 아름다운 기도를 반복해서 읽고 외워보자. "모두 다 잘 될 겁니다. 모든 일이 잘 될 겁니다. 모든 종류의 일들이 잘 될 것입니다."

(10) 두려움이라는 중대한 죄와 상반되는 덕은 용기가 아니라 믿음이라는 것을 알 필요가 있다. 이것은 선물이다. 믿음을 위해 기도하자.

7유형: 낙관주의자

주요 특징

7유형의 사람들은 낙천적인 사람들로 늘 기쁨의 순간들을 놓치지 않는다. 삶의 순간들을 놀라움으로 선물처럼 받아들인다. 이들에게 모든 것이 아름답고 충분하며 쓸데없는 것은 아무것도 없는 것 같다. 이들은 긍정적이고 밝은 면을 보고 그것을 즐길 수 있으며 다른 사람에게도 그렇게 하도록 이끌 수 있다. 이들은 유쾌하며 유머 감각이 있어서 주변에 사람들이 많이 모여든다. 이들은 느긋하고 쾌활하여 자신을 방어하려는 경계심을 없애버리는 능력이 있다.

제4부 / 13장 • 이성 중심 성격유형의 해석과 분별 ··· **343**

7유형들은 어떤 하나에 집중하기보다는 이것저것을 다해 보는 경향이 있다. 이것은 이들이 어떤 물건이나 사람에게 너무 깊이 빠지는 것을 회피하려는 무의식적인 적응 기제라고 볼 수 있다. 직업도 하나에 빠져있기보다는 재미있는 일을 이것저것 다해 보려 한다. 자영업이나 팀 안에서도 융통성이 많은 곳에서 일하기를 제일 좋아한다. 이것은 이들이 선천적으로 자유를 추구하며 억압되는 것을 힘들어하기 때문이다. 권위적이고 계층적인 구조 자체를 싫어한다. 왜냐하면 권력을 행사하는 것이나 추구하는 것을 싫어한다. 다른 사람을 거느리는 것이나 반대로 다른 사람에게 아부하는 것을 모두 싫어한다. 왜냐하면 둘 다 모두 자신의 자유가 억압되는데 그것은 그들에게 고통으로 다가오기 때문이다. 이들이 원하는 것은 오직 고통스러운 갈등 없이 삶을 즐기는 것이다.

성격형성 원인과 과정

7유형의 이러한 낙관주의적인 성향은 사실 이들이 고통을 대처하는 방식이다. 이들은 어린 시절부터 큰 정신적 충격을 받았을 수 있다. 하지만 그러한 부정적이며 고통스러운 경험을 억압하고 무시하려고 노력했을 것이다. 7유형은 자라면서 '나는 혼자다. 나를 돌봐 주거나 도와줄 사람은 아무도 없어'라는 생각이 머리를 떠나지 않았을 것이다. 그래서 누군가에 의존하는 것을 거두어들이고 어려운 일을 스스로 해결해 나가야 했다. 이들은 또한 삶의 과정 중 행복하지 못한 순간들도 긍정적으로 보아야 했다. 그래야 고통을 잊고 지낼 수 있기 때문이다. 또한 기쁨을 주는 것들과 가능한 고통을 적게 주는 것들로 매일의 삶을 채워갔다. 사실 이러한 전략은 이들이 사회에서 자신을 보호하고 어려움을 이겨나가 도록 큰 도움이 되는 방법이다. 7유형들은 피터팬처럼 영원한 어린아이 같다. 호기심이 많고 이들의 삶은 즐겁고 기쁜 것들로 가득하다. 그러나 괴로운 일은 미루거나 무시하는 식으로 회피를 하지만 그렇게 하지 못 하면 초조해 진다. 이들이 낙천주의적인 태도를 발달시킨 것은 이렇게 고통을 회피하고자 하는 전략인 것이다.

딜레마: 자기 긍정과 합리화

7유형들은 이상주의에 빠질 가능성이 있기 때문에 주의해야 한다. 이 들은 다른 사람들에게 기쁨을 주고 있다는 생각으로 행하기 때문에 반 대로 그들로 인해 다른 사람이 상처를 받을 수 있다는 것을 생각하기 쉽 지 않다. 이것이 7유형들의 딜레마이다. 특히 이들 자신의 행복에 대한 욕구와 다른 사람의 행복이 갈등을 일으킬 때 이들은 모순을 경험할 수 있다.

7유형들은 빨리 합리화를 하는 경향이 있다. 부정적인 것은 빨리 잊어 버리거나 최소한의 긍정적인 것으로 새롭게 해석한다거나 하는 능력이 뛰어나다. 예를 들어, 이솝우화에 나오는 한 여우가 포도밭에 가서 포 도를 따 먹으려고 했는데 포도가 너무 높은데 달려 있어서 먹지 못한다. 그러자 여우는 저 포도는 어차피 신포도 일거라며 그냥 가버린다. 이와 같이, 추구하던 것을 얻지 못했을 때 그 고통을 완화시키는 방어기제를 자기 합리화라고 하는데, 이것이 7유형의 사람들이 주로 사용하는 방법 이다. 이는 또한 그리스도인들이 아주 많이 사용하는 방법이다. 열심히 공부하고 준비했는데 들어가고 싶은 대학이나 직장에 합격하지 못했을 때, '하나님께서 거기 가는 것을 막으신 거야'라고 말하거나 혹은 원하지 않은 대학이나 직장에 들어가게 되었다면, '여기는 내가 창조성을 더 잘 발휘할 수 있는 곳이야...'라고 말하며 합리화를 한다.

3유형처럼 7유형도 자기 자신을 지나치게 긍정적으로 볼 위험이 있다. 3유형들이 실패하는 것을 보는 것을 거부하는 반면, 5유형들은 고통을 느끼는 것을 거부한다. 7유형의 사람들이 낙관적이며 유쾌하고 유머를 잘하는 것은 고통을 회피하기 위해 오랜 기간 동안 스스로 발달시킨 생존 전략이다. 어쩌면 이들은 유쾌하지 못한 이야기나 고통스러운 이야기를 듣지 않으려고 그 순간을 피하고자 농담을 하는 것이라고 볼 수 있다. 7유형에 속하는 어떤 한 여성은 친구들과의 모임에서 대통령의 탄핵문제를 중심으로 잠시 의견에 충돌을 경험했다. 그때 다른 친구들이 상대방의 의견에 동조를 하면서 분위기가 경직되자 바로 목소리의 톤을 바꾸고 농담으로 그 분위기를 바꾸어 놓았다. 놀랄만한 자질이었지만 이 또한 고통스러운 순간을 회피하는 방어기제였다.

미성숙의 양상과 방어기제: 자기기만과 무절제

7유형의 사람들은 부정적인 감정을 잘 처리하지 못한다. 자기 자신의 것이든 다른 사람의 감정이든 특히 부정적인 감정을 다루지 못하고 회피하는 쪽을 택한다.[5] 다른 사람의 아픔을 지켜보는 것은 이들에게도 고통을 준다. 그래서 자기에게도 그리고 상대방에게도 '금방 좋아질 거예요. 더 나쁘지 않아서 다행이예요'라는 식으로 고통의 순간을 넘기려고

한다. 사실 7유형이 보여 주는 미소나 쾌활함은 과장된 것이고 자기의
감정을 기만하고 있는 것일 때도 있다. 7유형의 주변 사람들은 이들이
마음속에 절규하고 있는 고통이 있을 것이라고 믿지 못할 것이다. 이들
은 자기의 고통을 늘 이렇게 회피해왔기 때문에 어둡고 힘든 부분을 들
여다보는 기능에 문제가 생길 수도 있다.

7유형들은 절제하지 못하는 면이 가장 취약한 부분이다. 이들은 재미
나 기쁨이나 쾌락에 대해 과도하게 집착하는 경향이 있다. 대부분의 7
유형들은 수다가 심하고 그만큼 피상적이기 쉽다. 이들이 성숙으로 가
기 위해서는 말하는 것을 가능한 한 줄여서 조용한 시간을 갖도록 노력
해야 한다. 그 외에도 무엇이든 더 많은 것, 더 좋은 것 등을 추구하는
무절제라는 근본적인 문제를 해결하기 위해서는 금욕의 삶을 실천해야
한다.

성숙의 양상과 선물: 진정한 기쁨과 절제

성숙을 향하여 가는 길에 7유형의 사람들에게는 기쁨이라는 선물이
기다리고 있다. 하지만 기쁨의 어두운 쪽에 있는 슬픔과 고통을 통과해
야 한다는 것을 알 필요가 있다. 진정한 기쁨은 모든 어려움을 직시하고
그것에 대면하여 이겨낼 때 얻어지는 것이다. 이들의 낙천주의가 피상
적인 것이 되지 않으려면 삶의 모든 면에서 진지함을 잃지 않도록 할 필
요가 있다. 미성숙한 7유형은 행복해지기 위해서 끊임없이 새로운 시도
를 하고 만들어 낸다. 하지만 7유형이 성숙에 이르기 위해서는 하나님과
협력하는 것이 필요하다. 현실은 언제나 기쁨과 고통이 함께 공존하며

동전의 양면과 같이 이들 모두 받아들여야 한다. 즉 죽음은 삶의 연장이며 또한 죽음이 있은 후에 부활이 있음을 알 필요가 있다.

7유형이 주의해야 할 것은 너무 쉽게 빨리 그리고 지나치게 합리화하는 것이다. 이것을 깨닫는 것이 이들의 과제이다. 또한 고통을 너무 회피하려고 하다가 자기 자신과 다른 사람의 고통에 공감하지 못하고 너무 냉정해지지 않도록 주의할 필요가 있다. 7유형들은 누군가 그들의 기분을 상하게 하면 그렇게 유쾌했던 사람들이 갑자기 6유형처럼 편협하고 권위주의적인 모습을 보일 수 있다.

따라서 7유형들이 성숙하기 위해서는 고통을 지나치게 포장하지 말고 인지하며 대면하여 극복하는 법을 배울 필요가 있다. 자신의 어두운 면을 성찰하기 위해서는 묵상이 가장 좋은 방법이다. 묵상을 통해 자기의 어두운 면을 인지하고 침묵의 시간을 늘릴 필요가 있다. 인생은 어둡고 지루하고 아름답지 못한 부분도 있음을 받아들여야 한다.

변화를 위한 방법[6]

(1) 자제력과 절제를 연습하자. 더 많은 것이 더 좋은 것은 아니다.

(2) 하나의 생각이나 주제 또는 프로젝트를 가지고 숙고하지 않고 다른 것으로 쉽게 건너뛰는 경향을 인지하고 여기에서 벗어나기 위해 매일 묵상을 연습해 보자.

(3) 정기적으로 홀로 있는 영적 훈련을 개발하고 실천해 보자.

(4) 상처 때문에 위축되지 말고, 과거에 나에게 상처를 주었거나 내가 상처를 입힌 사람들의 목록을 작성해 보자. 그런 다음 그 사람들과

나 자신을 용서하자. 필요하다면 적절하게 보상을 하자.

(5) 불안, 슬픔, 좌절, 질투 또는 실망과 같은 부정적 감정을 느낄 때마다 그 감정들을 회피하지 말고 인정하고 안아주자.

(6) 미래에 대한 환상을 가지기 시작하거나 너무 많은 계획을 세우게 될 때마다 현재의 순간에서 자신을 되찾을 필요가 있다.

(7) 과도한 에너지를 태우기 위해 매일 운동을 하자.

(8) 내게 잠재력이 있음을 알고 그것이 무엇이고 어떻게 개발해야 할 것인지를 고민해 보자. 어떤 직업을 가질지 혹은 어떤 헌신을 하고 싶은지 생각해 보자. 하나님께서 내게 주신 은사를 어떻게 사용하고 싶은지 구체적으로 계획해 보자.

(9) 내 인생의 의미는 무엇인가? 내가 회피하고 싶은 감정이나 기억들은 무엇인가? 이러한 질문들에 답을 적어 보자.

(10) 친구나 배우자가 상처를 받았을 때나 고통 가운데 있을 때 인위적으로 기분을 북돋우려고 애쓰지 말고 그냥 같이 있어 주려고 노력해 보자.

〈미주〉

1 William D. Backus, 『죽음에 이르는 7가지 죄를 극복하는 비결』, 193.
2 Ian Morgan Cron, Suzanne Stabile, 『나에게로 가는 길』, 299-230 참조.
3 Don Richard Riso, *Personality Types: Using the Enneagram for Self-Discovery* (Boston: Houghton Mifflin, 1987), 163.
4 Ian Morgan Cron, Suzanne Stabile, 『나에게로 가는 길』, 325 참조.
5 Christopher Bollas, 『대상의 그림자』, 250.
6 Ian Morgan Cron, Suzanne Stabile, 『나에게로 가는 길』, 356-357 참조.

14장

성격형성의 방안과 적용
Direction and Application for Personality Formation

성격형성과 은혜의 관계

에니어그램을 통해 분석한 미성숙한 자아의 변화를 이끌어내는 기독교적 방식은 은혜의 법칙을 깨닫게 하고, 그 법칙에 의해 삶이 양육될 때 더욱 효과적이다. 이러한 방식에 탁월한 지혜를 담고 있는 책이 토마스 아 캠피스(Thomas a Kempis)의 『그리스도를 본받아』(*The Imitation of Christ*)이다. 이 책은 14세기에 쓰여진 작품으로서 하나님을 향한 사랑과 세상에서의 일 사이에서 균형을 유지하려는 사람들에게 많은 유익을 준다. 이 책은 구조화된 형식을 따르고 있지는 않지만 하나님의 은혜와 인간의 본성과의 관계를 매우 의미 있게 설명한다. 게일 비비(Gayle Beebe)는 이 책에 나타난 본성의 법칙의 지배를 받는 삶과 은혜의 법칙의 지배를 받는 삶의 차이를 다음과 정리하였다.

- 본성은 교활하고 유혹적인 반면, 은혜는 단순하게 산다.

- 본성은 자기중심적인 반면, 은혜는 순전히 하나님을 위해서 만 모든 일을 한다.

- 본성은 순종의 멍에를 지려 하지 않는 반면, 은혜는 자기중심성을 넘어 하나님을 위해 사역하는 데로 나아간다.

- 본성은 자신의 유익만을 위해 일하는 반면, 은혜는 자기 목적을 위해 성공하는 법을 고려하지 않는다.

- 본성은 기꺼이 경의와 존경을 받아들이는 반면, 은혜는 모든 존경과 영광을 하나님께 돌린다.

- 본성은 수치와 경멸을 두려워하지만, 은혜는 예수의 이름으로 비난 받는 것을 기뻐한다.

- 본성은 게으른 반면, 은혜는 해야 할 일을 즐겁게 찾는다.

- 본성은 유일하고 다른 것을 구하는 반면, 은혜는 단순하고 비천하고 허름한 것까지 기뻐한다.

- 본성은 유행에 민감하고 물질적인 소득을 기뻐하며 상실에 대해 낙담하는 반면, 은혜는 영원한 것들에 주의를 기울이고 지나가는 것들에 매달리지 않는다.

- 본성은 탐욕적이고 소유하는 것을 좋아하는 반면, 은혜는 친절하고 나누고 적은 소유에 만족한다.

- 본성은 몸과 인생의 헛된 것들과 자아에 몰두함으로 생겨나는 염려들에 초점을 맞추는 반면, 은혜는 그것에서 돌이켜서 하나님의 길에 있는 것들로 향한다.

- 본성은 감각을 만족시키는 어떤 위안도 즐거이 받아들이는

반면, 은혜는 하나님 안에서만 위안을 찾는다.

• 본성은 이기적인 소득에 의해 동기가 유발되는 반면, 은혜는 하나님 외에 다른 보상은 구하지 않는다.

• 본성은 친구와 친척들과만 즐기는 반면, 은혜는 모든 사람을 사랑하고, 권력자와 부자보다는 지혜롭고 덕이 많은 사람에게 초점을 맞춘다.

• 본성은 부족한 것과 고통에 대해 쉽게 불평하는 반면, 은혜는 의연하게 가난을 견딘다.

• 본성은 만물을 그 자체로 향하게 하고 그것 자체가 주목을 받게 하는 반면, 은혜는 만물을 하나님께로 향하게 한다.

• 본성은 비밀을 알고 싶어 하고 내막을 알고 싶어 하는 반면, 은혜는 영혼에 유익한 것만 추구한다.

• 본성은 쉽게 불평하는 반면, 은혜는 헛된 과시는 피하려 한다.

• 본성은 대중에게 보이기를 바라는 반면, 은혜는 헛된 과시는 피하려 한다.

• 본성은 감각적인 경험에 몰두하고 싶어 하는 반면, 은혜는 감각을 절제하는 훈련을 한다.

• 본성은 다른 사람들이 알아주기를 바라는 반면, 은혜는 하나님이 알아주시기를 바란다.

• 본성은 죄의 다스림을 받는 반면, 은혜는 은혜의 다스림을 받는다.

• 본성은 악덕을 드러내는 반면, 은혜는 미덕을 드러낸다.

- 본성은 선악을 판단하려 하는 반면, 은혜는 우리에게 하나님
  의 영원한 법을 가르친다.
- 본성은 선을 좇아 행하지 않는 반면, 은혜는 죄와 악을 피
  한다.
- 본성은 타고난 은사에 의존하는 반면, 은혜는 하나님의 자비
  의 은사에 의존한다.
- 본성은 악에게 굴복하는 반면, 은혜는 덕의 빛을 발한다.
- 본성은 진리를 피하는 반면, 은혜는 진리에 복종한다.
- 본성은 자신의 에너지로 나아가는 반면, 은혜는 하나님으로
  부터 오는 에너지에 의존한다.
- 본성은 실패를 무시하고 그것으로부터 배우려 하지 않는 반
  면, 은혜는 겸손하게 단점들을 끌어안고 그것으로부터 배
  운다.[1]

비비가 정리한 위의 30개 목록은 왜곡된 자아와 삶의 변화를 위해 매우 유용하게 사용될 수 있다. 이 목록을 매일 한 가지씩 가지고 일기를 쓰거나 묵상하며 기도할 때, 이 목록들이 서로 상호 작용하여 균형적인 인격형성에 많은 도움이 될 수 있다. 이 목록을 가지고 30일 주기로 몇 번을 반복하면 매우 효과적일 수 있다. 우리의 자아 중심적인 자세나 왜곡된 자아에서 벗어나는 것은 한계가 많다. 때문에 우리의 왜곡된 자아의 변화를 경험하기 위해서는 본성의 법칙에 의해 사는 것보다 은혜의 법칙에 의해 사는 법을 배워야 한다.

성격형성과 말씀의 관계

말씀은 우리의 온전함을 위한 것이며, 우리의 존재와 영적인 여정에서 삶을 형성(formation)하고 재형성(reformation) 하기 위한 것이다. 즉 우리의 변화(transformation)를 위한 것이다. 성경을 읽는 방식은 세 가지로 구분될 수 있다. 하나는 정보를 얻기 위해 읽는 정보 습득적인 방식(informative approach)이고, 다른 하나는 우리 자신을 새롭게 하기 위하여 읽는 형성적인 방식(formative approach)이다. 그리고 이 두 방식의 균형과 상호 작용적 접근방법을 취하는 통합적 방식(informative-formative approach)이다.

기독교 전통에서 말씀을 통해 우리 자신을 새롭게 하기 위한 형성적인 방식의 주된 방법은 렉시오 디비나(lectio divina)이다. 이 방법은 하나님의 말씀인 성경을 머리가 아닌 순수한 마음으로 읽고, 그 말씀을 통하여 그리스도를 만나고, 또 그분과의 만남을 통하여 그리스도와의 우정을 깊게 하고, 우리의 존재의 변화를 추구하는 독서방식이다. 이 독서방식은 우리의 눈과 생각만을 가지고 말씀을 읽는 것이 아니라, 전인격으로 성경 말씀을 읽는 것을 의미한다. 이것은 단순히 말씀에 대한 지식이나 정보를 얻기 위하여 읽는 것이 아니라, 말씀을 통해 하나님을 참으로 만나고자(encounter) 하는 목적을 가진다. 말씀을 통해 하나님을 만나고, 그분과 대화하고, 그분의 임재 안에 머무르는 독서와 기도의 전 과정을 렉시오 디비나라고 부른다. 단, 렉시오 디비나에서 주의해야 할 것은, "먼저 알 것은 성경의 모든 예언은 사사로이 풀 것이 아니니"(벧후 1:20)라는 말씀처럼 말씀을 너무 자의적으로 해석하거나 적용하는 것을 주의해야 한다.

라틴어 렉시오 디비나라는 말은 알렉산드리아 학파의 대표적 인물 중 한 사람인 교부 오리겐(185-251)이 처음으로 '테이나 아나그노시스'(Theia Anagnosis)라는 그리스어로 표현했다. 이 단어를 라틴어로 표현하면 렉시오 디비나이다. 렉시오 디비나에서 '렉시오'의 문자적 의미는 '독서'이고, '디비나'의 문자적 의미는 '거룩한'이다. 렉시오 디비나의 문자적 의미는 '거룩한 독서'이다.[2]

허성준은 렉시오 디비나에 대한 한글 번역으로 성독을 추천한다. 그 이유는 다음과 같다.

> Lectio Divina를 우리말로 옮긴다면, '성독'이라는 용어가 본 의미를 가장 잘 드러내 준다고 생각한다. 여기에는 다음과 같은 이유가 있다. 첫째는 성독을 한자로 옮기면 聖讀이 되는데, 그 자체로 '성스러운 독서'라는 의미를 지니고 있기 때문이다. 둘째는 '성경 독서'의 줄임말인 '성독'의 의미를 함축하고 있기 때문이다. 셋째는 성독이 '성령에 의한 독서'라는 의미를 함축하고 있기 때문이다.[3]

오늘날까지 보편적으로 시행되고 있는 렉시오 디비나는 12세기 카르투시오회 수도승 귀고 2세가 체계화시킨 것이다. 귀고 2세는 보편적으로 렉시오 디비나의 고전적인 전통을 잘 이어 받으면서 동시에 자신의 신학적 통찰력을 가지고서 물려받은 그 전통을 적절하게 종합하고 체계화한 인물로서 평가되고 있다. 귀고 2세는 렉시오 디비나를 성경 말씀을 읽고(lectio), 묵상(meditatio)하고, 기도(oratio)하며, 관조(contemplatio)에 이르는 네 단계로 체계화하였다.

독서(Reading): 귀고 2세에 의하면 렉시오 디비나 네 단계 중 첫 번째 단계는 독서이다. 귀고 2세에게 렉시오 디비나의 첫 단계인 '독서'란 다음과 같은 활동이다.

- 온 힘을 집중하여 성경을 주의 깊게 연구하는 것.[4]
- 복된 삶의 감미로움(the sweetness of a blessed life)을 추구하는 것.[5]
- 이성의 능력을 사용함.[6]
- 묵상에 사용할 기초 자료를 제공함.[7]
- 외적 감각의 훈련.[8]

귀고 2세에 의하면, 성독은 단지 눈으로 읽는 것만을 말하지 않는다. 그는 "듣기도 일종의 독서"라고 말한다. 성독은 하나님의 말씀과 만나는 것이 그 목적이다. 그 만남이 눈 즉 읽기를 통해서 이루어지든, 또는 귀 즉 듣기를 통해서 이루어지든 상관이 없다.

묵상(Meditation): 렉시오 디비나에서 독서는 자연스럽게 묵상으로 이어진다. 귀고 2세는 '묵상'에 대하여 다음과 같이 말한다.

- 이성의 도움으로 숨겨진 진리에 대한 지식(knowledge of hidden

truth)을 추구하는 정신의 능동적 작용.[9]

- 복된 삶의 감미로움을 깨달음 내지 알아챔.[10]
- 찾아야 할 바를 더 주의 깊게 숙고함. 발견하고 보이는 보물을 찾아 파헤침.[11]
- 내적 이해와 관계됨.[12]

귀고 2세가 말하는 묵상이란 본문에 대한 주의 깊은 숙고를 통해서 본문에 내재되어 있는 '숨은 진리,' 즉 '복된 삶의 감미로움'을 줄 수 있는 그러한 '진리'를 알려고 '추구하고'(seek), 더 나아가서 그 추구하는 바를 '깨닫는' 또는 '알아채는'(perceives) 것이다.[13] 그러므로 묵상을 통해서 그 보물, 그 구원론적 진리를 발견하고 깨달은 자는 자연히 그것을 갖고자 하는 열망을 지니게 된다. 즉 귀고 2세가 말하는 묵상은 '깨달음'과 '열망'이라는 두 가지 요소를 내포하고 있다.

기도(Prayer): 귀고 2세는 렉시오 디비나의 셋째 단계인 '기도'에 대하여 다음과 같이 말한다.

- 선을 얻게 하고 악을 멀리하시는 하나님께 바치는 마음의 봉헌.[14]
- 복된 삶의 감미로움을 청함.[15]
- 온 힘을 다해 자신을 하나님께로 들어 올리며, 그것이 갈망하는(long for) 보물, 즉 관상의 감미로움을 청함(begs).[16]
- 갈망(desire).[17]

귀고 2세가 이해한 기도의 특징은 '갈망'과 '청함'이다. '갈망'은 이미 묵상 단계에서도 나타난다. 묵상은 복된 삶을 주시는 하나님과 하나님의 진리에 대한 깨달음인 동시에 그에 대한 갈망이기 때문이다. 귀고 2세의 렉시오 디비나 사상에서 묵상도 갈망이고, 기도도 갈망이라면, 묵상과 기도 사이의 구별점은 무엇인가? 그것은 간절한 청함이다. 묵상은 갈망이지만 아직 간절한 청함은 아니다. 기도는 갈망인 동시에 청함이다. 기도는 그 갈망하는 바를 얻도록 치열하게 간청하고 간구한다. 귀고 2세의 기도는 '간청'인 동시에 또한 '마음의 봉헌' 내지 '자기 자신을 하나님께 들어 올림'이다.

관조(Contemplation): 귀고 2세는 '관조'에 대하여 다음과 같이 말한다.

- 행복한 삶의 감미로움을 맛보는 것, 그것으로 인해 기쁘고 새롭게 되는 감미로움 그 자체, 감미로운 환희를 주는 것.[18]

관조는 인간이 하나님과 대화 또는 관계에서 자신의 이성, 의지, 기억 등 인간적 능력의 힘으로 자기 마음대로 초래할 수 있는 그런 경지가 아니다. 관조는 하나님이 은혜 위에 은혜로서 행하시는 일이요, 하나님만이 행하실 수 있는 일이다. 관조는 인간이 자신의 이성과 의지 등의 자연적 능력으로 제 마음대로 초래할 수 있는 것이 아니다. 그러나 일단 하나님이 당신의 주권과 자유와 은혜로써 어떤 영혼에게 관조를 허락하시면, 그때에는 그 영혼의 이성과 의지 등 여러 능력도 변화하게 되고 변화된 상태에서 관조에 참여할 수 있게 된다. 관조를 구함은 곧 하나님 자신을 구함이다.

성격형성과 지혜의 관계

에니어그램에서 말하는 미성숙한 성격의 유형들은 불균형 속에서 형성된다. 성격과 인격형성의 맥락에서 균형은 지혜의 문제와 관계된다. 즉 균형 있는 성격과 인격은 '지혜'의 지평과 밀접하게 연계되어 있다. 지혜는 "균형 있는 시각을 갖게 될 때까지 기꺼이 한 발짝 물러서서 기다릴 줄 아는 능력"과 관계되기 때문이다.[19] 조지 베일런트(George Vaillant)는 그의 동료들과 함께 일상의 삶 속에서 지혜의 지평과 특성을 다음과 같이 정의한다.

다른 사람에 대한 이해

모순과 아이러니를 이해할 수 있는 능력과 참을성

감정과 이성의 조화

자기중심주의에서 벗어난 자기 인식

다른 사람의 말에 귀 기울일 줄 아는 능력

균형 있는 시각, 삶에 대한 폭넓은 이해, 사물의 양면성에 대한

인식, 인내, 삶의 아이러니에 대한 깊은 이해

주변 사물과 사람에 대한 호기심

세상과의 연관된 인식[20]

지혜를 정의하는 언어는 사람마다 다를 수 있다. 지혜는 매우 다양한 차원을 지니기 때문이다. 하지만 그 어조는 모두 동일하다. 그중에서 가장 중요한 것으로는 지식, 경험, 관계, 성숙, 균형, 정서적 이해력을 꼽을 수 있다. 물론 기독교적 맥락에서 진정한 지혜는 하나님에게만 있지만, 하나님은 인간에게 자신의 지혜와 창의력을 나눠 주심으로 인간이 탐구하고 발전하도록 지원하신다(창 2:19-20). 성경은 "여호와를 경외함이 지혜의 근본이라"(시 111:10)고 말한다. 하지만 성경은 지혜에 대한 인간의 욕망에 중요한 새로운 하나를 첨가하고 있다.

솔로몬은 그가 어려서 왕이 되었을 때 지혜가 부족하여 하나님께 구했을 때 "하나님이 솔로몬에게 지혜와 총명함을 심히 많이 주시고 또 넓은 마음을 주시되 바닷가의 모래같이 하시니 솔로몬의 지혜가 동쪽 모든 사람의 지혜와 모든 지혜보다 뛰어나게 하였다"(왕상 4:29-30). 솔로몬은 하나님의 위대함과 지혜, 자신의 한계를 아는 것뿐만 아니라 많은 분야의 지식에서도 참으로 지혜로웠다. 실제로 하나님께서는 지식을 연구하여 얻고 이것을 자녀들에게 전하라고 명하였다(신 6:7). 솔로몬은 지혜는 유익하고 우리를 교육하고 성숙하게 할 뿐만 아니라 살리는 역할을 한다고 노래한다.

> 지혜는 유산같이 아름답고 햇빛을 보는 자에게 유익이 되도다.
> 지혜의 그늘 아래에 있음은 돈의 그늘 아래에 있음과 같으나,
> 지혜에 관한 지식이 더 유익함은 지혜가 그 지혜 있는 자를 살리기 때문이니라(전 11-12).

성경에서 말하는 지혜는 본질적으로 우리에게 '어쩔 수 없는 일'과 '이룰 수 있는 일'을 아는 것이다. 모든 구약의 선지자들과 신약의 사도들은 어쩔 수 없는 일과 이룰 수 없는 일을 구분한다. 어쩔 수 없는 일은 우리에게 책임이 있는 것이 아니다. 이는 우리 스스로 선택하고 결정할 수 없는 문제나 노력으로 이룰 수 없는 삶의 차원이다. 예를 들어 우리는 우리가 언제 태어나고 언제 죽을지 스스로 정할 수 없는 삶의 차원이다. 출생과 죽음은 어쩔 수 없는 일이다. 우리가 자연의 질서를 바꿀수 없다. 밤과 낮의 경계를 우리가 바꿀 수 없다. 우리의 삶은 이 두 가지 사건에 바탕을 두고 있다. 그러므로 우리는 우리에게 주어진 삶의 기간 동안 우리가 이룰 수 있는 일을 해야 한다. 만일 우리가 성경과 복음과 진리를 가르칠 때 어쩔 수 없는 일과 이룰 수 있는 일의 차이를 분별하지 않고 가르친다면 많은 혼란을 빚게 된다.

우리는 이성과 감성을 스스로 만들어 낼 수 없다. 몸의 세포 하나라도 만들어 낼 수 없다. 새로운 유전 형질을 스스로 취할 수 없다. 그것은 하나님의 주권적인 사역이기 때문이다. 하지만 우리가 하나님이 지으신 자연의 아름다움을 보며 즐기는 것은 우리 스스로 해야 하는 일이다. 구속도 하나님의 일이기 때문에 우리가 구속과 관련해서 할 수 있는 일은 없다. 그러나 하나님은 우리에게 선한 성품과 좋은 성격을 줄 수는 없다. 좋은 성품이나 성격은 어쩔 수 없는 하나님의 일이 아니라 우리가 이룰 수 있는 일이다.

하나님은 새로운 형질 같은 우리 스스로 취할 수 없는 것을 우리에게 선물로 주신다(눅 11:13). 하나님은 그분의 아들의 성향, 즉 성령을 구하는 모든 자에게 주신다. 그 성향을 받은 사람은 삶 가운데서 그분의 거룩한 성품을 이루어야 한다.

성격형성과 영성의 관계

솔로몬은 무엇이든 지나친 것을 경계하라고 말한다. "지나치게 의인이 되지도 말며 지나치게 지혜자도 되지 말라 어찌 스스로 패망하게 하겠느냐"(전 7:16). 삶에서 그 어떤 것이라도 지나치면 광적인 사람이 된다. 이는 바른 인생이 아니다. 광신자는 하나님의 작정을 알지만 하나님의 허용하시는 뜻에 대해 지독하게 무지하다. 특히 영적으로 광적인 사람은 일상의 삶을 무시한다. 만일 우리가 우리 자신을 광적으로 성찰한다면 삶을 제대로 살 수 없게 된다. 대부분의 성격의 왜곡은 이러한 광적인 현상으로 인하여 초래된다. 나아가 성격에 대한 자기 성찰도 도를 넘어서면 그 사람은 비정상적으로 예민하게 되어 지독하게 자만하게 되거나 아니면 지독하게 자신을 학대하는 사람이 된다. 광적인 자기 성찰은 이기적인 자기애를 낳을 수 있다.

어떤 사람이 자기애에 빠지면 그는 내면의 신성한 영역에 몰입하여 이 땅의 평범한 활동이 자신에게 부적절하다고 느끼게 된다. 영적으로도 마찬가지이다. 성격형성에서도 마찬가지다. 어떤 사람은 하나님을 알게 되면, 그는 자신이 땅에서 살도록 지음 받은 존재라는 것을 망각하는 경향이 있다.

솔로몬은 "지나치게 악인이 되지도 말며 지나치게 우매한 자도 되지 말라 어찌하여 기한 전에 죽으려고 하느냐"(전 7:17)라고 권면한다. 인간은 신으로서 삶이 아니라 유한성을 특성으로 삼고 사는 존재이다. 그리스도의 성육신은 우리에게 완전한 신성과 완전한 인성을 온전하게 연합하는 것을 보여 준다. 오직 신성만을 말하는 것이 얼핏 고상한 생활 방식같이 보이지만 그것은 영적 자만일 뿐이다. 이런 삶만을 추구하는 것은 실제 삶에서는 아무런 가치가 없다. 인간은 하나님이 될 수도 없으며, 순수한 흙 자체도 아닌 존재다. 인간은 신의 생기와 흙의 특성을 지닌 존재다. 인간이 균형을 지니려면 신성과 흙의 형태가 나타나야 한다. 우리는 그런 존재로 지음을 받았다. 우리의 삶은 영적 가치와 실생활을 동시에 아우르는 기술이 필요하다. 하늘을 향하고만 있는 이상주의자는 열정에 취해 자신을 잃어버리고, 땅에만 머물러 있으면 결코 하늘을 얻지 못한다.

그러므로 이상하게 들릴 수 있지만 인간은 지나치게 종교적인 사람이 되어서도 안 되며, 지나치게 땅만을 추구해서도 안 된다. 지나치게 영적인 사람이 되어서도 안 되고, 지나치게 자기 자신을 사랑해서도 안된다. 광적으로 신앙적인 사람이 되어서도 안 되고, 신앙과 무관한 무신론자가 되어서도 안 된다. 이 두 극단을 피해야 한다. 대신 올바른 균형을 이루어야 한다. 만일 우리의 신앙이 우리를 더 나은 사람으로 만들지 못한다면 그 신앙은 잘못된 신앙이다. 만일 우리가 속한 신앙공동체가 우리의 성품을 형성하도록 돕지 못한다면 그 공동체는 부패한 신앙공동체이다.

인간의 성격이나 인격은 균형을 상실할 때 왜곡된 성격이나 인격을 형성하게 된다. 참된 그리스도인의 인격은 서로 다르게 불러지는 도덕성과 영성에서도 균형을 이루어야 한다. 영성에는 그리스도인들이 하나님과 교제할 때 사용되는 모든 요소와 수단을 포함한다. 기도, 묵상, 예배, 모든 관계를 통해 하나님을 추구하고 사랑하는 일 등이 여기에 속한다. 도덕성에는 하나님이 정하신 선과 악을 분별하는 일, 하나님 형상을 지닌 인간으로서 드러나야 할 인격이나 특성들을 계발하고 보여 주는 일 등이다. 중요한 것은 영성을 강조하면서 도덕성을 간과하는 것은 영성까지 상실하게 된다. 제임스 패커(James Packer)는 다음과 같이 강조한다.

> 도덕성이 결여되면 영성은 무너진다. 그렇게 되면 도덕적으로 무감각해지고, 신의 은총만 강조하며, 도덕률 폐기론자가 되고, 하나님의 법을 지키는 것보다 그분의 임재에 더 관심을 쏟는다. 이와 마찬가지로 영성이 결여되면 도덕성마저 무너진다. 이렇게 되면 기계적이고 형식주의적이며 거만하고 세속적인 상태로 전락한다.[21]

우리의 삶에서 영성과 도덕성 중 어느 하나가 가라앉으면 다른 하나도 무너지게 되어 있다. 우리의 인격이나 성격은 다양한 차원과의 유기적 관계 안에서 형성되기에 어느 한쪽에 지나치게 몰입하거나 익숙해져서 다른 차원들이 무시될 때 왜곡된 인격이나 성격이 형성되게 된다. 우리의 인격이나 성격형성과 매우 밀접하게 관련된 영성과 도덕성 중에 하나가 간과되거나 무너지면 우리의 인격이나 성격도 왜곡되기 쉽다.

성격형성과 기도의 관계

지혜로운 사람은 수학적인 계산이 영적인 영역에서는 통하지 않는다는 것을 안다. 논리와 이성은 공간과 시간의 제약을 받는다. 즉 공간과 시간을 초월하는 것들은 인간의 이성과 논리를 벗어나는 것이다. 이성적으로 볼 때 기도는 전혀 논리적이지 않다. 기도는 가장 초이성적인 활동이기 때문이다. 삶의 절망을 통과한 자들 중에 하나님을 믿지 않는 자들을 보기 힘들다. 하나님을 믿지 않는다고 말하는 자들은 보통 다른 사람들이 고난을 당하는 것은 보았지만 정작 자신은 고난을 경험하지 않는 자들이다. 자신의 고난에는 말로 표현할 수 없는 어떤 보상이 있다. 물론 그것이 외적으로는 부정적으로 보일 수 있다. 우리가 고난에 직면할 때 기도는 결코 포기할 수 있는 힘으로 작용한다.

우리는 성격의 변화를 위한 방법으로 자기 인식이나 자기 계발 등을 주요 수단으로 삼는다. 이러한 방법들을 통해서 변화를 경험하는 것은 실제로 미미한 정도다. 즉 일반적인 방법들을 통한 변화도 쉽지 않다. 때문에 기도를 통한 변화를 추구하는 것은 너무나 비현실적인 것으로 보일 수 있다. 기도를 통해서 변화가 가능하리라고는 상상되지 않을 것이다.

그러나 그리스도인들에게 기도는 삶의 변화에 그 어떤 방식보다도 핵심적인 것이다. 게다가 기도의 본질은 하나님을 변화시켜 어떤 것을 얻는 데 있기보다는 우리를 변화시키는 데 있다. 4세기 사막의 교부 에바그리우스(Evagrius of Ponticus)에 따르면 "기도란 곧 생각을 떨치는 것이다."[22] 이는 기도가 생각과 마음의 변화와 매우 밀접하게 관계된다는 것을 시사한다. 우리가 자아를 하나님께 진정으로 열어 드린다면, 거기에 내면생활을 변화시킬 엄청난 잠재력을 경험할 수 있다. 모든 참된 기도란 자아를 하나님께 열어 드리는 것이므로 모든 기도는 하나님이 우리 안에 변화를 이루시는 은혜의 통로가 될 수 있다.

존 카시안(John Cassian)은 기도는 하나님에 대해 배우는 중요한 통로일 뿐만 아니라 성품의 변화를 위한 여정으로 보았다.[23] 그는 기도가 어떻게 우리 영혼의 순결 상태에 따라 달라지는지를 설명한다. 그는 기도의 네 가지 유형을 정의하고, 우리가 어떻게 기도해야 하는지 그리고 기도에 대한 우리의 기대가 무엇이어야 하는지를 설명한다. 그는 기도의 네 가지 유형으로 디모데전서 2:1에 나오는 '간구와 기도와 도고와 감사'를 구별하여 설명한다. 기본적으로 간구와 기도 또는 탄원과 간구는 가장 낮은 단계의 기도이고, 도고 또는 중보는 중간 단계이며, 감사는 가장 높은 단계로서, 그 단계에서는 세속적인 염려를 벗어나 하나님의 관점에서 이 세상과 우리 삶을 바라보게 된다.[24]

구체적으로 서술하면, 간구는 죄의 용서를 구하는 회개의 기도이다. 기도는 세상의 명예와 부를 포기하고, 사랑의 의무를 다하고 악을 멀리하는 서원의 기도이다. 도고는 이웃과 세계를 향한 열정적인 중보기도이다. 감사는 우리가 하나님의 과거 현재 미래의 섭리를 바라보는 관조적인 기도이다. 그에게 기도의 목적은 마음의 정화이고, 목표는 하나님을 보는 것이다. 기도는 인생으로부터 단절될 수 없고 도덕적 정화 없이 불가능하다고도 할 수 없다. 성격형성과 기도의 맥락에서 감사는 기도 중의 기도요 다른 모든 성품의 어버이이다. 기도는 우리의 성품을 기르는 어머니이다.

기도와 간청과 간구는 기본적으로 동일한 것이 아니다. 기도(프로슈게)는 언제나 받아들이고 반응하려는 하나님을 향한 우리의 깊은 내면의 태도이다. 바울이 말한 "쉬지 말고 기도하라"(살전 5:17), "기도를 항상 힘쓰고"(골 4:2), "기도에 항상 힘쓰라"(롬 12:12)고 권면할 때에 이 단어를 사용했다. 끊임없이 기도한다는 것은 분명히 기도가 이루어지기를 바라는 우리의 내적인 태도, 즉 삶의 모든 활동과 관계를 뒷받침하는 태도이다. 간청(supplication)은 우리에게 간청자의 본질을 상기시킨다. 간청하는 사람은 필요한 것을 제공할 능력이 전혀 없는 자신의 상태를 말한다. 또한 도움 주기를 바라는 대상의 적절성과 힘과 능력을 인정한다. 바울은 우리가 어떤 상황 속에서든지 충족함의 원천인 하나님께로 계속 돌이키기를 요구한다.

그러므로 기도와 간청은 형편에 대한 반응이 아니다. 그것들은 인생의 힘든 사건을 대하는 마음속의 습속이다. 하나님을 향하는 마음가짐을 정립하고 나서, 바울은 간구(petitions)를 말하다. 기도와 간청의 태도를 먼저 가지지 않으면, 간구는 아주 편협해져서 자신의 논제에만 초점을 맞춘다. 간구는 우리의 소원과 하나님의 목적 사이를 잇는 다리가 된다. 이때 우리의 간구는 관용을 실천하게 된다. 바울은 간구와 감사와 함께 이루어진다는 것을 언급하면서 관용의 내적인 흐름을 묘사한다. 감사는 요구 조건 없이 절대적인 신뢰로써 우리의 삶과 존재를 하나님께 기쁨으로 맡기는 내면의 태도이자 성향이다.

기도는 그리스도를 닮는 것이다. 그리스도께 순종하고 그리스도의 모습을 따라 우리를 개혁하고 변혁하는 것이다. 만약 기도의 목적이 부와 건강을 얻는 것과 관계된 것이라면, 아마 우리는 기도를 다른 이름으로 불러야 할 수도 있다. 기도의 궁극적 목적은 그리스도를 닮는 것과 관계되어 있다. 물론 그리스도를 닮는 것은 바람이 돌을 깎듯 느리고, 고통스러우며, 수고스러운 일이다.

그럼에도 그리스도인들이 새 삶으로 나아가기 위해 필요한 기도를 이해하는 것은 중요하다. 많은 사람들이 내적 혼란이나 마음의 고통을 느낄 때 알코올, 음식, 성과 같은 것에 탐닉하는 것으로 도피처를 삼으려고 한다. 상담이나 심리치료가 자기 인식과 변화에 매우 긍정적으로 많은 도움을 줄 수 있다. 그러나 그리스도인들에게 그것으로는 충분치 않다. 하나님의 섭리를 알 수 있고, 용서의 감정을 일으키며, 전체에 비추어 자신을 돌아 볼 수 있게 해 주는 기도가 도움을 줄 수 있다.

우리는 기도 중에 우리 안에 억압된 분노, 실망, 상처, 불안, 불만, 슬픔, 고독을 만난다. 기도란 우리의 진정한 모습을 하나님에게 보이는 것이다. 그렇게 우리 모습 그대로를 보여 드릴 때에만 기도 중에 내적 평화와 안정을 경험하게 된다. 하나님에게 오직 우리의 경건한 모습들만 보여드리려고 한다면 우리는 그분을 느낄 수 없게 된다. 우리 자신을 느끼지 못한다면 그분을 느낄 수 없다. 우리의 어두운 모습도 그분께 보여드려야 한다. 우리 안에 있는 모든 것을 하나님께 보인다면, 우리는 조건 없이 사랑을 받고 있음을 느끼게 된다.

마리아 볼딩(Maria Boulding)은 어둠의 기간 동안의 기도 체험에 대해 확신을 가지고 이야기 한다.[25] 보편적으로 우리는 힘들고 혼란 상태에서 기도를 시작한다. 바로 그곳이 우리가 있는 곳이기도 하다. 전환은 어둡고 혼탁한 물로 들어가 하나님의 힘으로 다시 태어나도록 자신을 맡기는 것이다. 이러한 기도가 항상 긍정적으로 작용하는 것은 아니다. 기도는 내면의 황폐한 상태를 감지하게 만들어 기도가 부족한 내면을 비추어 주기도 한다. 그럼에도 불구하고 기도는 우리가 어떤 상태에서든 할 수 있는 창조적인 실천이기도 하다. 우리의 인격과 성격의 변화를 위한 기도에서는 구송기도보다 묵상기도나 관조기도 그리고 특히 쓰기기도가 매우 유익할 수 있다. 기도를 통해 진실한 자기(real self)를 만나면서 태도나 마음이 변화를 경험할 수 있다.

예수님은 사람들의 지성이 하나님에 대한 생각으로 가득 찼을 때조차도 그들의 마음은 하나님께로부터 멀어졌다는 것을 깊이 깨닫고 계셨다. 가장 우선적으로 마음이 열려 있어야 한다. 그리고 그 마음은 자신과 다른 사람과 하나님에 대한 단순한 개념적인 지식을 뛰어넘어 다듬어지고 인도되어야 한다. 일상적인 언어로 전환하면, 하나님의 얼굴을 찾아나가는 것은 때로 이성주의의 눈으로 보면 무지의 방식으로 진행된다. 인간의 마음은 이성적으로 이해되고 논리적으로 소통되는 방식으로가 아니라 보이지 않는 존재의 손길을 조용히 수용함으로써 보물에 대해 알게 된다. 우리는 묵상하는 마음이 필요하다. 개념화나 분석을 통해서는 이 방식에 도달할 수 없다. 묵상하는 마음은 매일의 삶에서 거룩한 절대자와 아주 밀접하게 가까워지는 것이다. 묵상은 자신 안에 침묵의 공간을 창안해 낸다. 묵상을 통해 우리의 에너지는 부단히 갈망하는 마음의 궁극적 보물에 대한 애정 어린 시선을 자유롭게 기다리게 될 것이다.

물론 이런 방식이 다른 차원의 인격발달이나 성격형성을 배제하는 것은 결코 아니다. 생존 기능적이고 현실적인 자기(earthly self)의 발전 없이는 구도자의 마음의 방향성과 원천에 많은 것이 결핍될 것이다.

정신과 상상력을 뛰어넘어 진정한 정체성을 인식해가는 마음을 발견하는 것은 토마스 머튼이 권고했듯이, 외적으로 보이는 우리의 겉모양은 많은 가면으로 위장된 것이라는 사실을 인정할 필요가 있다.[26] 그것은 진실한 자기(real self)가 아니며 우리가 하나님께 직접 의지하고 있는 부분인 존재의 중심에서 어둠 안에 감추어져 있다.

후에 머튼은 기도를 통해 심상을 뛰어넘어 어둠으로 들어가는 사람들은 그런 어둠 속에서 자신의 빈 모습을 직면할 때, 왜곡된 자기중심주의 태도를 버릴 수 있다고 하였다. 이때 영적 전환의 신비를 경험하게 된다. 우리는 영적 전환의 신비를 경험하면서 삶이 지닌 신비에 놀라게 된다. 그리고 우리는 결코 소외된 자기(isolated self)가 아니며 살아있는 신비에 참여하고 있다는 것을 인식하게 된다. 절대자의 신비에 '예'할 수 있고, 신비에 그 근원을 두고 있는 자기 자신을 관조하며, 실체의 숨겨진 아름다움과 의미를 만날 때 변화를 경험하게 된다.

성격형성과 쓰기기도의 관계

우리는 일반적으로 기도를 소리를 내어 하거나 묵상적인 형태로만 한다고 생각하기 쉽다. 하지만 기도는 다양한 형태로 실행될 수 있다. 특히 쓰기기도와 같은 기도는 매우 중요한 기도의 방편이 될 수 있다. 특히 쓰기기도는 마음과 생각을 하나님 앞에 깊이 성찰하는 기도가 될 수 있기 때문에 큰 소리로 정신없이 하는 기도보다 더 깊고 풍성한 기도가 될 수 있다. 쓰기기도는 하나님과 관계를 성찰하는 기도로 작용할 수 있다. 쓰기기도의 목적은 하나님과의 관계에서 발생하는 것들에 관한 우리의 인식과 해석의 파노라마를 마음과 펜으로 드리는 기도이다. 쓰기기도는 소리로 드리는 기도가 아니라 일명 '펜으로 드리는 기도'이다.

우리의 영적 여정에서 우리의 지식과 세계가 마음속으로 들어가야 비로소 영혼으로 화할 수 있다. 영혼을 만들 수 있는 그릇은 성찰과 경이로 빚어진 내면의 컨테이너이다. 만일 날마다 몇 분 동안의 시간을 내어 쓰기기도를 할 수 있다면, 틀림없이 심리치료의 경비와 수고를 덜 수 있다. 이런 소박한 실천은 우리의 삶 속에서 놓칠 수 있는 것을 제공한다.

쓰기기도는 옳고 그른 특정한 방식이 있지 않다. 쓰기기도라고 해서 논리적인 형태의 글쓰기와 똑같이 할 필요가 없다. 쓰기기도의 형태는 문장으로 써도 되고, 구절이나 단어만 써도 된다. 쓰기기도는 내면의 성찰과 깊이 관련된 기도이기 때문에 빠른 속도로 소리 내어 드리는 기도가 아니라 천천히 마음과 펜으로 드려야 한다. 쓰기기도에는 적어도 참된 마음, 회개, 감사, 희망, 성찰, 두려움이 하나님 앞에 토로되어야 한다.

쓰기기도의 가장 핵심적인 특징은 하나님 앞에서 자기를 깊이 성찰하는 효과적인 방식이기 때문에 영성 지도의 특징을 가지고 있다. 즉 쓰기기도는 일상에서 실제 일어나는 일들을 구체적이고 명확하게 서술하는 기도 형태이기 때문에 자기 인식과 동시에 영적 성찰과 감수성을 수련하는 데 효과적인 기도 방식이 될 수 있다. 쓰기기도는 삶의 의미를 획기적으로 변화시키는 데 도움을 줄 수 있다. 쓰기기도를 통해 우리 삶의 모양과 관련된 부정적이고 긍정적 암시를 주는 고정된 형태가 드러나기 시작할 수 있다. 때문에 쓰기기도는 단지 하나님과의 대화에만 목적이 있는 것이 아니라 영적 지도의 형태로 작용할 수 있다. 쓰기 기도는 우리가 경험하는 것 속에서 하나님이 어떻게 일하고 계신지를 분별하는 데 많은 도움이 될 수 있다. 특히 쓰기기도는 감정에 주의를 기울임으로 우리의 내적 삶을 반영하는 하나의 분별 훈련이 될 수 있다. 쓰기기도는 우리의 생각들, 감정들, 행동들에 많은 영향을 줄 수 있다.

쓰기기도는 일상의 구체적 상황을 넘어 뜬구름 잡는 것을 허용하지 않는다. 쓰기기도는 자신의 가장 깊은 내면(deepest self)을 감추고 사회적 공동체적 역할만을 강조하는 표면적 자아(surface ego)에만 머물러 있는 것을 허용하지 않는다. 쓰기기도가 영성형성의 효과적인 방식이 되기 위해서는 개인적이어야 한다. 쓰기기도가 영성형성을 위한 기도가 되기 위해서는 하나님께 자신의 모든 것을 드러내어 표현할 수 있어야 한다.

쓰기기도는 좋은 날이나 슬픈 날 모두 실제로 일어났던 일을 가지고 마음과 펜으로 하나님과 대화함으로서 '좋았던 옛 시절'을 그리워하는 향수병을 치료할 수 있다. 또한 쓰기기도는 '나에게는 좋은 일은 하나도 일어나지 않았다'는 비관적인 평가를 하는 것도 치료할 수 있다. 쓰기기도는 하나님과 더불어 자기 통찰력(self insight)을 기르는 좋은 방식이 될 수 있다. 쓰기기도는 고통스럽고 힘들 때 자신을 마주함으로써 내면의 긴장과 갈등을 성찰하는 데 많은 도움을 줄 수 있다.

나아가 쓰기기도는 자신의 기도 역사로 남을 수 있다. 쓰기기도는 자신의 삶 속에서 하나님의 임재와 역사를 통하여 감사의 삶과 능력을 증대 시킬 수 있다. 쓰기기도는 다양한 내용을 포함할 수 있다. 쓰기기도는 성경의 구절이나 사건에 대한 통찰이나 묵상과 함께 드릴 수 있다. 특히 성경 묵상을 통해 성찰기도, 회개기도, 탄식기도, 기쁨기도, 감사

기도의 형태로 쓰기기도를 할 수 있다. 쓰기기도는 영성 일기 형태로 실행될 수도 있다.

쓰기기도를 오랫동안 하면 기록된 기도를 통해 성찰하면서 읽을 때 삶의 일반적 방향에 대해 성찰하는 데 도움이 될 수 있다. 또한 삶의 시간과 에너지를 사용하는 데 실제적으로 우선순위를 어디에 두는가를 결정할 때 유용할 수 있다. 특히 고통스런 시기에 드려진 쓰기기도는 우리에게 구체적으로 일어나는 삶의 질문들에 대해 실제적으로 다시 회상하게 해 주기도 한다. 쓰기기도는 전에 쓰여진 기도를 통해서 다시 기도함으로 자신의 영적 여정의 유형을 성찰 수 있도록 해 준다. 이는 우리가 기도했던 상황이나 하나님의 도우심으로 어려움을 이겨낸 때들을 후에 읽게 되면 현재와 미래에 대한 희망을 더욱 하나님께 둘 수 있게 된다.

성격형성과 말의 관계

성격형성과 말의 관계는 매우 복잡하고 광범위한 주제이다. 왜냐하면 말은 기호, 문화, 상징 등과 같이 많은 영역과 관련되기 때문이다. 나아가 말의 이분법적 표현은 삶의 스타일, 사상, 성격형성 등에도 많은 영향을 미친다.

특히 우리가 '혹은'(or)이라는 말의 횡포에 사로잡힐 때 우리의 사고나 성격은 왜곡되거나 불균형적으로 형성되기 쉽다. 하지만 '그리고'(and)라는 말이 우리에게 습관화될 때보다 더 균형적인 사고와 성격이 형성될 수 있다. 우리는 '혹은, 아니면'이라는 말의 횡포로 멍든 사회에 살고 있다. 이러한 말의 형태는 우리의 사고와 성격에 많은 영향을 준다. 특히 우리는 어린 시절부터 사지선다형 시험에 의해 우리의 사고와 습관이 형성되어 왔다. 이러한 배움의 과정은 이원론적 사고와 성격형성에 역할을 해왔다고 볼 수 있다. 하나의 정답만을 선택하는 학습의 과정은 우리의 사고가 다양성을 품지 못하고 편협 되게 할 수 있다. 언제나 이것 아니면 저것, 단기적이거나 장기적인, 영적이거나 세속적이거나 해야 한다는 사고로 고정되게 할 수 있다는 말이다.

그러나 '그리고'라는 말은 이것 그리고 저것, 단기적인 것 그리고 장기적인 것, 영적인 것 그리고 일상적인 것 양쪽을 다 취할 방도를 알아보려고 한다. 이러한 말의 어떤 것을 선호하는 것을 통해 '아니면'이라는 말을 거부하는 데 있다. 기발한 아이디어는 바로 '그리고'라는 개념들을 종합해서 언뜻 보기에 모순되는 것처럼 보이는 것들을 균형적인 방식으로 그리고 창의적인 방식으로 결합함으로써 따로따로 할 때보다 결과적으로는 더 좋은 결과가 나오도록 하는 것이다. 그리스도인들의 상황에 적용되는 '그리고'라는 말의 특별한 예들은 다음과 같은 것들을 포함할 수 있다.

- ✦ 기도(praying) 그리고 계획(planning)(느 1장과 2장).
- ✦ 하나님을 믿는 것 그리고 인간의 할 바를 힘써하는 것(골 1:28-29).
- ✦ 질적인 가르침 그리고 적극적인 전도(행 2:41-47).
- ✦ 성경을 공부하는 것 그리고 문화를 공부하는 것(대상 12:32).
- ✦ 믿음 그리고 선행(로마서와 야고보서).
- ✦ 내적 그리고 외적인 측면에서 그리스도인의 성장.

+ 교리적 순수함 그리고 문화적 적절성.
+ 영성 그리고 윤리.
+ 믿음 그리고 행동.

그리스도인들이 자주 '이것 아니면 저것'이라는 말과 생각의 횡포에 시달림으로서 분열된다. 이러한 말의 횡포는 인격, 성격, 삶, 신앙, 영성, 윤리 등을 분열시킨다. 실상은 양쪽 모두를 필요로 하는 데도 불구하고 우리는 부수적인 점들에서 나뉜다. 이러한 실상은 우리를 극단적인 방향으로 나가도록 하고 우리의 성격과 인격을 분열시킨다.

성격형성과 상상력의 관계

철학과 신학에서 상상력은 종종 의심을 받았을 뿐 아니라 다른 인간 행위나 능력에 비해 그 중요성, 영향력, 현실적 지원은 상대적으로 더 낮은 수준으로 보았다. 과학, 경제, 정치, 종교 또는 다른 분야에서 인간 상상력의 산물은 고작해야 세상과의 진지한 접촉 이후 생겨난 가벼운 기분전환쯤으로 간주되었고, 의미심장한 진리에 이르기보다 거짓을 엮어 진리에서 더 멀어지게 하는 위험한 방해물로 여겨졌다.

신학에서도 상상력을 우리를 향한 하나님의 창조적인 선하심의 선물이나 반영으로 보기보다는 부정적인 거짓말과 우상숭배의 잠재적인 요인으로 여겼다. 특히 인간 상상력의 산물은 그것을 용인하거나 포용하지 않는 개신교 전통에서 종종 제약을 받았으며, 이성과 경험이라는 이른바 상급 판단력 아래에서 엄격하게 예속하였다. 이성과 경험이라는 필수적 방어벽이 없는 인간 공상의 조류는 온갖 지적, 도덕적, 영적 혼란을 초래하는 것으로 보았다.

그리스도인들은 상상력이 진리의 순도를 떨어뜨린다고 믿는 경향이 있기 때문에 상상력을 두려워하는 경향이 있다. 하지만 그리스도인들은 이러한 두려움 속에서도 상상하는 삶을 결코 피할 수 없다. 우리는 상상력이 훌륭하게 다듬어진 교리의 고결성, 순결성, 정확성을 위험하다고 생각한다. 그래서 그리스도인들은 상상력이 침투하지 못하도록 지적인 성벽을 건설한다. 우리에게는 상상력이 교리를 갖는 것과 교리를 실천하는 삶을 사는 것을 서로 결합하는 연결고리가 될 수 있다는 인식조차 없다.

그러나 우리의 세상 경험에 대한 '상징화' 능력은 가장 기본적인 삶의 자원이다. 실재와의 이런 상징적 교환의 가장 보편적 형태는 언어이지만, 여러 다른 형태도 요청된다.[27] 현재 우리가 세상에서 직접 경험하지 못하는 대상, 사람, 사건, 일의 상황 같은 것들을 우리 자신에게 표현하는 것이다. 예를 들어 우리가 현재 자리에 없는 누군가의 이름을 부를 때, 우리는 상상 속에서 그를 부재중의 존재로 만든다. 상징화는 특징상 어느 순간 우리의 세상 경험에서 주어진 수준을 넘어선다고 말할 수 있다. 이런 맥락에서 이것은 상상의 가장 기본적인 요소인 기억과 희망에서처럼 가진 것을 뛰어넘는 특성과 관련이 있다. 최상의 상징화 유형에서 발견되는 창조적 상상력은 특히 가진 것을 능가하는 현실에 대한 자연 발생적인 상징적 보완이나 수정을 포함한다.

하지만 우리의 상상적 창조성은 거리낌 없이 우상을 만드는 인간 성향에서 자유할 수 없다. 따라서 세상과의 관계에서 인간이 취할 더 좋은 방법은 주어진 거룩한 형상들을 충실하게 주목하며, 그 형상을 간섭하거나 다른 곳에서 진리를 발견하지 않는 것이다.

사실 계시와 상상력은 그 자체로 보면 반쪽에 불과하다. 두 개의 반쪽이 함께할 때 하나를 이루는 것이다. 계시는 무엇인가를 나타내 보이는 하나님의 방법이다. 상상력은 그것을 받아들이는 인간의 주된 방식이다. 우리는 계시에 대한 분석을 통해 성품과 인격을 형성하기보다는 상상력을 통해서이다. 우리는 오직 상상력을 통해서만 신비의 세계에 발을 들여놓을 수 있다. 오직 상상력을 통해서만, "이것이 내 몸이다"라는 신비를 깨달을 수 있다.

그러나 경계 지역은 그렇지 않다. 경계 지역은 놀라움을 상실한 세상이다. 거기에는 설명만이 있다. 설명할 수 있는 것, 설명되어진 것, 상상이 차단된 것, 통제할 수 있는 것만이 존재한다. 이러한 현상은 십자가, 부활, 성령의 교통 등 압도적이고 경이로운 신비에 근거한 기독교 신앙의 신비를 벗겨버렸을 뿐만 아니라 생생한 신앙이 지겨운 산문체의 논설이 되어버리게 하고, 신비로운 기독교 신앙이 취급 처리할 수 있는 물건이 되어버리게 한다. 기독교 신앙이 신비와 상상력을 상실하면 산문체의 논설로 전락하게 되고 생명력을 상실하게 된다. 토저(A. W. Tozer)는 성화된 상상력의 가치를 다음과 같이 기술하였다.

신앙의 영역에서 정화된 상상이 갖는 가치는 자연의 산물 속에서 영적인 것의 그림자를 볼 수 있는 그 힘에서 찾을 수 있다. 이같은 상상을 통해 신앙심 깊은 사람은 모래 한 알에서도 전

세계를 보며 한 시간 안에서 영원을 들여다본다. 그 옛날 바리새인들의 약점은 상상이 결여되었다는 바로 그 사실에 있다. 그들은 도대체 상상을 신앙의 영역에 들어오도록 허용하지 않았던 것이다. 경전을 잃었을 때에도 이미 잘 포장된 신학적 정의를 통해서만 읽었기 때문에 그들은 그 이상을 볼 수 없었다. "강가에 핀 앵초 꽃 하나, 그 노란 앵초가 그의 시선을 사로잡았고, 그때부터 그 강에는 다른 아무것도 보이지 않게 되었네." 그리스도께서 놀라운 영적 감화력과 도덕적 감수성으로 등장하셨을 때 바리새인들은 그가 새로운 종교를 들고 나왔다고 생각하였다. 사실이 그랬다. 바리새인들이 경전의 몸뚱아리밖에 볼 수 없었을 때 그리스도는 그 경전의 혼을 꿰뚫어 보셨다. 그래서 바리새인들은 율법의 문자와 전통적 해석에 의존해서만 그리스도가 틀렸다고 주장할 수 있었던 것이다. 나는 이제 새로운 창조의 아들들 사이에서 지금껏 묶여 있던 상상이 풀려 나와 제자리를 찾는 모습을 갈망한다. 내가 말하는 것은 볼 수 있는 성스러운 은사, 가리운 베일 너머 거룩하고 영원한 아름다움과 신비를 꿰뚫어 볼 수 있는 능력이다.[28]

우리의 신앙이 상상력을 상실하게 되면, 심층적인 신앙을 펼치도록 이미지와 언어를 제공하는 것을 놓치게 된다. 보통 쉽게 이해되지 않는 신앙문제나 인생문제는 결국 그 문제에 대하여 충분한 상상력을 끌어내지 못하기 때문이다. 우리는 어려운 문제에 당면했을 때 문자 그대로 이해하고, 문자 그대로 해결책을 찾곤 한다. 하지만 그 방법을 통해 정확한 효과를 얻는 일은 드물다. 그 문제란 부분적으로도 상상력의 결핍에서 비롯되기 때문이다. 건강한 상상력은 참신한 관점을 제공해 준다.

자아발달과 신앙발달을 연구한 많은 학자들은 성격과 영성형성에 상상력 훈련을 중요하게 여기고 있다.[29] 기독교 신앙은 가시의 세계와 비가시의 세계를 함께 연결하고 볼 수 있는 능력과 관련이 있기 때문이다. 보이지 않는 하나님의 이미지를 볼 수 있고, 하나님의 창조와 구속의 의지가 하나님의 말씀인 성경과 세계 그리고 인간의 삶에 계시되고 있음을 경험할 수 있게 하는 상상력은 그리스도인의 성격과 영성형성에 요구되는 능력이다.[30]

뉴거(Neuger)는 상상력을 가장 중요하고 효과적인 방법으로 제시하면서, 자신가 자신을 객관적으로 볼 수 있게 하는 방법은 자신이 변형되는 과정에 참여하도록 하는 모순적인 것 같지만 매우 강력한 방법이라고 하였다.[31] 상상력 훈련은 자신의 종교적 표상을 되돌아보고 교정할 수 있는 중요한 방법이 될 수 있다. 하지만 상상력을 잘못 사용하게 되어 거짓 이미지의 지배를 받게 되는 것은 정서적, 영적 삶에 매우 좋지 않은 영향을 미칠 수 있다. 종교적 상상력 훈련 자체가 목적이 아님을 인식하고 행하는 것이 필요하다. 상상력 훈련을 통해 종교적 자아 정체성을 회복하고 하나님과의 안전한 관계를 경험하는 것이 그 목적이 되어야 한다.[32]

삶의 여정에서 단일한 의미를 풍성하게 하려는 상상적 열망은 내재적으로 심오하게 프로메테우스적이다. 즉 상상력은 하나님께서 부여하신 '불'인 창조성을 발휘하는 것이다. 상상력은 신적인 신비를 선물로 주어진 이성과 감성으로 그리는 것이다. 우리가 상상력을 상실하면 복합성과 신비로 가득한 영혼의 상실을 면할 수 없다. 영혼은 항상 신비와 다양성 속에서 자신을 나타내기 때문이다. 영적 상상력은 우리를 하나님 속으로 들어가 대화하게 한다.

전형적으로 상상력은 물과 같다. 상상력은 고정시키거나 고체화시키는 모든 노력을 정화한다. 우리는 사상과 이성의 공기 같은 영역에서 오로지 살아남을 것으로 생각한다. 그러나 상상력은 우리의 이성적 논리와 의도를 훨씬 넘어선다. 상상력은 이성의 논리에 갇힌 우리를 창조성으로 안내하기 때문이다.

성격형성과 노래의 관계

에른스트 블로흐(Ernst Bloch)는 90세 생일날 인터뷰에서 "나는 지금까지 살아오면서, 동경이야말로 인간이 지닌 단 하나의 정직한 성품이라는 것을 알고 있습니다"라고 고백했다.[33] 동경은 우리의 마음을 넓어지게 한다. 동경은 우리로 하여금 에고의 한계를 넘어서게 하고, 우리 자신과 다투고 있는 문제를 상대화시켜준다. 동경은 모든 아름다운 것과 즐거운 것을 꼭 붙들어야 한다는 강박관념으로부터 우리를 해방시켜준다.

우리는 두 가지 길을 통해 동경과 만날 수 있다. 하나의 길은 삶을 주시하는 것 그리고 모든 것 뒤편, 즉 욕망, 열정, 욕구, 소망, 희망의 뒤편에 숨어 있는 동경을 발견하는 것이다. 다른 하나의 길은 영적인 길이다. '주님의 기도'에서 '아버지의 나라가 오게 하시며'라고 기도할 때,

어거스틴에 의하면, 우리는 하나님의 왕국이 오게 해달라고 하나님에게 간청할 필요가 없다. 그 대신 우리 안에 있는 이 왕국에 대한 동경을 자극하면 된다. 어거스틴에게 시편은 동경에 대한 노래들이다. 우리가 시편을 노래할 때, 하나님 안에 있는 진정한 고향에 대한 동경이 '우리' 안에서 자란다.

어거스틴(Augustine)은 시편을 방랑자의 노래에 비유한다. 그의 시대의 사람들은 강도들을 피하기 위해서 밤에 길을 떠났다. 밤길을 가는 방랑자들은 늘 불안했다. 이러한 불안에서 벗어나기 위해 그들은 고향 노래를 불렀다. 그는 이 비유를 끌어온다. 우리는 우리 안에 있는 어둠에 대한 불안을 극복하기 위해 그리고 하나님에 대한 동경을 자극하기 위해, 여기 낯선 곳에서 아버지의 왕국의 사랑 노래를 부르는 것이다. 그에게 있어서 노래는 기도의 가장 차원 높은 형식이다.

어거스틴은 '노래는 사랑하는 사람들의 것이다'라고 기술했다. 사랑하는 사람만이 노래할 수 있다. 노래는 사람들을 내면으로, '내 집의 가장 안쪽으로' 데려간다. 음악을 들으면 바이올린과 첼로의 선율이 우리에게로 들어간다. 우리가 우리 자신을 만났다고 느끼는, 우리가 고향이라고 여기는, 우리가 온전하고 건강하게 살고 있는 내면의 공간으로 노래는 우리를 인도한다. 이 내면의 공간에서 우리 자신에게 다다르고 고향을 느끼게 된다면, 더 이상 밖에서 고향을 찾으려는 수고는 필요 없게 된다. 우리 자신과 만나는 사람은 이 세상을 초월하고 이 세상의 혼돈 한가운데서 우리만의 안전한 장소를 발견할 수 있다.

어거스틴은 평생에 걸쳐 동경을 추구하였다. 처음에는 여성에게서 행복을 찾았고, 다음에는 철학, 학문, 성공, 우정에서 동경을 추구하였다.

그리고 마침내 하나님을 만났다. 하나님을 만나고서야 그의 마음은 비로소 평온해졌다. 그에게 하나님과 대화를 위한 가장 중요한 방식은 노래였다.

아름다운 음악을 들으면서 우리는 영혼의 신비를 느끼게 된다. 음악은 영혼에 날개를 선사하여 영혼으로 하여금 자유롭게 고향을 찾아 평온함을 느끼게 한다. 또한 음악은 출구를 찾을 수 없을 정도로 지독한 슬픔과 절망에 빠진 마음을 깨워, 살아 움직이게 할 수 있다. 어두운 마음을 음악을 향해 열면, 우리는 슬픔의 한가운데서도 저 밑바닥에 숨어 있는 기쁨을 인지하게 된다. 음악이 그 기쁨을 살아 움직이도록 깨운 것이다. 하나님께서도 음악을 통해 영광을 받으시고 우리를 치유하시는 이유가 바로 여기에 있다.

성격형성과 일의 관계

헬라 전통의 영향을 받은 기독교 역사는 한때 노동을 영성생활의 장애물로 여기는 경향이 있었다. 그러나 건강한 전통은 이를 전혀 다르게 보았다. 노동은 영적인 길에 있어서 중요하며 자아 인식의 중요한 근원이다. 우리는 노동을 하면서 우리의 능력을 알게 되고 그늘진 면도 발견하게 된다. 교부들은 사람들이 일하는 방식을 보고, 그들의 영혼이 어떠한 모습인지 알 수 있었다. 혼란스럽게 일을 하는 사람은 내면도 뒤죽박죽인 것으로 나타난다.

베네딕트는 젊은 수도승이 진심으로 하나님을 찾고 있는지 알아보기 위해 수련생을 시험하는 세 가지 기준을 정했다. 하나는 그가 열정을 지니고 예배에 임하는지, 즉 자신의 마음을 열고 하나님 앞에 나설 수 있는지를 시험하는 것이다. 다음으로 그는 공동체에 열린 자세로 순종하고 복종할 수 있는지, 즉 관계 맺는 능력이 있는지를 보았다. 마지막으로 노동할 준비가 되어 있는지, 즉 노동을 해낼 능력을 지니고 있는지에 대해 시험을 하였다. 감정을 성숙하게 다스리는 능력, 관계 맺는 능력, 노동 능력은 건강한 인간을 분별하는 기준이다. 기도와 노동은 내면의 평온함에 이르는 길이다. 이것은 부정적인 감정을 없애 주고, 인간을 내적으로 정돈시켜 준다.

우리는 일을 하면서 스스로의 한계와 만난다. 분노와 불안 같은 감정이 떠오른다. 이것들은 우리의 예민한 부분과 억압된 욕구를 보여 준다. 영성을 종교적인 나르시시즘과 혼동하는 사람들이 있다. 그들은 자신들의 주위를 맴돌고 있을 뿐이다. 노동은 하나님에게 자신을 쓰시도록 맡기고, 자기 자신과 자기애로부터 놓여난다는 뜻이다. 그러므로 일을 하면서 스트레스를 받느냐 받지 않느냐는 것은, 근본적으로 영적인 문제이다. 물론 특수한 종류의 일은 스트레스에 노출될 수 있다는 것을 부인하는 것은 아니다. 여기서 일은 보편적인 관점에의 일을 의미한다. 일을 하면서 자신을 증명해 보이고자 하는 사람, 다른 사람 앞에 멋진 모습을 드러내고 싶은 사람은 자신의 힘만 믿고 거기서 일을 끌어낸다. 그리하면 그 힘은 바로 고갈된다. 그러나 자기 내면의 샘으로부터 일이 솟아 나오게 하는 신성한 정신의 샘을 발견한 사람에게는 모든 것이 흐른다.

일은 삶에 속한다. 삶을 지배하는 일은 오히려 우리에게 이롭지 않다. 우리가 일에 지나치게 몰입할 때, 일은 우리를 파괴한다. 다른 사람에게 그렇게 일을 강요하는 것도 그들의 삶을 파괴하는 것이다. 오히려 무의식적인 적대감이 퍼져 나간다. 휴식이나 다른 사람을 위한 시간이 전혀 없이 오직 일만 하는 사람들은 자신을 상하게 한다. 자신을 혹사하는 일은 성장으로 이어지지 않는다. 일을 통해 자신에게 가혹한 사람은 다른 사람을 향한 마음까지도 경직될 위험이 있고 가혹할 수도 있다.

우리가 하는 일로부터 발산되는 광채는 우리가 영적 태도를 지니고 일을 하는지, 가치 없는 일이라고 느끼면서 자기 가치를 증명해 보이기 위한 이기적인 동기에서 일을 하는지를 보여 준다. 다른 목적에 이르기 위해 일을 이용한다면, 그 일은 결코 실질적인 열매를 맺지 못할 것이다.

우리가 일에 의미가 있느냐 없느냐는 그 일 자체가 아니라 우리가 그 일에 어떤 의미를 부여하느냐에 달려 있다. 일을 해서 다른 사람에게 단지 유용한 제품을 하나 더 만드는 것이 아니다. 우리는 일을 하면서 분위기도 만든다. 그것은 사람을 병들게 하는 분위기일 수도 있고 반대로 치유하고 감화를 주는 분위기일 수도 있다. 우리 주위에 건강한 작업 환경이 형성되면 일은 치유의 힘을 얻게 된다. 우리 일은 다른 사람들의 일뿐만 아니라 삶에까지 기쁨을 선사할 수 있다. 일을 하면서 즐거운 사람은 가정에서도 기쁨을 만든다. 하지만 불만과 환멸만을 경험하는 사람은 가정에 돌아가서도 마찬가지가 된다. 우리의 일은 우리 자신과 다른 사람과의 관계를 넘어 하나님과도 관계된 영적 행위이다. 우리가 일에 실패하는 것은 예배에 실패하는 것과 동일하게 영적 실패를 낳게 된다.

〈미주〉

1   Richard Foster, Gayle D. Beebe, *Longing for God*, 김명희 양혜원 옮김, 『영성을 살다』(서울: IVP, 2014), 238-241에서 인용.

2   렉시오 디비나의 영문 번역은 spiritual reading, holy reading, prayerful reading, sacred reading 등과 같이 번역될 수 있고, 한글 번역은 영적 독서, 거룩한 독서, 신적 독서, 성독 등으로 번역될 수 있다.

3   허성준, 『수도전통에 따른 렉시오 디비나』(경북 왜관: 분도출판사, 2003), 19.

4   귀고 2세, 『수도승의 사다리』, 허성준 옮김, in 허성준, 『수도전통에 따른 렉시오 디비나』, 196.

5   귀고 2세, 『수도승의 사다리』, 197.

6   귀고 2세, 『수도승의 사다리』, 198.

7   귀고 2세, 『수도승의 사다리』, 210.

8   귀고 2세, 『수도승의 사다리』, 210.

9   귀고 2세, 『수도승의 사다리』, 68.

10 귀고 2세, 『수도승의 사다리』, 68.

11 귀고 2세, 『수도승의 사다리』, 210.

12 귀고 2세, 『수도승의 사다리』, 210.

13 귀고 2세, 『수도승의 사다리』, 68.

14 귀고 2세, 『수도승의 사다리』, 196.

15 귀고 2세, 『수도승의 사다리』, 197.

16 귀고 2세, 『수도승의 사다리』, 210.

17 귀고 2세, 『수도승의 사다리』, 210.

18 귀고 2세, 『수도승의 사다리』, 197.

19 George E. Vaillant, *Aging Well*, 이덕남 옮김, 『행복의 조건』(서울: 프런티어, 2010), 342.

20 George E. Vaillant, 『행복의 조건』, 342.

21 James I. Packer, *Rediscovering Holiness*, 장인식 옮김, 『거룩의 재발견』(서울: 토기장이, 2011), 143.

22 David G. Banner, *Opening to God*, 윤종석 옮김, 『기도 숨』(서울: 두란도, 2011),

187에서 인용.

23 John Cassian, *Conferences*, Classics of Western Spirituality (New Jersey: Paulist Press, 1985), 9.

24 John Cassian, *Conferences*, 9.9.

25 Maria Boulding, *The Coming of God* (London: SPCK, 1982), 98.

26 Thomas Merton, *Loving and Living* (London: Sheldon Press, 1979), 200.

27 Susanne K. Langer, *Philosophy in a New Key* (New York: The New American Library of World Literature, 1948), 20.

28 A. W. Tozer, *Born after Mindnight* (Harrisburg: Christian Publications, 1959), 92-5.

29 종교적 상상력은 다양한 종교적 배경에 의해 영향을 받고 있다. 하지만, 최근에는 고행이나 이성적 논리에 의한 정신적 활동이라기보다는 오감을 동원하게 하는 창조적, 전인적, 총체적인 활동으로 보고 있다. 특히 여성들을 위한 교육목회 실천방법으로 더욱 관심의 대상이 되고 있다(Nicola Slee, *Women and Faith Development: Patterns and Processes* (Hants: Ashgate, 2004), 175-88).

30 Sharon Parks, *The Critical Years: Young Adults and The Human Science* (Albany: State University of New York Press, 1986), 125.

31 Christie C. Neuger, *Counselling Women: A Narrative, Pastoral Approach* (Minneapolis: Fortress Press, 2001), 144-45.

32 Paul Tillich, *The New Being* (London: SCM, 1956), 138; Eugene H. Peterson, *Subversive Spirituality* (Grands Rapids: Eerdmans, 1997), 59.

33 Anselm Grun, 『삶의 기술』, 48에서 인용.

제5부

돌봄의 해석과 분별

15장 결혼의 해석과 분별
16장 자기 분화의 해석과 분별
17장 정서적 역학의 해석과 분별
18장 꿈의 해석과 분별
19장 그림 언어의 해석과 분별

돌봄을 위한 기도

우리에게 돌보는 법을 가르쳐 주소서!
우리가 기도를 배움으로써 돌보는 법을 배우게 하소서.
그리하여 인간적인 곤경이 이 세상에서 하나님의 임재와 사역 속으로 들어가며 그것을
받아들이는 기회가 되게 하소서.
우리가 기도를 배움으로써 돌보는 법을 배우게 하소서.
그리하여 사람들이 우리를 돌봄으로 인하여 진정한 인간이 되게 하소서.
우리에게 돌보는 법을 가르치소서.
그리하여 우리가 자기중심성의 협력자가 되는 것이 아니라 하나님을 추구하는 길에
동반자가 되게 하소서.
우리에게 돌보는 가운데 기도의 무릎을 꿇는 법을 가르치소서.
그리하여 돌봄을 받는 자가 존엄을 경험하게 하소서.
하나님의 구원과 축복과 치유 속에서 누리는 영광을 깨닫게 하시고, 신경 쇠약이나
황무한 자아에 더 이상 이끌리지 않게 하소서.

또한 돌보지 않게 하소서!
우리의 사역에서 중요한 위치를 차지하는 이 곤궁한 때에 겸손한 경건을 지니게 하소서.
하나님 당신께서 그 사람들과 오래전부터 함께하셨고, 그들을 창조하고 사랑하며,
구원하고 그들을 위해 애쓰셨음을 깨닫게 하소서.
돌보지 않는 겸손을 가르치소서.
그리하여 우리가 다른 이들의 필요를 임시방편으로 고쳐놓은 작업장으로 이용하거나
자신의 중요성과 필요성을 과장하는 업적의 수단으로 삼지 않게 하소서.
우리가 창조의 아름다움과 구원의 영광 앞에서 경이로움과 경외심을 지니도록 가르치소서.
특별히 자신들이 죄를 범했고 탈락했으며 거절당했다고 생각하는 자들을 대할 때에
주의하게 하소서.
침묵과 절제를 가르쳐 주소서.
그리하여 선한 행동을 하려는 열망에 사로잡혀 당신의 돌보심을 무례히 방해하지 않게 하소서.
돌보지 않는 법을 가르치소서.
그리하여 우리의 모든 사역이 거룩한 땅에서 당신의 거룩한 이름으로 실행된다는 것을
깨달을 수 있는 시간과 에너지와 공간을 확보할 수 있게 하소서.
어려움에 처한 사람들과 공동체가 우리의 인간적인 열정과 불신앙을 드러내는 황무지가
아니라 당신의 뜻을 묵상하며 맡겨진 일을 수행하는 장미의 정원인 것을 깨닫게 하소서.
우리가 거짓으로 자신을 속이지 않도록 지켜주소서.
비록 바위틈에 있더라도, 고요히 앉아 침묵하는 법을 가르치소서. 아멘.

-유진 피터슨-

15장

결혼의 해석과 적용
Interpretation and Discernment of Marriage

들어가는 글

인간에게 가장 중요한 '사랑의 학교인 결혼'은 한 남자와 한 여자의 성적 에너지를 개인적인 사랑으로 봉헌하는 것 이상이다. 이것은 한 남자와 한 여자의 모든 일상을 애정을 갖고 봉사한다는 의지적인 노력에 기반을 둔다는 것을 의미한다. 결혼은 모든 생명체의 주인이신 하나님의 계명인 이웃 사랑이라는 통찰력에 기반을 둔다. 그리고 이러한 관점을 통해 사람들은 결혼을 통해 배운, 사람을 사랑하는 책임 있는 태도와 관대한 마음이 그들의 모든 관계 속에 흘러 들어간다는 것을 당연한 것으로 생각한다. 이는 하나님의 창조적인 힘이 결혼한 부부에게 위임된다는 것을 의미한다.

정호승 시인은 "인생에서 가장 중요한 일은 누군가를 사랑하고 사랑받는 것이요, 나머지는 전부 배경 음악이다"라고 썼다. 사람은 사랑받고 사랑하며 살아가는 존재이다. 인간은 그렇게 지음 받았다. 인간은 사랑의 대상이지 믿음의 대상도 기대의 대상도 두려움의 대상도 아니다. 인간은 사랑하고 사랑받기 위해 결혼을 한다. 결혼은 사랑 때문에 시작하고 사랑을 위해 헌신하고 사랑을 통해 풍성해 진다.

결혼은 온전한 인격이 되기 위하여 하나님이 정하신 제도이다. 결혼은 인격과 인격의 만남을 통해 서로의 부족함을 완성해가는 출발점이다. 결혼을 통해 우리는 서로의 버팀목이 되어 주고 힘이 되어 준다. 뿐만 아니라 상대의 부족한 점은 자신이 지닌 장점으로 채워 주는 것이 결혼의 참 의미이기도 하다. 하지만 결혼생활은 마냥 행복의 가도만을 달리는 것은 아니다. 결혼생활의 여정에는 온갖 장애물이 가로 놓이기도 한다. 때문에 결혼과 결혼생활에는 많은 지식이 요구된다.

프랑스 소설가 발자끄(Balzac, 1799-1850)는 인간의 지식 중에 가장 뒤떨어지는 지식이 결혼에 관한 지식이라고 말했다. 결혼은 복잡한 인간의 삶만큼이나 수많은 질문을 수반한다. 성경은 결혼을 무엇이라고 말하는지, 그 말 속에 심겨진 외적 내적 의미는 무엇인지, 배우자를 선택하는 정신적 기제는 무엇인지, 행복한 결혼생활을 하려면 과연 어떤 배우자를 선택해야 하는지, 배우자를 선택할 때 고려해야 할 요소들은 무엇인지, 어머니가 반대하는 결혼을 해도 되는지, 연애 시절에 폭력을 행사하는 사람과 사랑하는 사이라면 결혼을 해도 되는지, 결혼의 절대조건은 신앙이어야 하는지, 배우자를 선택할 때 무의식은 어떻게 작용하는지 등에 대한 수많은 질문들이 수반된다.

결혼의 성경적 이해

요즈음 그리스도인도 결혼을 계약이라는 관점에서 이해하는 경향이 있다. 결혼을 앞둔 남녀 가운데는 실제로 계약서를 작성하는 이들도 있다. 그들은 각자의 책임과 권리에 대해 동의하고 마치 집 계약서를 작성하듯이 계약서를 쓰기도 한다. 결혼에 대한 문서 계약서는 작성하지 않더라도, 마음속에는 결혼은 계약이라고 생각하는 경우가 많다. 이는 만일 한쪽에서 계약사항을 깨고 약속을 지키지 못하게 되면, 결혼은 파기해도 된다는 생각을 전제한다. 왜냐하면 결혼은 계약이기 때문이다. 결혼이 단지 계약일 뿐이라고 강하게 말하지는 않지만 사실은 계약일 뿐이라고 생각한다. 하지만 결혼을 계약이라는 관점에서 이해하는 것은 성경적인 이해는 아니다.

성경은 결혼이 계약적인 행위가 아니라 언약적인 행위라고 말한다. 결혼은 한 남자와 여자가 부모를 떠나 한 몸을 이루는 행위이다. 예수님은 하나님이 짝지어 주신 것을 사람이 나누지 못할 것이라고 말씀한다 (마 19:6). 아무도 하나님이 세우신 평생토록 연합하는 이 언약을 나눌 수 없다. 결혼은 좋을 때나 나쁠 때나 부유할 때나 가난할 때나 아플 때나 건강할 때나 죽음이 갈라놓을 때까지 함께하는 것이다. 하나님과 사람 앞에서의 언약이 그리스도인의 결혼을 위한 기초가 된다. 결혼이 언약이라는 사실은 말라기에 분병하게 나타나 있다.

> 너와 너의 어려서 취한 아내 사이에 여호와께서 일찍이 증거
> 하셨음을 인함이니라. 그는 네 짝이요 너와 맹약한 아내로서

네가 그에게 궤사를 행하도다(말 2:14).

잠언 또한 결혼이 언약이라고 말한다. 잠언은 간통한 사람을 다음과 같이 말한다. "그는 소시의 짝을 버리며 그 하나님의 언약을 잊어버린 자라"(잠 2:17). 이 구절은 결혼은 단순한 언약이 아니라 하나님이 증인인 신성한 언약이다. 하나님은 결혼 제도를 창조하셨을 뿐만 아니라 결혼 서약의 증인이시다. 부부는 단순히 한 남자와 한 여자의 서약이 아니라 하나님 앞에서 서약하는 행위이기도 하다. 때문에 결혼은 육체적 정신적 연합일 뿐만 아니라 하나님 앞에서 신성한 언약이다.

결혼은 인격 완성을 위한 행위이다. 결혼은 서로 연약하고 부족한 부분을 도와 보다 더 온전한 삶을 살게 하기 위한 것이다. 아담이 살 보금자리인 에덴동산에는 언제든지 먹을 수 있는 각종 실과가 있었고, 네 개의 맑은 강이 사방으로 흐르고 있었고, 형형색색의 고기떼가 거기서 헤엄치고 있었다. 우거진 수목에서 새들이 지저귀고 아름다운 꽃들 사이로 벌, 나비가 춤추고 있고 짐승들이 평화롭게 풀을 뜯고 물장구를 치며 노는 모든 광경을 보면서도 아담은 외로웠다. 혼자 있었기 때문이다. 그래서 하나님께서는 "사람이 독처하는 것이 좋지 못하니 내가 그를 위하여 돕는 배필을 지으리라"(18절). 하나님께서는 아담을 위하여 돕는 배필인 하와를 지으셨다. 여기서 "돕는 배필"은 영어로 "그에게 적합한 조력자"로 번역된 히브리어 "에쩨르 케네그도"이다. 이 말은 '조력자,' '반려자'라는 뜻이다. 즉 여기서 조력자라는 뜻은 아담에게 내적이고 외적인 격려를 준다는 의미이다.

하와는 아담에게 도움과 유익이 되도록 지음 받았다. 이는 여자가 남자를 보완하고 그 부족을 채워 온전하게 하며, 남자가 연약한 곳에 여자가 강하여 그의 결함을 보충하여 그의 필요를 채운다는 것을 의미한다. 이는 남자는 여자 없이 온전하지 못하다는 것을 의미한다. 이러한 원리는 여자에게도 그대로 적용된다. 여자도 남자 없이는 온전하게 될 수 없다. 남자는 여자를 보완하며 여자의 부족한 부분의 필요를 채울 뿐 아니라 여자가 약한 곳에 남자가 강하다는 의미이다.

결혼은 한 남자와 여자가 부모를 떠나 한 몸을 이루는 것이다. 여기서 떠난다는 것은 단지 새로운 가정을 세우기 위해 이전 가족의 집이나 권위에서 떠나는 것만이 아니다. 이전 가족의 영향으로부터, 가족이 의식적으로나 무의식적으로 우리의 마음에 도장을 찍어 놓은 것으로부터 돌아서는 것을 말한다.

남자와 여자의 관계에서 발견되는 창조 목적은 서로 만남을 통해서만 자신이 누구이며 자신의 장점과 약점이 무엇인지를 아는 것과 관련이 있다. 남자는 여자의 도움을 통해서만 알 수 있고, 느낄 수 있고, 볼 수 있고, 완성할 수 있는 것이 있다는 것을 의미한다. 남자와 여자는 서로의 교제 속에서만 알아가며 자라가며 성숙해 질 수 있는 특성이 있다는 것을 암시한다. 남자와 여자는 서로의 협력 속에서만이 서로의 잠재성을 충분히 발전시킬 수 있다. 이러한 관계의 원리는 다른 사람들과 맺는 모든 인간관계에서도 적용되는 원리이다.

결혼과 투사

성경에서 가르치는 결혼의 목적과 특징에는 참으로 많은 의미들이 함축되어 있다. 결혼은 단순히 한 남자와 한 여자가 만나 가정을 이루는 것보다 더 크고 심오한 의미를 담고 있다. 결혼에는 서로 육체적으로 연합하는 것 이상으로 서로를 외적으로 내적으로 돕는 행위와도 밀접하게 관련이 있다. 융은 사랑의 행위로서 결혼은 그리 단순한 것이 아님을 상기시키는 에세이를 쓰면서, 사랑에는 늘 '네 사람'이 관여한다고 하였다. 즉 그는 결혼은 결혼 당사자와 애인과 아니마와 아니무스가 관여하는 행위라고 보았다.[2]

여기서 아니마는 남성 안에 있는 여성성이고, 아니무스는 여성 안에 있는 남성성이다. 아니마와 아니무스는 인간의 의식적인 요소가 아니라 무의식적인 요소이다. 남성과 여성의 결혼은 아니마와 아니무스가 작동하여 서로 이끌리게 되고 호감을 갖게 될 때 일어난다. 즉 남성의 여성성인 아니마가 한 여성에게 투사되고, 여성의 남성성인 아니무스가 남성에게 투사될 때 서로 이끌리게 되고 호감을 갖게 된다. 따라서 결혼의 특징을 이해하기 위해서는 무의식적인 투사를 이해하는 것이 필요하다.

투사 이론은 우리의 정신에 남성적인 요소와 여성적인 요소가 있다는 전제에서 출발한다. 이것은 남자는 전형적으로 자신의 여성적인 요소를 자기에게 끌리는 여성에게 투사하고, 여성은 전형적으로 자신의 남성적인 요소를 자기에게 끌리는 남자에게 투사한다. 투사가 일어날 때는 언제든지 투사된 이미지를 매우 과대평가하게 된다. 실제 인물은 투사된 이미지에 가려서 아주 희미해진다. 다시 서술하면 자신의 남성적인 요소를 받아들이지 못하는 여성은 이것을 배우자가 될 수 있는 남성에게 투사한다. 마찬가지로 자신의 여성적인 특징을 받아들이지 못한 남성은 이것을 여성에게 투사한다. 이러한 투사된 이미지를 가지고 있는 사람은 상대방에 대해서 대단한 힘을 가지고 있다. 한 사람의 마음의 어떤 부분이 누군가에게 감지되면, 그 사람은 감지한 사람에게 모종의 통제력을 갖는다. 처음에는 긍정적이고 이상화된 시각으로 보기 때문에 상대방은 가치 있고 우쭐한 느낌을 가질 수 있다. 자기에게 투사된 강력한 이미지와 자신을 기꺼이 동일시하는데, 그 이유는 실제 성격의 진짜 경계선을 인정해야 하는 겸손한 작업으로부터 도피할 수 있기 때문이다.

여성이 자기의 긍정적이고 남성적인 요소를 남성에게 투사할 때, 여성은 그 남성에 대해 환상적 이미지를 갖게 된다. 여성은 투사된 남성을 과대평가하고 그에게 매혹되며 신비롭게 끌린다. 그렇지만 그녀가 보지 못하고 있는 것은 자신 안에 있는 긍정적인 남성적 자질을 찾아보려는 생각을 포기한 것이다. 그녀는 그 자질을 이상적인 남성에게 옮겨 놓았기 때문에 자신 안에 있는 그것을 찾을 필요도 없고 가꿀 필요도 없다고 여기는 것이다. 이런 사랑의 감정은 순전히 투사에 근거한 것이기 때문에, 이렇게 사랑에 빠져 있는 상태는 현실에 근거하지 않은 것이기 때문에 환상적이다.

결혼과 '이마고'

어린 시절부터 우리는 배우자에 대한 이상적 이미지를 만들어 낸다.

이 이미지에는 신체적인 특징인 얼굴, 체형, 키, 성적 특성 등이 포함된다. 우리가 특정한 사람을 선택하고 나머지 사람들을 그대로 두는 이유는 바로 장래 배우자에 대해 미리 갖고 있는 이러한 이미지 때문이다. 사람들이 누구에게 끌릴지 정신적인 그물망을 가지고 있는 것은 사실이지만 이러한 꿈꾸던 사랑이라는 유령만이 배우자를 만나는 과정에 개입되는 것이 아니다. '이마고'라고 부르는 배우자 선택 이론에 의하면, 결혼 상대자를 선택하는 과정에 좀 더 무의식적 차원이 개입된다는 것을 알 수 있다.

하빌 핸드릭스(Harville Hendrix)는 이마고 관계 이론을 발전시키는데 창시자 역할을 하였다.[3] '이마고'(imago)는 라틴어로서 '상'(image) 혹은 '아주 비슷한'(image of)을 뜻한다. 헨드릭스는 우리가 과거 양육자의 부정적 혹은 긍정적인 속성의 무의식적 이미지에 끌린다고 믿는다. 그는 이 이미지를 우리의 '이마고'라고 부른다. 이마고 이론에서는 우리가 배우자에게서 과거의 양육자의 긍정적인 속성을 구현해 내려는 마음 때문에 그의 부정적인 속성에 무의식적으로 끌리는 것이다. 우리가 필사적으로 원하는 긍정적인 양육자를 창조할 수 있는 것이다. 이러한 전 과정은 무의식적인 차원에서 이루어지지만, 왜 그토록 많은 사람들이 논리적으로 모순됨에도 원가족의 특징을 복제한 배우자를 선택하는지를 설명해준다.

이마고 이론의 전제 중 하나는 '반복 강화'이다. 이 개념은 무의식적인 기억이 익숙한 삶의 유형을 반복하려는 경향이다. 다시 서술하면 우리는 익숙하고 편안한 것을 재생하려는 숨은 욕구가 있다는 것을 인식하지 못한다는 뜻이다. '이마고'는 우리가 어린 시절의 유형을 반복하게 해 주는 사람, 그것을 바르게 이해하게 해 주는 사람에게 끌리도록 만드는 무의식적 특징을 말한다. 우리는 어린 시절의 상처를 치유해 주고 우리가 원하던 사랑을 주는 사람에게 끌린다. 이것은 왜 우리가 사랑하는 사람 옆에서는 익숙함과 편안함을 느끼는지를 설명해 준다. 이러한 성향은 우리의 상처를 치유해 주는 무의식적 귀소 본능의 일부이다.

이마고 이론의 또 다른 전제는 우리의 사회화 과정에 보완적으로 적응한 사람에게 끌린다는 것이다. 즉 우리는 비슷한 상처를 가지고 있지만 다른 방식으로 대처한 사람에게 끌린다는 것이다. 우리는 성장을 위한 화학 작용을 만들어내기 위해 양립할 수 없는 배우자를 만나 짝을 이룬다. 우리는 자신에게 없는 것 혹은 잃어버린 것에 끌린다. 수줍은 소년은 사교적인 여자에게 매우 끌리게 된다. 이는 이런 남자의 비사교적인 특징이 무의적으로 작동하게 되어 사교적인 여자와 함께 있으면 사교적으로 능숙하다는 느낌을 가질 수 있기 때문이다. 이는 그의 상처는 그녀가 있음으로 인해 치유될 수 있다.

이마고 이론에서는 우리가 끌리거나 칭찬하는 사람들은 우리 자신이 갈망하거나 혹은 우리가 자라난 가정에서 경시하였거나 무시했던 특성을 갖고 있는 사람일 가능성이 많다는 것이다. 우리가 배우자를 선택할 때 이처럼 우리 자신에게 무시되고 격려받지 못하고 충족되지 못한 이성을 선택하는 것과 같다고 할 수 있다.

이마고 이론의 단점은 배우자감이 어린 시절의 상처에 대한 영화로운 치유자로 보이는 반면에 우리 마음의 깊은 상처를 줄 수 있는 특징도 갖고 있다는 것이다. 이런 이유 때문에 사랑했던 배우자가 가장 미워하는 사람으로 끝날 수도 있는 것이다.

이마고 이론에서 말하는 의식적 관계는 이런 문제를 해결하기 위해 고안되었다. 한 배우자가 자신의 배우자의 상처를 자각하게 되면 좀 더 의식적인 배우자가 될 수 있다고 믿는다. 배우자의 상처와 고통을 자각할 때에 우리는 이러한 영역에 있어서 배우자를 해칠 가능성이 적어질 것이다. 부부들이 어린 시절의 옛 상처를 다시 상하게 하지 못하도록 예방하는 것은 치유를 위해 가치 있는 일이다.

결혼과 '리머런스'

남녀관계에서 '리머런스'(limerence, 격렬한 갈망) 혹은 화학 작용은 어떤 특정한 사람들을 보았을 때 갖는 떨리는 느낌이나 호감이다. 남녀관계에서 이러한 느낌에 의해 몸 전체가 두근거릴 때 화학 작용이라고 한다.[4] 화학이라는 용어는 연금술에 그 뿌리를 두고 있다. 연금술이란 연금술사가 불로장생약을 발견하려고 시도하였던 중세 시대의 화학과 철학의 한 형태이다. 연금술사들은 평범한 물질이 진정한 가치를 가진 것으로 변화되는 과정에 대해 철학적으로 설명하였다. 남녀 간의 화학 작용이란 두 사람이 큰 에너지를 가지고 상호 작용하여 진정한 가치, 더 정확하게 말하면 진정한 사랑이 생기는 모습을 설명하기 위해 생겨난 신조어이다. 이러한 화학적 현상은 격렬한 갈망, 강박적이고 벗어나기 힘든 생각들, 매력과 흥분이 나타나는 현상이다.

화학적 현상이 나타나는 단계에서는 감정적인 요소가 가장 중요하게 나타난다. 이 단계는 긍정적인 뇌 화학 물질과 망상이 그 특징이다. 이러한 망상의 단계에서는 서로가 서로에게 영웅이요, 모든 문제의 해답이라고 믿는다. 하지만 낭만적이고 로맨틱한 사랑의 감정은 현실에 근거하지 않는다. 이 단계는 매우 감정적이고 긍정적인 투사로 가득 차 있다. 언제나 서로 보고 싶다. 아무리 노력해도 그를 충분히 가질 수 없을 것 같다. 이렇게 되는 이유는 부분적으로는 뇌 화학 물질인 '페닐레탈라민[5]이 서로에게 활성화되기 때문이다. 부분적으로는 서로 함께 있으면 아주 안정적으로 느끼기 때문이다. 서로가 하루 종일 함께 보내고 집에 와도 즉시 서로 보고 싶다. 이 단계에서는 서로가 하나로 묶이고 애착도 형성된다.

남녀 간의 화학 작용에 있어서 가장 큰 문제는 언젠가는 그것이 사라진다는 사실이다. 이러한 화학 작용은 감소하거나 약해지는 경향이 매우 일반적이기 때문에 사랑에 빠져 있다는 감정에 중점을 두어서는 안 되고, 상대방을 사랑하겠다는 의식적인 결심에 중점을 두어야 한다. 사랑은 느낌보다는 선택이라는 것과 감정은 관계를 맺는 이차적인 역할을 해야 한다는 것이다.

보편적으로 2년이나 3년 후에는 몸에 필요한 양의 페닐레탈라민을 만들어내지 못한다. 그렇기 때문에 감성적이고 낭만적인 사랑은 오래 가지 못한다. 남자와 여자의 연애와 결혼생활에서 너무나 많은 경우에 설레는 느낌이 사라질까봐 걱정한다. 우리의 몸은 페닐레탈라민에 대해서 내성을 키워서 한때 많이 공급하던 것만큼 충분히 생산해 낼 수 없다. 게다가 자연적인 '암페타민'이 끊임없이 흐르면 몸에 막대한 스트레스를 주게 된다.[6] 우리가 사랑에 빠졌을 때 신경체계는 스트레스를 받는다. 몸은 이런 종류의 스트레스를 무한정 견뎌 내지 못한다. 이러한 느낌이 사라져야 한다. 이는 몸에 휴식을 주기 위해서 뿐만 아니라 의지에 찬 사랑을 위한 공간을 마련하기 위해서다. 그러므로 연애 때나 결혼생활에서 감정적인 사랑에서 의지적 사랑으로, 동그라미 사랑에서 육각형 사랑으로, 또는 가슴 뛰는 사랑에서 잔잔한 사랑으로 전환하는 것은 사랑이 변한 것이 아니라 사랑의 유형과 모양이 바뀐 것이다. 이는 보다 더 성숙한 사랑으로 진입한 증거이기도 하다.

결혼 멘토링

결혼은 가족과 하는 것이다

결혼은 둘이 아니라 가족과 하는 것이다. 연애할 때는 둘이지만 결혼해도 남편의 가족과 아내의 가족이 사라지는 것은 아니다. 결혼하면 가족이 확대되는 것이다. 이 가족은 배우자의 어머니, 아버지, 형제, 자매까지 포함한다. 이는 또한 결혼은 둘이 하는 것이 아니라 여섯 명이 하는 것이다. 즉 결혼은 한 남자와 한 여자가 하는 것이 아니라 남자와 그의 부모와 여자와 그의 부모가 함께 결혼을 하는 것이다. 결혼을 하면 남편에게서 남편의 어머니와 아버지의 모습과 성격과 말씨가 그대로 의식적으로 무의식적으로 표출된다. 아내에게서는 아내의 어머니와 아버지의 모습이 그대로 나타난다.

자녀는 부모의 얼굴이라는 말이 있듯이, 남자의 아버지가 통제적이고 막말을 자주 하는 사람이라면 결혼 후 10년 내에 남편도 비슷한 특성을 보일 가능성이 많다. 어느 정도까지는 우리는 환경의 산물이다. 한 연구에 의하면, 학대를 일삼는 사람은 대부분 어릴 때 학대받은 경험을 했다고 한다. 하지만 잘못된 사례를 통해 배워서 자신의 행동을 바꿀 수도 있다고 생각하는 사람이 있을 수도 있다. 물론 반면교사로 삼아서 그런 행동을 바꿀 수도 있다. 그러나 이런 것은 결코 쉬운 것이 아니다.

자녀는 의사소통 방식에서도 부모를 닮는 경향이 있다. 아버지의 말을 자르고 잘못된 부분을 지적하는 어머니를 보면서 자란 딸은 자신도 그렇게 될 가능성이 많다. 그러므로 사귀는 사람의 성격이나 삶의 방식을 파악하기 위해서는 사귀는 사람의 집을 방문하여 같이 시간을 보내며 사귀는 사람이 부모에게 하는 말과 행동과 태도 등을 자세히 살펴보는 것이 필요하다. 특히 어떤 긴장관계가 발생했을 때 하는 말과 행동과 태도 등을 자세히 살펴보는 것이 중요하다. 이런 상황에서 부모에게 안정된 말과 자세와 행동을 하면 결혼 후에도 그대로 나타난다. 둘이 함께 있을 때 부드러운 말과 예의 바른 행동과 태도를 하던 사람이 부모에게는 말이 거칠고 자세가 바르지 못할 때는 후자에 초점을 두어 사귀는 사람을 평가하는 것이 더 정확하다.

사귀는 사람의 부모가 평소에 서로를 어떻게 대하는지를 살피는 것도 필요하다. 사귀는 여자의 아버지가 아내를 친절하게 대하면, 그녀도 남자에게 그런 친절을 기대하게 된다. 그녀의 어머니가 남편의 말이 끝나기도 전에 성급하게 대답을 하면, 그녀도 남자에게 그럴 가능성이 많다. 결혼을 결정할 때 상대방 부모의 본보기를 파악하는 것은 바로 미래의 남편과 아내의 모습을 파악하는 가장 중요한 방식이다. 때문에 책임감 있고 후회 없는 결혼을 위해서는 상대방 부모와 함께 시간을 보내면서 그 부모의 행동과 의사소통 방식을 관찰하는 것이 중요하다. 연애 때에는 상대방 부모의 말이나 행동에서 긍정적인 면이 부각되고 부정적인 면을 간과하기 쉽다. 왜냐하면 연애 기간 동안에는 상대방이 환상적 대상이 되어 있기 때문에 대부분의 것이 좋아 보이고, 부모의 부정적인 행동을 답습하리라고 생각하지 않기 때문이다. 하지만 자라면서 부모에게 보아왔던 방식에 빠지지 않도록 의식적으로 계획적으로 노력하지 않았다면, 부모의 부정적인 모습을 답습할 가능성이 많다.

결혼은 하나님 앞에서 신성한 언약이기 때문에 결혼 대상자를 최선을 다해 파악하는 것은 매우 중요하다. 책임 있는 결혼을 위해서 상대방을 파악하는 것도 결혼의 언약적인 행위에 포함된다. 이런 맥락에서 서로 상대방의 부모와 함께하는 시간을 충분히 갖는 것은 매우 중요하다. 그 시간을 통해 상대방 부모의 성격, 가치관, 의사소통 방식 등을 파악할 수 있다. 상대방의 부모의 모습은 결혼 후에 남편과 아내의 모습에 지대한 영향을 미치기 때문에 결혼 전에 미리 파악해야 한다.

결혼은 반대 성격과 한다

결혼생활에서 성격은 매우 중요한 역할을 한다. 그렇다면 결혼에서 성격은 어떤 역할을 하는지를 인식하는 것이 필요하다. 이혼의 중요한 요인들 가운데 하나가 성격 차이이다. 성격 이론에서 사람들은 자기와 성격이 비슷한 사람을 좋아하는지, 아니면 자신의 부족한 부분을 보완해 줄 수 있는, 자신과 전혀 다른 성격을 가진 사람을 좋아하는지에 대한 논의는 관점에 따라 다르다. 일반적으로 자기와 비슷한 성격의 사람을 좋아한다고 여기는 사람들도 있고, 자신과 다른 성격을 가진 사람을 통해 보완해 줄 수 있는 사람에게 도움을 받으며 살기 위해 자기와 다른 성격의 사람을 좋아한다고 생각하는 사람들도 있다.

자기와 같은 성격을 가진 사람을 좋아한다고 보는 입장을 유사설이라 하고, 자기와는 생각이나 성격이 다른 사람을 좋아한다고 보는 입장을 상보설이라고 부른다. 하지만 어떤 사람들은 성격에서 유사설과 상보설이 모두 맞지 않다고 여기기도 한다. 인간의 성격의 기본 축의 하나인 외향성과 내향성을 통해서 살펴보면, 유사설이 맞는다면 외향적인 사람은 외향적인 사람을 좋아하고 내향적인 사람은 내향적인 사람을 좋아해야 한다. 상보설이 맞는다면 외향적인 사람은 내향적인 사람을 좋아하고 내향적인 사람은 외향적인 사람을 좋아해야 한다. 하지만 외향적인 사람과 내향적인 사람 모두 외향적인 사람을 좋아하는 경우가 있다는 것이다.

따라서 유사설과 상보설은 의미가 없다고 보고, '사회적 바람직함설'을 주장한다. 사회적 바람직함설이란 유사설과 상보설이 타당하지 않고 사람들이 좋아하는 성격은 따로 있다는 것이다. 한편 유사설과 상보설에 대해 배타적인 견해를 가진 사람들이 놓치고 있는 것이 있다. 그것은 인간의 성격이 의식적으로만 작용하는 것이 아니라 무의식적 성향도 있다는 것이다. 구체적으로 서술하면, 사람들이 다른 사람과의 관계에서 외향적인 사람이 외향적인 사람을 좋아하는 것은, 대부분 의식적인 선호도에 따라 그런 성향이 나타나고, 내향적인 사람이 외향적인 사람을 좋아하는 것은 무의식적인 선호도에 따라 그의 정신세계가 작용하여 그런 성향이 나타난다. 때문에 유사설과 상보설이 틀린 것이 아니라,

상보설은 주로 의식적 세계를 통해 발현된 현상을 말하는 것이고, 보완설은 주로 무의식적 세계를 통해 작용된 현상을 설명한다고 볼 수 있다. 그러므로 의식적 차원에서는 상보설이 타당하고, 무의식적 차원에서는 보완설이 더 타당하다고 할 수 있다. 그러므로 의식적 상보설과 무의식적 보완설로 부르는 것이 더 타당하다고 할 수 있다.

삶의 현장과 관계에서 흔히 볼 수 있듯이 취미생활, 토론, 여행 등과 같이 의식적 비중이 강한 일에서는 사람들은 같은 성향의 사람들을 더 좋아하는 경향이 보편적이다. 외향적인 사람들은 외향적인 사람들을 더 선호하고, 내향적인 사람들은 내향적인 사람들을 더 선호한다. 하지만 결혼과 같이 자기의 부족한 부분이나 에너지가 채워지기를 바라는 것에서는 무의식이 더 많이 작용한다.

무의식적 차원이 작용할 때는 내향적인 사람은 외향적인 사람을 더 선호하고, 외향적인 사람은 내향적인 사람을 더 선호하는 것이 보편적이다. 왜냐하면 무의식세계는 아직 의식화되지 못하고 미분화된 정신에너지이기 때문에 의식화를 바란다. 때문에 자신의 의식세계를 통해 외향성이 형성되었다면, 무의식은 내향적이기 때문에 분화를 희망하는 무의식세계는 외향적인 사람을 더 선호하게 되어 있다. 성경에서 가르치는 것처럼 결혼은 자기의 외적 내적으로 부족한 조력자를 찾는 행위이기 때문에 결혼을 위해 배우자를 선택할 때는 자기의 부족한 세계의 수도자인 무의식세계가 배우자를 선택하는데 중요한 역할을 하게 된다. 이는 남자와 여자가 배우자를 선택하는 경향들을 보면 확연히 드러난다. 결혼 상대자의 선택은 의식세계가 작용하여 선택하는 것 같지만, 자세히 관찰해 보면 무의식세계가 주도적으로 작용하여 선택하는 경우가 일반적이다.

　유사설과 상보설은 인간의 내적인 성향인 외향성과 내향성 관계에서 내적으로 어떻게 작용하는지를 보여 주는 반면에 '사회적 바람직함설'은 인간의 관계에서 성품이나 삶의 자세에 대한 선호도를 보여 준다고 보는 것이 더 바람직하다. 전자는 인간의 내적 선호도에 초점을 두는 반면에 후자는 인간의 사회적 또는 관계적 선호도에 보다 더 초점을 두고 있다고 할 수 있다. 때문에 유사설과 상보설은 사회적 바람직함설과 배치되는 것으로 보기보다는 서로 보완할 수 있는 관점으로 보는 것이 더 타당하다. 사회적 바람직함설을 주장하는 이들은 사람들이 좋아하는 이성의 이상적인 성격이 있다고 말한다. 다음의 표는 일본의 사회심리학자인 마츠이가 직장인과 대학생들에게 가장 매력을 느끼는 이성의 성격에 대해 질문했던 결과이다.[7]

〈남녀별 매력을 느끼는 이성의 성격〉

순위	남성의 성격	여성의 성격
1	배려심이 많다(62%)	명랑하다(64%)
2	상냥하고 부드럽다(60%)	청결하다(60%)
3	성실하다(59%)	솔직하다(54%)
4	활기차다(58%)	상냥하고 부드럽다(54%)
5	명랑하다(52%)	배려심이 많다(53%)
6	청결하다(50%)	건강하다(50%)
7	건강하다(48%)	활기차다(46%)
8	지적이다(47%)	지적이다(38%)

　표에서 볼 수 있는 것처럼 여성들이 가장 좋아하는 남성의 성격은 배

려심이 많은 사람이고, 남성들이 좋아하는 여성들의 바람직한 성격은 명랑한 여성이다. 이러한 남녀 선호도는 어느 사회에서나 비슷하게 보편적으로 나타난다.

결혼은 사랑의 그림자를 발견하기 위한 것이다

그림자는 인간 정신의 무의식적 요소로서 사랑과 돌봄을 소망하는 인격의 한 차원이요 목소리라고 할 수 있다. 융은 그림자를 가리켜서 사람들이 자신의 것이 아니라고 생각하지만 그의 또 다른 자아(alter ego)라고 말한다. 그는 "그림자는 주체가 자신으로서 인정하기를 거부하는 모든 것, 그래서 직접적으로나 간접적으로 인정해 주기를 강요하는 모든 것을 의인화한 것이다. 예를 들어 말하면, 우리의 열등한 특성들이나 의식과 양립할 수 없는 성향들을 가리킨다"고 설명했다.[8] 그림자는 아직 발달하지 못해 미숙하고 원시적으로 남아있는 요소들로 구성된다.

그림자는 발달하지 못하여 열등한 요소들이지만, 본래 인격을 구성하는 요소들이기 때문에 항상 의식에 들어오려고 하며, 우리가 그것들을 거부하면 할수록 그 그림자는 더 강해진다. 때문에 그림자는 때로 반사회적 공상을 하게 하거나, 갑자기 나타날 때는 미숙하거나 과격한 행동을 하게 해서 문제를 일으키게 한다. 그러나 그림자는 열등하고 원시적인 특성을 지닐 뿐만 아니라 창조적인 특성도 있다. 그림자의 열등하고 원시적인 특성은 아직 발달하지 못한 정신적 요소이지 그림자 자체가 악하고 열등한 것은 아니다. 따라서 그것을 적절하게 조정하고 의식화하면 창조적으로 사용할 수 있다.[9] 그림자는 본질적으로 사랑과 돌봄

을 통해서 의식화되고 발달되는 특징이 있기 때문에 그림자란 표현보다
는 사랑의 그림자로 표현하는 것이 더 바람직 할 수 있다.

우리가 사랑의 그림자를 인식하지 못한다면 우리의 사랑의 경험은
불완전하다. 사랑에는 밝은 면만 있는 것이 아니라 어두운 그림자도
있다. 사랑은 밝은 면을 통해서만 완성되어 가는 것이 아니라 그림자를
통해서 오히려 더 성숙해 간다. 사랑이 자칫 감상적이고 로맨틱한 차원
만을 끌어안고 몰두하게 되면, 그림자의 첫 번째 조짐인 이별에 대한 생
각, 관계에서 믿음과 희망의 상실 또는 상대방의 가치관의 예기치 못한
변화 같은 것에 부딪치면 그만 실패하고 만다. 만일 사랑이 감상적이고
긍정적이고 로맨틱한 차원 이상을 붙잡지 못한다면, 사랑은 부적합하다
는 이유로 망가진다. 우리는 자주 사춘기로 묘사되는 로맨틱한 사랑에
만 몰두하는 경향이 있다. 이러한 사랑은 사랑의 그림자를 부적합하게
느낀다. 그러나 이런 부적합성은 사랑의 광범위한 정서를 오히려 둥글
둥글하게 만들어 주고 사랑의 영역을 확장시킨다. 사랑의 영혼은 미완
성이나 불완전성 속에 자리하고 있기 때문이다.

이는 성경에서 말하는 조력자로서 아내를 칭하는 것에서 확증된다.
결혼은 한 남자와 한 여자의 만남을 통해 미숙하고 불완전한 부분을 서
로 완성해가는 여정이기 때문이다. 결혼생활에서 미숙하고 불완전하게
나타나는 부분이 바로 그림자이다. 실제적으로 성숙한 사랑은 그림자를
완성해가는데 있지 로맨틱한 감정을 누리는데 있지 않다. 로맨틱한 감
정은 사랑의 그림자를 위한 하나의 동력이지 그 자체가 목적은 아니다.

그림자는 기본적으로 인간 내면에 아직 발달되지 못한 무의식적 차원
이다. 그림자는 자신의 발달되지 못하고 의식화되지 못한 인격이기 때

문에 자신에게는 이해도 안 되고 인식도 안 되고 인정도 안 된다. 그렇지만 다른 사람에게는 보이고 인식되는 것이다. 예를 들어 자신이 스스로에 대해 생각하는 것과는 다른 견해를 종종 다른 사람들로부터 받게 된다면 그림자 신념이 존재하는 것이다. 자신의 그림자는 다른 사람을 통해서 발견되고 이해되고 인정되는 인간의 정신적 차원이다. 이러한 그림자는 배우자를 통해서 가장 잘 발견되는 특징이 있다. 이는 성경에서 말하는 조력자로서 아내와 남편에 대한 묘사와 일치 된다. 성경에서 말하는 조력자의 진정한 의미는 남자와 여자가 서로의 그림자를 발견하여 말해 주고 보듬어 주고 사랑해 주는 것이라고 할 수 있다.

그러므로 깊은 차원에서 보면 결혼은 로맨틱한 감정을 위한 것이라기보다는 사랑의 그림자를 발견하기 위한 것이다. 즉 결혼은 자신에게 이해도 안 되고 인식도 안 되고 인정도 안 되는 말씨, 성격, 습관, 행동 등을 서로 말해 줄 때 인정하고 받아들여 자신의 그림자인 미분화되었거나 미성숙한 부분을 완성해가는 여정의 출발이다.

결혼은 '믿지 않는 자와 멍에를 함께' 하면 안 되는가?

그리스도인들 가운데 결혼의 가장 중요한 조건을 믿음으로 여기는 사람들이 있다. 이러한 관점을 가진 그리스도인들이 성경적 증거로 제시하는 내용은 바울이 고린도교회 성도들에게 권고한 다음 내용을 그 예로 제시한다.

너희는 믿지 않는 자와 멍에를 함께 메지 말라 의와 불법이 어찌 함께하며 빛과 어두움이 어찌 사귀며 그리스도와 벨리알이 어찌 조화되며 믿는 자와 믿지 않는 자가 어찌 상관하며 하나 님의 성전과 우상이 어찌 일치하리요(고후 6:14-16).

바울이 "믿지 않는 자와 멍에를 함께하지 말라"는 내용을 믿지 않는 자와 결혼하지 말라는 의미로 보는 것은 바른 해석이라고 할 수 없다. 바울이 말한 이 내용의 의미를 바르게 파악하기 위해서는 어떤 상황에서 권고한 것인지를 알아야 한다.

믿지 않는 자들과 멍에를 함께하지 말라는 이 비유는 고린도의 그리스도인들에게 믿지 않는 자들과 하나가 되어서는 안 된다는 의미로 해석될 수 있다. 그러나 바울은 "내가 너희에게 쓴 편지에 음행하는 자들을 사귀지 말라 하였거니와 이 말은 이 세상의 음행하는 자들이나 탐하는 자들이나 속여 빼앗는 자들이나 우상숭배하는 자들을 도무지 사귀지 말라 하는 것이 아니니 만일 그리하면 너희가 세상 밖으로 나가야 할 것이라"(고전 5:9-10)고 말한다. 또한 그는 "만일 어떤 형제에게 믿지 아니하는 아내가 있어 남편과 함께 살기를 좋아하거든 그를 버리지 말며 어떤 여자에게 믿지 아니하는 남편이 있어 아내와 함께 살기를 좋아하거든 그 남자를 버리지 말라 믿지 아니하는 남편이 아내로 말미암아 거룩하게 되고 믿지 아니하는 아내가 남편으로 말미암아 거룩하게 되나니 그렇지 아니하면 너희 자녀들도 깨끗하지 못하니라 그러나 이제 거룩하니라"(고전 7:12-14)라고 말한다.

바울은 단지 한 배우자가 그리스도인이 되었다고 해서 결혼이 깨어지는 것을 바라지 않았다. 오히려 그리스도인이 되지 않은 배우자가 그리스도인이 된 배우자에게 문제를 제기하지 않는 한 계속 함께 살아야 한다고 강조한다. 바울은 그리스도인들은 세상 안에 살고 있기 때문에 불신자들 가운데서 살아갈 수밖에 없다. 그리고 그들과 사귀면서 살아야 한다. 왜냐하면 이렇게 하면서 그리스도인들은 사람들을 구원하기를 희망해야 하기 때문이다.

믿지 않는 자들과 멍에를 함께 메지 말라는 말은 이와 같은 것을 의미하는지 아니면 다른 견해를 표현하는 것인지를 분별하는 것이 쉬운 것은 아니다. 피상적이고 문자적으로 보면 바울의 말은 믿지 않는 자들과 어떠한 종류의 관계도 가지지 못하도록 하는 것처럼 보일 수 있다. 하지만 이 단락에서 바울이 권하고 있는 것은 고린도의 그리스도인들에게 우상숭배와 도덕적 타락을 피해야 한다는 것이다. 이것은 바울이 고린도전서에서 권고하는 것과 같다. 바울은 "음행을 피하라"(고전 6:18)는 것과 "우상숭배로부터 떠나라"(고전 10:14)고 권고한다.

나아가 바울은 믿지 않는 자들과 멍에를 함께하지 말라는 주장을 분명히 하기 위해서 일련의 수사학적 질문들을 한다. 의와 불법이 어떻게 함께할 수 있겠습니까? 빛과 어두움이 어떻게 사귈 수 있겠습니까? 그리스도와 벨리알이 어찌 조화할 수 있겠습니까? 바울이 언급한 '함께하는 것'과 '사귐'은 여기서 밀접하게 나오는 것처럼 동의어이다. 바울은 교회와 세상을 빛과 어두움으로 회화적으로 서술한 것은 구원의 길에 있는 사람들과 파멸의 길에 있는 사람들을 뜻한다고 할 수 있다. 벨리알은 일반적으로 악마나 사탄으로 쓰이는 은유적 용어이다. 구체적으로 서술하면, 사해 사본들에는 벨리알은 악마의 왕의 이름으로 사용되는 예가 많이 나타난다. 벨리알은 사탄과 동일시되기도 한다. 신약성경에서 벨리알은 단순히 사탄의 동의어로 사용된다.

바울의 수사학적 질문들에 대한 대답은 확실하다. 이는 그리스도와 사탄은 결코 조화를 이룰 수 없다는 것이다. 믿는 자들은 그리스도 안에서 그리스도를 사랑하고 빛을 좋아하고 의와 함께하는 자가 되어야 한다는 것을 강조하고 있다고 할 수 있다. 때문에 여기서 바울이 말한 믿는 자가 믿지 않는 자와 멍에를 함께하지 말라는 의미는 그리스도인과 비그리스도인의 관계를 말하는 것이 아니다. 따라서 "믿지 않는 자와 멍에를 함께 메지 말라"는 의미는 그리스도를 믿지 않는 사람과 결혼을 하지 말라는 의미가 아니라 그리스도를 믿고 따르는 사람은 악과 어두움과 음행과 우상숭배 등을 피하는 것과 관련된 것이다.

보다 더 구체적으로 바울의 이 주장을 적용하기 위해서 정리해 볼 필요가 있다. 즉 근거리 적용(near application)과 원거리 적용(a far application)의 관점에서 살펴볼 필요가 있다. 바울의 이 주장을 근거리 적용과 원거리 적용을 통해서 보다 더 풍성한 적용을 이끌어 낼 수 있기 때문이다.

근거리 적용은 이 내용이 기록될 당시에 바울이 고린도 성도들에게 전하고자 하는 메시지를 분석하여 적용하는 것이다. 근거리 적용은 주어진 본문의 가르침과 일치를 해야 한다. 때문에 본문의 전후 문맥과 역사적 정황 등을 분석하여 적용을 이끌어내는 것이다.

원거리 적용은 오늘의 청중들의 상황과 필요에 부응하도록 적용하는 것이다. 원거리 적용은 흔히 본문에 대한 해석은 하나이지만 적용은 다양하게 적용될 수 있다는 관점과 관련된 것이다. 물론 다양하게 적용할 수 있다는 의미가 아무런 제한을 받지 않고 아무렇게 적용할 수 있다는 의미는 아니다. 원거리 적용도 주어진 본문의 가르침의 정신이나 의미와 일치해야 한다. 바울이 고린도교회 성도들에게 믿지 않는 자들과 멍에를 함께하지 말라는 주장에 대한 근거리 적용을 하면, 이는 믿는 자는 악과 어두움과 우상숭배와 성적 타락으로 자신을 더럽히는 삶을 살아서는 안 된다는 권고이다. 바울이 믿지 않는 자와 멍에를 함께하지 말라는 주장의 적극적이고 긍정적인 의미는 고린도 성도들에게 하나님을 두려워하는 거룩한 생활을 하라는 주장으로 이해될 수 있다.

오늘날 그리스도인을 위한 원거리 적용은 다양하게 실행될 수 있다. 원거리 적용의 관점에서 바울의 주장은 믿는 자는 믿음을 가진 신앙인과 결혼하는 것이 더 바람직한 것이라고 말할 수 있다. 왜냐하면 진정한 결혼은 영적 정신적 육체적 연합을 이루는 것이기 때문이다. 종교적 신념이 그것을 믿는 사람의 행동에 큰 영향을 미친다. 때문에 결혼을 위해서는 종교와 신앙을 중요한 순위로 둘 필요가 있다. 나아가 영적 유형이 서로 조화를 이루는지도 점검해 보아야 한다. 왜냐하면 부부간의 갈등을 일으킬 가능성이 많은 것 중의 하나가 바로 영적인 견해 차가 될 수 있기 때문이다. 그러므로 그리스도인은 기독교 신앙을 가진 사람과 결혼하는 것이 바람직하고 중요하다.

결혼 전 성은 바른 성이 아니다

성적으로 개방된 문화와 사회에서 많은 젊은이들이 혼전 성에 대해 개방적이다. 혼전 성경험이 결혼 달성이나 결혼생활에 도움이 된다고 생각하는 사람들도 있다. 그러나 모든 연구 조사의 결과는 그렇지 않다. 실제로 혼전 성경험이 있는 사람들의 이혼율은 그렇지 않은 사람들에 비해 두 배이다.[10] 혼전 성경험은 종종 결혼 후의 성생활에 심리적 장애 요인으로 작용하기 때문이다. 중요한 것은 혼전 성경험이 심리적인 흔적이나 앙금을 깨끗이 씻어낼 수 없다는데 문제가 있다. 종종 부부들은 배우자의 성경험을 알아내려고 하는 경우가 있다. 그것이 밝혀질 경우에는 때로 지우기 힘든 기억으로 남는다. 부부는 성적으로 배타적인 관계를 갈망한다. 자신의 배우자가 다른 사람과 성관계를 맺었다고 생각하면 고통스럽기 마련이다. 때문에 혼전 성경험은 부부의 성적 심리에 부정적인 결과로 작용할 수 있다.

나아가 혼전 성경험을 통해 부부관계가 형성되었을지라도 바람직한 것이라고 할 수 없다. 이는 혼전 성경험이 결혼을 보장해 준다는 확실한 증거가 없을 뿐만 아니라 결혼 안에서 성을 귀하게 누리는 것이 부부 심리에도 훨씬 더 충만하게 작용할 수 있기 때문이다.

중요한 것은 성행위는 육체적 성관계 이상이기 때문에 혼전 성은 바람직 한 것이 아니다. 성행위는 그 특성상 연합의 경험이다. 성은 단순한 쾌락의 경험이거나 두 몸이 결합하는 것만이 아니다. 성은 몸과 마음과 정신의 결합이다. 성을 결혼 안에서만 누려야 할 이유가 바로 이것 때문이다. 성은 단지 성욕 해소나 일시적인 성적 쾌락을 위한 방편으로 보는 것은 그 원래의 목적에 맞지 않다.

혼전 순결을 원하는 여자 친구를 위해 5년 동안 참고 기다려준 남자 친구의 이야기다. 영국 일간 「데일리 메일」은 미국 미시간 주에 살며 뷰티 블로거로 일하는 여성 밀레나(Milena, 21)와 그녀의 남자친구 조던의 연애 스토리를 소개 했다. 5년 연애 끝에 결혼에 골인한 밀레나는 최근 공개한 뷰티 유트브 영상 중 남편 조던과의 흥미진진했던 연애사를 공개했다. 영상에 따르면 그녀는 15살 10대 시절 현재 남편인 조던을 처음 만나 풋풋한 사랑을 시작했다. 대화가 잘 통하고 관심거리가 비슷한 이 커플은 급속도로 가까워졌는데, 밀레나는 남자 친구와 성관계는 맺지 않았다. 그녀는 결혼 전 성관계를 맺지 않겠다는 혼전순결주의자였다. 그녀는 12살 소녀였을 때 교회에서 순결 반지를 선물 받았다. 그 이후 혼전순결을 지켜야겠다는 신조를 세운 밀레나는 남자친구에게 자신의 의견을 충분히 설명했다. 다행히 조던은 밀레나의 생각을 존중했다. 뿐만 아니라 조던은 밀레나와 함께 혼전순결주의자가 되기로 약속했다. 밀레나와 조던은 혼전순결을 지키기 위해 5년 동안 꽤 많은 노력을 들였다. 두 사람은 옷을 벗은 상태로 함께 침대에 눕지 않았으며, 부모님이 계시지 않은 빈 집에서 데이트 하지 않았다. 또한 수영복을 입고 수영장에도 가지 않았으며, 최대한 이른 시간에 데이트를 마치고 각자의 집으로 돌아갔다. 남자 친구 조던은 5년 동안 밀레나와 성관계를 맺지 않는다는 약속을 결국 지켰으며, 두 커플은 지난해 결국 웨딩마치를 올렸다. 레나는 "나도 가끔 멋있는 조던을 보면 유혹을 당하기도 했다"며 웃으며 과거를 떠올렸다. 이어 "친구들이 가끔 조던을 보고 게이가 아니냐고 놀렸다"며 "남들은 내가 이상하다고 비난했지만 단지 난 내가 세운원칙을 지키고 싶었을 뿐이다"라고 전했다. 그러면서 그녀는 "지금은 우리는 부부다"며 "아무 문제없이 행복한 생활을 하고 있다"고 마무리했다.[11]

구약성경은 성을 인간의 창의성의 많은 중요한 면들을 표현하는 놀라운 행위로 찬양한다. 그것은 결혼관계 안에서 남편과 아내의 결속감을 갖게 도우며 큰 쾌감을 제공하고, 아이를 낳아 기르면서 부부를 하나님게 향하도록 만든다. 그러므로 성행위는 결혼언약에 헌신하는 것에 국한 되어야 한다.

결혼을 위해 검증해야 할 것도 있다

결혼을 결정하고자 할 때 상대방에게 의처증과 의부증 증상이 있는지를 검증할 필요가 있다. 이런 증상을 직접적으로 물어보거나 테스트를 할 수는 없지만 상대방의 말의 습관이나 행동을 통해 어느 정도 파악할 수도 있다. 결혼생활에서 가장 힘들고 고통스런 문제는 어떤 것보다도 상대방의 의처증이나 의부증이라고 할 수 있다. 결혼생활에서 의처증과 의부증까지 사랑할 수 있는 힘을 가진 사람은 없다. 때문에 책임 있는 결혼생활을 위해서는 상대방이 이런 증상이 있는지를 파악하는 것도 중요하다. 이는 두 가지 이유 때문이다. 하나는 상대방의 이런 증상을 감당할 힘이 있는지를 자신이 스스로 점검해 보아야 한다. 다른 하나는 이런 증상이 있음에도 불구하고 그 사람과 결혼하고자 할 때, 결혼 전에 반드시 치료 방법을 찾아 실천하기 위해서이다. 이 작업은 매우 어려운 문제이지만 자신의 이런 증상을 이해하고 인식하고 치료를 받는 것은 매우 중요하다.

보편적으로 우리는 남편이나 아내가 배우자에게 의처증이나 의부증 증세를 보일 때 사랑이 지나친 것이라고 생각하지만 이것은 확실히 병이다. 정상적인 사람들은 대부분 배우자가 의심스럽다가도 아니라는 증거가 확실하면 믿는다. 그러나 의처증, 의부증 환자들은 반대로 아니라는 증거가 확인이 될 때도 믿지 않고 오히려 배우자가 바람을 피웠다는 증거를 찾고 싶어 한다. 이들은 배우자가 불륜을 저질렀다는 확고한 믿음을 가지고 있다. 그 믿음은 객관적인 사실에 근거하는 것이 아닌 망상의 수준이다. 그런 망상을 '부정망상'이라 한다. 세익스피어의 4대 비극 중의 하나인 『오델로』라는 작품이 이것을 잘 표현하고 있다고 해서 '오델로 증후군'이라고도 한다. 배우자가 불륜을 저질렀다는 질투 망상과 그 망상 때문 이상 행동이 동반될 때는 의처증이나 의부증이라는 진단을 내린다.

의부증과 의처증의 원인은 여러 요인에서 기인한다. 의처증과 의부증이 심한 사람은 편집증적 성격의 소유자가 많다. 어렸을 때부터 까다롭고 무슨 일이든지 그냥 넘기지 못하고, 다른 사람의 태도나 행동에 대해 예민하고 과장해서 생각하는 사람들, 이기적이고 불평이 많은 사람들에게서 자주 나타난다. 이들은 대개 융통성이 없고 남을 잘 믿지 못하고 참을성이 없다. 논쟁적이고 타협을 모르며 작은 실수나 남이 한 행동에 대해 절대 잊지 못하는 사람들인 경우가 많다. 여자의 경우는 의존적이고 미숙해서 배우자가 옆에 있어야지만 안심하는 경우나 샘이 많고 독점력이 많은 경우 의부증이 될 확률이 높다. 이런 사람들은 비밀을 털어놓고 지내거나 의견을 교환할 친구가 없는 경우가 많다. 성취에 대한 욕망이 강하고 능력 이상의 목표를 달성하려고 노력하므로 사회생활에서는 어느 정도 성공한다.

그러나 소심하고 비평을 견디지 못하며 유머 감각도 없고 고집 세고 완고한 편이다. 의처증과 의부증은 과잉 소유욕에서 비롯되는 경우도 많다. 질투 감정은 사랑의 감정과 표리의 관계라고 할 수 있다. 다른 말로 질투는 사랑하기 때문이고 관심이 남다른 때문이며, 남다른 소유욕 때문이기도 하다. 이런 사람들은 예외 없이 어린 시절 사랑의 상처를 받은 사람들이다. 그 때문에 사랑을 믿지 못하고 남을 믿지 못하고 자기 자신도 믿지 못한다. 모든 것이 불확실해 믿을 수 있는 것을 찾다보니 먼저 불확실하고 믿을 수 없는 것을 배제하려는 강박 심리가 작용한다. 믿으려면 믿을 수 있는 것을 골라내야 한다. 그래서 사랑을, 믿음을 의심하는 것이다.

특히 의처증 경향이 있는 사람들의 성향 중의 하나는 폭력성이다. 의처증 성향이 있는 사람은 연애 시절에도 폭력을 행하는 사람이 있다. 연애 시절에 상대방에게 폭력을 행하는 사람은 결혼생활에서 여러 차원에서 문제를 일으킬 수 있다. 연애 시절에는 보편적으로 서로 낭만적이고 매혹적 사랑에 빠진다. 이 시기에는 뇌에서 부신수질 호르몬인 노르에피네프린, 도파민과 같은 호르몬이 나와 손을 만지면 향기가 풍기고, 화학 물질이 뇌에서 시작되어 신경을 따라 혈관을 흐르는 시기이다. 이런 시기에 폭력을 행하는 사람은 뇌에 문제가 있는 사람일 가능성이 있다. 이런 사람의 뇌는 사람을 의심하고 의처증 성향을 가진 사람일 가능성이 많다.

의처증과 의부증은 여러 하위 요인들에 의해 발생할 수도 있다. 알코올 중독, 성적 불능 등이다. 정신분열증이나 편집증에서 나타나는 것 외에 알코올 중독자는 오랜 음주 끝에 상대적으로 성욕이 감퇴되면 오히려 상대방이 정부를 두고 있다는 투영 심리가 작용해서 질투 망상을 일으키게 된다. 이런 음주자의 질투 망상은 술을 끊음으로써 없어질 수도 있지만 오래도록 지속되는 수가 있다. 이런 경우 그 경과나 내용으로 보아 정신분열증과 구별이 잘 안 된다.

성적 불능과도 관련이 있다. 또 노년기나 초로기에도 부정망상이 나타나는데, 이때는 상대방에 대한 혐오감과 더불어 자신의 성적 불능을 배우자에게 투영시킨 결과이다. 이런 응석 심리는 우리 모두에게 잠재되어 있다. 욕구 불만이나 스트레스가 쌓일 때 자신도 모르게 가장 믿어야 할 배우자에게 병적 심리를 투영시키는 것이다. 따라서 공격 대상이 되는 배우자는 자신의 언행을 조심해야 함은 물론 그보다 더 중요한 것은 오랫동안 동반자로서 믿음과 사랑을 확인시켜 주는 일이다.

어머니가 반대하는 결혼은 실패하기 쉽다

어머니가 반대하는 결혼은 불행해지기 쉽다. 우리의 삶은 평탄하지만은 않다. 결혼도 예외가 될 수는 없다. 결혼 역시 예상치 못한 장애물이 있을 때가 많다. 결혼에서 가장 강력한 장애물 중의 하나는 부모의 반대가 심할 때이다. 서로 너무나 좋아하고 사랑하는데 부모가 반대하는 경우다. 이때 대부분의 사람들은 이 사람이 아니면 결혼하지 않겠다고 말하며 부모를 설득하게 된다. 인간은 자기가 좋아하거나 소망하는 것이 반대에 직면하게 되면, 반대에 부딪히면 부딪힐수록 더욱 강렬해질 수 있다. 즉 주위 사람들이 반대하면 할수록 연애 감정은 강해지는 현상이 나타나기도 한다.

이러한 현상은 우리가 스스로 권리를 선택하려고 하는 자유선택권과 관련이 있다. 자유선택권이란 모든 것을 다른 사람의 강요가 아닌 자기의 의지로 선택하고 싶어 하는 심리적인 성향이다. 인간은 자유선택권이 실제로 침해되었거나 침해받았다고 느낄 때 마음속에서는 이를 회복하려는 의지가 발생한다. 이러한 의지를 심리적 반발이라고 부른다. 심리적 반발이 나타나면 다른 사람이 설득한 것이 아닌 다른 것을 선택함으로써 자신의 자유의지를 회복하려고 한다. 그 결과 다른 사람이 하라고 한 것 이외의 다른 것을 일부러도 선택하게 된다. 이런 이유 때문에 부모가 연애에 반대하면 자녀들은 연애 감정에 더 빠져드는 것이다.

부모가 반대하는 결혼은 이루어지는 경우도 있고 그렇지 못한 경우도 있다. 자식에게 이기는 부모가 없다고 부모가 반대하는 결혼도 이루어지는 경우가 많다. 부모가 반대하는 결혼을 하는 것이 옳은지 그른지는 각자 주어진 상황이 다를 수 있기 때문에 그것에 정답은 없다. 또한 부모가 반대하는 이유도 다양하기 때문에 쉬운 문제는 아니라고 할 수 있다.

한 가지 흥미로운 사실은 아버지가 반대하는 결혼은 별 문제가 없지만, 어머니가 반대하는 딸의 결혼은 그 결말이 좋지 않다는 것이 일반적인 이해이다. 임상적으로 어머니가 반대하는 결혼은 이혼으로 끝나는 경우가 많았기 때문이다. 이러한 현상이 일어나는 원인은 정확하게 밝혀진 것은 없지만, 어머니는 같은 여성이기 때문에 이성으로서 남성을 보는 눈이 아버지보다는 더 정확하기 때문이라고 해석될 수도 있다.[12]

〈미주〉

1 Anthony A, Hoekema, *Created in God's Image* (Rand Rapids: Eerdmans, 1986), 77.

2 Thomas Moore, *Care of the Soul: A Guide for Cultivating Depth and Sacredness in Everyday Life*, 김영운 옮김, 『영혼의 돌봄』 (서울: 아침영성지도연구원, 2007), 132.

제5부 /15장 ● 결혼의 해석과 적용 … **419**

3 Harville Hendrix, *Getting the Love You Want: A Guide for Couple* (New York: Harper & Row, 1990)참조.

4 Dorothy Tennov, *Love and Limerence: The Experience of Being in Love*(Archdale, NC: Scarborough House, 1998   참조.

5 사랑에 빠지면 우리 뇌에서는 '페닐레틸라민'이라고 하는 물질이 분비되는데 이 물질은 정신적 긴장과 체력을 증진시켜주는 역할을 한다. 그런데 사랑의 감정이 없어지면 뇌와 몸에서 갑자기 페닐레틸라민이 없어지기 때문에 결과적으로 사랑의 파탄 뒤에 오는 충격은 마약복용을 끊은 다음에 오는 허탈감과 흡사한 성향이 나타난다.

6 암페타민은 중추신경계를 자극하며 교감신경계를 흥분시키는 호르몬이다. 암페타민은 신경계에 작용하는 물질로 몸 전체의 작용이 일시적으로 활성화되는 효과를 가진다. 암페타민은 각성제의 일종으로 쓰이는 약물로 만들어 쓰이기도 한다. 이 각성제가 몸속에 들어갔을 경우에 아드레날린과 비슷한 방식으로 작용하기 때문에 교감신경계가 흥분된다. 교감신경계의 흥분을 통해 심장박동이 빨라지고, 혈압이 높아지는 등의 효과를 얻을 수 있으며, 이러한 작용으로 잠을 쫓고 피로를 회복할 수 있기 때문에 각성제라는 이름이 붙었다.

7 이철우, 『심리학이 연애를 말하다』 (서울: 북로드, 2008), 53에서 인용.

8 C. G. Jung, *The Archetypes and the Collective Unconsciou*s (New Jersey: Princeton University, 1991), 284−85.

9 Stanton L. Jones, *Richard E. Butman, Modern Psychotherapies: A Comprehensive Christian Appraisa*l (Dowers Grove, IL: IVP, 1991), 123−24.

10 William G. Axinn, Arland Thorton, "The Relationship Between Cohabitation and Divorce: Selectivity or Casual Influence?" *Demography* 29(1992): 357−74.

11 MSN뉴스, 2018년 1월 13일 기사.

12 이철우, 『심리학이 연애를 말하다』, 182−85.

16장

자기 분화의 해석과 분별[1]

Interpretation and Discernment of Self-Differentiation

들어가는 글

하나님의 형상으로 창조된 인간은 관계 안에서 살아가는 실존적인 존재이다. 관계적 실존으로서 인간은 자기 자신과의 관계인 내적 차원과 다른 사람들과의 관계인 외적 차원에서 자기 자신의 모양과 기능의 질적 수준을 형성하게 된다. 하지만 하나님의 형상으로 창조된 인간이 자신의 본유적 구조에만 의존한다면 결코 하나님의 생동감 있는 신비를 체험할 수 없게 된다. 때문에 인간은 하나님과의 관계로부터 발생하는 영적인 힘을 간과해서는 안 된다. 특히 그리스도인들은 본유적 차원이나 자연법칙을 넘어선 어떤 영적 체험을 본유적 차원에만 종속시켜서는 안 된다. 왜냐하면 기독교적 관점에서 인간의 본유적 차원들을 재건하거나 돌보는 방법은 자연법칙에만 의존되는 것이 아니라 기적을 포함한 하나님의 초자연적 역사도 포함하고 있기 때문이다.

이와 같은 인식과 함께 인간의 본유적 차원들을 바르게 이해하는 것 또한 중요하다. 왜냐하면 하나님의 형상으로 창조된 인간은 전인적 존재이기 때문이다. 다시 서술하면, 전인적 존재로서 인간의 영적체계와 정서체계와 관계체계 등은 어떤 형태로든 그 인식과 이해의 과정에서 본유적 차원인 정신적 차원이 수반될 수밖에 없기 때문이다. 그러므로 인간의 본유적 차원들을 검토하고 그에 대한 연구를 하나님의 권능과 뜻을 해치는 불경스러운 일이라고 할 수는 없다.

기독교 신학이 창조에서 구속과 회복까지 이 모든 과정을 하나님의 창조적 행위에 의한 것이라고 믿는다면, 인간의 정신 현상도 하나님의 사역의 방편의 통로가 될 수 있다.[2] 왜냐하면 하나님은 인간을 창조하실 때 인간 존재와 그 구조 안에 치유의 과정들과 자산들을 포함시켰기 때문이다.[3] 그러므로 하나님께서 인간에게 주신 정신세계를 바르게 이해하고 기능하도록 힘쓰는 것은 지극히 기독교적이다.

본 연구에서는 하나님의 형상으로 창조된 인간에게 주어진 감정과 사고와 정서체계와 지적체계 등의 관계와 기능의 형태가 어떻게 형성되고 삶에 어떤 영향을 미치는지를 머레이 보웬(Murray Bowen)이 제시한 자기 분화의 개념을 통해서 살펴보고자 한다.[4] 이를 위해 자기 분화의 이해와 목표와 특징과 차원들을 먼저 연구하고자 한다. 이러한 연구와 함께 자기 분화와 영성생활의 관계를 살펴본 후에, 자기 분화와 건강한 돌봄의 관계와 실천 원리들을 제시하는 데 본 연구의 목적이 있다.

특별히 본 연구를 통해서 밝히고자 하는 것은 어떻게 하면 건강한 돌봄 사역자가 될 수 있는지를 찾는 데 있다. 지금까지 기독교적 돌봄 사역에 대한 많은 연구들은 대부분의 경우 돌봄 사역자 자신보다는 돌봄의 대상에 대한 연구가 많았다. 하지만 본 연구에서는 돌봄 사역자의 분화의 중요성, 즉 자기 자신이 되는 것의 중요성과 의미들을 밝히는 데있다.

자기 분화의 이해와 목표

자기 분화의 이해

자기 분화(differentiation of self)란 자신의 원가족과의 관계에서 하나로밀착되어 정서적으로 융합되었던 자신을 가족 구성원 간에 건강한 경계를 통하여 자신의 개별성과 자율성을 가지는 것이다. 보웬은 자기 분화를 개별성과 연합성의 차원에서 다음과 같이 설명한다.

> 모든 사람에게는 개인이 스스로 생각하고, 느끼고, 행동할 수 있도록, 아이에게 감정적으로 구별된 사람으로 자라게 하는 본능적으로 뿌리 내린 삶의 힘(구별됨 혹은 개별성)이 있다. 그 반면에 아이와 가족이 감정적으로 연결되고 상호 간에 반응할 수 있도록하는 본능적으로 뿌리내린 삶의 힘(함께함, 하나 됨)도 있다고 추정된다. 이 함께하는 힘이 아이와 가족이 하나가 되어 생각하고 느끼고 행동하게 만든다. 이 상호 견제하는 삶의 힘의 결과로 아무도 그의 가족과 완전히 감정적으로 분리될 수 없다.[5]

분화 행위는 자신의 정서와 인지 과정을 분리하는 것을 포함한다. 먼저 하나는 자신과 가족을 구별하고, 다른 하나는 자신의 느낌의 과정을 인지 과정과 구별하는 것이다. 전자는 자신과 자신의 가족체계 속에 있는 사람들과 경계를 구분하는 것이다. 후자는 자신의 느낌과 다른 사람의 느낌을 인식하지만 자신의 느낌이나 다른 사람의 느낌이 자신의 행동을 지시하지 않게 하는 것이다. 분화가 이루어진 사람은 자신의 감정이 다른 사람의 감정에 의해 과도하게 민감한 반응을 하지 않을 뿐 아니라 다른 사람이 자신의 감정에 동의하지 않아도 불안해하지 않는다. 분화가 잘된 사람은 "융통성이 있고, 적응할 수 있고, 자족할 수 있다."[6] 반대로 분화가 약한 사람은 다른 사람의 감정의 반응에 따라 감정이 민감하게 반응한다. 자기 분화 이론은 인간의 세포 분화의 특성과 기능에 기초하여 정립된 것이다.

> 분화라는 용어는 생물학에서 온 것이다. 세포들은 분화되지 않은 집단체인 무정형에서 어떤 특정한 기능이나 독자성을 가진 좀 더 분화된 세포들로 발달한다. 이 세포들은 독립적인 기능을 하면서도 서로 연결되어 교류하며 상호 의존적인 기능을 수행한다. 분화를 간단히 말하면 자신이 선택한 사람과 긴밀한 연결관계를 유지하면서 동시에 한 개인으로서 여전히 자기 정체감을 갖고 독립적인 기능을 유지할 수 있는 능력이다. 그것은 다른 사람이 자기를 인정하지 않거나 거절하거나 비난하는 것을 두려워하지 않고, 그에게서 수용과 인정을 받기 위해 의존하지 않으면서도 동시에 정서적으로 중요한 사람과 친밀성

을 유지할 수 있는 능력을 의미한다. 다른 사람과 서로 다른 부분들이 드러날지라도 그것을 편안하게 받아들이며, 그로 말미암아 정서적 거리를 만들지 않는 것을 말한다. 특히 불안이 고조될 때 더욱 그러하다. 그것은 자신의 기대를 충족시키기 위해 다른 사람들을 변화시키려고 하지 않는 것이다. 또는 다른 사람의 기대를 충족시키기 위해, 그래서 서로에 대한 친밀성을 유지하기 위해, 자신을 변화시키려는 내적인 필요를 느끼지 않는 것을 의미한다.[7]

때문에 "자기 분화는 주관적인 감정 과정과 보다 객관적인 지적인(사고하는) 과정 사이를 구분할 수 있는 정도와 관계이다."[8] 다시 서술하면, 자기 분화는 "건강한 감정적인 분리 혹은 가정을 인지와 분리함으로써 객관성을 유지할 수 있는 능력"이다.[9] 분화가 실패할 경우 자기의 자동적인 감정체계에 지배당하는 현상인 융합을 일으킨다. 융합이 강하게 작동하면 사람들은 "유연성과 적응성이 부족하게 되며 주위 사람들에게 감정적으로 더욱 의존한다."[10] 분화 수준이 낮은 사람은 자기와 다른 사람과의 관계에서 개별성의 자각이 빈약하다. 관계에서 자율성을 발휘하는 데 자연스럽지 못하며 심리적으로 다른 사람과 통합하기를 바라고 의견의 차이를 인내하는 데 어려움을 가진다.

분화의 목표

분화의 목표는 정서체계 안에서 진정한 자기 자신이 되는 것이다. 즉 분화는 '유사 자기'(pseudo-self)에서 '진짜 자기'(solid-self)가 되는 데 목표가 있다. 유사 자기는 자신이 다른 사람들과의 관계나 상황에 따라 변화되거나 좌우되는 자기이다. 자신의 불안한 조건이나 두려움의 상황에서 자신의 안정감을 줄이기 위해 정서체계 안에서 자신의 일부를 타협하는 것이다. 진짜 자기는 사람들과의 관계나 자신이 처한 불안한 상황에 의해 좌우되는 행동을 하지 않고 자신의 믿음, 가치, 삶의 원리에 근거하여 주체적으로 행동하는 자기이다. 예를 들면, 베드로가 예수님을 향해 "주는 그리스도요 살아계신 하나님의 아들"이라고 한 고백은 아직 유사 자기에서 비롯된 것이었다고 할 수 있다. 베드로는 예수님이 잡히시던 밤에 자신이 처한 불안과 두려움의 상황 속에서 예수님을 부인하였다. 베드로는 예수님과의 관계에서 불안과 두려움의 상황에 따라 변하는 행동을 하였다. 그러나 예수님의 죽음과 부활 후에 베드로는 그의 사역과 삶의 여정에서 자신의 믿음을 부정하지 않고, 믿음을 진짜 자기의 일부로 만들었다고 할 수 있다.

분화의 수준은 정서적 안녕의 수준과 비례한다. 분화가 잘된 사람은 자신의 생각이 비판을 받아도 위협감을 느끼지 않는다. 다시 서술하면, 분화가 잘된 사람은 다른 사람의 인정과 수용, 이해와 칭찬, 동의와 찬성에 자기의 감정과 생각이 좌우되지 않기 때문에 다른 사람과의 관계를 안정적으로 유지할 수 있다. 분화가 잘된 사람은 어떤 문제 상황에 직면하여도 자신의 감정을 통제할 수 있는 능력이 있다. 자신의 주관적인 느낌이나 감정에 따라 행동하지 않는다. 분화 수준이 높은 사람은 다른 사람들과 다르다는 사실을 위협으로 받아들이거나 그것이 자신들의 정서적 안녕을 가로막는 것으로 여기지 않는다. 오히려 분화가 잘된 사람은 서로의 다름을 통하여 자신의 생각을 점검하고 배우며 자신의 견해를 명료하게 발전시킨다.

자기 분화의 특징

분화와 개별성

정서는 보편적으로 여러 감정의 복합체로써 주체와 객체, 전체 인격과 부분 인격의 관계를 혼란스럽게 하기도 하고 균형과 통합을 형성하기도 한다. 분화된 정서는 자아구조를 확립해 주며 분별력을 키워주고 분화된 정서는 사고와 감정의 균형과 통합의 에너지로 작용한다. 분화된 정서는 유익한 에너지로 작용한다. 분화된 정서는 새로운 의미를 창출하고 분별력을 도우며 바른 결정을 하도록 돕는다. 하지만 분화되지 않은 정서는 혼란을 초래하며 분별력을 떨어뜨린다.[11]

분화는 개별성의 척도에 따라 그 수준을 평가할 수 있다.[12] 정서의 분화를 이룬 사람은 개별성이 발달하고 연합성의 차원에서도 자기 주체적으로 반응한다. 하지만 미분화된 정서는 연합성에 치우치게 된다. 개별성은 "정서체계 속에서 스스로 정서적인 자율성을 실천할 수 있는 능력이라고 할 수 있다. 사람들과의 관계체계로부터 자신을 단절하거나 그것을 필요로 하지 않는 것과는 다르다."[13] 관계체계에서 "더 높은 개별성이나 정서적 자율성의 수준에 이를수록 다른 사람들과 친밀한 관계를 맺고 연결될 수 있는 능력도 향상된다. 그리고 자신의 생각과 감정, 행동이 다른 사람의 기대에 따라 좌우되기보다는 자신의 믿음과 가치에 근거하여 합리적으로 결정할 수 있게 된다. 자신의 개별성보다 분명하게 인식하고 자신감 있는 사람은 다른 사람들과 잘 어울릴 수 있으며 다른 사람들로 인해 위협감도 별로 느끼지 않는다."[14] 분화된 개별성은 정서적, 감각적, 주관적 수준에서 다른 사람으로부터 오는 정보에 객관적으로 반응하는 질적 특성이다.

분화의 수준이 높은 사람은 개별성과 자율성의 자질이 있기 때문에 다른 사람의 평가로부터 자유롭게 자기를 건강하게 지킬 수 있을 뿐만 아니라 쉽게 관계에 휘말리지 않고 자기를 관리할 수 있다. 때문에 정서적 안녕을 유지할 수 있다. 이러한 사람은 다른 사람으로부터 정서적 강화에 대한 지속적인 욕구 없이 자신의 삶의 방향으로 나아갈 수 있다.

분화 수준이 낮으면 낮을수록 관계를 경계 짓는 에너지 비율이 더 커진다. 분화 수준이 높을수록 자신이 소유한 고유의 기능으로 향하려는 에너지 비율이 커진다. 분화가 낮아지면 개별성은 잘 발달하지 못하고, 연합성의 에너지는 더 커진다. 분화 수준이 낮은 사람은 감정 반응이 쉽게 야기되고, 변화가 심하게 발현된다. 분화 수준이 낮은 사람의 연합성 욕구는 삶의 과정에서 사랑받고, 인정받고, 의존하려는 깊은 열망이 강해진다. 분화 수준이 높아질 때 개별성은 더 발전하고, 연합성은 낮아진다. 분화가 잘된 사람의 개별성은 심리적, 신체적 과정이 안정되어 있다. 사람은 불안한 상황과 스트레스 상황에 처하게 되면, 그의 삶은 정서적, 감각적, 주관적 과정에 영향을 받는다. 하지만 이러한 상황에서 사람마다 나타난 반응은 다르다. 서로의 반응과 결과가 다르게 나타나는 것은 분화의 수준과 관련되어 있다. 분화 수준이 높은 사람은 자율기능의 능력을 더 많이 가지고 있기 때문에 상황에 의한 영향을 피할 수는 없지만 자신을 더 효율적으로 관리할 수 있는 질적 특성이 있다. 하지만 분화 수준이 낮은 사람은 연합성으로 가득 채워진 상태에서 삶을 살아가게 된다.

분화가 잘된 사람의 개별성은 자기 책임성과 다른 사람을 비난하지 않는 쪽으로 발달하였기 때문에 건강한 관계를 유지할 수 있는 질적 특성이 있다. 분화 수준이 높은 사람은 다른 사람으로부터 오는 정보들을 결정하는 연합성에서도 질적 반응을 한다. 연합성의 욕구에서도 유아적 욕구보다는 협력하려는 현실에 의해 지배된다는 사실이 짝을 이루지만, 관계에서 자기 충족의 정도가 불안을 가져오지는 않는다. 분화 수준이 낮은 사람은 다른 사람과의 관계 과정에서 자동적으로 반응하지만 분화 수준이 높은 사람은 객관성을 토대로 반응한다. 게다가 분화 정도가 높으면 변화되는 상황에 질적으로 반응하거나 순응하려는 관계 능력도 더 좋아진다. 분화 정도가 낮으면 낮을수록 관계 균형은 불안정해지고 변화에 적응하려는 능력도 저하된다.

분화와 만성불안

모든 인간이 정서적 반응을 하지만 모두 똑같은 강도로 반응하지 않을 뿐만 아니라 똑같은 방법으로 반응하지도 않는다. 중요한 것은 인간의 정서적 반응에서 상호 의존성이 더 증가할수록 더 많은 불안을 경험하며, 불안을 줄이려는 행동에 더 많은 에너지를 소비하게 된다.

인간의 불안은 다른 사람이 자기를 인정하지 않거나 거절되거나 비난을 받을 때 발생하기도 하지만 자아분화가 되어 있지 않을 때도 발생한다. 분화의 수준이 낮으면 낮을수록 정서적 반응에서 의존성이 증가하는 성향이 나타나기 때문에 개별성은 잘 발달되지 못한다. 역으로 연합성은 더 강해진다. 때문에 분화의 정도가 감소할 때 관계에서 불안이 발생할 가능성이 더 증가하게 된다. 이렇게 형성된 불안은 자신의 내적인 차원과 관계체계에 영향을 미친다.[15]

분화 과정에서 형성되는 불안은 크게 급성불안과 만성불안으로 구분될 수 있다. 급성불안은 현실에서 실제 위협에 대한 반응으로 발생하며 순간적으로 경험되지만 만성불안은 일반적으로 있을지도 모를 가상적 위협에 대한 두려움으로 생긴다.[16] 급성불안과 만성불안 모두 타고나는 것과 학습되는 요소가 있지만, 만성불안에서 학습은 보다 중요한 역할을 한다.[17] 마이클 커(Michael Kerr)와 머레이 보웬(Murray Bowen)은 분화수준과 만성불안의 관계를 다음과 같이 설명한다.

> 기본 분화 수준이 낮을수록 만성불안의 평균 수준이 높다. 사람의 만성불안의 이러한 요소는 현존하는 삶의 상황과는 별 상관이 없으나, 성장기에 학습되어 인생을 통해 지니게 된다. 이러한 학습은 부모의 불안을 바로 받아 들여 흡수하는 것에서부터 낮은 자존감과 같이 불안을 만들어내는 주관적 태도의 결합에 이르기까지, 여러 수준에서 발생한다.[18]

불안은 전염적인 특성과 학습되는 특성이 있다. 불안의 이러한 특성 때문에 사람은 자신이 자란 가족의 불안의 평균점과 가까운 불안의 한계선을 발전시키는 경향이 있다. 사람은 잘 분화된 가족에서 성장했다면 만성불안도 덜 흡수하게 될 가능성이 많다. 만일 적절하지 않게 분화된 가족에서 성장하였다면 만성불안에 훨씬 더 취약할 가능성이 있다.[19]

불안의 전염성과 학습되는 수준은 같은 가족에서 성장한 자녀들이라고 할지라도 모두 동일한 것은 아니다. 즉 동일한 가족에서 자란 자녀라고 할지라도 만성불안의 수준은 같지 않다. 이는 모든 자녀의 부모로부터의 정서적 독립의 수준이 동일한 것은 아니기 때문이다. 가족의 정서 문제에 가장 밀착된 자녀는 가장 덜 독립적이며, 자녀들 중 가장 관계 의존적이며, 만성불안을 가장 많이 전수받게 된다. 가족문제에 가장 덜 관여된 자녀는 더 독립적이며, 덜 관계 의존적이며, 불안을 가장 덜 전수받는다.[20] 그러므로 매우 미분화된 가족에서 가장 정서적으로 많이 개입된 자녀가 높은 수준의 만성불안을 흡수하고 야기하는 반면, 잘 분화된 가족의 가장 적게 관여된 자녀가 가장 낮은 만성불안 흡수율을 보일 가능성이 있다.[21]

분화 수준과 만성불안은 가족으로부터 가장 중요하게 영향을 받는다. 불안의 전염성은 가족의 분화 수준이 낮을수록 가능성이 더 크다. 사람들은 보편적으로 다른 사람의 반응을 개인화하는 경향이 있기 때문이다. 이러한 경향은 분화수준이 낮을수록 더욱 강하게 나타나는 특성이 있다.

자기 분화의 체계와 차원

분화의 정서체계와 지적체계

분화에 대한 이해는 체계 이론에 기초하고 있다. 체계 이론은 18세기 물리학 영역에서 출발하여 자연과학에서 발전한 이론이다. 특히 체계 이론은 생물학 분야에서 많은 연구가 이루어졌지만 인간의 심리적, 사회적 구조와의 관계를 설명하는 데도 적용되기 시작하였다. 체계란 상호 의존적이며 상호 작용하는 부분들로 구성된 전체이다. 또한 체계의 여러 구성요소들의 상호 작용은 총체적인 특성을 갖는다. 따라서 여러 구성요소들의 상호 관계는 부분들의 집합 이상인 하나의 전체를 창조한다. 즉, 인간의 심리체계나 사회체계는 내부적으로는 하위체계를 가지고 있고 외부적으로도 상위체계를 가지고 있다.

이러한 체계들은 각각의 다른 기능을 발휘하면서 상호 의존적 관계를 가지며, 어느 한 수준의 체계나 같은 수준의 다른 체계가 변하면 다른 체계에도 영향을 미치게 된다. 체계는 자체적으로 다른 체계와 구분되는 경계를 가지지만 상호간의 교환과 통제가 이루어지기 때문에 어떤 한 체계의 변화와 문제는 다른 체계의 변화와 문제로 나타날 수 있고 또한 다른 체계에도 영향을 준다. 이러한 체계 이론은 인간의 생물학적, 심리학적, 사회학적 체계의 행동을 예측하는 데 활용되기도 하고 체계를 변화시키기 위한 전략을 구성하는데도 많은 도움을 준다.

분화의 체계 이론은 정서체계와 지적체계의 관계와 역할을 이해하는 데 있다. 도날드 리차드슨(Donald Richardson)이 두 체계의 관계와 역할을 다음과 같이 기술하였다.

> 우리의 지적체계는 완전히 자유로운 것이 아니다. 뇌의 사고
> 영역인 신피질은 뇌의 나머지 부분들과 밀접하게 연결되어
> 있다. 그래서 이성적 사고는 주관성으로부터 자유할 수 없고,
> 정서로부터 순전하게 벗어날 수도 없다. 비합리적인 두려움과
> 감정들, 그리고 정서적 반발에 압도당할 수 있는 것이다. 이것
> 이 바로 정서적으로 융합되어 있을 때 우리가 경험할 수 있는
> 것이다. 이러한 현상은 우리의 뇌가 '융합되었기' 때문에 일어
> 나는 일이다. 신피질이 뇌의 다른 부분들과 긴밀하게 연결되어
> 있다는 것은 사실 다행스러운 일이다. 이것은 위급한 상황에
> 서 신속하게 반응할 수 있게 하는 생존기제이다. 그런데 문제
> 는 정서적으로 융합되면 사실은 위험 상황이 아닌데도 위기 상
> 황인 것처럼 계속 반응하게 만들 수 있다는 점이다. 우리는 자
> 신이 언제 이렇게 하는지 인식하고 그러한 상태에서 벗어날 수
> 있는 방법을 배워야 한다.[22]

정서체계와 지적체계는 서로 구분되는 경계를 가지지만 상호 간의 교
환과 통제가 이루어지기 때문에 정서체계의 변화와 문제는 지적체계의
변화와 문제로 나타날 수 있고 또한 지적체계의 변화의 문제는 정서체
계에도 영향을 준다. 지적체계는 정서체계와 구분되어 기능할 수 있을
때, 그만큼 정서체계 안에서 자신을 분화시킬 수 있다. 분화 작업은 어
떤 상황에서 특별히 어떤 체계에 근거하여 행동할지를 선택할 수 있는

능력과 관계된 것이다. 즉 자신이 처한 상황이나 관계에서 자신이 느끼는 대로 행동하는 것이 아니라 좀 더 객관적으로 인식하고 행동하는 것과 관련된 것이다.

사람들과의 관계에서 부정적인 감정을 느끼거나 자주 비판하는 자세의 이면에는 불안이 자리 잡고 있다. 다시 서술하면, 사람들과의 관계에서 부정적인 느낌이나 비판적인 언어와 행동으로 표출되는 현상의 기저나 뿌리는 불안이다. 분화의 수준을 높인다는 것은 바로 이러한 현상과 나타난 현상의 기저를 이해하고 관리할 수 있는 능력을 발전시키는 것이다.

분화의 내적 차원

자기 분화는 크게 내적인 차원과 관계적인 차원으로 구분할 수 있다. 분화는 정신의 내적인 개념인 동시에 관계적인 개념으로 정신의 내적 차원은 감정과 사고를 분리할 수 있는 능력을 의미하며, 관계적 차원은 자신과 다른 사람들과 관계에서 독립성이나 개별성을 의미한다. 분화의 내적 차원이 낮은 사람은 주관적 감정에서 객관적 사고를 분리하기 어렵기 때문에 자신이 느끼는 감정에 따라 반응하고 행동하게 된다. 하지만 분화 수준이 높은 사람은 감정과 사고가 균형을 이루어 어려운 상황이나 불안을 높이는 환경이 조성되어도 합리적이며 객관성을 유지할 수 있는 능력이 있기 때문에 정서체계는 안정되게 작동하게 된다.

분화의 내적인 차원은 정서적 요소에 기초하여 기능하는 차원과 지적인 요소에 기초하여 기능하는 차원이 있다. 정서적 요소에 기초하여 기능하는 차원은 다른 사람들과 정서적으로 깊이 연결되어 있는 정서체계에 근거하여 반응하는 것이다. 지적인 요소에 기초하여 기능하는 차원은 좀 더 객관적이며 합리적으로 사고할 수 있는 사고체계에 근거하여 반응하는 것이다. 분화의 내적인 차원에서 정서체계와 지적체계가 균형적으로 작용하지 않고 정세체계에만 사로잡힐 때, 자아는 정서체계 안에서 발생하는 경험이나 인식에 의해 좌우되게 된다. 또한 정서체계에만 사로잡힐 때 관계체계 안에 있는 다른 사람들의 반응이나 기대에 좌우되게 된다. 이렇게 될 때 진정한 자기가 아닌 정서체계와 관련된 자기의 감정에 좌우되게 된다. 때문에 내적인 분화란 정서체계와 지적체계가 서로 긴밀한 연결관계를 유지하면서 동시에 각각 자기 정체감을 갖고 독립적으로 기능할 수 있는 능력이다.

분화의 관계적 차원

분화의 관계적인 차원은 자아 분화가 다른 사람들과의 관계 속에서 더 강화될 수도 약화될 수도 있는 차원을 의미한다. 이것은 분화의 외적 차원이다. 분화의 관계적인 차원은 관계체계 이론에 기초한다. 다시 서술하면, "체계 이론에서는 정서적 문제가 한 사람에게서 발생한다는 것을 믿지 않는다. 문제 증상을 나타내는 사람은 다른 사람들과의 정서적 관계체계 안에 있으며, 문제는 그러한 관계체계의 맥락에서 발생하는 것이다. 우리 각자는 마치 전체 파이의 한 부분과 같아서, 문제는 전체 파이 안에서 발생할 뿐만 아니라 전체 파이의 각 조각들이 함께 그 문제를 공유한다."[23] 하지만 애착관계, 자아 분화 등의 인간 경험에 대해 관계체계 이론이 각 개인의 기질과 책임을 부정하는 것은 아니다. 분화의 관계적 차원은 자신의 태도나 행동은 관계체계 내에 있는 다른 사람들과의 상호적인 연결성을 유지하면서 독자적으로 생각하며, 자신의 결정에 따라 행동할 수 있는 능력과 관계된 것이다.

다른 사람과의 관계에서도 분화 수준이 낮은 사람은 주체적 정체감이 낮기 때문에 다른 사람과 쉽게 융합되며 자신과 다른 사람을 분리하는 능력이 약하다. 하지만 분화 수준이 높은 사람은 다른 사람과 다른 점을 능동적으로 수용하고, 자신만의 분명한 입장을 가지며, 자신의 신념과 가치에 따라 행동하며, 다른 사람과 친밀한 관계를 유지하지만 융합되지 않는다. 즉 다른 사람의 반응에 좌우되지 않는다. 분화 수준이 높은 사람은 개별성과 독립성을 가지고 기능하며 다른 사람과 친밀한 정서적 관계를 가지고 분명한 자아 정체감을 유지해 나아갈 뿐만 아니라 다른 사람의 신념과 가치를 있는 그대로 존중하며 자신의 신념과 가치를 실현해 간다.

자기 분화와 영성생활

자기 분화와 영성생활

분화의 목표는 진정한 자기를 찾는 것, 즉 정서와 사고, 자신과 다른 사람과의 관계체계에서 개별성과 질적 연합성을 이루는 데 있다. 기독교 전통에서도 인간이 가슴과 머리, 즉 정서와 사고 어느 한쪽의 지배만 받아 모노드라마를 하는 존재가 아니라고 강조하였다.[24] 가슴과 머리의 역할은 서로 다르지만 이 둘이 관계체계 안에서 서로 바른 역할을 하고 분화된 반응을 하는 것을 중요하게 여겼다.[25]

초대 기독교의 위대한 영적 스승이었던 에바그리우스(Evagrius of Ponticus, 346-399)는 자기 인식을 영성생활에서 매우 중요한 차원으로 여겼다.[26] 그는 마음을 속이는 그릇된 시각으로 인해 자기 이해를 왜곡시킬 수 있는 여러 함정과 유혹을 연구하는 데 일생을 바쳤다. 에바그리우스는 이러한 함정들을 로기스모스(logismos)라고 하였다.[27] 로기스모스는 마음을 혼란하게 하고 모호하게 해서 조금씩 그리고 점진적으로 자기 파괴적인 환상을 심어 주는 '나쁜 생각' 또는 '나쁜 반응'이다.[28] 그가 지적한 문제는 잘못된 시각은 분화되지 않는 반응과 밀접하게 관계되어 있다고 할 수 있다. 왜냐하면 나쁜 생각은 다른 사람이나 사물을 있는 그대로가 아니라 두려움과 환상, 즉 현실적이지 않은 관점이나 객관성을 벗어나서 보게 하는 근원이기 때문이다.[29] 로기스모스는 영혼의 최대의 적이며 다른 사람과 세계와 하나님을 올바른 시각으로 보지 못하게 하고 잘못된 반응을 하게 하는 내면의 악이다.[30] 에바그리우스는 건강한 영성생활을 위해서는 이러한 나쁜 생각과 반응에서 벗어나는 것의 중요성을 알았다. 즉 그는 나쁜 생각과 느낌들은 하나님께 나아가는 데 방해가 되는 내면의 악으로 이해하였다.[31]

로기스모스는 사람을 지배하려는 나쁜 생각과 정서적 반응이다. 그리스도인들이 영적 성장을 이루려면 먼저 로기스모스를 잘 알아야 한다. 로기스모스는 우리가 인간으로 존재하는 데 어려움을 줄 뿐만 아니라 영적 여정에 가장 큰 방해를 한다. 때문에 에바그리우스에게 로기스모스를 어떻게 다루느냐는 것은 영적인 문제였다. 그러므로 로기스모스를 알고, 이것을 자세히 관찰하는 것은 영적 길을 걸어가는 첫 걸음이다. 그는 하나님을 알기 위해서는 자기 자신부터 먼저 알아야 한다는 것을 인식하였다.

다시 서술하면, 하나님의 형상으로 창조된 인간이 로기스모스에 사로잡힐 때 진짜 자기가 아니라 유사 자기로서 살아가게 된다. 다시 서술하면, "'자기가 없는' 사람은 관계로부터의 강화에 대해 강한 욕구를 가지고 있거나, 지각된 소망이나 다른 사람들의 기대(실제나 가상의)에 대한 감정반응의 수준이 높거나, 만성 긴장 수준이 높기 때문에, 증상을 갖지 않은 채 자신의 삶을 정서적 평형 상태로 유지하는 것은 거의 불가능"[32] 하기 때문에 유사 자기로 살아가기 쉽다.

이런 맥락에서 인간이 진짜 자기를 발견하고 만나는 일 없이 하나님과 만나고 바른 관계를 맺는 것은 불가능하다. 자기 자신을 제대로 인식하지 않고는 단지 유아적인 생각이나 반응에 지나지 않는 욕구를 하나님께 투사하게 된다. 인간은 자신의 모습을 바르게 인식하고 진짜 자기와 조우하게 될 때 비로소 하나님을 있는 그대로 바라볼 수 있는 능력을 갖추게 된다. 하지만 인간이 로기스모스에 사로잡힐 때, 즉 분화되지 않는 생각과 반응에 사로잡힐 때 진짜 자기로서 살아갈 수 없다. 때문에 자기 인식이나 분화 없이는 영적으로 성숙해 질 수 없다.[33]

정서 분화와 영성생활

그리스도인들도 어려운 상황에 직면하면 자기의 감정에 따라 행동할 수 있다. 즉 그리스도인들도 정서적으로 분화가 안 된 사람은 어떤 어려운 상황에 직면하게 되면 믿음으로 반응하기보다는 주관적 감정에 따라 행동하게 되는 것에서 자유로울 수 없다. 같은 공동체 안에서 영적 지도를 받는 그리스도인이라 할지라도 어떤 그리스도인들은 감정에 사로잡힐 수 있고, 어떤 그리스도인들은 감정에 사로잡히기보다는 감정을 극복할 수 있다. 정서 분화의 수준이 높은 그리스도인들은 상황에 감정적으로 반응하기보다는 그 상황에 대해 좀 더 객관적인 자세를 유지할 수 있다.

믿음과 행동은 상관관계는 있지만 필연적인 관계는 아니다. 다시 서술하면, 믿음이 행동에 중요한 영향을 줄 수 있지만 반드시 유기적인 관계에 있는 것은 아니다. 왜냐하면 강한 믿음의 소유자일지라도 어려운 상황에 직면하게 되면 전혀 믿음이 없는 사람처럼 행동할 수 있기 때문이다. 그리스도인들이 기억해야 할 것은 인간의 행동은 보편적으로 믿음에 기초하기보다는 정서 분화의 수준과 관계되어 발생한다는 것이다. 이러한 특징을 인식하는 것은 믿음의 특성을 이해하는 것만큼이나 중요하다.

정서 분화는 삶의 여정에서 중요한 역할을 한다. 삶의 여정에서 진리를 실천하는 능력은 단지 지적인 앎과 소망으로부터만 발생하지 않는다. 예를 들면, 고린도전서 13장의 사랑의 삶은 그 진리를 지적으로 알고 소망하는 것으로만 실천되는 것은 아니다. 사랑을 실천할 수 있는 능력은 정서적 분화와 매우 밀접하게 관련되어 있다. 특별히 삶의 여정에서 어려운 순간들이 다가 왔을 때, 힘든 관계의 문제에 직면했을 때, 분화된 또는 건강한 정서는 매우 중요한 역할을 하게 된다. 정서 분화 수준이 높은 사람은 다른 사람들과의 관계나 변화하는 상황 속에서 어떻게 관계를 맺으며 반응할지에 대해 융통성 있게 임하는 자질이 있기 때문이다. 정서 분화가 잘된 사람은 불안한 상황에서도 그런 상황에 잠식되지 않고 건강하게 대처할 수 있는 능력이 있다. 정서 분화가 잘된 사람은 어려운 상황에서도 차분하게 생각할 수 있는 능력이 있고 불안한 상황을 지혜롭게 대처하는 자질이 있다. 하지만 정서 분화가 안 된 사람은 비록 지적으로 많이 알고 관계의 기술을 배웠을지라도 어려운 상황에 직면하게 되면 그러한 지식과 기술이 전혀 없는 사람처럼 반응하고 행동하게 되는 경우가 많다.

정서적으로 성숙하지 못한 사람은 나르시시즘적인 행동에 빠지기 쉽다. 나르시시즘적인 행동에 빠진 자기중심적인 사람은 모든 관심을 자기에게 두고, 자기에게 빠져 살아간다. 이러한 이기적인 자기애에 빠진 사람은 기본적으로 정서적으로 성숙하지 못하였기 때문에 발생한다. 정서적으로 미성숙한 사람은 "네 마음을 다하고 목숨을 다하고 뜻을 다하여 주 너의 하나님을 사랑하라 하셨으니 이것이 크고 첫째되는 계명이요 둘째도 그와 같으니 네 이웃을 네 자신같이 사랑하라"(마22:37-40)는 말씀이 효력을 발휘할 수 없다. 말씀을 아는 것과 실천이 유기적인 관계를 이루기 위해서는 정서적으로 건강할 때 가능하기 때문이다. 왜냐하면 정서는 정신적 기능을 조절하며 사고와 행동을 조직화하는 역할을 하기 때문이다.[34] 즉 정서는 우리가 지향해야 할 목표의 우선순위를 설정할 뿐만 아니라 특별한 행위를 하도록 조직화하는 기능을 한다.[35] 정서는 마음의 상태가 인지적, 신체적, 행동적 증상으로 표현되는 정적인 기능뿐 아니라 목표 지향적 혹은 적응적인 행동을 유도하는 기능도 있다.[36]

조나단 에드워즈(Jonathan Edwards)는 18세기에 이미 현대 심리학이 제시하고 있는 정서의 본질과 삶의 한 영역으로써 정서를 잘 지적하고 있다. 그는 정서의 본질과 중요성과 다른 영역과의 관계성을 기술하면서 성경적 입장에서 정서와 정서에 지배를 받는 의지의 기능으로 나누어 설명하였다. 그는 참된 신앙은 영혼의 두 가지 기능에 의해 나타난다고 하였다. 두 가지 기능은 "사물들을 분별하여 살피고 판단"하는 지성과 "살피고 생각하는 것들에 관하여 어떤 식으로든 마음이 기울어지게 하는 성향(inclination)"이다.[37] 이 성향에 의해 결정되고 지배받는 작용은 '의지'라고 하고, 성향에 의해 기울어지는 마음을 '정서'라고 하였다.[38]

따라서 정서는 인간이 어떤 행동을 하게하는 행동의 원천일 뿐만 아니라 의지나 지성 등과 같은 차원과 유기적 관계체계 안에 있다. 정서가 인간 삶의 여러 차원과 서로 유기적으로 관련을 가진다는 말에는 영적인 삶의 영역까지도 포함한다. 때문에 정서의 분화는 건강한 영성생활을 위하여 중요한 차원이라 할 수 있다.

감각 분화와 영성생활

인간은 살아있는 감각을 통해서 하나님을 경험한다. 인간이 오감을 사용하여 하나님을 경험하고 다른 사람들을 사랑하는 것은 자연스러운 것이다.[39] 감각과 정서와 이성 등은 영적 삶과 결코 분리될 수 없는 요소들이다. 왜냐하면 하나님과 사귀기 위해서는 감각과 정서와 이성을 사용해야 하기 때문이다. 하지만 인간의 감각과 정서와 이성은 연약하고 욕망에 사로잡히기 쉬운 특성이 있기 때문에 정화 또는 분화가 필요한 요소들이기도 하다.[40] 그렇지 않으면 "영혼의 하부구조에 있는 감각은 하나님을 있는 그대로 느낄 수 없고 하나님께만 집중해야 할 마음은 줄어들게 된다."[41] 뿐만 아니라 "감각적인 욕망은 영혼에게 피로와 고통과 어둠과 추함과 야윔과 상처를 끼친다."[42]

감각의 정화가 안 되어 있거나 감각의 분화의 수준이 낮으면 영혼은 하나님을 사랑하는 것이 아니라 하나님이 주신 감각 그 자체, 즉 느끼는 것에 중독되기 쉽고 자기중심성에 중독될 수 있다.[43] 십자가의 요한(John of the Cross)은 하나님이 주신 감각 그 자체에 중독된 영혼과 자기중심적인 영혼을 영적 초보자들이라고 하였다.[44] 여기서 영적 초보자란 현대 그리스도인들이 이해하는 초보자의 의미와는 일치하지 않는다. 즉 영적 초보자란 하나님을 믿은 연륜이 얼마 되지 않는 사람이 아니라 하나님의 사랑과 은혜를 받지만 하나님을 사랑하는 것이 아니라 자기 감각, 즉 느끼는 것에 중독된 사람이다.[45] 다시 서술하면, 영적 초보자들은 감각적으로 느낄 수 있는 목적물에 대한 집착을 강하게 갖는다. 때문에 영적 초보자들은 그들의 감각과 사고와 생각은 하나님과의 관계에서도 하나님을 사랑하는 데 목적이 있지 않고, 하나님까지도 감각적인 단맛을 위한 도구가 되기 쉽다.

영적 초보자들은 하나님과 관계에서도 느끼는 쾌락에 따라 움직인다. 영적 초보자들의 감각은 느끼는 쾌락에 의해 좌우되어 움직이기 때문에 감각의 미분화적 특성이 드러난다. 영적 초보자들이 영적 훈련에 몰두하는 것도 감각적인 만족을 얻기 위해서다. 십자가의 요한은 감각적인 단맛에 중독된 영적 초보자들을 다음과 같이 묘사한다.

> 그들은 그들 자신의 뜻과 쾌락에만 집착하여 활동한다. 그들은 마치 그것이 하나님께로부터 왔다고 생각한다. 그의 영적 지도 자가 그것을 교정하면서 그들로 하여금 하나님의 뜻에 복종하라고 하면 그들은 의기소침해져서 까다롭게 투정을 부린다. 그들은 그들 자신의 만족과 쾌락이 곧 하나님을 섬기는 것이며 하나님의 만족이라고 생각한다.[46]

그리스도인들이 영적 여정에서 이런 단맛 중독증에 빠지면 그 단맛으로부터 정화 또는 감각의 분화의 과정이 필요하다. 여기서 그리스도인들이 기억해야 할 것은 영혼의 진보를 방해하고 해를 끼치는 것은 영혼의 감각 자체나 이 세상의 사물들이 아니라 오히려 피조물들에 대한 감각적 욕망에 중독되어 있기 때문에 이러한 것에서 정화 또는 분화가 필요하다. 때문에 감각의 정화 또는 분화는 감각 그 자체가 아니라 단맛에 중독된 감각이다.

영적 초보자들은 또한 영적인 체험을 많이 할 수 있다. 이는 마치 어린 시절에 어머니의 사랑을 더 많이 경험하는 경우와 같다. 하지만 영적 초보자들은 이러한 체험을 자기도취적인 관점에서 해석을 하기 때문에 필연적으로 자기중심적인 성향을 야기하게 된다. 영적 초보자들의 자기 중심성의 근본적 요인은 그들은 감각 중심적인 영성생활을 추구하기 때문이다. 그러므로 영적 초보자들이 영적으로 성장하기 위해서는 그들의 감각의 정화 또는 분화는 매우 중요하다.

요한은 하나님은 영혼의 감각의 정화를 위해 '어두운 밤'에 들어가게 하신다고 하였다.[47] 그가 말한 '어두운 밤'은 우리가 보편적으로 삶의 여정에서 겪게 되는 고난과 시련과 같은 것이 아니다. 그가 사용한 '어두운 밤'이란 용어는 스페인어 '오스쿠라'(oscura)이다. '오스쿠라'는 단순히 '컴 컴함'이다.[48] 요한은 정화의 의미로 밤이라는 은유를 사용하였다. 그가 말하는 어두운 밤은 감각적인 단맛에 중독된 영혼을 정화하는 밤이다. 즉 어두운 밤은 영혼이 초보 단계에서 숙련 단계로 진보하는 여정에서 경험하는 신호이다.[49] 영혼이 어두운 밤의 여정에서 경험하는 것은 전에 믿음의 실천과 기도를 통해 누렸던 기쁨을 잃어버리는 경험을 한다. 때문에 영혼은 영적 삶에서 얻어지는 기쁨을 잃어버리고 감각의 메마름을 경험하게 된다.

요한은 감각의 정화 또는 분화를 위한 밤을 능동적인 밤과 수동적인 밤으로 구분하였다. 즉 그는 감각의 정화 또는 분화를 위해서는 능동적인 밤뿐만 아니라 수동적인 밤을 체험하게 된다고 하였다.[50] 영혼이 감각의 능동적인 밤에 참여하는 최선의 방법은 자신의 십자가를 지고 그리스도를 본받는 것이라고 말한다. 이것은 예수 그리스도의 외면적 행동을 따르는 것뿐만 아니라 자기를 비우는 예수님의 내면적 태도와 의지를 따르는 것까지 포함한다.[51]

감각의 수동적인 밤은 하나님께서 영혼이 감각으로 만들어 낸 우상들로부터 해방시키는 여정이다. 감각의 수동적인 밤은 영혼이 위로와 평화로 가득 찼던 기도와 기쁨과 감사로 충만했던 찬양과 경배가 공허하고 메말라 보일 수 있다. 영혼은 또한 세심해지고 의심과 불안 등을 느끼기도 한다.[52] 감각의 수동적인 밤에 영혼은 자신이 지금 겪고 있는 변화가 자기를 좀 더 많은 자유와 사랑으로 이끌어 주고 있다는 사실을 이해하지 못하는 경우가 많다. 때문에 영혼은 감각의 수동적인 밤에 자칫 영적인 퇴보라고 생각할 수도 있다. 그러나 이런 현상들은 감각적인 것에 중독되어 있는 영혼이 정화되는 과정에서 겪는 것이다. 때문에 이런 메마름의 원인은 하나님께서 영혼이 감각에서 경험할 수 있는 맛을 영적인 방향으로 바꾸시는 과정이기 때문에 영적인 퇴보는 아니다. 감각의 수동의 어두운 밤은 감각적인 단맛에 중독된 영혼을 정화하는 여정이다. 이 여정을 통하여 하나님은 영혼이 연약한 존재임을 깨닫게 하고 감각적 욕구들로부터 벗어나게 한다. 하나님은 감각의 수동적인 밤을 통해 영혼이 하나님에 대한 존경과 순종과 이웃에 대한 사랑과 덕행 그리고 마귀와 세속을 이겨 낼 수 있는 능력을 갖도록 한다. 때문에 감각의 정화 또는 분화는 그리스도인의 영성생활에서 간과할 수 없는 중요한 차원이라 할 수 있다.

자기 분화와 건강한 돌봄의 관계와 실천 원리

분화와 돌봄 사역

돌봄 사역자의 분화의 수준과 건강한 돌봄은 밀접한 관계에 있다. 돌봄 사역자의 분화 수준은 개인적 차원뿐만 아니라 공동체적 차원의 돌봄에서도 중요한 요소이다. 분화가 잘된 돌봄 사역자는 자신이 속한 공동체의 기대나 지향하는 것을 위해 협력하며 자신의 신념이나 확신에서도 융통성이 있는 자세를 갖는다. 이런 사역자는 어떤 결정을 할 때도 다른 사람들이 원하기 때문에 그렇게 하는 것이 아니라 그것이 바람직하고 가치 있기 때문에 하게 된다.

분화 수준이 높은 돌봄 사역자는 개인과 공동체의 어떤 불안한 상황에서 야기되는 문제들을 지혜롭게 대처하게 된다. 즉 사람들로 하여금 불안한 상황에 따라 행동하기보다는 바람직한 사고에 근거한 행동을 하게하고, 정서적으로 더 융통성이 있게 하고, 안정감을 갖게 한다. 특히 돌봄의 관계에서 돌보는 자가 돌봄을 받는 자와 생각이 다를지라도 그러한 요소들을 품을 수 있는 정서적 공간을 구축할 수 있는 자질이 있다면 돌보는 사람뿐만 아니라 돌봄을 받는 자에게도 큰 유익이 된다. 돌보는 자가 자기의 느낌이나 감정에 메이지 않고 서로 다른 생각들 속에서도 객관성을 유지할 수 있어야 바른 돌봄의 관계가 형성될 수 있다. 이러한 돌봄 사역자는 돌봄을 받는 개인뿐만 아니라 공동체의 분화 수준을 향상시키게 된다. 마이클 커(Michael Kerr)는 교회나 종교 단체의 분화 수준의 중요성을 보여 주기 위해 다음과 같이 진술하였다.

> 교회나 회당, 혹은 종교 단체에 속한 사람들의 분화 정도가 높으면 높을수록 그들은 더 협력하고, 서로의 안위를 살피며, 적절한 정서적 접촉을 유지할 수 있다. 이것은 스트레스 상황에서뿐만 아니라 일상의 경우에서도 같다. 분화의 정도가 낮으면 낮을수록 스트레스를 받게 되면 사람들은 더욱 이기적이고 공격적이며, 서로 회피하는 행동을 하게 된다. 서로의 친밀감과 관심, 협동적인 자세는 바로 사라지고 만다.[53]

분화 수준이 높은 돌봄 사역자는 공동체 안에서 사람들의 생각이 서로 다르더라도 서로를 존중하며 열린 자세로 대화하도록 이끌어 주는 자질이 있다. 이런 사역자는 어떤 내용에 대해 열정을 가지고 자신의 생각을 말할 때도 다른 사람의 견해나 입장을 공격하지 않는다. 때문에 한 개인이나 공동체의 돌봄의 질은 일차적으로 돌봄 사역자의 분화 수준에 따라 좌우된다고 할 수 있다. 특별히 공동체의 돌봄 사역자의 분화 수준은 이러한 차원에서 매우 중요하다. 공동체의 돌봄 사역자의 평균적인 분화 수준이 올라가면 갈수록 공동체의 어떤 문제 상황이나 갈등들도 성숙하게 대처할 수 있게 된다. 때문에 돌봄 사역자의 분화 수준은 개인적 돌봄 차원에서 뿐만 아니라 공동체의 차원에서도 결코 간과할 수 없는 자질이라고 할 수 있다.

분화된 돌봄 사역의 실천 원리

첫째, 분화된 돌봄 사역자는 돌봄을 받는 사람을 이해하는 것이 그들을 고치려고 하는 것보다 더 중요하다는 것을 안다. 때문에 분화된 돌봄 사역자는 돌보는 사람들의 상태를 이해하기 위해 노력한다. 돌봄 사역자가 취해야 할 자세는 돌봄을 받는 사람을 변화시키려 하기보다는 이해하는 데 먼저 초점을 두어야 한다. 분화된 돌봄 사역자는 정서적 맥락과 상황에서 돌봄 사역자와 돌봄을 받는 사람의 각각의 역할을 안다.[54] 돌봄 사역자는 자신이 돌봄을 받는 사람에게 원하는 반응을 돌봄을 받는 사람이 보여 주기를 바라는 '대상 초점'이 아니라 자신이 그와 어떤 관계에 있기를 원하는지에 관심을 두는 '자기 초점'을 발전시켜야 한다. 즉 "자기 초점이란 다른 사람들이 달라지고 있는지, 무엇을 하고 있는지 관찰하는 것을 멈추고 그들에 대해 자신이 무엇을 어떻게 하고 있는지에 좀 더 주의를 기울이는 것을 의미한다."[55] 돌봄 사역자가 자기 초점을 발전시키는 것은 자기중심적인 것을 의미하지 않는다. 자기중심적인 돌봄 사역자는 자신을 모든 상황의 중심에 놓고 돌봄을 받는 사람이 자기가 원하는 대로 변화되기를 원하기 때문에 돌봄을 받는 사람의 개별성에 대한 이해나 존중이 없다. 하지만 자기 초점에 관심을 둔 돌봄 사역자는 돌봄을 받는 사람과의 관계에서 객관적 자세를 취함으로서 자신이 감당해야 할 책임에 초점을 둔다.

둘째, 분화된 돌봄 사역자는 돌보는 사람의 정서적 기능과 지적 기능을 구분하여 이해하고 돕는다. 돌봄 사역자는 사람의 감정과 사고를 구분할 수 있어야 한다. 돌봄 사역자는 감정과 사실을 혼동하는 실수를 해서는 안 된다. 돌봄 사역자는 돌봄을 받는 사람으로부터 거절당하는 느낌이 든다고 해서 실제로 돌봄을 받는 자가 자신을 거절한다고 쉽게 생각해서는 안 된다. 만약에 돌봄 사역자가 모든 가족들이 동의하는 것을 중요시하고 또 그럴 때 하나로 연결된 느낌을 갖는 가정에서 성장하였다면, 돌봄을 받는 사람이 돌봄 사역자에게 동의를 표하지 않을 때 돌봄 사역자는 돌봄을 받는 자가 돌봄 사역자와의 관계를 끊으려고 한다고 생각할 수 있다. 하지만 이때 돌봄을 받는 자가 돌봄 사역자를 거절하거나 관계를 단절하려고 하는 것이 아니라 단순히 어떤 문제에 동의하지 않는 것일 수 있다. 돌봄 사역자가 정서적 기능과 지적 기능을 구분할 수 있을 때 효과적인 돌봄 사역을 할 수 있다. 돌봄 사역자가 이러한 사고 능력을 발전시키고, 돌봄을 받는 사람도 그렇게 사고할 수 있도록 도와야 한다. 돌봄 사역자가 감정과 사실을 구분하는 능력을 발전시키고, 돌봄을 받는 사람도 그렇게 사고할 수 있도록 도와주어야 한다. 이를 통해서 돌봄 사역자와 돌봄을 받는 자의 분화 정도는 상승할 뿐만 아니라 건강한 돌봄을 위한 장을 형성할 수 있다.

셋째, 분화된 돌봄 사역자는 자신의 목표와 일치하는 원리와 확신 가운데 행동한다. 인간의 정서는 균형을 유지하려는 속성이 있지만 관계 체계 안에서 불안 수준이 상승하게 되면 압력 또한 증가하게 되고 정서의 균형은 깨어지게 된다. 이때 돌봄 사역자가 전과 달리 예측하지 못했던 분화된 방식으로 행동하게 되면 돌봄을 받는 사람의 정서적 불안은 더욱 증가할 수 있다. 때문에 돌봄 사역자는 이러한 행동을 할 때, 자신이 어디로 가고 있는지를 분명하게 볼 수 있어야 한다. 그리고 돌봄을 받는 사람의 반발 반응에 따라 초점이 흐려지지 않아야 한다.

넷째, 분화된 돌봄 사역자는 돌봄을 받는 사람의 반응에 좌우되지 않는다. 분화된 돌봄 사역자는 돌봄을 받는 사람이 부정적 반응이나 긍정적인 반응을 보일 때, 이러한 반응에 좌우되지 않는다. 돌봄 사역자의 본질적 목표는 돌봄을 받는 사람으로부터 어떤 지지를 받기 위함이 아니기 때문이다. 분화된 돌봄 사역자는 돌봄을 받는 사람으로부터 지지를 받는 데 목적을 두지 않고 돌봄을 받는 사람이 스스로 자신을 돌아보고 점검하도록 돕는다.

나가는 글

자기 분화는 자기 자신과의 관계인 내적 차원과 다른 사람들과의 관계인 외적 차원에서 자기 자신의 삶의 형태와 기능의 질적 수준을 형성하는 정서적 과정이다. 자기 분화의 내적 차원은 사고와 감정을 분리할 줄 아는 자질이다. 분화된 사람은 주어진 상황이나 환경에 대해 자신의 느낌이나 감정에 따라 행동하기보다는 합리적이며 객관적으로 사고하며 행동한다. 또한 분화가 잘된 사람은 다른 사람의 반응에 따라 자기의 감정과 생각이 좌우되지 않고, 다른 사람들과 차이점들을 위협으로 받아들이거나 그것이 자신의 정서적 안녕을 가로막는 것으로 여기지 않는다. 오히려 분화가 잘된 사람은 서로의 차이들을 통하여 자신의 생각을 점검하고 배우며 자신의 견해를 더욱 발전시킨다. 하지만 분화 수준이 낮은 사람은 감정과 사실을 혼동하게 된다. 때문에 어떤 느낌이 들면 그것을 사실로 받아들인다. 분화가 낮은 사람은 자신의 주관적인 감정에 더 많은 지배를 받는다. 분화 수준이 낮은 사람은 정서적으로 의존적인 사람이 될 뿐만 아니라 다른 사람들과의 차이점들 때문에 더 많은 위협을 느낀다.

분화의 관계적 차원은 관계 속에서 나와 다른 사람이 분리된 존재라는 사실을 이해하며, 정서적으로 성숙한 분화를 이룬 사람은 상황을 판단하는 능력이 있으며, 다른 사람들과 효과적으로 관계하고 행동할 수 있는 자질이 있다. 분화의 수준이 증대될수록 다른 사람과의 관계에서 정서적으로 분리된 존재로서의 자신을 인식하고, 다른 사람과 정서적으로 건강한 관계를 유지한다. 하지만 정서적 분화 수준이 낮은 사람은 불안 수준이 높아 성숙한 관계를 이루는 데 어려움이 있다.

본 연구는 자기 분화와 건강한 영성생활이 분리될 수 없는 관계에 있음을 밝히고 있다. 인간은 자기 인식이나 자기 분화, 즉 자신의 모습을 바르게 인식하고 진짜 자기와 조우하게 될 때 비로소 하나님과 건강한 관계를 형성할 수 있기 때문이다. 또한 분화된 돌봄 사역자는 돌봄을 받는 사람들과 정서적으로 건강한 관계를 유지할 뿐만 아니라 이를 위해 자신의 분화의 중요성을 무엇보다도 중요하게 여긴다. 본 연구는 특별히 분화된 돌봄 사역자는 돌보는 사람의 정서적 기능과 지적 기능을 구분하여 이해하는 자질이 있을 뿐만 아니라, 돌봄을 받는 사람과의 관계에서 객관적 자세를 취함으로서 자신이 감당해야 할 책임에 더 많은 초점을 둔다는 것을 제시하였다.

본 연구는 자기 분화와 건강한 영성생활의 연관성을 밝히고 있지만 자기 분화와 하나님과의 실제 관계를 구체적으로 밝히지 못한 아쉬움이 있다. 진정한 자기 분화는 자기 자신과 다른 사람들과의 관계인 외적 차원뿐만 아니라 하나님과 관계에서 발생하는 영적인 힘없이 성취할 수 없다고 본다. 자기 분화 과정에서 내적인 차원과 외적인 차원에서 이루어지는 개별성뿐만 아니라 하나님과 관계에서 발생하는 의존성도 간과되어서는 안 된다. 왜냐하면 자기 분화는 자기 자신의 건강한 감성과 지성에만 기초하여 성취될 수 없는 실존적 특성이 있기 때문이다.

제5부 / 16장 • 자기 분화의 해석과 분별 … **451**

〈미주〉

1   이 글은 「복음과 실천신학」 제39권 (2016), 206-35에 실린 필자의 글을 수정 보완한 것이다.

2   Robert Pazmino는 그의 책, 『우리의 교사이신 하나님』 (*God Our Teacher*)에서 하나님의 사역을 여섯 가지 내용으로 설명하였다. '우리를 위한 하나님'(God for us), '우리의 죄악에도 불구하고 도우시는 하나님'(God despite us), '우리와 함께 하시는 하나님'(God with us), '우리 안에 계시는 하나님'(God in us), '우리를 사용하시는 하나님'(God through us), '초월적으로 역사하시는 하나님'(God beyond us)이다. 하나님께서 우리를 양육하시는 방편은 초자연적(beyond us)인 방법을 통해서만이 아니라 우리를 통해서도(through us) 하신다(Robert W. Pazmino, *God Our Teacher* [Grand Rapids: Baker Academic, 2001], chapter 1-6).

3   John Wilkinson, *The Bible and Healing: A Medical and Theological Commentary* (Grand Rapids: Eerdmans, 1998), 3.

4   Murray Bowen은 그의 가족체계 이론에서 '자기 분화'의 중요성에 대해 설명하면서, 불안이나 관계의 어려움은 정서적으로 연결된 사람들과의 상호 작용 과정에서 발생하는 증상으로 이해하였다. 그는 이를 해결하기 위해서는 자신의 원가족과의 관계에서 형성된 정서 상태나 체계를 잘 인식하고 관리하는 것의 중요성을 주장하였다.

5   Murray Bowen, "Alcoholism as Viewed Through Family System Therapy and Family Psychotherapy," *Annals of the New York Academy of Science*, 233 (1974): 95.

6   D. S. Becvar, *Family Therapy: A Systemic Integration* (Boston: Allyn & Bacon, 2006), 147.

7   Donald Richardson, *Becoming a Healthier Pastor*, 유재성 역, 『목회는 관계 리더십이다』 (서울: 국제제자훈련원, 2009), 130.

8   J. M. Gibson & J. Donigian, "Use of Bowen Theory," *Journal of Addictions and Offender Counseling* 14(1993): 28.

9   D. Kim-Appel, J. Appel, I. Newman, & P. Parr, "Testing the Effectiveness of Bowen's Concept of Differentiation in Predicting Psychological Distress in In-

dividual Age 62 Years or Older," *The Family Journal: Counseling and Therapy for Couples and Families* 15 (2007): 224.

10 S. R. Sauber, L. L'Abate & G. R. Weeks, *Family Therapy: Basic Concept and Terms* (Rockville, MD: Aspen, 1985), 43.

11 L. S. Greenberg, & S. C. Paivio, *Working with Emotions in Psychotherapy*, 이홍표 역, 『심리치료에서 정서를 어떻게 다룰 것인가』 (서울: 학지사, 2008), 24.

12 "'분화'와 '개별성'은 비록 그것들이 같은 현상을 정확하게 기술하지 않는다 해도 상호 교환적으로 사용되는 경향이 있다. 분화는 과정을 의미하고 개별성은 생명력을 말한다. 분화는 사람에 의해 관계체계 안에서 처리되는 개별성과 연합성에 의한 과정이다. 분화의 보다 높은 수준은 개별성의 발달의 증가와 연결되어 있기 때문에, 두 용어는 종종 동의어로 사용된다. 그러나 보다 높은 수준의 분화는 또한 연합성이 자유로운 통제수단이 되도록 허용하는 능력과 연관되어 있다"(Michael E. Kerr, M. Bowen, *Family Evaluation: The Role of Family as an Emotional Unit That Governs Individual Behaviour and Development*, 남순현, 전영주, 황영훈 공역, 『보웬의 가족치료 이론』 [서울: 학지사, 2005], 122).

13 Donald Richardson, 『목회는 관계 리더십이다』, 149.

14 Donald Richardson, 『목회는 관계 리더십이다』, 149-50.

15 정은심, "여성의 불안유형 분석을 통한 교육목회 실천방안: 애착이론을 중심으로," 한국복음주의실천신학회, 「복음과 실천신학」 제22권 (2010): 40-1.

16 급성불안과 만성불안을 시제적인 차원에서 보면, 급성불안의 현재적 특성 때문에 기본적으로 두려움의 특성에 더 가깝고, 만성불안의 미래적 성향 때문에 기본적으로 불안의 특성을 더 깊게 지니고 있다고 할 수 있다. Barlow에 의하면, 불안은 다가오는 부정적 사건에 대비하기 위한 미래 지향적인 감정 상태다. 때문에 불안이 미래적이라면, 두려움은 현재적인 심리적 위협 상태이다(D. H. Barlow, "Unravelling the Mysteries of Anxiety and Its Disorders from the Perspectives of Emotion Theory," *American Psychologist* 55/11 (2002): 1247-63). 불안과 두려움을 시간적 차이로만 볼 수는 없지만, 불안이 보다 간접적이고 실존적이라면, 두려움은 보다 직접적이고 현실적인 정서라고 할 수 있다.

17 Michael E. Kerr, M. Bowen, 『보웬의 가족치료 이론』, 144.

18 Michael E. Kerr, M. Bowen, 『보웬의 가족치료 이론』, 146.

19 Michael E. Kerr, M. Bowen, 『보웬의 가족치료 이론』, 147.

20 Michael E. Kerr, M. Bowen, 『보웬의 가족치료 이론』, 148.

21 Michael E. Kerr, M. Bowen, 『보웬의 가족치료 이론』, 148.

22 Donald Richardson, 『목회는 관계 리더십이다』, 147.

23 Donald Richardson, 『목회는 관계 리더십이다』, 62.

24 Ernst Kurtz and Katherine Ketcham, *The Spirituality of Imperfection* (New York: Bantam Books, 1992), 74.

25 Ernst Kurtz and Katherine Ketcham, *The Spirituality of Imperfection*, 74.

26 최창국, "그림자 투사 작용을 통해 본 영혼 돌봄의 패러다임 전환 모델과 과제," 한국복음주의실천신학회, 「복음과 실천신학」 제33권 (2014): 214.

27 로기스모이(logismoi)는 원래 그리스어로 '이론,' '생각하는 능력'으로 번역되는 용어이지만 Evagrius는 그것을 '죄에 이르게 하는 생각'으로 정의하였다. 수도사들은 로기스모이가 사람의 마음을 사로잡으면 결국 '죽음에 이르는 죄'로 인도된다고 여겼다. 로기스모이는 감정의 차원을 통해서 가장 잘 발현되기 때문에 수도사들이 영적 훈련을 하는 가운데 가장 치열한 투쟁을 전개했던 차원은 감정의 차원이었다. 수도자들은 감정적인 차원이 혼란스러우면, 즉 분화된 정서 체계 없이 하나님과의 살아있는 대화를 할 수 없다고 보았다.

28 Ernst Kurtz and Katherine Ketcham, *The Spirituality of Imperfection*, 74.

29 Ernst Kurtz and Katherine Ketcham, *The Spirituality of Imperfection*, 75.

30 Ernst Kurtz and Katherine Ketcham, *The Spirituality of Imperfection*, 75.

31 Ernst Kurtz and Katherine Ketcham, *The Spirituality of Imperfection*, 75.

32 Michael E. Kerr, M. Bowen, 『보웬의 가족치료 이론』, 294.

33 Kenneth Leech, *Soul Friend: A Study of Spirituality* (London: Sheldon Press, 1985), 173.

34 L. S. Greenberg, & S. C. Paivio, 『심리치료에서 정서를 어떻게 다룰 것인가』, 30.

35 L. S. Greenberg, & S. C. Paivio, 『심리치료에서 정서를 어떻게 다룰 것인가』, 30.

36 W. Gerrod Parrot, *Emotions in Social Psychology* (San Fancisco: Taylor & Francis, 2001), 3; R. R. Kleinginna and A. M. Kleinginna, "A Categorized List of

Emotion Definitions, with Suggestions for a Consensual Definition," *Motivation and Emotion* 5 (1981): 371.

37 Jonathan Edwards, *The Religious Affections*, 서문 강 역, 『신앙과 정서』 (서울: 지평서원, 1994), 31.

38 Jonathan Edwards, 『신앙과 정서』, 31.

39 김지혁, "Jonathan Edwards의 마음의 감각과 그 설교학적 미학," 한국복음주의실천신학회, 「복음과 실천신학」 제33권 (2014): 53.

40 이 문장 이후에서 사용된 '영혼'이란 단어는 인간을 의미한다. 영혼이란 인간 자체로서 인간의 영적인 차원을 강조할 때 쓰이는 용어이기 때문이다. 영혼이란 인간이 지닌 어떤 것에 관하여 말하는 것이 아니라 영적 존재로서 인간을 강조할 때 쓰이는 용어이다. 이런 관점에서 영혼에 대한 성경적 신학적 이해를 위해서는 최창국, 『영혼 돌봄을 위한 기독교 영성』 (서울: CLC, 2013), 20-32 참조.

41 St. John of the Cross, *Ascent of Mount Carmel*, trans. E. Allison Peers (New York: Dover Publications, 2008), 265.

42 St. John of the Cross, Ascent of Mount Carmel, 33.

43 Marc Foley, *The Ascent to Joy: John of the Cross* (Hyde Park: New City Press, 2002), 72.

44 St. John of the Cross, *Dark Night of the Soul*, trans. E. Allison Peers (New York: Dover Publications, 2003), 5.

45 Venard Poslusney, *Attaining Spiritual Maturity for Contemplation: According to St. John of the Cross* (Locus Valley: Living Flame Press, 1973), 1.

46 St. John of the Cross, *Dark Night of the Soul*, 16.

47 St. John of the Cross, *Ascent of Mount Carmel*, 19-20.

48 St. John of the Cross, *Dark Night of the Soul*, 67-8.

49 St. John of the Cross, The Dark Night of the Soul, 47-9.

50 St. John of the Cross, *Dark Night of the Soul*, 42.

51 St. John of the Cross, *Ascent of Mount Carmel*, 75-9.

52 Antonio T. de Nicolas, *St. John of the Cross: Alchemist of the Soul* (New York: Paragon House, 1989), 168.

53 Michael E. Kerr, M. Bowen, *Family Evaluation: The Role of Family as an*

Emotional Unit That Governs Individual Behaviour and Development, Donald Richardson, *Creating a Healthier Church*, 유재성 역, 『교회는 관계 시스템이다』 (서울: 국제제자훈련원, 2015), 153−54에서 인용.

54 정은심, "기독교 상담에서 전이와 역전이의 이해와 활용," 한국복음주의실천신학회, 「복음과 실천신학」 제37권 (2015): 57.

55 Donald Richardson, 『목회는 관계 리더십이다』, 171.

17장

정서 역학의 해석과 분별[1]
Interpretation and Discernment of Emotional Dynamics

들어가는 글

기독교적 관점에서 영적 성장을 위한 해석학적 구조는 중요한 주제라고 할 수 있다. 영적 성장에서 하나님과 성경과 인간과 세상은 어떤 관계 안에서 규정되고, 각각의 본문들(texts)은 어떤 역할을 하는가에 대한 이해는 해석학적 과제라고 할 수 있다. 기독교 해석학은 '위로부터 신학' 또는 '아래로부터 신학'이라는 신학적 틀(frame)을 가지고 이해되지 않도록 주의를 해야 한다. 진정한 기독교 해석학의 구조는 성경을 가지고 일방적으로 인간 속으로 들어가는 방법도 아니고, 인간의 상황을 가지고 성경 안으로 들어가는 방법도 아니기 때문이다.

전통적인 해석학은 '위로부터 신학'이라는 명제 아래 성경을 가지고 인간의 상황 안으로 들어가는 방식을 취하기 때문에 인간과 문화와 같은 요소들에 대한 이해는 상대적으로 이차적인 것으로 여겼다. 이러한 해석학은 성경에 대한 주석적 작업을 통한 해석만을 중요하게 여기는 경향을 낳았다. 전통적인 해석학에 대한 반작용으로 태동한 경향이 있는 '아래부터 신학'은 인간과 인간의 상황의 해석을 통하여 성경 속으로 들어가는 방식을 취하는 경향이 있다.

세군도(Juan Segundo)는 기독교가 성경적인 종교이기 때문에 기독교 신학자는 지속적으로 성경으로 들어가서 그것을 재해석해야만 한다고 주장한다. 그러나 그는 그 과제가 단순히 과거로 돌아가서 오늘의 사람들에게 적용되는 추상적인 이론들을 만들어내는 것이 아니라고 말한다. 그는 하나님의 말씀을 다루면서 과거와 현재를 연결시켜주는 방법으로서 해석학적 순환을 강조한다. 그는 "우리의 오늘날 개인적이고 사회적인 현실에서의 지속적인 변화들에 의해 영향을 받는 성경에 대한 우리의 해석에서의 지속적인 변화... 그리고 이런 해석의 순환적인 특성은 각각의 새로운 현실이 우리로 하여금 하나님의 말씀을 새롭게 해석하고, 그에 따라서 현실을 바꾸고, 그리고 나서 되돌아가서 하나님의 말씀을 다시 재해석하도록 한다는 사실에 뿌리를 두고 있다"고 하였다.[2]

세군도는 만약 관습적인 해석들이 의문시되지 않고 변하지 않는다면, 오늘날의 문제들이 "계속 답을 얻지 못하거나 더욱 악화된다면, 그것들은 시대에 뒤지고, 보수적이고, 쓸모없는 답들을 얻게 될 것이다"라고 주장한다.[3] 세군도의 '해석학적 순환'은 현대적 상황과 성경 본문 간의 역동적 상호 작용을 추구하는 차원에서 의미 있는 공헌을 하였다고 할 수 있다. 하지만 성경과 인간의 상황을 모두 중요하게 여기기보다는 인간의 상황에 보다 더 많은 초점을 두는 경향이 있다.

위로부터 해석학은 성경을 본문(text)으로 보고 인간과 세계를 상황(context)으로 여기지만, 역으로 아래로부터 해석학은 인간의 상황을 본문(text)으로 보고 성경을 상황(context)로 여기는 경향도 있기 때문에 인간의 상황을 중심으로 성경을 재해석하는 방법을 취한다.[4] 하지만 진정한 기독교 해석학은 성경과 하나님이 창조한 인간과 세상을 모두 하나님께서 주신 '책'으로 이해하고, 중요한 해석의 장으로 보아야 할 뿐만 아니라 해석적 작업을 통하여 서로 대화할 때 풍성한 열매를 낳을 수 있다. 여기서 인간도 책으로서 해석의 대상이란 의미는 인간에 대한 이해와 해석도 성경 이해와 해석만큼이나 중요성을 갖는다는 의미이다.

스피크만(Spykman)은 요한의 '로고스'(Logos)의 가르침을 통하여, '하나님의 삼중 말씀'으로서 창조와 성경과 그리스도를 설명하였다.[5] 하나님은 성경과 그리스도와 하나님의 형상으로 창조된 인간을 통해, 당신의 마음과 정신과 본질의 어떤 것들을 전달하셨다. 하나님의 마음과 정신은 성경과 그리스도와 하나님의 형상인 인간을 통해서 알려진다. 때문에 하나님의 마음과 정신은 성경과 그리스도와 인간에 대한 이해와 해석을 통하여 더욱 충만해 질 수 있다. 즉 하나님의 마음과 정신은 '하나님의 삼중의 말씀' 또는 '책'인 성경과 그리스도와 인간의 '상호 텍스트성'(intertextuality)에 대한 인식과 해석을 통하여 대화할 때 더욱 충만하게 이해될 수 있다.

상호 본문적인 해석은 마치 하나님이 사람들을 이해하시고 그들이 그렇게 되도록 의도하신 대로 이해하기 위해서 성경 본문과 인간과 관계된 연구를 통해서 인간 본성에 새겨진 텍스트를 설명하는 기독교 인간학 본문을 구성하는 것이다. 그러므로 하나님께서 주신 책으로서의 성경과 인간은 상호 의존성을 인식함으로써 서로를 더욱 풍요롭게 할 수 있다. 성경과 인간의 상호 텍스트성에 대한 인식은 각각의 책들 자체보다는 더 크고 더 의미 있는 것들의 합계를 도출할 수 있다. 성경과 인간의 해석에서 서로 '네트워크'를 형성할 때, 의미론적 배경을 서로 풍요롭게 만들 수 있다.

본 연구에서는 이러한 해석학적 관점과 구조 안에서 인간과 교회공동체의 정서와 정서체계에 대한 이해의 중요성을 밝히고자 한다. 이를 위해 하나님의 '책'으로서 인간 해석의 중요성과 살아있는 문서로서 인간과 해석의 과제로서 인간 정서에 대해 살피고자 한다. 이러한 연구를 통하여 영적 성장을 위한 개인과 공동체의 정서적 역학의 중요성을 밝히고자 한다.

해석의 장으로서 인간

해석의 장으로서 하나님의 책

그리스도 안에 거하는 충만한 삶에 대해 중요한 교훈을 남긴 보나벤투라(Bonaventure, 1217-1274)는 하나님께서 우리에게 주신 '세 권의 책'이 있다고 보았다. 바로 성경과 자연과 인간이다.[6] 그는 성경을 우리 영혼이 하나님의 생명의 강을 경험하는 가장 중요한 젖줄로 여겼다. 인간이 하나님의 생명의 강을 경험하기 위한 가장 중요한 방식은 성경을 통한 렉시오 디비나(lectio divina)라고 인식하였다.[7] 자연이라는 책은 비록 인류 타락으로 오염된 차원이 있지만, 우리는 자연에서 아름다움과 조화와 영광을 본다. 자연은 항상 아버지의 뜻을 행하고 있기 때문이다.[8] 보나벤트라에게 인간의 경험이라는 책은 매우 가치 있는 책이다. 즉, 그는 인간 자신의 경험과 다른 사람들의 경험을 읽는 법을 아는 것은 매우 가치 있는 것으로 보았다. 인간의 내면에 있는 동기, 양심의 가책, 욕구들을 이해할 때, 우리는 하나님의 발자취를 찾을 수 있다고 여겼다.[9]

휴(Hugh of Victor)는 "모든 감각적인 세계는 하나님의 손가락으로 기록한 일종의 책과 같다. 그것은 신적 능력에 의해 창조된 것이다. 각각 독특한 창조물들은 인간의 결정에 의해 고안된 것이 아니라 하나님의 지혜와 같은 볼 수 없는 것을 나타내기 위하여 하나님의 의지에 따라 만들어진 것이다"라고 말한다.[10] 창조세계 안에서 하나님이 세우신 질서와 모습을 인식하는 것은 중요하다. 『벨직 신앙고백서』(The Belgic Confession)는 하나님이 계시한 '두 권의 책'인 창조와 성경을 언급하였다.

> 우리는 하나님을 두 가지 방법으로 안다. 첫째, 우주의 창조, 보존과 통치에 의한 것인데, 이 우주는 우리 눈앞에 있는 가장 훌륭한 책과 같고 그 안에는 크고 작은 많은 피조물들이 글자와 같아서 그것들을 통하여 사도 바울이 말한 대로(롬 1:20) 하나님의 영원한 능력과 신성과 같이 하나님에 관한 보이지 않는 것들을 우리가 분명하게 보도록 인도한다... 둘째, 하나님은 그의 거룩하고 신적인 말씀에 의해서 더 분명하고 충분히 우리에게 자기 자신을 알리신다. 말하자면, 현세의 삶에 있어서 하나님의 영광과 우리의 구원에 관하여 우리가 알 필요가 있는 만

큼 우리에게 알리신다.[11]

로욜라의 이냐시오(Ignatius of Loyola)는 영적 성장에서 인간의 내적 역학(dynamic)에 대한 이해와 분별의 중요성을 강조하면서, 분별은 "우리가 하나님을 사랑하고 섬길 수 있도록 모든 것에서 하나님을 발견하는 것"이라고 하였다.[12] 성경의 저자는 "하늘이 하나님의 영광을 선포하고 궁창이 그 손으로 하신 일을 나타내는도다. 날은 날에게 말하고 밤은 밤에게 지식을 전하니 언어가 없고 들리는 소리도 없나니"(시 19:1-3)라고 말한다. 모든 창조물은 거대한 '신적인 기호학'이다.[13]

조나단 웨드워즈(Jonathan Edwards)는 창조세계 안에서 "만일 우리가 하나님의 목소리로서 신적인 것들의 그림자를 볼 수 있다면... 하나님이 우리에게 말씀하시는 것이다"라고 하였다.[14] 이런 맥락에서 기독교 해석학의 대상은 성경뿐만 아니라 인간과 세계도 중요한 해석의 장이라고 할 수 있다.

해석의 자료로서 인간 문서

하나님의 책으로서 인간에 대한 관점은 우리에게 확장된 해석학적 과업을 부과한다고 할 수 있다. 기독교의 해석학의 영역은 성경뿐만 아니라 인간의 영역까지 확장되어야 한다는 것을 의미한다. 왜냐하면 인간도 살아있는 '본문' 또는 '문서'(text)이기 때문이다. 살아있는 문서로서의 인간은 그 자체로 가치가 있으므로 이해와 해석의 대상이다. 안톤 보이센(Anton Boisen)은 인간을 살아있는 문서로 보고, 특히 인간의 내면세계를 깊이 이해하는 것을 해석의 중요한 과제로 보았다.[15] 인간의 내면세계에 대한 해석의 추구는 카이퍼(Kuyper)의 설명처럼, 하나님의 형상으로 창조된 존재는 "창조 안에서 구체화된 하나님의 생각을 풀기 위해 인간에게 나누어 준 능력을 증거"하기 때문이다.[16] 인간에 대한 여러 문서들은 창조 안에서 하나님의 저작의 원문의 의미를 해석하기 위한 인간의 시도들이다.[17]

로렌스 크렙(Lawrence Crabb)은 영혼 돌봄 제공자나 기독교 신학자가 바른 기독교적 사역을 위해서는 성경에 대한 해박한 이해를 통한 해석적 능력이 필요할 뿐만 아니라 인간의 마음의 관찰을 주요 과제로 삼는 심리학적 통찰의 중요성도 피력하였다. 크렙은 이러한 관점에서 인간의 내면세계를 연구한 심리학과 성경의 관계를 통합적 관점에서 설명하였다.[18]

그는 돌봄의 가정과 목표에 있어서 기독교 신학자가 성경의 관점과 심리학적 관점에 대해서 개방성과 공평한 평가를 해야 한다고 보았다. 그는 성경의 관점들과 최종 권위로서의 기독교 세계관을 사용하면서 심리학과 가능한 상호 관계성을 찾아야 한다고 제안하였다. 그는 기독교인들이 반드시 분별해야 할 '발견된 진리'와 더불어 '계시된 진리'가 있다고 보았다. 그는 발견된 진리와 계시된 진리가 서로 연관되어 있다고 생각하였다. 그는 기독교인들은 발견된 진리인 심리학을 다루는 데 주의 깊고 신중한 분별력을 가져야 하며, 이 분별력으로 돌봄 환경에 대한 처방들을 제시하기 전에 심리학적 통찰들을 세심하게 평가해야 한다고 제안하였다. 이러한 관점에서 그는 심리학적 발견들에 대한 확인과 비평을 통한 자료의 사용이 허용될 수 있다고 하였다.

살아있는 문서인 인간의 내면세계에 대한 심리학적 통찰은 하나님의 형상으로 지음 받은 인간 해석의 중요한 자료가 될 수 있다.[19] 하지만 크랩은 심리학적 통찰과 성경적 가르침이 갈등을 일으킨다면, 즉 성경의 가르침과 인간의 내면세계에 대한 심리학적 통찰이 갈등을 일으킨다면, 성경의 가르침을 진리로 받아들여야 한다고 제안하였다.[20]

에릭 존슨(Eric Johnson)은 살아있는 문서로서 인간의 내면세계에 대한 통찰력을 제공하는 심리학과 교회의 관계에 대하여 다음과 같이 설명하였다.

> 교회, 심리학과 정신건강 직업, 아마도 하나님이 제정하신 가장 중요한 기관은 그의 교회이다(마 16:18; 엡 2:15). 하나님의 말씀과 구속의 은혜를 시행할 이 일이 교회에 주어졌기에, 교회는 하나님의 드라마 중에서 중심 역할을 해야 한다. 그리고 그 역할의 일부는 우리 문화에서 전도와 성경적 상담(목회자와 훈련된 평신도에 의해 행해지는)을 통해 수행되는 영혼 돌봄에 관련된다. 그러나 그것이 세상 학자들에 의해 현행 지배되고 통제되고 있는 상황에서 어떻게 우리가 심리학과 정신건강 직업의 기관을 이해해야 하는가? 하나님의 말씀을 통해 전달된 창조의 은혜를 따라, 하나님의 예정된 계획을 펼치심으로써, 하나님은 문화가 증가되는 복합성을 가지고 다양한 방식으로 발달하도록 하셨다. 그러므로 우리는 심리학과 정신건강은 둘 다 궁극적으로 그리스도에게 속한 것이라고 결론을 지어야 한다... 명

백하게 이러한 기관들은 인간의 죄에 의하여 타락된다(모든 인간
의 기관이 그런 것처럼, 교회조차도). 하지만 어느 정도 현재의 형태
안에서 심리학은 인간의 본성의 분명한 어떤 것을 발견한다...
하나님은 그의 계획에 반대되는 사람들조차도 선용할 수 있으
시다.[21]

살아있는 인간 문서로서 인간의 내면세계에 대한 연구는 심리학적 통
찰에서 많은 자료를 취할 수 있다. 하지만 이러한 자료에서 중요한 지혜
와 통찰을 얻을 수 있지만, 또한 계시된 진리인 성경과의 관계에 대한
바른 인식과 분별력도 필요하다. 창조물 안에서 발견된 의미와는 대조
적으로 성경은 "미리 명료하게 표현"된 명시적인 본문이기 때문에 진정
한 본문이다.[22]

인간의 내면세계에 대한 발견된 진리는 계시된 진리인 성경과 같은
수준에 있지는 않다는 것도 인식해야 한다. 왜냐하면 하나님의 창조물
인 인간도 하나님의 저작으로 하나의 본문이지만, 성경은 이러한 본문
들로부터 구별되는 하나님의 명시적인 본문이기 때문이다. 나아가 해석
자는 '계시된 진리'인 성경과 '발견된 진리'인 심리학과 같은 문서와의 관
계에 대한 이해도 필요하지만, "진리를 담고 있는 표시를 향한 신뢰의
해석과 거짓을 향한 의심의 해석을 구별하고 발전시켜가는" 것도 중요
하다.[23] 구체적으로 서술하면, 심리학적 통찰은 성경에 의해서 투영되어
야 할 문서라는 것도 인식해야 한다.[24] 심리학의 문서는 인간의 내면세
계에 대한 의미 있는 통찰을 제공하지만, 흠이 있을 수 있으며, 오류가
있고, 상당한 거짓이 있을 수 있기 때문이다.[25]

해석의 과제로서 인간 정서

해석의 과제로서 정서

건강한 정서적 차원을 추구하는 것과는 전혀 별개로 영적 성숙을 이룰 수 있다는 생각은 어디에서 비롯된 것일까? 하나님의 형상으로 지음 받은 인간을 구성하는 여러 차원들 가운데 영적인 차원이 정서적 차원, 사회적 차원, 육체적 차원들보다 우월하다는 선입견은 도대체 어디서 온 것일까? 이 질문에 답하는 것은 쉬운 일이 아닐 뿐 아니라 다양한 차원에서 분석될 수 있지만, 그리스도가 이 땅에 오시기 수세기 전에 살았던 그리스 철학자 플라톤(Platon)의 영향이 크다고 할 수 있다. 인간의 정서와 감정의 부정적인 이해에 가장 많은 영향력을 미친 사람은 플라톤이다. 그는 영혼은 본래 이성적인 반면, 감정을 비롯한 모든 비이성적인 동요는 육체로부터 파생된 것으로 간주되었다. 영혼은 육체로부터 물려받은 욕구, 분노, 두려움, 쾌락, 슬픔 등의 감정에 대해 이성적으로 저항할 수 있으며 굴복당하지 않을 수 있다는 것이다.[26]

플라톤의 영향을 받은 합리론 전통에서는 인간 정신의 능력 중에서 가장 훌륭한 것이 이성이고, 이성이 정념(passion)을 잘 통제해야 한다고 보았다. 그리고 의지는 이성이 정념을 통제하기 위한 수단으로 사용하는 것으로써 일종의 하위개념이었다. 스피노자(Spinoza) 역시 감정에 의해 속박당하는 것은 이성적이며 합리적인 통찰이 부족하여 오는 현상이라고 보았다. 그는 감정을 '혼란한 관념'이라고 정의하였다. 즉 "감정이란 혼란한 관념에 의해 우리 신체의 전부나 일부의 실존 능력이 이전

보다 증가 또는 감소되는 것을 가리키며, 정신이 그것에 의해 다른 것보다 그 관념을 생각하게끔 만들어지는 것을 가리킨다"고 보았다.[27]

플라톤의 전통의 영향은 어거스틴(Agustine)을 비롯해서 교회사에 등장하는 여러 인물들을 거쳐 현대 그리스도인에게까지 지속적으로 영향력을 행사하고 있다. 즉, 육체적인 차원과 정서적인 차원은 영적인 것보다 열등하다는 생각이나 이차적인 것이라고 여기는 현상이 교회 안에까지 스며들었다. 그리스도인들이 기도하고 말씀을 묵상하고 예배하는 것은 영적인 일이지만 일상적인 일은 덜 영적인 것으로 여기거나 영적인 일과 분리하는 현상을 낳았다.

이러한 현상은 기도, 말씀, 예배 등의 요소들에서만 예수님을 따르는 모델로 생각하는 현상을 초래하였다. 이는 복음과 영적인 차원을 인간 존재의 일부분으로만 제한하는 데 문제가 있다. 하나님의 형상으로 지음 받은 인간의 다양한 차원들에서 어느 한 차원이라도 부정하는 것은 파괴적인 결과를 초래하게 된다. 특히 영적인 차원에 대한 플라톤적 이해로 인해 정서적 차원을 열등하다고 여기거나 부정하게 되면 영적 차원까지도 파괴되는 결과를 초래할 수 있다.

대부분의 합리론 전통에서는 이성에 비해 감정은 열등하거나 통제되어야 할 위험한 심리 작용으로 간주하려고 하였지만, 감정과 정서는 인간의 적응을 돕고 새로운 가치를 추구하는 동기를 부여하는 원동력이라는 것을 밝혔다.[28] 막스 쉘러(Max Scheler)는 감정은 명증적인 인식이며 특정한 목표를 향한 지향성으로 이해하였다. 그는 감정은 가치라는 본질에 대한 직관이며 이성적 사고에 앞서서 작용한다고 주장하였다. 따라서 감정에 의한 진정한 도덕적 인식만이 우리의 의지와 행위를 진정한

선으로 인도할 수 있다고 보았다.[29]

특히 데이비드 흄(David Hume, 1711-1776)에 이르면 '정념론'이 본격적으로 꽃을 피운다.[30] 흄에 따르면 이성은 참과 거짓을 발견하는 능력이지 어떤 행동을 하게 만드는 능력은 아니다. 그는 이성은 비활동적인 능력이기 때문에 그 자신만으로는 어떤 행동도 유발할 수 없고 의욕도 불러일으킬 수 없다고 보았다.[31] 그는 오히려 이성은 정념(passion)의 노예로써 정념의 요구를 성취하는 방법을 알 수 있도록 사실적인 판단을 제공하는 도구라고 하였다.[32] 그는 실제로 행동을 유발하는 것은 정념이라고 하였다. 그러므로 인간을 선하거나 악하게 만드는 것은 이성이 아니라 정념이라고 하였다. 이렇게 하여 흄은 인간의 이성적 능력과 도덕적 능력을 구분하고 정념에 근거한 도덕을 수립했다.[33]

일반적으로 20세기 중반까지 심리학자들과 교육학자들 그리고 신경과학자들의 인간의 기능에 대한 가장 큰 관심사는 인지적 기능(cognitive function)이었다. 하지만 20세기 후반에 들어서면서 그들의 관심사는 정서적 기능(emotional function)의 중요성에 눈뜨기 시작하였다. 인간의 삶에서 감성보다 지능에 보다 더 높은 가치를 두는 경향이 있지만, 사실 감성이 지능보다 더 강력한 힘을 발휘한다는 것을 발견하였기 때문이다. 인간은 위기가 닥치면 감정 중추인 변연계가 뇌의 다른 부분을 통제한다는 것을 발견해 냈다. 학자들은 인간의 뇌 구조에서 감성 중추인 대뇌변연계는 '열린 고리'(open-loop)체계로 작동되며, 이성 중추인 순환계는 '닫힌 고리'(closed-loop)체계로 작동 된다는 것을 발견하였다.[34]

구체적으로 설명하면, '열린 고리'는 주변의 다른 유기체의 순환계에 어떤 문제가 생긴다 해도 그로 인해 인간의 순환계가 영향을 받지 않는다. 하지만 열린 고리체계는 자신을 조절하는 데 있어 외부에 크게 의존한다. 즉, 인간이 자기 자신의 감성적 안정을 유지하기 위해서는 다른 사람들과의 좋은 관계를 유지해야 한다. 감성의 안정은 관계의 질에 비례한다. 열린 고리체계인 감정이 관계의 질에 가장 중요한 역할을 하기 때문이다.

일반적으로 감정(feeling)은 외부적인 요인에 의해 발생하는 단순한 느낌으로 이해되고, 정서(emotion)는 감정을 일으키는 내부적 차원으로 인식되며, 정동(affect)은 특별한 반응을 불러일으키는 일시적인 강한 감정으로 정의한다.[35] 정서는 방향성을 가진 정신과 신체 동작과 관련된 실체이다. 마이어스(Myers)는 "정서(emotion)는 내적인 생화학적인, 외적인 환경적 영향과 상호 작용하는 개인의 마음 상태에 대한 심리적 경험의 복합체(complex)다. 인간에게 정서는 근본적으로 심리적 각성, 표현적 행동 그리고 의식적인 경험을 포함한다"고 설명하였다.[36] 이처럼 감정과 정서는 일종의 인간의 내적, 외적 자극에 대한 심리적, 신체적 반응으로 드러나는 현상이며 서로 복합적으로 작용한다.

해석의 과제로서 정서적 역학

정서는 일반적으로 생각하는 것보다 더 복잡하다. 정서는 "일차적 동기체계다."[37] 정서는 우리의 삶에서 사건에 대하여 감정, 각성, 목적, 표현의 현상으로 이끄는 동기체계이다. 하지만 정서는 매우 역학적(dynamic)이다. 정서는 다차원적이다. 정서는 주관적, 생물학적, 목적적, 사회적 현상으로 존재한다. 부분적으로 정서는 특정한 방식으로 느끼게 하는 주관적 감정이다. 하지만 정서는 직면하는 상황에 적응하도록 신체를 준비시키는 에너지를 동원하는 생물학적 반응이기도 하다. 나아가 정서는 방향성과 목적을 위한 행위 주체이다. 정서는 분노와 같은 행위의 동기적인 욕구를 생성한다. 그리고 정서는 사회적 현상이다.[38] 우리가 감정적일 때, 우리는 알아 볼 수 있는 표정, 자세, 음성, 신호를 보낸다. 이것은 '정서성'(emotionality)의 질과 정도를 다른 사람에게 전달하는 것이다.[39] 이처럼 정서는 불안, 두려움, 분노, 수치심 등의 다양한 정서는 인간을 다차원적으로 이해하는 동기를 부여한다.

알스톤(Alston)은 정서의 전형적인 역학적 특징을 여섯 가지로 요약한다. 첫째, 어떤 것을 바람직하거나 바람직하지 않은 것으로 인식하는 것(가치판단), 둘째, 어떤 느낌(쾌와 불쾌), 셋째, 어떤 두드러진 신체적인 감각(몸의 반응), 넷째, 어떤 비자발적인 신체적 과정과 명시적 표출(구체적 표현), 다섯째, 어떤 방식으로 행동하고자하는 경향(방향성), 마음이나 몸의 혼란스럽고 산란한 상태(혼란성)이다.[40] 이처럼 정서는 그 수준과 강도와 형태에 따라 매우 역학적으로 작용한다.

정서는 적응적(adaptive)이다. 생물학적 차원에서 정서는 인지기능보다 더 오래된 행위체계이며, 생존을 강화하기 위한 적응체계이다. 긍정적인 차원에서 "정서는 정신과 몸, 내부환경과 외부환경, 주체와 객체를 연결함으로써 적응력을 향상할 뿐만 아니라 모든 인간관계를 위한 기본 요소로 작용한다. 건강한 정서생활은 존재감을 일깨우며, 우리를 살아 있는 영혼으로 만든다."[41] 하지만 정서의 왜곡과 부정적인 변형이 이루어질 때 파괴적으로 작용한다. 이때 우리의 인격은 황폐화된다.

정서는 의식적이면서 동시에 무의식적 성향이 있다. 인간은 삶의 과정에서 자신이 인지하지 못하는 순간에 분출되는 감정이나 통제할 수 없는 감정은 모두 본능적이거나 무의식적인 차원에서 발현되는 경우가 많기 때문이다. 정서적 경험은 무의식적 이미지의 산물로서 비의도적인 행동뿐만 아니라 목적이 분명한 행동에도 영향을 미친다.

카스트(Kast)는 정서는 한 개인을 이해할 수 있는 중요한 척도라고 말한다. 그는 정서에 대해 다음과 같이 설명한다.

> 인간의 생동성과 그를 둘러싼 세계, 그리고 내부세계에 대한 관계의 생동성은 인간의 정서 속에서 표현된다. 우리를 자극하는 모든 경험은 정서적인 경험들이다. 그것들은 아무래도 상관없는 것들이 아니라 어떤 식으로든 의미가 있는 것들이다. 정서는 또한 의미 경험과 연결되어 있다. 감정이 없다면 우리는 모든 것에 관심을 갖지 않을 것이다. 정서는 한 인간을 연속시켜 주는 본질적인 요소다. 모든 정서는 자기 체험의 '정동적인 핵'을 이루며, 이 핵은 모든 변화 속에서도 우리가 우리 자신임을 체험하게 해 준다… 관계는 정서적인 과정을 통해 구성된다. 과정은 정서를 변화시키고, 정서는 관계를 변화시킨다. 감정이 없는 가까운 관계란 상상할 수 없다. 우리가 어떤 사람의 감정에 접근할 수 있다면, 우리는 '그'라는 개인에게 접근할 수 있다. 우리가 어떤 사람의 정서를 읽을 수 있다면, 우리는 그 사람에게 접근할 수 없거나 접근하는 데 아주 어려움을 겪는다.[42]

만약 정서가 인간의 본질에서 근본적인 동기부여와 관계의 질에 중요한 역할을 하는 힘이라면, 정서는 임상적 이론과 실천에 간과할 수 없는 요소이다.[43] 정서체계는 사고방식, 생활유형, 관계유형 등에 영향력을 행사한다.

해석의 종합으로서 정서적 역학과 영적 차원

정서의 중요한 차원인 감정의 중요성은 기독교 사색가들인 버나드(Bernard), 에드워즈(Edwards) 등에 의해서도 강조되었다.[44] 리차드 시버즈(Richards Sibbers)는 감정은 "모든 영적 예배의 원천"이라고 하였다.[45]

활력 있는 기독교 신앙과 영적 삶은 적어도 세 개의 본질적인 활동들을 지니고 있다. 즉, 믿는 것, 신뢰하는 것, 행하는 것이다. 이것들은 그 명료성을 위해서 구분되지만 그리스도인의 삶에서 그것들 중 어느 하나가 단독으로 존재할 수 있거나 또는 다른 것들에 대해 우위를 지니는 것처럼 분리될 수는 없다. 정서적 차원과 영적 차원은 서로 뗄 수 없는 관계에 있을 뿐만 아니라 정서적 건강은 영적 성장에도 중요한 역할을 한다.

물론 정서적으로 건강한 사람이 모두 영적으로 성숙한 것은 아니다. 하지만 영적으로 성숙한 삶은 정서적으로도 건강한 삶을 포함한다. 정서는 신앙과 영적 삶에 활력을 주고 중요한 힘으로 작용하는 경우가 많다. 안정감과 균형감의 정서는 또한 신앙의 산물이기도 하다. 존슨(Johnson)은 정서적 차원의 신앙을 설명하면서 종교적 정서는 그리스도인의 영적 삶에 있어서 안전과 균형을 제공한다고 하였다.

신앙은 믿는 자를 확신(assurance)시키는 기본적 자신감과 안전
감을 주는 정서적 속성을 가진다. 이러한 의미에서 신앙은 두
려움, 불안 그리고 불확신의 반대 개념이라고 할 수 있다. 정서
적 안전감이 없다면 거기에는 편히 쉼이 없고, 긴장, 고뇌, 불
안정이 있게 된다. 확신은 우리가 위험이나 혼란이 있을 때 긴
장하지 않고 균형을 잡게 하는 확고한 정서적 잠재요소이다.[46]

정서는 그리스도인의 삶에서도 매우 중요한 역할을 한다. 정서는 인
간 본성의 다른 어떤 요소들보다도 죄의 행동을 유발하기도 하고 성령
의 열매를 성취하도록 촉진하기도 한다. 달라스 윌라드(Dallas Willard)는
정서의 중요한 한 양상인 감정이 오늘날 가장 무서운 사탄의 도구가 될
수도 있다는 것을 인식하였다.

오늘날 사탄은 감정을 통해 우리를 사로잡는다. 그는 감정을 우리의
삶에 실제보다 더 중요하게 만들며, 특정 감정이 있거나 없는 것에 대
해 엉뚱한 죄책감을 대거 유발시킨다. 이것이 가장 확실하게 나타나는
부분은 현재 실행(혹은 잘못 실행)되고 있는 결혼과 이혼이다. 성인생활
의 모든 단계에서 감정은 사탄의 주 무기에 속한다. 그리스도인에게든
불신자에게든, 감정이 생로병사의 과정에서 영혼을 황폐케 하는 데 사
용된다.[47]

우리는 그리스도 안에서 영적 삶에 눈떠 있을 때 감정이 우리 영혼
과 삶을 황폐케 하는 것을 극복하게 해 준다는 것도 인식하는 것이 중요

하다. 삶의 여정에서 우리의 정서가 사랑과 기쁨과 평안으로 충만할 수 있는 길은 무엇보다도 그리스도의 영으로 충만할 때이기 때문이다.

아더 핑크(Arthur Pink)는 영적 성장에 있어서 인지적 차원과 정서적 차원과 행위적 차원의 관계의 구조를 설명하였다. 그는 하나님을 알고(인지적 차원), 하나님을 사랑하며(정서적 차원), 하나님의 말씀대로 사는(행위적 차원) 삶을 영적 발달과 관련시켰다.[48] 이는 영적 성장은 인지적 차원과 정서적 차원과 행위적 차원과 통전적인 관계 안에서 발생한다는 것을 깨닫게 한다. 영적 성장에서 정서적 건강은 필수적인 것이라고 할 수 있다. 이러한 특징은 예수님의 사역과 삶에서도 발견된다.

상처와 고통으로 찌들고 정서적으로 메마른 수가성의 사마리아 여인에 대한 예수님의 반응은 그리스도인들에게 매우 중요한 내용을 시사해 준다. 예수님은 사마리아 여인과 대화하면서 '그러한 생각을 갖는 것은 죄 된 것이다'거나 '그러한 행동은 죄 된 것이다'라고 말씀하지 않으셨다. 사마리아 여인이 예수님의 질문에 대답하였을 때, 예수님은 사랑으로(정서적 접근) 사마리아 여인의 행위를 설명하였다. 예수님의 대화의 원리는 율법의 원리보다 사랑이었다. 예수님은 사마리아 여인이 구원과 생명에 대한 새로운 깨달음으로 나아갈 수 있도록 도왔다.[49] 예수님이 사마리아 여인을 대하는 기준은 그녀의 가치관을 변화시키기 위한 사랑이었다. 예수님은 그녀를 자유하게 하기 위해 새로운 차원의 자기 인식을 심어 주기 위해 정서적 접근을 하였다.

예수님의 풍부한 정서적 접근은 많은 상처 가운데 살아가는 사마리아 여인의 정서적 고통을 이해하고 사마리아 여인을 치유하시는 데 큰 작용을 하였다. 니콜라스 볼터스토프(Nicholas Wolterstorff)는 그리스도의 십자가의 은총을 말하면서, 거기서 그는 "하나님의 눈물의 역사의 의미를 보게 된다"고 역설하였다.[50] 이는 어떤 의미에서 우리를 향한 하나님의 부드럽고 따뜻한 가슴, 즉 정서적 차원은 십자가에서까지도 포기하지 않으시는 그리스도의 마음이라고 할 수 있다.

해석의 실행으로서 영적 성장을 위한 정서적 역학

영적 성장을 위한 개인의 정서적 역학

우리가 영적이란 개념을 '하나님에 대한 인간의 경험' 또는 '하나님과의 생동적인 관계 경험'이라고 이해한다면, 삶의 다양한 차원은 영적 삶의 장이요 학습 도구라고 할 수 있다. 인간 경험의 장인 몸과 마음, 정신과 사회, 일과 관계성, 자연과 종교의식 등은 매우 중요한 하나님 경험의 장이다. 개념적으로 기능적으로 목적이 서로 다름에도 불구하고 이러한 차원들은 유기적인 방식으로 관계되어 있다. 하나님 경험은 우리가 이러한 것들을 의식하든지 의식하지 못하든지, 원하든지 원하지 않든지 이러한 차원들이 서로 관계를 맺는 독특한 방식으로 발생한다. 이러한 차원들은 인간의 삶과 관계될 뿐만 아니라 하나님의 영의 현존과 역사를 경험하는 장이다.

이러한 차원들은 하나님의 영과 인간 사이, 신적 신비와 그 신비에 대한 인간의 개인적 깨달음과 응답의 역동적인 대화가 오고가는 차원들이다. 그러므로 우리는 평범한 일상의 경험들 속에서 하나님을 견고하고 차분하게 인식하고 경험하도록 격려받아야 한다. 하나님의 현존은 단순한 것들, 즉 창문을 통해 쏟아지는 햇살, 배우자의 사랑스런 언어와 돌봄, 나그네에 대한 환대, 매일의 일상기도 속에 빛을 비춘다. 이러한 빛은 단지 영적 행위 자체에 비추는 것이 아니라 정서적으로 성숙한 언어와 삶에 비춘다고 할 수 있다.

정서적으로 건강한 삶은 영적 성장에 마중물로서 작용한다. 영적 차원은 건강한 정서 지수와 유기적 관계 안에 있다고 할 수 있다. 영적 차원과 정서적 차원은 구별은 되지만 완전히 분리되는 관계가 아니다. 이들은 하나의 연속선상에 놓여있다. 로욜라의 이냐시오(Ignatius of Loyola)의 '영신수련의 원리와 기초'에서 하나님께 사랑받고 있다는 느낌을 받지 못한 이가 정서치료의 공감하는 거울을 경험 한 후에 하나님의 사랑을 느낄 수 있다고 하였다.[51] 피터 스카지로(Peter Scazzero)는 정서적으로 미숙한 상태에 머물러 있으면서 영적으로 성숙한 그리스도인이 되는 것은 거의 불가능하다는 것을 피력하면서,[52] 댄 알렌더(Dan Allender)와 트럼퍼 롱맨(Tremper Longman)의 견해를 인용한다.

> 감정을 무시하는 행위는 진실에 등을 돌리는 것이다. 다시 말해서 감정에 귀를 기울이는 자세가 인간을 진실로 이끌어 간다. 그리고 진실이야말로 하나님과 만나는 접점이다... 감정은 영혼의 언어다. 마음이 쏟아내는 외침이다... 그러나 우리는 감정을 부정하거나 왜곡하든지 애써 떨쳐내려 하면서 그 외침을 묵살해버리기 십상이다. 우리의 내면의 세계를 통제하는 데 방해가 되는 것이라면 무엇이든지 가리지 않고 걸러내야 한다.

무언가가 의식 속으로 스며들며 오는 걸 무서워하거나 부끄럽게 생각한다. 이렇게 강력한 감정들을 무시해버리는 와중에 우리는 스스로 부정직해지는 한편 하나님을 더 잘 알 수 있는 기회들을 놓쳐 버리고 만다. 하나님 앞에서 가차 없이 솔직해 지고 연약함을 드러낼 때 변화가 시작된다는 사실을 잊어버린 것이다.[53]

정서의 중요한 차원인 감정은 우리가 다른 사람들의 경험을 이해할 수 있게 해 주고, 하나님의 사랑을 보다 더 깊은 차원에서 경험할 수 있도록 해 준다. 우리가 성경과 다른 사람의 말이나 글을 통해서 그들의 세계 속으로 들어가는 것은 감정에 의해서다. 나아가 인간은 전인으로 창조되었기 때문에 영적 차원뿐만 아니라 정서적 차원도 하나님과 관계된다. 에릭 존슨(Eric Johnson)은 하나님과 관계된 정서적 차원을 '정서적 기도'라는 개념을 통하여 설명한다. 즉, "정서적 기도는 감정을 개입시키고 영혼 속에 좀 더 깊게 들어간 하나님의 의미에 대한 표현이다."[54] 여기서 정서적 기도의 기초는 예배와 묵상을 통한 성경의 진리를 정서적 으로 수용하는 것이다.[55] 이런 맥락에서 정서는 우리의 영성생활에서 매우 중요한 역할을 한다고 할 수 있다.

루스 바톤(Ruth Barton)은 영적 성장에서 분별의 중요성을 인식하였다. 그는 "분별력은 영적 및 심리적 성숙에 크게 의존한다. 우리가 감정의 혼란이나 신경성 질환으로 인해 마음이 분열되어 있다면 이런 정서 상태에서는 어떤 긍정적 도움도 받지 못할 것이다"라고 하였다.[56] 우리의 영성생활에서 정서적 안정과 질서를 되찾는 것은 매우 중요하다. 때문

제5부 / 17장 • 정서 역학의 해석과 분별 … **477**

에 정서적 차원을 완성해가는 것과는 전혀 별개로 영적 성숙을 이룰 수 없다는 확신은 지극히 기독교적이라고 할 수 있다.

데이비드 베너(David Benner)는 그의 책, 『정신치료와 영적 탐구』(*Psycho-therapy & Spiritual Quest*)에서 사례 연구를 통하여 보편적으로 정신적 성장이 사람들로 하여금 영적 갈망들을 인식하고, 영적 성장이 이루어지도록 하였다고 보고하였다.[57] 그는 이러한 연구를 통하여 "우리는 정신적 성장(구조적 발달)이 영적 성장(방향)보다 틀림없이 더 먼저 일어난다는 사실을 알게 되었다"고 기술하였다.[58] 하지만 정신적 성장이 영적 성장에 매우 중요한 역할을 하지만 자동적으로 영적 성장을 일으키는 것은 아니라고 기술하였다.

> 사람들이 영적으로 반응할 수 있게 되려면, 먼저 심리적인 욕구가 충족되어지거나 아니면 모든 심리적인 갈등이 우선적으로 해결되어야 한다는 것을 의미하지는 않는다. 우리는 내면 깊은 곳에 자리한 영적 실재(spiritual realities)의 부르심(call)을 듣자마자, 영적으로 반응을 보일 수 있다. 그렇지만 심리적 갈등과 문제들은 우리가 이러한 영적 부르심에 응답함에 있어서 어떤 식으로든 제한을 가할 뿐 아니라 부르심 자체를 듣지 못하도록 우리에게 손상을 입힌다. 또한 영적 성장은 심리적 성장이 있은 후에 자동적으로 뒤따라 일어난다는 것을 의미하지도 않는다. 우리가 정신치료에서 흔히 볼 수 있듯이 치료를 통해 심리적 성장이 이루어지기는 하지만 그것이 영적 성장으로까지 이어지지는 않는 경우가 많다.[59]

정서를 포함한 정신적 성장과 영적 성장은 직선(linear)과 같은 것으로 해석되어서는 안 된다. 이 둘의 관계는 매우 역학적이고 유기적인 관계이다. 이런 맥락에서 정서적 성장과 영적 성장은 상호 의존 관계에 있다고 할 수 있다.[60] 구체적으로 서술하면, 한 차원에서 일어나는 문제는 필연적으로 또 다른 차원에 영향을 미친다고 할 수 있다. 따라서 "우리 내면의 삶(inner lives)이 보여 주는 역동성(dynamics)은 인간의 본질(human nature)이라 할 수 있는 정신 영적 통일성(unity)을 반영해 준다"고 할 수 있다.[61]

영적 성장을 위한 공동체의 정서적 역학

교회공동체를 돌보는 목회자는 성도들이 같은 성경의 메시지를 들으며 신앙생활을 하지만, 변화하지 않고, 비판적이고 흠잡기를 좋아하는 모습을 볼 때 고민과 갈등에 직면하게 된다. 목회자는 이러한 고민과 갈등 속에서 성도들에게 '여러분은 교만하고, 도무지 배우려 하지 않으며, 불성실하다'고 생각하게 된다. 이러한 고민과 갈등을 극복하기 위해 목회자는 리더십 관련 집회를 찾아다니고, 영적 전쟁에서 승리하는 비결을 배우기 위해 돈을 지불하고, 부흥의 비결을 배우기도 하고, 효과적인 설교를 위해 많은 시간과 에너지를 투자하지만 효과가 나타나지 않을 때, 목회자는 지치게 된다. 공동체 안에서 목회자가 경험하는 이러한 현실은 심각한 목회적인 회의를 낳기도 하고, 때로는 실패의 나락으로 치닫기도 한다. 이러한 문제는 많은 경우 설교나 목회자의 신학적 문제와 관련되어 발생하기보다는 목회자의 정서와 공동체의 정서체계에서 기

제5부 /17장 • 정서 역학의 해석과 분별 ··· **479**

인하는 경우가 많다. 특히 공동체 안에 해결되지 않은 정서적 상처가 있을 때는 더욱 그렇다.

피터 스카지로(Peter Scazzero)는 현대 교회공동체 목회자들은 영성훈련은 크게 강조하지만, 영적 성숙과 정서적 건강의 유기적인 관계에 대해서는 인식하지 못하고 있다고 진술하였다.[62] 그는 "정서적 건강과 영적 성숙 사이의 연결 고리는 제자훈련의 광대한 미개척 분야라고 할 수 있다"라고 진단하였다.[63]

공동체를 돌보는 목회자는 정서는 개인뿐만 아니라 공동체도 정서를 가지고 있다는 것을 인식해야 한다. 즉, 목회자는 공동체 안에서 사람들에게 동기를 부여하는 것이 무엇인지, 행동방식을 좌우하는 것이 무엇인지를 알아야 한다. 공동체의 행동방식을 좌우하는 것은 공동체의 정서체계와 깊이 관련되어 있기 때문이다. 로날드 리차드슨(Ronald Richardson)은 교회공동체의 정서체계에 대해 다음과 같이 설명한다.

> 정서체계는 인식하고 이해하기가 가장 어려운 체계이다. 그것을 변화시키는 것은 말할 필요도 없다. 하지만 교회나 사람들의 모임 가운데 가장 강력한 힘을 발휘하는 체계의 하나는 바로 이 정서체계다. 교회 내의 다른 체계들이 얼마나 잘 기능하는가는 이 정서체계가 얼마나 건강하냐에 달려있다. 정서체계가 건강하게 기능하지 않는다면 아무리 합리적으로 잘 계획된 사역이나 부서의 노력들도 결국 궤도를 벗어나게 될 것이다. 따라서 교회 지도자들은 성도들 간에 정서체계가 어떻게 작동하고 있는지 인식하고 있는 것이 매우 중요하다. 자신들이 그

정서체계 안에서 수행하고 있는 역할을 인식하고, 나아가 어떻게 하면 교회 정서체계를 좀 더 건설적으로 개선할 수 있을지 알아야 한다.[64]

교회공동체 안에서 어떤 어려운 일이 발생했을 때, 서로에게 책임을 전가하거나 다른 사람을 탓하는 것에 익숙한 공동체가 있는 반면에, 어떤 공동체는 어려움을 극복하기 위해 각자 자신들이 할 수 있는 일들을 하면서 자연스럽게 책임을 감당하며, 서로 비난하거나 죄책감을 느끼도록 압박을 받지도 않는 공동체도 있다. 교회공동체 안에서 나타나는 이러한 현상들은 공동체의 정서체계와 밀접하게 관련되어 있다.[65]

모든 교회공동체는 성경을 하나님의 말씀으로 믿고, 성경적 믿음에 기초하여 예배하며 말씀을 들으며 기도와 사랑을 강조한다. 그러나 교회공동체의 구성원들이 서로를 대하는 방식과 행동은 공동체마다 많이 다를 수 있다. 예를 들면, 어려운 상황이 발생하거나 고통스러운 일에 직면하게 되면, 구성원들의 행동은 무의식적으로 갖고 있던 정서적 유형이 그대로 표출되게 된다. 믿음의 모습이 나타나는 것이 아니라 정서적인 반응이 나타난다. 즉, 아무리 성경적인 삶을 살려고 기도하며 훈련하였다고 할지라도 그들의 정서적 유형에 따라 반응하게 된다.

교회공동체 안에 어려운 일이 발생했을 때 구성원들은 공동체의 정서적 유형에 따라 '개인 모델'과 '체계 모델'을 취하게 된다. 부정적인 정서가 강한 공동체는 '개인 모델'을 취하지만, 긍정적인 정서가 흐르는 공동체는 '체계 모델'을 취하게 된다.[66] 개인 모델을 취하는 공동체의 구성원들은 인간 행동은 서로 상호적으로 관계되어 있고, 한 사람의 행동이 다른 사람의 행동에 영향을 줄 수 있다는 사실에 대한 이해가 약하다. 공동체 안에 어떤 문제가 발생했을 때 자신도 그 문제의 한 부분이라는 사실을 인정하지 않는다. 체계 모델을 취하는 공동체 안에서 어떤 일이 발생하였을 때, 그 일을 한 개인의 문제로 보기보다는 서로 연결되어 있다는 것을 인식한다.[67] 공동체 구성원들의 이러한 인식은 자신들의 사고방식이 이러한 모델을 취하고 있다는 것을 의식적으로 인식하지는 못할 수 있다. 하지만 그들이 기능하는 방식은 서로에 대해 그들이 전제하고 있는 이해를 정서적으로 드러낸다.

특히 교회공동체 안에 '정서적 역류'가 있는 공동체의 목회자는 다른 무엇보다도 정서적 상처를 치유하는 데 집중해야 한다. 교회공동체 안에 충분히 표현되지 못하거나 해결되지 못한 오랜 비밀이나 외상적인 상실이 있다면, 이것들은 현재 성도들의 삶과 영적 건강을 해치는 것을 놓아두는 것이 될 수 있기 때문이다. 또한 교회공동체 안에 '해결되지 않은 내용'은 성도들이 정서적으로나 영적으로 성장하는 것을 가로 막기 때문이다.[68] 이러한 공동체의 성도들은 그들이 경험한 정서적 상처에 근거하여 현재의 경험을 해석하는 경향이 강하기 때문이다. 이러한 공동체의 성도들의 해석 또는 수용 능력은 매우 빈약하다. 이는 마치 사람이 어떤 질병에 노출되면 그 질병으로 인해 좋은 음식을 주어도 먹지 못하고 토해버리는 것과 같다. 정서적 역류가 있는 공동체의 목회자는 정서적 상처를 치유하는 데 우선적으로 집중해야 한다. 목회자는 공동체의 영적 성장을 위해서는 공동체의 정서체계와 정서적 역학을 이해하고 해결하는 지혜가 있어야 한다.

목회자는 정서적으로 건강한 교회공동체가 기도와 예배만을 강조하면서 정서적으로 메마른 공동체보다 사람들의 영적 성장에 훨씬 더 많은 역할을 할 수 있다는 것도 인식해야 한다. 피터 스카지로(Peter Scazzero)는 정서적 건강과 영적 체험의 역학적(dynamic) 관계를 경험한 후에 다음과 같이 고백적 진술을 하였다.

> 우리들의 '크리스천 공동체'는 그동안 숨겨왔던 감정을 서로에게 마음 놓고 얘기할 수 있을 만큼 안전했다. 그래도 거기서 하나님과 더불어 진정한 영적 체험을 갖게 되리라고는 기대하지 않았다. 하지만 정말 특이한 방식으로 영적인 체험이 시작됐다... 내 패러다임에 따르면 하나님은 성경이나 기도(마음으로 들을 수 있는 음성), 설교, 예언 등의 형태로, 또는 경우에 따라 환경을 통해 말씀하시는 분이지, 절대로 이런 식으로 움직이시는 분이 아니었다.[69]

교회공동체를 돌보는 목회자가 공동체의 정서적 건강과 영적 성장의 역학적 관계를 인식하지 못하면 영적으로 성숙한 공동체를 경험할 수 없게 된다. 정서적 건강과 영적 성장은 불가분의 관계에 있다고 할 수 있기 때문이다. 다시 서술하면, 영성 훈련의 목적은 하나님과 이웃을 더욱 '잘 사랑'하게 되는 것이기 때문이다. 그것은 정서적으로 건강한 그리스도인이 된다는 것을 내포하기 때문이다.[70] 교회공동체는 "하나님에 대한 믿음, 태도, 감정, 가치관과 사랑을 음미하고 즐거워함으로써 변화"를 경험함으로 영적으로 더욱 성숙해 질 수 있다.[71]

나가는 글

기독교 해석학은 성경의 주해를 통한 해석을 강조하고 인간에 대한 연구나 이해는 이차적인 것으로 여기는 경향이 강하였다. 이는 의사가 마치 환자에 대한 진단 없이 약을 처방하는 것과 같은 결과를 초래할 수 있다. 때문에 마치 의사가 환자를 진단(이해)하는 것과 효과적인 약을 처방하는 일(해석)이 분리될 수 없듯이, 기독교 해석학은 성경뿐만 아니라 인간에 대한 연구가 필연적으로 요구된다. 기독교 해석학은 성경과 인간을 모두 '본문'(text)으로 인식하고, 살아있는 문서로서 인간에 대한 이해와 해석이 필요하다. 즉, 성경에 대한 이해와 해석만큼이나 인간에 대한 이해와 해석도 중요하다. 이러한 맥락 안에서 본 논문에서는 해석학적 과제로서 정서에 대한 이해와 역학적 기능을 논하였다.

교회공동체 안에는 정서적 건강을 추구하는 것과는 별개로 영적 성숙을 이룰 수 있다는 인식을 종종 발견하게 된다. 이러한 인식이 강한 교회공동체는 인간의 내면이나 정서와 같은 요소들은 거의 관심 밖의 주제이다. 하지만 그리스도인들의 영성생활에서 인간의 정서와 같은 주제는 결코 간과할 수 없는 요소라고 할 수 있다. 왜냐하면 인간의 정서는 성경의 메시지가 꽃피고 열매 맺는 중요한 기능을 하는 장이기 때문이다. 기독교 해석학이 그리스도인의 인격과 삶과 무관한 해석학이 되지 않으려면 인간의 정서체계와 같은 인간의 내적 차원에 대한 관심도 필요하다. 왜냐하면 정서는 사람에게 동기를 부여하고, 행동방식에 영향을 미치고, 공동체의 행동방식을 좌우하는 역할을 하기 때문이다

한 개인의 영적 성장과 교회공동체의 영적 성숙은 건강한 정서체계와

매우 유기적인 관계 안에 있다. 하지만 많은 그리스도인들이 영적인 삶은 예배와 기도와 말씀 묵상과 찬양과 같은 요소들로 여기고, 이러한 행위 자체를 영적인 것으로 이해하는 경향이 있다. 이러한 경향은 영적인 것을 고정된 명사적 개념이나 요소들로 여기고, 영성생활은 일상의 삶과 정서와 같은 요소와는 무관한 것으로 여기는 결과를 초래할 수 있다.

하지만 '영적'이란 개념은 매우 역학적(dynamic) 언어이다. 즉, 영적이란 개념은 예배와 기도와 말씀 묵상과 같은 요소나 행위 자체에 관련된 언어가 아니라 하나님과의 관계의 질에 의해 발생하는 생동적인 개념이기 때문이다. 본 연구에서는 정서적 건강이 하나님과의 생동적인 관계의 질에 매우 중요한 역할을 할 수 있다는 것과 정서적 차원과 영적 성장의 유기적인 관계를 밝혔다. 나아가 영적 성장을 위한 정서적 역학(dynamic)에 대한 이해의 중요성을 강조하였다.

〈미주〉

1 이 글은 『복음과 실천신학』 제46권 (2018), 230-60에 실린 필자의 글을 수정 보완한 것이다.

2 J. L. Segundo, *The Liberation of Theology* (New York: Orbis, 1976), 8.

3 J. L. Segundo, *The Liberation of Theology*, 9.

4 H. K. Chung, *Struggle to Be the Sun Again: Introducing Asian Women's Theology* (London: SCM, 1991), 111.

5 G. Spykman, *Reformational Theology: A New Paradigm for Doing Dogmatics* (Grand Rapids: Eerdmans, 1992), 90.

6 Richard J. Foster, Gayle D. Beebe, *Longing for God*, 김명희, 양혜원 공역, 『영성을 살다: 기독교 영성 회복의 일곱 가지 길』 (서울: IVP, 2014), 221-23. '상호

텍스트성'이란 용어는 J. Kisteva가 그녀의 책, *Revolution in Poetic Language*에서 독자와 본문의 언어학상의 배경에 대한 본문의 해석과 본문과의 관계를 설명하기 위해 사용한 용어이다.

7 렉시오 디비나는 하나님의 말씀인 성경을 머리가 아닌 순수한 마음으로 읽고, 그 말씀을 통하여 그리스도를 만나고, 또 그분과의 만남을 통하여 그리스도와의 우정을 깊게 하고, 우리의 존재의 변화를 추구하는 독서방식이다.

8 Richard J. Foster, Gayle D. Beebe, 『영성을 살다: 기독교 영성 회복의 일곱 가지 길』, 230.

9 Richard J. Foster, Gayle D. Beebe, 『영성을 살다: 기독교 영성 회복의 일곱 가지 길』, 230.

10 Alister E. McGrath, *Christian Spirituality* (London: Blackwell, 1999), 114에서 인용.

11 Eric L. Johnson, 『기독교 심리학』, 344에서 인용.

12 Ruth Haley Barton, *Sacred Rhythms: Arranging Our Lives for Spiritual Transformation*, 황의무 역, 『영적 성장을 위한 발 돋음』 (서울: 살림, 2007), 184에서 인용.

13 Eric L. Johnson, 『기독교 심리학』, 318.

14 Jonathan Edwards, *The Work of Jonathan Edwards: Vol. 11, Typological Writings* (New Haven: Yale University Press, 1993), 74.

15 Charles V. Gerkin, *The Human Living Document: Re-Visioning Pastoral Counseling in a Hermeneutical Model*, 안석모 역, 『살아있는 문서: 해석학적 상담학』 (서울: 한국심리치료연구소, 1998), 47에서 인용.

16 Abraham Kuyper, "Common Grace in Science," in *Abraham Kuyper: Centennial Reader*, ed., J. D. Braat (Grand Rapids: Eerdmanns, 1998), 444.

17 조성호, "해석학적 영성이해와 212세기 목회리더십 형성," 한국복음주의실천신학회, 「복음과 실천신학」 제35권 (2015): 106-07.

18 Lawrence J. Crabb, *Effective Biblical Counseling* (Grand Rapids: Zondervan, 1977), 31-56.

19 기독교와 심리학의 관계에 대한 보다 더 폭넓은 이해를 위해서는 Eric L. Johnson and Stanton L. Jones, eds., *Psychology & Christianity: Four Views* with

contributions by Gary R. Collins, David G. Myers, David Powlison, Robert C. Roberts (Downers Grove, Illinois: IVP, 2000)를 참조.

20 Lawrence J. Crabb, *Effective Biblical Counseling*, 39.

21 Eric L. Johnson, 『기독교 심리학』, 330.

22 Eric L. Johnson, 『기독교 심리학』, 336.

23 Eric L. Johnson, 『기독교 심리학』, 334.

24 우리는 여기서 심리학이 일반계시인가에 대한 논의가 필요하다. Timpe는, "통합은 일반 혹은 자연계시를 통해 발견된 진리를 특별계시 혹은 성경적 계시에서 밝혀진 진리에 명백하게 관련시키는 것이며, 세상으로부터 얻은 지식과 말씀으로부터 얻은 지식을 서로 연관시키는 작업"으로 이해하였다(R. L. Timpe, "Christian Psychology," in *Baker Encyclopedia of Psychology and Counseling*, eds., D. G. Benner and P. C. Hill (Grand Rapids: Baker, 1999), 129). 이러한 이해에 대해 Johnson은 기독교 전통에서 신학자들은 "'일반계시'를 인류의 활동이 아닌 창조질서를 통한 하나님 자신의 계속적인 계시를 지칭하는 것으로 이해해왔다(롬 1:20-23)"는 견해를 통해 심리학을 '일반계시'라고 말하는 것은 분류상의 실수라고 주장한다(Eric L. Johnson, 『기독교 심리학』, 123). 하지만 인간의 정신세계는 하나님의 뜻과 질서가 펼쳐지는 중요한 장이기 때문에, 이러한 문서가 우리의 정신세계를 보다 더 풍성하게 누리도록 한다면, 광의적인 의미에서 일반계시적인 특징을 지닌다고 보아야 더 옳다. Berkhof는 "하나님의 생각들은 자연의 현상 속에, 인간의 의식 속에, 그리고 경험 및 역사의 사실에 나타나 있다"고 하였다(L. Berkhof, *Introduction to Systematic Theology*, 권수경 역, 『조직신학』[서울: 크리스챤다이제스트, 1991], 139).

25 Eric L. Johnson, 『기독교 심리학』, 123.

26 조정옥, 『감정과 에로스의 철학: 막스 셸러의 철학』 (서울: 철학과 현실사, 1999), 18-21.

27 조정옥, 『감정과 에로스의 철학: 막스 셸러의 철학』, 29-31.

28 S. R. Lazarus and B. N. Lazarus, *Passion & Reason: Making Sense of Our Emotions*, 정영목 역, 『감정과 이성』(서울: 문예출판사, 1997), 13-4.

29 조정옥, 『감정과 에로스의 철학: 막스 셸러의 철학』, 37-46.

30 Hume의 정념론의 체계에서 정념과 그 대상의 관계는 동정과 반감의 관계이다.

이 성질들은 정념의 원인, 즉 쾌락과 고통에 의해 설명된다. 정념적 주체는 단지 표층에 불과하며, 정념의 유형론은 끌림과 꺼림에 의해 생겨난다.

31 David Hume, *Of the Passions*, 이준호 역, 『정념에 관하여: 인간 본성에 관한 논고 2』 (서울: 서광사, 1996), 160.

32 David Hume, 『정념에 관하여: 인간 본성에 관한 논고 2』, 160.

33 김상봉, 『호모 에티쿠스: 윤리적 인간의 탄생』 (파주: 한길사, 2006), 234.

34 Daniel Goleman, Richard Boyatzis and Annie McKee, *Primal Leadership*: *Realizing the Power of Emotional Intelligence*, 장석훈 역, 『감성 리더십』 (서울: 청림출판, 2003), 177-78.

35 감정과 관련된 영어 단어는 feeling, emotion, affect, mood 등을 들 수 있다. feeling은 느낌 혹은 감정으로 번역되고, emotion은 일반적으로 감정으로 이해되면서 심리적인 용어로 정서로 번역되고 있다. affect는 정감 혹은 정동, 때로는 격정(격렬한 감정)으로 번역되기도 한다. 그러나 대체로 감정에 심리적, 신체적 반응이 동반되는 현상을 정서로 간주한다.

36 David G. Myers, *Psychology* (New York: Worth Publisher, 2006), 500.

37 S. S. Tomkins, "Affect as the Primary Motivational System," in *Feelings and Emotions*, ed., M. B. Arnold (New York: Academic Press, 1970), 101.

38 Johnmarshall Reeve, *Understanding Motivation and Emotion*, 정봉교 외 역, 『동기와 정서의 이해』 (서울: 박학사, 2011), 364.

39 Johnmarshall Reeve, *Understanding Motivation and Emotion*, 364.

40 W. P. Alston, "Emotion and Feeling," in *The Encyclopedia of Philosophy*, 박종수, 『융의 심리학과 정서』 (서울: 학지사, 2013), 32에서 재인용.

41 박종수, 『융 심리학과 정서』, 121.

42 V. Kast, *Traume*, 원석영 역, 『꿈: 융 심리학이 밝히는 무의식의 비밀』 (서울: 프로네시스, 2007), 85-6.

43 L. McCullough, N. Kuhn, S. Andrews, J. Wolf and C. L. Hurley, *Treating Affect Phobia*: *A Manual for Short-term Dynamic Psychotherapy* (New York: Guilford, 2003), 15.

44 신성욱, "Jonathan Edwards의 설교에 나타난 로고스와 파토스," 한국복음주의 실천신학회, 「복음과 실천신학」 제35권 (2015): 159.

45 Eric L. Johnson, 『기독교 심리학』, 358에서 인용.

46 P. E. Johnsons, *Psychology of Religion* (New York: Abindon-Cokesbury, 1945), 191.

47 Dallas Willard, *Renovation of the Heart: Putting on the Character of Christ*, 윤종석 역, 『마음의 혁신』 (서울: 복 있는 사람, 2005), 236.

48 Arthur W. Pink, *Spiritual Growth* (Grand Rapids: Baker Book House, 1971), 91-8.

49 Duncan Buchanan, *The Counseling of Jesus* (London: Hodder & Stoughton, 1985), 145-46.

50 Nicholas Wolterstorff, *Lament for a Son* (Grand Rapids: Eerdmans, 1987), 90.

51 Patricia Coughlin, "영혼의 이야기 듣기: 영적 지도 심리학," Suzanne M. Buckley, ed., *Sacred is the Call: Formation and Transformation in Spiritual Direction Programs*, 권희순 역, 『영적 지도와 영적여정』 (서울: 은성, 2008), 125 에서 인용.

52 Peter L. Scazzero, *The Emotionally Healthy Church*, 최종훈 역, 『정서적으로 건강한 교회』 (서울: 이레서원, 2004), 81.

53 Dan B. Allender and Tremper Longman III, *The Cry of the Soul*, 24-5, Peter L. Scazzero, 『정서적으로 건강한 교회』, 85에서 재인용.

54 Eric L. Johnson, 『기독교 심리학』, 604.

55 Eric L. Johnson, 『기독교 심리학』, 604.

56 Ruth Haley Barton, 『영적 성장을 위한 발 돋음』, 209.

57 David G. Benner, *Psychotherapy & Spiritual Quest* (Grand Rapids: Baker, 1988), 123.

58 David G. Benner, *Psychotherapy & Spiritual Quest*, 123.

59 David G. Benner, *Psychotherapy & Spiritual Quest*, 124.

60 정은심, "기독교 상담에서 전이와 역전이의 이해와 활용," 한국복음주의실천신학회, 「복음과 실천신학」 제35권 (2015): 43.

61 David G. Benner, *Psychotherapy & Spiritual Quest*, 132.

62 Peter L. Scazzero, 『정서적으로 건강한 교회』, 28.

63 Peter L. Scazzero, 『정서적으로 건강한 교회』, 28-9.

64 Ronald Richardson, *Creating a Healthier Church*, 유재성 역, 『교회는 관계 시스템이다』 (서울: 국제제자훈련원, 2015), 47.

65 최창국, "건강한 돌봄을 위한 자기 분화와 영성생활의 관계 연구," 한국복음주의실천신학회, 「복음과 실천신학」 제39권 (2016): 217.

66 Ronald Richardson, 『교회는 관계 시스템이다』, 39.

67 원재영, "한국 교회 봉사자의 심리 정서적 경험에 나타난 착한아이 콤플렉스 연구," 한국복음주의실천신학회, 「복음과 실천신학」 제21권 (2010): 219.

68 Edwin H. Friedman, *Generation to Generation: Family Process in Church and Synagogue* (New York: Guilford Press, 1985), 44–5.

69 Peter L. Scazzero, 『정서적으로 건강한 교회』, 54.

70 Peter L. Scazzero, 『정서적으로 건강한 교회』, 128–29.

71 Eric L. Johnson, 『기독교 심리학』, 699.

18장

꿈의 해석과 분별[1]
Interpretation and Discernment of Dream

들어가는 글

인간의 정신세계의 질서와 특성에 대한 바른 이해와 해석은 현대 기독교 신학과 영혼 돌봄 사역에서 중요한 과업 가운데 하나라고 할 수 있다. 왜냐하면 현대 신학과 돌봄의 원리들은 지나치게 의식 중심적 성향이 강하기 때문이다. 폴 사무엘슨(Paul Samuelson)이 "과학은 장례식을 거치면서 진전한다"[2]고 피력했듯이, 의식 편향적 기독교 신학과 돌봄 모델도 장례식을 거쳐야 진전할 수 있다고 할 수 있다. 다시 서술하면, 이성을 주 매개체로 삼는 의식 편향적 기독교 신학과 돌봄 모델에서 전체 정신 모델로의 전환이 되어야 바른 신학과 건강한 돌봄 모델을 형성할 수 있다.

현대 기독교 신학과 돌봄 모델은 지나치게 의식 편향적 모델에 기초하고 있다고 할 수 있다. 이러한 현상의 기저에는 18세기 계몽주의적인 사상이 깊게 자리 잡고 있다. 계몽주의는 철저하게 인간을 이성 중심 존재로 전환시켜 버렸다.[3] 18세기 계몽주의 사고에는 인간에 대한 개념이 제한되어 편협한 이성주의가 넓게 확장되는 결과를 낳았다. 그 단초를 아리스토텔레스(Aristoteles) 철학에서 취한 계몽주의 사상가들은 인간을 이성적인 동물로 정의했다.[4] 계몽주의적 인간 이해는 분명 도전이 필요하다. 왜냐하면 인간이 의식세계를 지닌 존재이지만 의식세계에 의해서만 규정되는 존재는 아니기 때문이다. 인간은 의식적 특성을 지닌 존재일 뿐만 아니라 무의식적 존재이기 때문이다.

한 연구 결과에 따르면 인간은 전체 정신의 90%를 무의식 상태로 사용하고 단지 10%만을 의식 상태에서 사용한다. 이처럼 무의식은 인간 정신세계에서 아주 많은 영역을 관여하고 있을 뿐만 아니라 중요한 역할을 하고 있다. 인간은 하루의 시간 중 약 90%, 즉 하루 24시간에서 21시간 가량을 무의식 상태로 보낸다.[5] 무의식세계는 인간의 언어와 삶과 매우 밀접하게 관계되어 있다. 상징을 모국어로 삼고 있는 꿈은 무의식에 대한 이해와 해석에 필요한 자료와 지혜를 담고 있다. 따라서 상징의 언어를 모국어로 삼는 꿈에 대한 이해와 해석은 현대 기독교 영혼 돌봄 사역에서 매우 중요한 주제 중의 하나라고 할 수 있다.

본 연구에서는 인간 정신의 이중 구조에 대한 인식의 중요성을 살핀 후에, 꿈이 무의식에 이르는 대로를 열어 주는 가장 중요한 수단임을 논할 것이다. 꿈은 많은 가치를 가지고 있기 때문이다. 일반적으로 꿈은 심리적인 욕구 충족과 보상이라는 관점에서 주로 연구되어 왔지만, 본 연구에서는 꿈과 몸의 관계에 대해 제시하고자 한다. 왜냐하면 꿈은 인간의 정신세계를 통해 발현되는 상징 언어지만 인간의 심리적 안녕에만 자료를 제공하는 것이 아니라 몸의 안녕에도 중요한 지혜를 제공해주기 때문이다. 나아가 꿈의 구조와 기능에 대한 논의와 함께 꿈에 대한 바른 해석의 원리를 살핀 후에, 영혼 돌봄 사역에서 꿈 해석의 지도(direction)와 실천적 방법을 제시하고자 한다.

정신 현상으로서의 꿈과 기독교

성경에는 인간의 꿈 이야기가 자주 등장한다(창 40:8; 마 1:20; 마 2:12). 성경에서 꿈과 관련해서 발견되는 중요한 사실은 요셉과 다니엘처럼 하나님을 경외하고 영적 세계에 열려 있는 사람들에게 꿈 해석 능력을 주셨다는 것을 알 수 있다. 요셉의 이야기는 꿈과 꿈의 해석을 빼고는 이해하기 어려울 정도이다. 꿈 때문에 애굽의 종으로 팔려가기도 하고 꿈 때문에 감옥에서 나오기도 한다. 요셉은 꿈의 "해석은 하나님께 속한 것이 아닌가?"(창 40:8)라고 말하기도 한다. 느브갓네살 왕 당시 그 자신도 그의 신하들도 그의 꿈을 해석하지 못했지만 영적 세계에 민감했던 다니엘은 왕의 꿈을 해석하였다. 다니엘은 낯선 땅에서 왕의 꿈을 해석함으로써 높임을 받게 된다.

성경에서 꿈은 요셉과 동방박사들에게 예수의 생명의 위협을 알리는 급박한 일을 위해서는 직설법적 형태로 나타나기도 하지만, 느브갓네살왕의 꿈처럼 주로 해석을 요하는 상징으로 나타나기도 한다. 성경에서 꿈은 비전, 환상, 천사의 출연 등과 크게 구분 없이 하나님께서 인간에게 자신의 뜻을 알리는 방법들 중의 하나로 나타나고 있다. 성경에서 꿈은 인간을 돌보시는 하나님의 은혜의 방편으로 등장한다.

꿈은 기독교 역사에서도 중요한 관심의 대상이었다. 유명한 기독교 사상가였던 터툴리안(Tertullian)은 꿈을 매우 중요하게 여겼다. 그는 그의 책『아니마』(The Anima)에서 꿈에 대해 기록하고 있다. 그는 아이들이 꿈을 꿀 때 눈동자가 빠르게 움직이는 것을 관찰해 냈다. 현대 과학자들에 의해 최근에야 발견된 것을 터툴리안은 이미 3세기에 관심을 가지고 관찰하여 기록했다. 터툴리안은 꿈은 하나님께서 사람에게 자신의 뜻을 알리는 가장 평범한 방법이라고 여겼다.

기독교 역사에서 콘스탄틴(Constantine) 대제가 313년 기독교를 공인하게 된 중요한 동기 중의 하나가 바로 꿈이었다. 콘스탄틴이 312년 어느 날 한 비전을 본다. 하늘에 헬라어로 카이(X: Chi)와 로(P: Rho)라는 글자가 쓰여 있었다. 그는 그 의미가 무엇인지 알 수가 없었다. 밤에 꿈에서 그는 그리스도가 그 상징을 손에 들고 있는 것을 본다. 이 경험으로 인해 그는 기독교로 회심하였고, 300여 년간의 그리스도인들을 향한 긴 박해를 끝냈다. 동방 교회는 영적으로 충만하고 사람들에게 존경받는 영적 지도자들이 많았는데, 그들도 꿈을 하나님께서 자신의 뜻을 인간에게 알리는 중요한 방법들 가운데 하나로 여겼다. 이들 가운데 시네시우스 싸이렌(Synesius Cyrene)은 415년 꿈에 관한 연구에서, 꿈을 자아가 하나님과 영적 세계에 열리는 것으로 묘사했다.

꿈에 대한 풍부한 전통을 가졌던 기독교가 꿈과 같은 정신세계에 대해 덜 민감하게 된 것은 아리스토텔레스(Aristoteles)의 사상에 근원을 두고 있는 이성주의의 영향이라고 볼 수 있다. 플라톤(Platon)은 이성 외에 '신성한 열정'(divine madness)이라고 부른 예언, 치유, 예술적 열정, 사랑의 열정 등도 앎의 방식으로 여긴 반면, 아리스토텔레스는 인간은 이성과 감각 경험을 통해서만 진정한 앎을 얻을 수 있다고 믿었다.[6] 기독교 사상이 스콜라 철학에 의해 본격적으로 영향을 받기 시작한 1200년 전까지는 기독교 학자들은 꿈의 중요성을 무시하지 않았다. 그러나 특히 제13세기 아리스토텔레스의 사상에 영향을 받은 토마스 아퀴나스(Thomas Aquinas) 때부터 기독교는 꿈 해석에 대한 관심이 쇠퇴하기 시작했다. 아퀴나스는 사람이 과식을 하게 되면 간에 나쁜 영향을 주게 되고, 그 결과 뇌에 자극적인 액체(humors)를 보냄으로 나쁜 꿈을 꾸게 된다고 이해하게 되었다. 그는 꿈을 하나의 생리적인 현상으로 단순하게 이해하였다.[7]

스콜라 철학으로 이성주의가 기독교 사상에 영향을 미치도록 근원을 제공한 아퀴나스 이래로 기독교는 꿈에 대한 관심이 점차 사라지게 되었다. 이후 프로이트(Freud)와 융(Jung)을 위시한 정신분석학자들은 꿈과 무의식에 관심을 갖게 되었다. 이들의 연구와 관심은 기독교와 일반 학문 모두에 긍정적으로든 부정적으로든 큰 반향을 불러일으켰다. 특별히 인간의 정신세계에 대한 깊은 통찰을 통하여 많은 질문과 도전을 제공해 주었다.

중요한 것은 꿈이 하나님의 형상으로 창조된 인간의 정신세계의 한 현상이라면 꿈에 대한 이해는 바른 인간 이해에서 간과할 수 없는 영역이라고 할 수 있다. 나아가 신학적 관점에서 인간의 정신세계는 하나님의 일반 계시의 장이기 때문이기도 하다. 이러한 맥락에서 벌코프(Berkhof)는 인간의 정신세계의 탐구가 일반계시의 중요한 한 영역임을 말한다.

우리가 알고 있는 바와 같이 일반계시는 언어(verva)의 형태로 인간에게 주어지는 것이 아니고 사물(res)로 된 것이다. 그것은 인간의 마음의 구성과 자연의 전체 구조 그리고 하나님의 섭리적인 다스림의 과정으로 인간에게 오는 인간의 지각과 의식을 향한 적극적인 나타남이다. 하나님의 생각들은 자연의 현상 속에, 인간의 의식 속에, 그리고 경험 및 역사의 사실에 나타나 있다.[8]

벌코프의 진술처럼 인간의 정신세계는 하나님의 일반계시가 펼쳐지는 중요한 장이다. 인간의 의식과 무의식세계는 하나님의 창조물이기 때문이다. 인간의 정신세계는 하나님이 설계하신 법칙과 질서에 따라 작동되는 시스템이다. 하나님이 창조하신 정신세계의 법칙과 질서를 바르게 이해하고 해석하는 것은 지극히 기독교적인 행위이다. 인간의 정신세계에 대한 이해는 영혼 돌봄 사역자에게 결코 간과할 수 없는 차원이다. 이러한 차원에서 꿈에 대한 이해가 영혼의 돌봄을 위해 일반계시로서 그리고 그리스도인의 무의식의 표현으로서 분별력 있게 이해될 때 인격발달과 영혼 돌봄에 중요한 의미와 지혜를 제공해 준다.

정신의 이중 구조와 꿈

정신의 구조로서의 의식과 무의식

무의식에 대한 대중적 관심을 이끌어내는 데 중요한 역할을 한 사람은 지그문트 프로이트(Sigmund Freud, 1856-1939)였다. 그가 제시한 무의식의 이론이 부각된 것은 사실이지만, 20세기 내내 무의식은 주요 관심의 대상이 되지 못했다. 왜냐하면 인간은 모두 자극에 대해 예측 가능한 방식으로 반응하는 존재라는 행동주의 관점이 20세기 초반까지 지배했기 때문이다.[9] 행동주의 심리학자들은 마음이라는 개념 자체를 무시하려는 경향이 강했다. 하지만 1950년대 말에 행동주의의 관점의 인간 이해가 잦아들면서 두 가지 운동이 등장한다.[10]

하나는 인지심리학이다. 인지심리학은 신념과 같은 내적 상태가 있다는 것을 받아들였다. 다른 하나는 사회심리학으로써 인간의 내적 상태가 어떻게 다른 사람으로부터 영향을 받는지를 이해하려고 하였다.[11] 이러한 운동들은 정신 연구의 중요성을 받아들였지만, 무의식에 대해서는 부정적인 관점이 강했다. 즉 인지심리학과 사회심리학은 '무의식'이라는 용어를 경계하였다.

하지만 소수의 과학자들은 무의식에 관한 끈질긴 실험을 통하여 무의식적 과정이 인간의 사회적 상호 작용에 매우 중요한 역할을 한다는 것을 발견해냈다. 다시 서술하면, 인간은 무의식의 영향 때문에 스스로의 감정, 행동, 타인에 대한 판단, 비언어적 소통방식의 이유를 바르게 알지 못한다는 것을 보여 주는 연구가 1980년대에 잇달아 발표되었다.[12]

과학자들은 인간의 사회 작용에서 의식적 사고가 차지하는 역할을 재점검하게 되었고, '무의식'이라는 용어가 주목받게 되었다. 무의식 대신에 '비의식,' '자동적,' '암묵적' 의식과 같은 좀 더 구체적인 표현을 쓰기도 했다.[13]

과학자들은 뇌와 무의식에 대한 연구를 통하여 인간의 무의식적 특징을 발견하였다. 과학자들은 인간의 정신이 '자동적 차원'을 지닌다는 것을 알아냈다. 뇌에서 지각을 벗어난 활동이 많이 벌어진다는 것이다. 정신 활동의 대부분은 무의식이 장악하고 있다는 것이다.[14] 어떤 과학자들은 인간은 인지 기능의 5%만을 의식이 감당하고, 나머지 95%는 무의식이 감당한다고 주장하기도 한다.[15] 레오나르드 믈로디노프(Leonard Mlodinow)는 인간의 무의식의 특성과 기능에 대해 다음과 같이 진술하였다.

> 무의식이 제공하는 이득 중에서 내가 가장 귀하게 여기는 점은 따로 있다. 우리가 자신에 대해서 긍정적이고 애정 어린 느낌을 형성하도록 돕는 것, 또한 인간을 능가하는 힘들로 가득한 이 세상에서 힘과 통제의 느낌을 형성하도록 돕는 것이야말로 무의식이 최선의 기량을 발휘하는 순간이라는 것이다.[16]

무의식이란 인간이 가지고 있으면서 의식이 되지 않은 차원이기 때문에 인간에게 이해되지 않고, 인식이 되지 않고, 인정되지 않는 정신의 차원이다. 자기 안에 자기도 모르고, 의식이 안 되는 것이지만 삶과 행동에 중요한 영향을 미치는 것이 바로 무의식이다.[17] 무의식은 의식이 어느 한 요소에만 지나치게 정신적 에너지를 투여할 때, 정신의 전체적인 균형을 유지하기 위해서 대극에 있는 요소를 강화하는 보상 작용을 한다.

무의식의 장으로서의 꿈

꿈은 무의식에 이르는 대로를 열어 주는 가장 중요한 기술적 수단이다.[18] 무의식은 자의식적인 사고가 잠잘 때 꿈을 매개체로 가장 잘 발현되고 강화되기 때문이다. 무의식의 주요 매개체인 꿈은 의식이 외부 환경에 적응하기 위해 여러 형태로 왜곡되었던 것을 교정하는 기능을 한다. 꿈은 또한 인간의 정신에서 의식하지 못하거나 발달시키지 못하거나 열등한 것들을 의식화하고 정신의 균형성을 위한 보상적 기능을 하기도 한다.

무의식의 중요한 장인 꿈에 관한 연구도 과학자들에 의해서 다양하게 시행되어졌다. 특히 1953년 미국 시카고대학교 생리학 교실의 클레이트만(Kleitman)과 아세린스키(Aserinsky)는 잠과 꿈의 관계를 처음으로 과학적인 방법으로 연구하였다. 그들은 인간의 잠에 대해서 과학적 연구를 통하여 잠에는 두 종류가 있다는 것을 발견하였다. 인간은 잠을 자면서 눈동자가 급속하게 움직이는 수면 상태(REM: Rapid Eye Movement)와 그렇지 않은 비렘수면 상태(NREM: Non-Rapid Eye Movement)가 있음을 발견했다. 인간은 처음 잠이 들면 비렘수면 상태로 들어갔다가 90분을 전후하여 렘수면 상태로 들어가고, 그 후 90분을 주기로 해서 렘수면과 비렘수면이 교대로 나타나는데, 비렘수면이 전체 잠에서 차지하는 시간은 대체로 75-80% 정도였다.[19]

클레이트만과 아세린스키는 렘수면과 비렘수면의 차이를 밝혀내기 위해 잠자는 사람들의 뇌전도를 사용하여 뇌파를 측정하고, 근육의 긴장 정도를 측정하였다. 그 결과 렘수면에서 뇌파는 비렘수면에서보다 조금 빠르게 움직이고, 근육도 긴장되어 있지 않은 것을 발견하였다.

클레이트만과 아세린스키가 이러한 실험을 통하여 발견한 것은 사람들이 꿈을 꾸는 것은 렘수면 동안이라는 사실이었다. 왜냐하면 렘수면 때 깬 사람 가운데서는 80% 정도의 사람이 꿈의 내용을 생생하고 구체적으로 기억했지만, 비렘수면 동안에 깬 사람은 불과 7% 정도만 꿈을 기억해 냈기 때문이다. 사람이 꿈을 꾸는 것이 렘수면 동안이었기 때문에 이때 잠에서 깨어난 사람은 꿈을 기억해 냈지만, 비렘수면 동안에 깨어난 사람은 꿈의 내용을 기억하지 못했다. 흥미로운 것은 비렘수면에서와는 달리 렘수면 동안 외부에서 자극을 주면, 그 자극은 어떤 방식으로든지 꿈에 영향을 주어 꿈에 나타났다. 특히 렘수면 동안에 사람은 깊은 잠을 자게 되고, 눈동자가 빨리 움직이는데 이러한 현상은 꿈에서 화면을 보기 때문이라는 것이 밝혀졌다.[20] 이처럼 꿈은 모든 인간이 경험하는 정신 현상으로서 의식이 쉬고 있을 때 무의식 속에서 발생한다.

꿈은 무의식으로부터 온 메시지이다. 프로이트는 무의식은 의식세계가 거부한 것들을 받아들이는 통으로 보았지만, 융은 무의식세계가 의식세계로부터 거절된 것들을 받아들이는 기능도 하지만 매우 긍정적인 역할도 하는 것으로 보았다. 융은 먼저 무의식은 보상 또는 치료의 기능을 수행하는 것으로 보았다. 융은 무의식의 중요한 기능 가운데 하나는 편향적인 의식세계를 균형 있게 만드는 것으로 보았다.

꿈은 의식에서 거부된 정서들과 욕구들을 무의식의 언어를 통해 발산하는 역할을 한다. 그러나 꿈은 그보다 훨씬 더 광활한 역할을 하는 세계이다. 꿈은 인간의 정서 불안, 인간관계 갈등, 경제문제 등 헤아릴 수 없는 원인들을 상징적으로 발산한다. 꿈은 우리 안에 좌절된 욕구가 무엇인지를 알려줄 뿐만 아니라 우리의 안녕을 목표로 한다. 나아가 무의식의 중요한 장인 꿈은 정신의 균형을 통한 인격발달을 목표로 한다.

무의식의 장으로서의 꿈과 몸

꿈은 인간의 정신세계와만 관계되어 발현되는 것이 아니라 몸과도 유기체적으로 관계되어 자기 언어를 발산한다. 꿈과 몸의 관계에 대한 한 임상적 연구에서 건강한 사람들을 대상으로 음식과 나쁜 꿈의 관계를 연구하였다.[21]

연구 결과 매운 음식을 많이 섭취한 사람들은 숙면을 취하지 못하였다. 매운 음식은 몸의 온도가 올라가게 하여 숙면을 취하지 못하게 하였기 때문이다. 특히 잠자기 바로 전에 매운 음식을 먹었을 때는 몸이 활성화되기 시작하면서 나쁜 꿈을 꾸는 경우가 많았다. 질이 좋지 않은 기름진 음식을 많이 섭취한 경우도 숙면을 취하지 못하고 많은 꿈을 꾸는 현상이 발생하였다. 많은 알코올을 섭취하는 경우에는 잠은 쉽게 들지만 오랫동안 숙면을 취하지 못하게 하여 나쁜 꿈을 꾸는 경우도 많았다. 항 우울제와 같은 약을 복용하는 경우도 숙면을 취하지 못하고 꿈을 자주 꾸는 경우가 많았다. 우리가 늦은 밤에 과식을 하고 자게 되면 숙면을 취하지 못하고 꿈을 더 많이 꾸게 되고 꿈을 기억하게 된다. 우리가 육체적으로 피곤하면 잠을 깊게 자지만 몸의 건강이 좋지 않을 때는 숙면을 취하지 못하고 꿈을 더 많이 꾸게 된다. 이러한 예는 우리의 몸의 상태와 꿈은 밀접하게 관련되어 있다는 것을 보여 주는 증거이다. 우리의 무의식은 꿈을 통해 우리의 몸의 상태를 알려주기도 한다. 무의식의 언어인 꿈은 우리의 정신세계의 전체성을 위한 메시지일 뿐만 아니라 우리 몸을 지키는 파수꾼이다.

과학자들의 꿈과 음식과의 관계 연구에서 자기 전에 몸에 자극성이 심한 음식을 섭취하였을 때 나쁜 꿈을 발현시킨다는 것은 음식 자체가 꿈을 일으키는 것이 아니라 질이 좋지 않은 음식이 몸에 나쁜 영향을 주면 몸의 상태가 나쁜 꿈을 발현시키는 것이라고 볼 수 있다.

몸은 질병과 꿈을 통해 자기 권리와 언어를 발산한다. 한 중년 여성은 나쁜 꿈을 통해 암을 발견하게 된다. 이 여성은 어느 순간부터 매일 밤에 악몽이 지속되자 병원에 가서 검사를 해 보았지만 아무 이상이 없었다. 하지만 악몽이 몇 달 동안 지속되자 병원에서 다시 검진을 한 결과 유방암이 발견되었다. 그 후 암 수술을 받고 악몽이 사라지는 경험을 하게 되었다.[22] 이 여성의 악몽은 무의식의 장인 꿈을 통하여 자기 몸의 치유의 필요성을 꿈의 언어로 발산된 것이다. 이처럼 몸도 정신성을 가지고 있을 뿐만 아니라 자기 언어를 발산하는 기능이 있다.

인간의 몸은 상상을 초월할 정도로 신비롭고 예술적이다. 몸은 "가르치지 않아도 잠을 자며, 목마름과 배고픔을 구별하고, 울고 웃고, 땀을 배출하고, 체온을 조절하며, 음식을 소화시키며, 노폐물을 배설하고, 상처를 스스로 치유한다."[23] 인간의 정신은 어떤 것도 몸과 소통하지 않으면 최상의 상태나 건강을 유지할 수 없게 된다. 토마스 무어(Thomas Moore)는 몸과 영혼의 관계 또는 몸의 정신성에서 볼 수 있는 다양한 형태를 다음과 같이 기술한다.

사람의 몸은 상상력의 무한한 자원이며, 상상력이 마음껏 노니
는 마당이다. 몸이야말로 영혼이 가장 풍부하게, 가장 표현적
인 형태로 나타나는 모습이다. 우리는 영혼이 수없이 많은 형
태로 몸에서 나타나는 것을 본다. 예를 들면, 제스처나 드레스,
움직임, 모양, 형상, 체온, 피부의 돌출, 틱, 질병 등으로 명료
화되어 나타난다.[24]

몸은 영혼의 예술성 또는 정신의 예술성을 가장 풍성하게 드러내 주
는 실체이다. 현대인들은 몸의 외형적인 현상에만 열중한 나머지 몸에
내재하는 예술성에는 관심을 갖지 않는다. 몸의 정신성에는 관심을 두
지 않음으로 몸의 바른 가치를 일구어내지 못하고 있다. 몸의 정신성은
꿈과 질병을 통해 자주 드러난다.

몸은 생물학적인 기능을 넘어서 생명력이 넘치는 정신 또는 영혼의
마당이요 자원이다. 때문에 몸은 단순히 영혼의 시녀나 정신의 종이 아
니다. 이와 같은 맥락에서 몸이 겪는 질병은 단순히 신체적 현상으로만
이해하기보다는 몸이 자신의 권리를 주장하는 것으로 보아야 한다.[25] 우
리가 몸의 정신성 또는 영혼성을 인정하게 될 때 우리는 몸의 아름다움
과 몸이 말하는 소리를 더 깊이 있게 인식할 수 있다. 몸은 정신 또는 영
혼의 수많은 신호의 근원이 된다. 우리가 몸이 지닌 생명력을 새롭게 인
식함으로써 정신 또는 영혼의 흐름이 활성화될 때 몸은 그것을 다시 느
끼게 될 것이다. 꿈은 인간의 무의식의 언어를 상징적으로 발현하는 매
개체일 뿐만 아니라 몸의 정신성을 드러내는 중요한 통로라는 인식은
결코 간과할 수 없다. 이러한 인식은 현대 그리스도인들의 꿈 해석에 새

로운 아이디어와 관점을 제공해 준다고 할 수 있다. 하나님의 선물인 몸은 꿈을 통해서도 자기 언어를 발산할 뿐만 아니라 몸의 권리를 표출하기 때문이다.

무의식의 장으로서의 꿈의 기능과 해석

꿈의 기능으로서의 소망 충족과 보상

소망 충족으로서의 꿈의 기능을 이해한 사람은 프로이트이다. 그가 이해한 꿈의 기능은 인과론적 관점이었다. 즉, 그는 인간의 꿈은 의식에서 억제된 것이나 억압된 요구들 때문에 발생한다고 보았다. 그는 꿈은 인간의 의식생활과 관계하기보다는 더 깊은 무의식적인 욕망과 관계가 있다고 보았다. 때문에 그는 꿈을 인간의 무의식적인 소망 충족을 위한 요소로 보았다. 프로이트가 꿈의 기능을 소망 충족으로 이해한 것은 그가 무의식을 억압(repression)의 결과라고 파악했기 때문이다.

그는 인간의 정신은 의식 상태에서 충족하지 못하면 무의식의 중요한 장인 꿈에서 충족하려고 한다고 보았다. 이러한 기능을 가진 꿈은 인간이 의식이 깨어있는 동안 이 세상에 적응하기 위해 억눌러 놓았던 욕구들이 자아의식이 느슨해진 틈을 타고 나와서 그것을 실현하는 장으로 이해하였다.[26]

프로이트는 꿈의 이중구조를 주장하였다. 그에 의하면, 꿈은 겉으로 드러난 '현현된 내용'(manifast content)과 꿈의 본질적 의도인 '잠재된 내용'(latent content)을 가지고 있다.[27] 꿈의 목적은 잠재된 내용 속에 있다는 것이다. 그러므로 모든 꿈에 잠재된 내용을 파악할 때 무의식적인 근본적인 욕망을 알 수 있을 뿐만 아니라 무의식의 상태를 알 수 있다는 것이다.

프로이트가 꿈을 인과론적 관점에서 "나는 왜 이 꿈을 꾸게 되었는가?"에 초점을 두었다면, 융은 "이 꿈이 나를 어디로 끌고 가려고 하는가?" 하는 목적론적인 관점에 초점을 두었다. 융은 꿈의 가장 큰 목적은 의식 상황에서 잘못된 것을 바로 잡으려는데 있다고 여겼다. 즉, 꿈은 우리 정신에 부족한 부분이 무엇인지를 알려주는 기능을 한다. 꿈은 우리가 의식적인 생활을 하는 동안에 소홀히 했던 것을 보상하는 역할을 한다. 꿈은 의식에서 소홀히 했던 것, 주목하지 않았던 것, 몰랐던 것 등을 위한 무의식적인 메시지를 담고 있는 것으로 보았다. 그러므로 "꿈은 일반적으로 우리가 지닌 약점을 지적한다. 꿈은 우리가 이미 알고 있는 것을 말하는 것이 아니라 우리가 알지 못하는 것을 말하는 것이다."[28]

융은 꿈이란 정신적인 삶의 균형을 위한 기능을 한다고 보았다. 구체적으로 표현하면, 융은 꿈의 기능을 정신에서 부족한 부분을 가르쳐 주고, 개선이 필요한 메시지를 알려주고, 균형을 위해 필요한 정신적 요소를 암시해 주는 것으로 이해하였다. 때문에 그에게 꿈은 꿈을 꾼 사람이 정신의 어느 한 차원만을 일방적으로 발달시켜서 정신의 전체성이 깨어졌을 때 정신의 전체성을 회복하기 위한 것이다. 때문에 그에게 꿈의 주요 기능은 정신의 부족한 차원이 무엇인지를 알게 되고, 그 부족한 차원을 보충하여 전체적인 통합을 이룰 수 있게 도와주는 것이다.[29] 융은 꿈을 인간의 정신 상태의 자기 표현과 보상의 원리로 파악하였다.[30] 그는 꿈을 프로이트처럼 의식의 억압의 결과로 발생하는 것으로 보지 않고 의식의 일방적인 태도를 보상하기 위한 정신 작용으로 보았다. 즉 꿈은 소홀히 하여 미분화된 정신적 차원을 보상하며, 궁극적으로는 정신의 균형성을 이루려고 한다.[31] 융은 "꿈의 일반적인 기능은 정신 전체의 균형을 재건하는 꿈의 재료를 산출함으로써 심리적 균형을 회복하려는 것"이라고 하였다.[32]

그러므로 프로이트가 꿈을 욕구 불만이 무엇인지를 알려주어 소망 충족을 위한 무의식의 작용으로 이해하였다면, 융은 꿈을 정신의 전체적인 통합을 위한 무의식의 작용으로 보았다. 융은 꿈을 정신의 성장과 균형성 또는 전체성의 실현을 위한 내적 메시지 또는 무의적인 작용으로 이해하였다.[33] 꿈은 무의식이 의식에 보완하고자하는 언어를 발산하는 역할을 한다.

융의 보상 개념은 정신의 전체적인 균형을 이루고자 하는 자연스러운 정신 작용이다. 그는 의식에 대한 무의식의 보상 기능이 의식에 역행하는 것이 아니라 보완하는 방향으로 나아간다고 말하였다.

> 의식의 활동은 선택적이다. 선택의 방향을 요구한다. 그러나 방향성은 적합하지 않은 모든 것을 제거하려고 한다. 이것은 의식의 방향을 일방적으로 하려는 경향이 있다. 선택된 방향에 의해 제거되고 금지된 내용들은 무의식에 침잠되어 의식의 방향과 평형추를 형성한다. 이런 반작용이 강화되면 의식의 일방성도 증가하여 결국 괄목할 만한 긴장이 생겨난다. 이런 긴장은 상당할 정도로 의식 활동을 방해한다. 처음에는 의식적 노

력에 의해 그런 방해 요소가 해소되더라도, 마침내 긴장은 첨예화되어 억압된 무의식의 내용들이 꿈이나 즉흥적 이미지 형태로 올라온다. 의식의 태도가 일방적일수록, 무의식으로부터 올라온 내용들은 더욱 적대적이다. 그래서 우리는 그 둘 사이에 있는 실제적 대극에 대해서 말할 수 있다. 이런 경우에 보상은 반작용 형태로 나타난다. 그러나 이런 경우는 극단적이다. 대체로 무의식의 보상은 의식에 대항적이 아니라 오히려 방향을 균형 있게 하거나 보완한다.[34]

물론 융이 꿈의 보상적 기능만을 강조한 것은 아니다. 그는 꿈의 조각을 억압된 소망으로 본 프로이트와는 달리, 꿈의 세계가 예시적 기능을 가지고 있는 것으로 보았다. 융은 꿈의 기능을 이렇게 기술하였다. "그것은 무의식의 어떤 방향으로 자신을 이끄는지를 보여 주는 실제적이고 중요한 힌트이다."[35] 꿈의 "예시적 기능이란 인간의 무의식 속에서 우리 의식이 미래에 이룰 사실을 기대의 형태로 보여 주는 것을 말한다. 즉 어떤 예비적인 실험이나 스케치 또는 계획적인 형태로 나타나는 것이다."[36] 나아가 융은 예시적인 기능을 나타내는 꿈뿐만 아니라 외상적인 꿈,[37] 텔레파시적인 꿈,[38] 경고적인 꿈도[39] 있다고 보았다.[40]

꿈의 모국어로서의 상징과 해석

꿈은 헤아릴 수 없는 가치를 가지고 있다. 꿈은 인간의 내적 안내자일 뿐만 아니라 삶의 안내자로서 인간이 가지고 있는 위대한 보물 가운데 하나이다.[41] 프로이트는 꿈의 이미지들을 단지 해독되어야 하는 뒤엉킨 암호들이라고 여긴 반면, 융은 꿈은 상징이라는 풍성한 언어를 통해 명백하게 말한다고 믿었다. 특별히 꿈은 상징이라고 하는 언어를 모국어로 하고 있다. 존 샌포드(John Sanford)는 꿈의 상징적 언어의 의미와 특징을 다음과 같이 설명한다.

> 꿈은 상징을 통해서 이야기 한다. 전 세계적으로 모든 역사를 통하여 볼 때 인간은 언제나 꿈을 꾸어 왔다. 물론 여러 가지 다른 언어들이 있어 왔지만, 꿈은 상징을 통해 그것 자체를 "생각하고" 표현하는 일반적인 언어를 가지고 있다. 이 상징적인 언어는 모든 의식적인 언어의 장벽을 초월한다. 그 상징은 두 가지 근원에서 비롯된다. 그 하나는 인간의 개인적인 경험이다. 따라서 작은 강아지는 바로 꿈꾸는 사람 자신의 강아지였던 것이다. 그러나 모든 인간에게 공통된 또 다른 근원을 생각하지 않으면 이해할 수 없는 상징들이 있다. 땅, 흰 것, 정사각형 등이 인간에게 수세기 동안 무엇을 의미해왔는지를 이해해야 꿈속에 나타나는 이러한 상징들의 의미를 알 수 있다. 그래서 융은 그것을 "집단 무의식"이라고 명명했다... 여기서 우리는 발달 가능성을 지닌 정신생활의 보편적인 근원을 살펴볼 수 있었다.[42]

꿈에 나타난 이미지들은 모두 상징적인 의미를 가지고 있기 때문에 꿈의 이미지들은 직해를 해서는 안 되며 상징으로 해석되어야 한다. 상징은 삶 속에서 해결되어야 할 과제나 꿈을 통해 드러난 정신적 메시지를 암시한다. 때문에 상징은 어느 정도 의식에 비해 초월적이며 원형적인 이미지를 담고 있기 때문에 상징의 배후는 비밀로 가득 차 있다. 정신에서 아직 알려지지 않고, 아직 의식되지 않고, 잊혀진지 오래되어 마치 다른 사람의 것으로 인식되는 차원이 상징을 통해 드러난다. 그러므로 꿈속에 나타난 이미지들에 담겨 있는 상징적인 의미들을 바르게 해석하여 그 꿈이 내포하고 있는 의미를 파악할 때, 꿈을 꾼 사람의 인격 발달에 중요한 지혜를 제공할 수 있다.[43]

무의식의 상징 언어는 의식과 무의식을 연결해 주는 역할을 한다. 예를 들면, 가벼운 말실수, 실책, 건망증 등은 우리 의식에 지금 무의식에서 요청하는 것이 무엇인지를 말해 주는 상징적 언어이다.[44] 융은 꿈을 해석할 때 꿈은 예시적인 기능을 가지고 있기 때문에 꿈의 한 편만을 가지고 해석하는 것보다는 일련의 꿈을 해석하는 것이 중요하다고 하였다. 다시 서술하면, 꿈의 상징의 언어를 효과적으로 해석해 내기 위해서는 시간적으로 지속하여 나타나는 꿈이나, 같은 주제를 가진 꿈, 어떤 특별한 기간에 꾸는 꿈, 꿈속에서 반복해서 나타나는 이미지들이 어떻게 변화되었는지를 살피며 해석하면, 꿈의 진정한 의미를 파악하는 데 도움이 된다고 하였다.[45]

나아가 꿈 해석에서 꿈 이미지들에 대한 상징적 의미를 해석하는 것만으로는 충분하지 않다. 왜냐하면 보다 더 바른 꿈 해석을 위해서는 꿈속에 흐르는 정서적 흐름에 주목해야 하기 때문이다. 꿈의 이미지들은 지성적 차원에서 볼 때 유사한 의미를 지니더라도 정서적으로는 꿈을 꾼 사람에 따라 다른 의미를 지닐 때가 많기 때문이다. 따라서 꿈속에 나타난 이미지나 내용이 비슷할지라도 전체적 맥락에서 다르게 해석되거나 새롭게 이해되어야 한다.[46] 또한 꿈의 이미지들은 한 개인의 정서적 역사뿐만 아니라 인류가 공유하는 보편적 감정인 원형적 감정도 담고 있기 때문이다.

융은 꿈을 해석할 때 고정된 상징체계나 교과서적인 꿈 해석을 해서는 안 된다고 생각했다. 왜냐하면 꿈은 꿈을 꾼 사람의 개인적인 환경이나 심리적인 조건과 관련되어 있기 때문이다.[47] 예를 들면, 어떤 특정한 꿈을 분석할 때는 꿈을 꾼 사람의 성별, 연령, 인종 등을 고려해야 하기 때문이다. 같은 유형의 꿈이라도 사람이 다르면 다른 의미를 가질 수 있을 뿐만 아니라 사람이 같아도 시기가 다르면 다른 의미를 가질 수 있기 때문이다. 때문에 융은 꿈을 미리 구상된 이론적인 틀에 맞추어 해석하는 하는 것을 피하여야 한다고 하였다.[48]

꿈의 객관적 해석과 주관적 해석

융은 꿈 해석을 객관적 차원과 주관적 차원으로 구분하였다. 꿈의 객관적인 해석은 꿈에 아는 사람이나 현실과 관계있는 사건이 나타났을 때 그것이 그 꿈을 꾼 사람의 실제적인 현실과 어떤 관계가 있는가를 관찰하는 것이다. 즉 객관적인 꿈 해석은 꿈에 나타난 인물, 장소, 사물 등을 실제의 이미지들로 해석하는 것이다. 꿈의 객관적 해석은 꿈꾸는 사람이 그 실제적인 대상에 대한 자신의 무의식적인 느낌을 관찰하는데 목적이 있다. 객관적 차원에서 꿈을 해석해야 할 꿈들은 꿈꾸는 사람이 자신이 직면한 의식 상황이나 외적 상황과 맺고 있는 관계 안에서 등장하는 실제적인 사람이나 현실과 관계된 것이다. 이러한 꿈은 어떤 깨달음을 얻게 하기 위한 꿈이다.

예를 들면, 친구나 형제의 관계에서 친구나 형제를 원망하고 있었는데, 꿈속에 그 원망한 친구나 형제가 나타나는 꿈이다. 이러한 꿈은 객관적 차원에서 해석해야 하는 꿈이다. 이러한 꿈은 꿈을 꾼 사람의 의식에 대한 무의식의 보상을 위한 것이다. 다시 서술하면, 이러한 꿈은 꿈을 꾼 사람의 악한 감정을 정리하고 자기 일에 정진하도록 알려주는 기능을 한다. 커쉬(Kirsch)는 우리가 어른이 된 다음에도 어릴 때 살던 집이 나오는 꿈은 우리가 아직도 어린 시절의 의식적인 상황에서 벗어나지 못했으므로 그 시절로부터 분화되어야 할 필요가 있다는 것을 알려주는 메시지를 담고 있다고 보았다.[49]

꿈의 주관적 해석은 꿈에 나타난 인물, 동물, 장소 등의 이미지들을 모두 꿈꾼 사람의 정신의 요소로 해석하는 것이다. 꿈에 나타난 부모나 친구를 실제의 부모나 친구로 해석하지 않고 꿈 꾼 사람의 내면의 상태나 인격의 어떤 성향이나 요소로 해석하는 것이다. 이러한 해석은 꿈을 꾼 사람의 정신적 요소들, 즉 무의식적인 성향, 사고, 감정이 어떤 상태에 있는가를 알려주는 메시지를 담고 있다. 이러한 꿈은 꿈을 꾼 사람의 의식에 통합해야 할 요소가 있다는 것을 알려주는 기능을 한다. 융은 꿈을 꾼 사람이 잘 알지 못하는 인물이나 장소 등은 특별히 주관적인 차원에서 해석해야 한다고 하였다.[50] 하지만 모든 꿈이 객관적 차원의 해석과 주관적 차원의 해석이 명확히 구분되는 것은 아니다. 왜냐하면 꿈을 객관적으로만 해석하면 꿈 꾼 사람의 현실과 유리될 수 있고, 주관적으로만 해석하면 꿈을 꾼 사람의 현실과 유리될 수 있기 때문이다. 커쉬는 특히 잘 아는 사람이 꿈속에 등장하는 경우에는 꿈을 꾼 사람이 꿈속에 등장하는 사람에 대한 자신의 느낌을 말하는 것이므로 객관적으로 해석해야 할지, 아니면 꿈 꾼 사람의 정신적인 요소로서 해석해야 할 것인지를 단언할 수 없다고 하였다.[51]

융은 꿈 해석에서 객관적 차원의 해석도 유용할 수 있지만, 꿈의 특성상 많은 경우에 통합적 기능에 초점을 둔 주관적 차원에서의 해석이 더 유용한 것으로 보았다. 꿈속에서 나타난 인물, 동물, 장소, 사물 등은 꿈 꾼 사람의 인격발달이나 정신의 균형적 발달을 위한 이미지들이기 때문이다.

영혼 돌봄을 위한 꿈 해석의 방법

첫째, 한국 교회에서 꿈은 영혼 돌봄과 치유를 위한 분석의 대상이기보다는 하나님으로부터 온 '계시'로 받아들이거나 또는 지나치게 '영적인 해석'에 몰두하는 경향이 나타나기도 한다. 이러한 경향은 인간 정신세계에 대한 이해의 결여에서 비롯된 것이기도 하다. 이러한 맥락에서 영혼 돌봄 사역자의 꿈의 해석 능력은 중요하다. 꿈은 하나님의 형상으로 창조된 인간의 상태를 밝혀 주는 중요한 매개체로 작용하기 때문이다. 인간의 꿈은 외부의 사람들과 사건보다는 꿈꾸는 사람의 몸과 정신에서 무슨 일이 일어나는지를 말해 준다. 비록 꿈 중에는 외부세계에 대한 지식을 포함하거나 외부세계의 실제 인물에 대한 감정과 태도를 나타내는 꿈들이 있지만, 대부분의 꿈들은 꿈꾸는 사람의 몸과 정신 또는 인격과 관계된 것이라고 할 수 있다. 때문에 꿈은 인간작용의 다양한 층위로부터 해석 가능한 메시지를 제공해 준다. 다시 서술하면, 꿈의 동기는 꿈꾸는 사람의 생물학적, 심리학적 그리고 영적 필요를 표현한다고 할 수 있다. 이러한 관점에서 인간의 내면의 작용으로서의 꿈에 대한 이해는 영혼 돌봄에 대한 신학적 실천적 통찰을 확장시켜준다고 할 수 있다.

둘째, 영혼 돌봄 사역자는 대부분의 꿈을 비유처럼 생각하고 다루어야 한다. 비유는 상징적 의미로 내용을 전달한다. 꿈도 비유처럼 어떤 주제를 말하고자 다양한 상징들을 사용한다. 꿈을 비유처럼 여기고 다룬다는 것은 꿈속의 상징들을 문자적으로 해석하는 실수를 하지 않도록 막아줄 수 있다. 꿈은 그 동안 의식하지 못했던 자신에 대한 중요한 정보를 제공하고 그것을 깊이 생각해 보게 하는 상징의 언어로서 역할을 한다는 것을 영혼 돌봄 사역자는 인식해야 한다.[52] 꿈에 대한 이해는 마치 새 언어를 배우는 것과 같다. 때문에 성경을 묵상하듯이, 상징이 무엇을 표현하고 있는지를 깨닫기 위해 묵상하는 것이 도움이 될 수 있다.[53]

셋째, 영혼 돌봄 사역자는 꿈 해석을 위해 다른 은사와 마찬가지로 분별의 은사가 있어야 한다. 꿈은 그리스도인들의 인격발달에 중요한 의미와 지혜를 제공해 주는 기능을 하지만, 꿈을 미성숙하게 다루게 되면 오히려 많은 문제를 일으킬 수 있기 때문이다. 예를 들면, 꿈을 지나치게 영적 의미로만 해석하는 것은 영적 환원주의(spiritual reductionism)를 초래할 수 있다. 꿈을 교조주의적으로 해석하는 것도 반드시 피해야 한다. 즉, 모든 돼지꿈을 행운을 갖다 주는 꿈으로 해석해서는 안 된다. 모든 돼지꿈이 행운을 의미하는 것은 아니기 때문이다. 이러한 교조주의적 꿈 해석은 꿈의 다차원적 기능을 간과하는 것이라고 할 수 있다. 때문에 꿈 해석에서 피해야 할 것은 영적 환원주의와 교조주의적 해석이다.

넷째, 꿈은 확고한 답변, 충고, 예언적 계시라기보다는 내면의 인격에 질문을 제공하는 것으로 보아야 한다. 꿈의 가치를 무시하는 것만큼이나 꿈을 직해하는 것과 미신적으로 믿는 것도 동일하게 꿈의 가치를 경시하는 것이다. 꿈의 가장 중요한 기능 중의 하나는 우리가 평소에 의식하지 못하고 있던 부분을 우리에게 보여 줌으로써 우리의 의식적 태도를 보완하는 것이다. 꿈은 인간에게 '내가 직면한 내면의 문제가 무엇인가' '내가 두려워하는 사람은 누구인가' 혹은 '내 삶에서 지금 내가 놓치고 있는 것은 무엇인가'와 같은 질문을 하는 것으로 보는 것이 옳다. 때문에 영혼 돌봄 사역자는 돌봄을 받는 자의 꿈을 통해 그가 자기의 내면을 살피고 하나님 앞에서 자기를 성찰하는 기회로 삼도록 도와주어야 한다.[54]

다섯째, 영혼 돌봄 사역자가 기억해야 할 것은 꿈속에 등장하는 대부분의 인물들은 꿈을 꾼 사람의 여러 모습을 반영해 주는 것이 일반적이라는 것을 인식해야 한다. 일반적으로 꿈은 다른 사람의 문제가 아니라 자신의 문제와 관련해서 발생하기 때문이다. 특히 자신이 억눌러 놓은 문제가 통합을 필요로 하거나 하나님의 은총이 필요한 자아의 한 부분을 나타내는 경우가 많기 때문이다.[55] 꿈은 자기 자신을 하나님 앞에서 점검할 수 있는 중요한 매개체이다. 하지만 영혼 돌봄 사역자가 간과해서는 안 되는 것은, 인간의 꿈의 문제를 해결하려고 하기보다는 꿈을 통하여 발견할 것을 가지고 하나님께 나아가도록 영적 동반자로서의 역할을 수행하는 것이 더 바람직하다. 왜냐하면 영혼 돌봄에서 돌봄 사역자가 인간의 정신세계의 질서와 문제를 완전히 파악하였다 할지라도 인간의 내면의 모든 것을 해결할 수 있는 것은 아니기 때문이다. 즉, 영혼 돌봄에서 하나님의 영의 변화시키는 능력에 대한 인식도 매우 중요하기 때문이다.

여섯째, 영혼 돌봄 사역자는 꿈에 대한 왜곡된 이해를 하는 그리스도인들이 바른 해석을 하도록 돕는 것도 필요하지만, 보다 더 중요한 것은 그들의 내적 상태를 읽어내는 능력이 있어야 한다. 특히 많은 상처와 불안을 안고 기독교 공동체를 찾는 그리스도인들 중에 꿈을 하나님께서 주신 음성으로 여길 때, 영혼 돌봄 사역자는 이러한 그리스도인들의 꿈의 이해를 단순히 왜곡된 해석을 하고 있다고 판단하고 꿈에 대한 강의를 하기보다는 그들의 마음의 상태를 읽어내는 것이 중요하다.[56] 왜냐하면 이러한 그리스도인들의 꿈 해석의 이면이나 심층에는 대부분 상처와 불안과 수치심과 같은 심리적인 문제가 깊이 내재되어 있는 경우가 많기 때문이다. 이러한 그리스도인들이 꿈을 통해 발산하는 '하나님'이란 언어는 그들의 내면에 있는 '불안'과 같은 마음의 상태의 '대체 언어'라고 할 수 있기 때문이다.

따라서 영혼 돌봄 사역자가 기억해야 할 것은 그들이 꾼 꿈에 대해 직해를 하여 왜곡된 이해를 할 때도 그들의 꿈에 대해 상징적 해석을 할 수 있어야 한다. 꿈은 상징을 모국어로 삼는 무의식의 언어라는 이해가 없는 그리스도인들이 꿈을 직해하거나 지나치게 영적인 해석에 몰두할 때, 그들이 발산해 내는 현상적인 언어만을 듣는 것은 그들의 언어를 거의 듣지 않는 것이라고 할 수 있다. 왜냐하면 꿈을 통해 발산하는 언어는 대부분 소망과 치료를 필요로 하는 상징의 언어이기 때문이다.

나가는 글

인간은 꿈을 피할 수 없는 존재다. 꿈은 인간의 삶 속에서 항상 자리하고 있다. 꿈은 무의식에 이르는 대로를 열어 주는 가장 중요한 수단이다. 무의식의 언어인 꿈은 삶에 대한 많은 서비스를 제공해 준다. 꿈은 인간의 정신세계를 통해 발현되는 상징 언어로서 인간의 심리적 안녕에만 지혜를 제공하는 것이 아니라 몸의 안녕에도 중요한 지혜를 제공해 준다.

꿈을 바르게 이해하고 해석하는 것은 결코 비기독교적인 것이라고 할 수 없다. 왜냐하면 성경과 기독교 역사에서도 꿈은 아주 중요한 요소였기 때문이다. 꿈을 통해 다니엘이 우리 "마음의 생각들"(단 2:30)이라고 부른 것에는 여러 의미들이 내포되어 있다고 할 수 있다. 꿈은 광대한 영적 가능성의 근거이자 우리의 정신세계와 삶에 광활한 의미를 제공해 준다. 그러므로 인간의 삶의 여정에서 무의식의 언어를 이해하고 무의식의 언어인 꿈을 이해하는 것은 중요하다.

꿈에 대한 바른 해석은 매우 중요한 과업이다. 꿈은 상징을 모국어로 삼고 있기 때문에 꿈은 상징적으로 해석되어야 한다. 나아가 꿈속에 등장하는 이미지들인 인물, 사물, 장소 등을 상징적으로 해석하는 것뿐만 아니라 꿈속에 흐르는 정서적 흐름에 주목해야 한다. 또한 꿈 해석에서 고정된 상징체계나 교과서적인 꿈 해석을 피해야 한다. 꿈에 나타난 이미지들인 인물, 사물, 장소 등은 대부분 꿈을 꾼 '자기 자신'으로 해석해야 한다. 하지만 객관적 해석이 필요한 꿈도 있다. 객관적 해석이 필요한 꿈은 꿈꾸는 사람이 자신이 직면한 의식 상황이나 외적 상황과 맺고 있는 관계 안에서 등장하는 실제적인 사람이나 현실과 관계된 꿈이라고 할 수 있다.

정신의 구조에 대한 인식은 현대 신학과 돌봄 모델을 형성하는 데 중요한 자료를 제공한다. 그동안 의식 중심적 신학과 인간 이해의 한계를 극복하기 위해서는 무의식세계에 대한 인식은 중요하다. 무의식세계에 대한 인식은 인간 이해의 인식의 지평을 확장시킬 뿐만 아니라 균형적인 삶을 위한 풍성한 아이디어와 보화를 제공해 주기 때문이다.

그러나 영혼 돌봄 사역에서 꿈을 다룰 때 프로이트와 융과 같은 정신분석학자들의 꿈 이해와 해석에서 많은 지혜를 얻을 수 있지만, 이러한 지혜를 비평적으로 수용하면서 기독교의 영혼 돌봄 사역에서 꿈을 신중하게 다루는 작업 또한 필요하다. 왜냐하면 정신분석에서 말하는 무의식이 영적 존재로서의 영혼의 문제를 모두 다 드러내고 있다고 볼 수는 없기 때문이다. 기독교 영혼 돌봄 사역에서 기억해야 할 것은 인간의 정신세계를 바르게 인식하는 것도 중요하지만, 하나님과 관계에서 발생하는 영적이고 초월적 차원도 결코 간과할 수 없기 때문이다.[57] 따라서 영혼 돌봄 사역자는 꿈에 대한 이해뿐만 아니라 신중하게 기도하는 가운데 분별력을 가지고 개개인을 고려하며 돌봄 관계 안에서 꿈을 다루는 법을 아는 것 또한 중요하다. 영혼 돌봄 사역자는 돌봄 관계 안에서 균형감각을 유지하면서 꿈에 대해 주의를 기울이며 해석하는 능력도 중요하지만, 하나님은 다양한 방식으로 영혼을 돌보신다는 것 또한 인식해야 한다.

⟨미주⟩

1 이 글은 「복음과 실천신학」 제43권 (2017), 174-204에 실린 필자의 글을 수정 보완한 것이다.

2 Paul Samuelson, *The Collected Papers of Paul Samuelson* (Boston: MIT Press, 1986), 53.

3 Danah Zohar and Ian Marshall, *SQ: Spiritual Intelligence* (New York: Bloomsbury, 2000), 31.

4 Zohar and Marshall, SQ, 31-32.

5 Lise Bourbeau, *Listen to Your Body Your Best Friend on Earth*, 이현경 역, 『몸의 지능』 (고양: 아시아코치센터, 2009), 23.

6 Morton Kelsey, *Dreams: A Way to Listen to God* (New York: Paulist Press, 1987), 22.

7 Morton Kelsey, *Dreams*, 60.

8 L. Berkhof, *Introduction to Systematic Theology*, 권수경 역, 『조직신학』 (서울: 크리스챤 다이제스트, 1991), 139.

9 최창국, "그림자 투사 작용을 통해 본 영혼 돌봄의 패러다임 전환 모델과 과제," 한국복음주의 실천신학회, 「복음과 실천신학」 제33권 (2014): 197.

10 Leonard Mlodinow, *Subliminal: How Your Unconscious Mind Rules Your Behavior*, 김명남 역, 『새로운 무의식』 (서울: 까치, 2013), 134.

11 Leonard Mlodinow, 『새로운 무의식』, 134.

12 Leonard Mlodinow, 『새로운 무의식』, 137.

13 Leonard Mlodinow, 『새로운 무의식』, 137.

14 Leonard Mlodinow, 『새로운 무의식』, 51.

15 Leonard Mlodinow, 『새로운 무의식』, 51.

16 Leonard Mlodinow, 『새로운 무의식』, 295.

17 정은심, "기독교 상담에서 전이와 역전이의 이해와 활용," 한국복음주의 실천신

학회, 「복음과 실천신학」 제37권 (2015): 49.

18 Carl G. Jung, *Dream Analysis: Notes of the Seminar Given in 1928-1930* (New Jersey: Princeton University Press, 1984), 3.

19 대한정신의학회 편, 『신경정신의학』 (서울: 중앙문화사, 2005), 332.

20 Ann Faraday, *Dr. Ann Faraday's Dream Power*, 박태환 역, 『꿈의 힘』 (서울: 미리내, 1987), 30; 대한정신의학회 편, 『신경정신의학』, 333-34.

21 http://www.divinecaroline.com/self/dreams/six-reasons-we-have-bad-dreams에서 인용. 2015년 1월 10일.

22 필자가 속한 대학에서 2016년 2학기 '돌봄 목회' 강의 중에 '꿈과 몸의 관계'에 대해서 강의하자 이 여성이 자기가 실제로 경험한 것을 학생들에게 고백한 내용을 중심으로 정리한 내용이다.

23 최창국, 『기독교 영성』 (서울: CLC, 2013), 255.

24 Thomas Moore, *Care of the Soul: A Guide for Cultivating Depth and Sacredness in Everyday Life* (New York: HarperPerennial, 1994), 155.

25 Thomas Moore, *Care of the Soul*, 164.

26 Sigmund Freud, *The Interpretation of Dream*, 김인순 역, 『꿈의 해석 상』 (서울: 열린책들, 1997), 177-92.

27 Sigmund Freud, 『꿈의 해석 상』, 256-59.

28 F. Boa, *The Way of the Dream: Conversations on Jungian Dream Interpretation with M. -L. von Franz* (Boston: Shambhala, 1994), 15.

29 강경미, "분석심리학과 기독교상담의 접목 가능성에 대한 고찰," 한국복음주의 실천신학회, 「복음과 실천신학」 제21권 (2010): 43.

30 Jung, Carl G. "General Aspects of Dream Psychology," in *The Structure and Dynamics of the Psyche: Collected Works of C. G. Jung* VIII (London: Routledge, 1979), 237-80.

31 분화에 대한 보다 더 깊은 이해를 위해서는 최창국, "건강한 돌봄을 위한 자기 분화와 영성생활의 관계 연구," 한국복음주의 실천신학회, 「복음과 실천신학」 제39권 (2016): 208-21 참조.

32 Carl G. Jung, *Man and His Symbols* (New York: Doubleday, 1964), 50.

33 J. A. Hall, *The Unconscious Christian: Images of God in Dreams* (New York:

제5부 / 18장 • 꿈의 해석과 분별 ··· **519**

Paulist Press, 1993), 21−29.

34 Carl G. Jung, *Psychological Types: Collected Works of C. G. Jung* VI (London: Routledge, 1971), 694.

35 Carl G. Jung, *Modern Man in Search of a Soul* (London: RKP, 1961), 71−72.

36 Carl G. Jung, "General Aspects of Dream Psychology," 255.

37 외상적인 꿈은 과거에 아주 큰 재난을 당했던 사람이 감정적인 충격이 아직 가시지 않았을 때 그 충격을 치유하려고 꾸는 꿈이다. 예를 들면, 전쟁을 경험한 사람이나, 심각한 교통사고를 경험했던 사람이 그것이 끝난 다음 종종 다시 그런 꿈을 꾸게 된다. 이런 꿈은 과거의 외상적인 사건 때문에 받은 감정의 충격을 치유하는 꿈이다.

38 텔레파시적인 꿈은 멀리 떨어져 있는 사람의 일이 꿈에 나타나는 것이다. 특히 사랑하는 사람의 죽음과 같은 사건이 발견되는 꿈이다. Jung은 이런 꿈을 가리켜 이렇게 말하였다. "나는 텔레파시가 실제로 꿈에 영향을 미치는 것을 내 경험에 의해서 발견했다. 그리고 이런 현상은 고대 이래로 있어왔던 현상이다"(Carl G. Jung, "General Aspects of Dream Psychology," 262).

39 경고적인 꿈은 우리가 가끔 꾸는 꿈이다. 예를 들어 설명하면, 어떤 어머니가 자기 집 난간이 부러져서 아이가 다치는 꿈을 꾸고 난 다음에 다리 난간을 고친다거나, 어떤 사람이 꿈에서 폐암을 선고받고 담배를 끊는 것과 같은 꿈이다 (Carl G. Jung, "General Aspects of Dream Psychology," 255−63).

40 Carl G. Jung, "General Aspects of Dream Psychology," 237−80.

41 Erna van de Winckel, *De l'inconscient a Dieu*, 김성민 역,『융의 심리학과 기독교 영성』(서울: 다산글방, 1997), 31.

42 John A. Sanford, *Dreams: God's Forgotten Language* (New York: The Crossroad Publishing Company, 1968), 56.

43 L. M. Savary, P. H. Beme, & S. K. Williams, *Dream and Spiritual Growth*, 정태기 역,『꿈과 영적인 성장』(서울: 예솔, 1993), 161−242.

44 Carl G. Jung, *Man and His Symbols*, 이부영 역,『인간과 무의식의 상징』(서울: 집문당, 1983), 35.

45 M. A. Mattoon, J*ungian Psychology in Perspective* (New York: The Pree Press, 1981), 253.

46 M.-L. von Franz, *The Interpretation of Fairy Tales* (London: Shambhala, 1996), 12.

47 Calvin S. Hall and Vernon J. Nordby, *Primer of Jungian Psychology*, 김형섭 역, 『융 심리학 입문』 (서울: 집문당, 2012), 200.

48 Calvin S. Hall and Vernon J. Nordby, 『융 심리학 입문』, 200.

49 T. B. Kirsch, "Dreams," 2-7, 김성민, 『분석 심리학과 기독교』 (서울: 학지사, 2012), 273에서 인용.

50 Carl G. Jung, "General Aspects of Dream Psychology," 266-67.

51 T. B. Kirsch, "Dreams," 2-7, 김성민, 『분석 심리학과 기독교』, 274에서 인용.

52 David G. Benner, *Care of Souls: Revisioning Christian Nurture and Counsel*, 전요섭 김찬규 역, 『영혼 돌봄의 이해』 (서울: CLC, 2010), 191-92.

53 Morton Kelsey, *Dreams*, 49.

54 David G. Benner, 『영혼 돌봄의 이해』, 191.

55 Morton Kelsey, *Dreams*, 53.

56 정은심, "여성의 불안유형 분석을 통한 교육목회 실천 방안," 한국복음주의 실천신학회, 「복음과 실천신학」 제22권 (2010): 43-46.

57 Gerald G. May, *Care of Mind Care of Spirit: Psychological Dimensions of Spiritual Direction* (New York: Harper & Row, 1982), 79.

19장

그림 언어의 해석과 분별[1]

Interpretation and Discernment of Picture Language

들어가는 글

언어는 세상의 의미를 표현하는 것과 그리고 그것을 다른 사람에게 전달하는 것을 가능하게 한다. 언어가 없다면 인간은 직접적인 경험을 초월하는 복잡한 어떤 종류의 정보를 분류하고 저장할 수 없다. 그것을 전달할 수도 혹은 강화할 수도 없다. 사실상 모든 사상과 추론은 언어를 통해 전달된다.[2] 인간의 삶을 위한 언어의 중요성은 아무리 강조해도 지나치지 않다. 더욱이 "언어는 의도적 통제를 위해 가장 직접적으로 확실하게 다루기 쉬운 매개체"[3]이기 때문에, 언어는 세계와 인간의 삶의 여정에서 엄청난 가치를 가질 뿐만 아니라 중요한 역할을 한다.

언어는 인간 대화의 매개체로서 다른 사람을 변화시키고 자신도 변화시키는 기능을 가지고 있다. 언어는 의사소통을 가능하게 하여 인간의 삶이 더 정교하고 섬세해지도록 하며 인간이 더욱 깊이를 추구하고 정신적 차원을 가질 수 있도록 한다. 일상의 삶에서 인간은 언어 행위를 교환하면서 서로의 정신과 정서와 행위에 영향을 주고받는다. 때문에 언어는 인간의 삶의 길이며 또한 생각, 정서, 느낌의 흐름에로 인도하는 길이며, 행동을 위한 길이기도 하다.

인간은 '언어 담론의 생산자'이다.[4] 언어는 의미 전달을 위한 강력한 수단이다. 말하는 사람의 의미 표현이 듣는 사람의 기억에 저장될 때 형성적 언어사건이 일어난다. 언어의 이러한 형성적 특성과 기능은 그림 언어에 깊이 내재되어 있다. 그림 언어는 상징을 통해 다양한 의미를 소통하게 하며 논리와 개념으로 설명할 수 없는 것에 대한 이해의 지평을 확대시킨다. 상징은 다양한 의미를 불러일으켜서 상징이 가리키는 것의 의미를 더 풍성하게 한다. 만일 그림 언어에서 상징이 갖는 의미의 다양성이 허용되지 않는다면 상징은 하나의 '모델'이 되어버린다. 그러면 해석의 창조성과 풍성함은 사라지고 의미의 경직성만 남게 된다.

한편 상징이 소통하는 사람들의 기준과 토대의 범위를 벗어나게 되면 그림 언어로서의 제 기능을 수행하고 있다고 볼 수 없다. 그림 언어에서 기준과 토대가 미흡한 상징의 사용이 가져오는 역기능이 없는 것은 아니기 때문이다. 그림 언어를 잘 이해하고 활용하려면 대화 참여자들 간에 사회문화적인 공감대가 있어야 그 효과가 극대화될 수 있다.

본 연구는 이러한 인식과 함께 특별히 그림 언어에 대한 연구를 통하여 멘토링 커뮤니케이션에서의 그림 언어의 중요성과 역할을 밝히는 데 주 목적이 있다. 본 연구를 하게 된 동기는 멘토링에 대한 저술을 하면서 한국 교회 안에서 기독교적 관점에서 멘토링 커뮤니케이션에서 그림 언어의 중요성과 역할에 관한 연구가 없다는 아쉬움에서 시작되었다. 본 연구는 그림 언어의 유형인 직유적 그림 언어, 은유적 그림 언어, 상징적 그림 언어의 분석과 함께 그림 언어의 긍정적 특성과 기능 등을 살핀 후에 멘토링 커뮤니케이션에서 그림 언어가 왜 중요한지 그리고 어떤 역할을 하는지를 밝히고자 한다.

그림 언어의 이해

그림 언어의 정의

인간의 언어는 전인격적이며 다차원적이다. 다시 서술하면, 언어는 구조적 차원을 가진다. 구조적 차원은 크게 의식 언어, 무의식 언어, 몸의 언어로 구분할 수 있다. 언어는 정보 전달의 기능만을 가진 것이 아니라 다차원적인 역할을 한다. 보편적으로 언어는 정보적(informative), 인식적(cognitive), 수행적(performative), 표현적(expressive), 친교적(cohesive) 기능을 가진다.[5] 그림 언어는 언어의 기능적 차원을 활성화시키는 통로일 뿐만 아니라 매개체 역할을 한다. 그림 언어는 대화의 도구로 사물이나 실체의 그림을 직유, 은유, 상징 등을 통하여 언어의 기능을 활성화시키고 의미를 경험하게 하는 역할을 한다. 그림 언어는 특별히 사람의 지성과 감성을 활성화시키는 기능을 하기 때문에 언어의 경험을 창출한다.

그림 언어는 사물이나 실체의 그림의 형태를 취하는 방식에 따라 은유적 그림 언어, 직유적 그림 언어, 상징적 그림 언어 등으로 나타난다. 예를 들어 설명하면, "당신은 호수이다"에서 '호수'는 '당신'에 대한 그림 언어이다. 여기서 '호수'와 '당신'을 연결어 없이 직접적으로 표현하고 있기 때문에 '호수'는 은유적 그림 언어이다. 하지만 "당신은 호수와 같다"라고 할 때는 '호수'는 '같다'라는 연결어를 통하여 간접적으로 표현되었기 때문에 직유적 그림 언어이다.

상징적 그림 언어와 은유적 그림 언어는 표현이나 형식적인 면에서는 같지만 상징적 그림 언어는 은유적 그림 언어보다 다차원적 의미를 지닌다. 상징은 "어떤 대상이나 사건을 의미하면서도 그것을 넘어서는 다른 어떤 것을 의미하거나 일정한 범위의 지시 내용을 갖는 단어나 어구를"[6] 가리키는 것이다. 상징은 원관념(non-image)은 감추고 보조관념(image)을 내세운 은유라고 할 수 있다. 즉 상징은 원관념을 생략한 은유다. '당신'이라는 원관념은 감춘 채 '호수'라는 보조관념만 내세운 은유이다. 다시 예를 들어 서술하면, 기독교에서 중요한 상징인 '십자가,' '비둘기'와 개념을 원관념이 없이 보조관념만을 사용할 때, 여기서 '십자가'는 구원을 상징하고 '비둘기'는 평화를 상징하는 그림 언어이다.

그림 언어와 인간

인간 행동에 의미를 가장 잘 담을 수 있는 유형은 다른 사람에게 의미 전달을 목표로 하는 언어이다. 하버드대학교의 신경학자 테렌스 디콘(Terrance Deacon)은 인간 언어는 뇌 전두엽의 급격한 발달과 함께 발달한, 상징을 사용하는 의미 중심의 활동으로서 오직 인간에게만 가능

제5부 / 19장 • 그림 언어의 해석과 분별 … **525**

하다고 하였다.[7] 고등 원숭이도 언어를 사용하지 못하는데, 이것은 의미를 다룰 수 있는 전두엽 기능이 발달하지 않았기 때문이다.[8]

> 인간은 의미의 피조물이다. 컴퓨터는 프로그램된 명령이 주어졌을 때, '내가 왜 이것을 해야하는가?'라든가 '이것이 나에게 무슨 의미가 있는가?'라고 묻지 않는다. 그냥 명령에 따를 뿐이다. 하지만 인간은 궁극적으로 그러한 질문을 하고, 그에 대한 훌륭한 답이 있을 때 더 효과적으로 기능한다. 컴퓨터는 언어의 구문법을 조작한다. 즉 컴퓨터는 문법에 맞는(즉 규칙 구속적인) 단어의 배열을 찾아서 그 순서대로 배치할 수 있다. 그러나 오직 인간만이 단어 배열의 의미인 의미론을 이해할 수 있고 따라서 은유 같은 것을 해독할 수 있는 능력이 있다.[9]

인간이 사용하는 대부분의 일상 언어의 근본적인 출처는 그림 언어와 밀접하게 관계되어 있다. 예를 들면, 분노에 해당하는 히브리어는 원래 '붉은 콧구멍'을 뜻했다.[10] 화가 나면 피가 얼굴에 몰리고 콧구멍이 벌어지는 현상을 그림 언어로 표현했기 때문이다. 마찬가지로 두려움에 해당하는 히브리어는 '심장'이란 단어(기관)에서 파생하였다.[11] 어떤 두려운 상황에 갑자기 처하면 심장이 가장 먼저 뛴다. 두려움이란 단어가 심장에서 파생된 이러한 예는 언어가 그림 언어적 특성을 가지고 있다는 것을 보여 준다. 대부분의 언어는 이와 같이 그림 언어와 깊이 관계되어 파생되었음을 알 수 있다.

언어의 파생뿐만 아니라 인간이 사용하는 일상 언어는 그림 언어와 깊게 연관되어 있다. 인간의 일상 언어는 대부분은 주위에 있는 사물이나 실체와 관계되어 있다. 또한 그림 언어는 인간의 기본적 욕구와 정서에 가장 효과적인 기능을 한다. 인간은 자기가 인정받고 있다는 것을 듣기 원하고, 자기가 사랑받고 있다는 것을 상대방이 말해 주기 원한다. 인간의 이러한 기본적 욕구와 정서에 그림 언어가 중요한 역할을 한다. 왜냐하면 칭찬과 지지를 표현하는 방법 중에서 그림 언어가 중요한 역할을 할 수 있기 때문이다.

나아가 그림 언어는 인간의 언어를 보다 더 풍성하게 하는 역할을 한다. 예를 몇 개 들어보자. "당신이 장미라면 나는 가시 따위는 개의치 않겠어요." "당신은 내 뼈 중의 뼈요 살 중의 살이라." "당신의 마음은 호수요 당신의 눈동자는 푸르다." 각 그림 언어는 듣는 상대의 아름다움과 소중함을 표현하고 있을 뿐만 아니라 상대의 특성을 독특함으로 인정하고 수용한다는 의미도 담고 있다. 각 그림 언어는 시적이며 예술적일 뿐만 아니라 의미론적 특성을 가지고 있다. "그림 언어는 상대방의 고귀한 가치를 드러내는 데 사용된다."[12] 그림 언어는 시적이고 예술성을 지닌 언어이기 때문에 듣는 사람의 정서와 소망을 불러일으키는 에너지로 작용하기도 한다. 그림 언어는 비유적 내용이나 대상을 사용하여 듣는 사람에게 정서적 공감을 일으키게 한다. 또한 듣는 사람의 지성과 감정을 동시에 활성화시킨다. 때문에 그림 언어는 듣는 사람으로 하여금 말을 들을 뿐 아니라 어떤 의미를 경험하게 한다.[13]

야고보서에는 세 가지 종류의 그림 언어가 나온다. 먼저, 말의 절제의 필요성을 위해서 '재갈'이라는 그림 언어를 사용한다(약 3:3). 다음은 관계에서 말이 중요한 역할을 하고, 입으로 하는 말이 사람들과의 관계를 좌우한다는 것을 강조하기 위해 '작은 키'란 그림 언어를 사용하였다 (약 3:4). 마지막으로 말의 중요성을 설명하기 위해 '혀'란 그림 언어를 사용하고 있다(약 3:5-6). "혀는 우리 몸의 작은 지체 가운데 하나일 뿐이다. 그러나 혀는 너무나 커다란 능력을 가지고 있다. 보라! 아무리 숲이 크다 해도 작은 불로써 다 태워버릴 수도 있지 않은가? 혀는 바로 그런 불이요 불의의 세계이다. 혀는 우리의 지체 가운데서 우리의 온 몸을 더럽힐 수 있고, 인생의 바퀴를 불태울 수도 있고"(약 3:5-6). 말이 사람의 삶을 통째로 태워버릴 수도 있다는 것이다. 말의 힘이 얼마나 중요한지를 그림 언어를 통해 보여 주고 있다.

그림 언어의 창조성

그림 언어는 은유적이고 상상력을 불러일으킬 뿐만 아니라 의미를 압축한다. 그 결과 그림 언어는 듣는 사람들로 하여금 집약되고 뜻깊은 언어의 경험을 하게 한다. 그림 언어는 인간의 언어를 상징화하거나 형성하고 연상하는 기능을 활성화시켜서 더 풍성하고 더 깊은 의미와 내용과 결합하게 함으로 상징 외에는 불가능한 마음의 형상을 창조한다. 그리고 무엇보다도 중요한 것은 이 과정에서 뇌의 기능을 활성화시킨다.

그림 언어는 사실이나 뜻을 압축해서 가치 있는 감정과 독특한 통찰을 창조한다. 그림 언어의 이러한 기능은 영혼의 치유와 성장에 도움이 된다는 연구를 보고 하였다.[14] 그림 언어는 듣는 사람으로 하여금 그 언어를 내면화하게 하는 역할을 하기 때문에 그 언어를 듣는 사람이 자신의 삶을 은유적으로 상징적으로 읽는 방법을 배우도록 하고 긍정적으로 바라보는 기회를 제공하기도 한다.

> 예수님이 여러 가지 그림 같은 표현들을 사용하시면서 가르치신 이유는 듣는 이들의 관심을 집중시키고, 예수님의 하신 말씀을 되새기도록 부추기며, 하신 말씀을 기억하도록 돕기 위한 것이었다... 예수님은 상상력이 풍부한 말들과 그림 같은 언어를 사용하였는데 그런 말들은 수세기를 거치는 동안 존속해왔고 오늘날도 여전히 기억할 만한 격언과 경이에 가득 찬 생생한 묘사로 인정받고 있다.[15]

예수님이 다른 사람들을 가르치시고 요구하시고 마음을 움직이실 때 가장 많이 사용하신 언어는 그림 언어였다. 사랑을 말씀하시면서 예수님은 선한 사마리아인에 관한 그림 언어를 사용하셨다. 예수님은 제자들을 격려하시기 위해 아버지 집에 그들을 위해 준비해 놓고 처소가 많다는 말씀을 하였다. 믿음을 가르치실 때 겨자씨만한 믿음만 있으면 산도 옮길 수 있다고 하였다. 성경에서 예수님이 누구이신지를 설명할 때 가장 많이 사용된 언어는 그림 언어이다. 예를 들면, 예수님은 목자, 영원한 아버지, 평화의 왕, 세상의 빛, 포도나무, 빛나는 새벽별 등으로 그려졌다. 각각의 그림 언어는 그것의 보편적 의미를 내포하면서 예수님이 누구이신지에 관한 속성을 강조하고 있다. 뿐만 아니라 그림 언어의 이미지는 매우 함축적이고 듣는 이의 상상력을 촉진하여 그 의미를 한층 더 강화하고 생생한 방식으로 전달할 수 있다.

예수님뿐만 아니라 성경 저자들이 사용한 모든 전달 방식에서 그림 언어는 거의 모든 페이지에 나타난다. 성경은 그림 언어들의 보고이며 메시지를 생생하게 전달하기 위하여 수많은 그림 언어들을 사용하고 있다.[16] 많은 사랑을 받고 깊은 영감을 주는 시편 23편은 "여호와는 나의 목자시니"라고 시작한다. 그림 언어로 가득한 시편 23편은 하나님의 백성들이 어디에 있더라도 심지어 개인적으로 "사망의 음침한 골짜기"를 지나가고 있을 때라도 소망을 주는 말씀이다. 그림 언어는 삶의 의미와 성장을 위한 창조적 특성을 지니고 있다.

그림 언어는 "듣는 사람에게 충격을 주어 기존의 생각을 뒤흔들고 서로 다른 것을 결합시키며, 관습을 뒤집고 긴장되게 하며, 함축적으로 혁명적인 것"이라고 하였다.[17] 그림 언어는 언제나 우리 내면을 뒤흔들어 진리와 맞대면하게 하는 힘이 있다. 그림 언어를 매개체로 사유할 때 앞으로 실현되어야 할 변화가능한 질서와 통일성을 시험적으로 투사할 수 있다. 그림 언어는 또한 갱신을 향해 나아가는 특성이 있기 때문에 옛것을 새로운 빛에서 봄으로써 그것을 바꾸는 힘이 있다.[18] 좋은 그림 언어는 우리의 삶을 위한 새로운 보물을 얻을 수 있도록 안내한다.

그림 언어 오용의 문제들

그림 언어가 칭찬과 교정을 해 주고, 정서적인 각성을 불러일으키고, 비전을 창출해 주는 역할을 하지만 잘못 사용될 위험도 있다는 것을 인지해야 한다. 환자에게 약의 효능뿐 아니라 약의 오용으로 인한 부작용도 설명해 주는 의사가 훌륭한 의사이다. 마찬가지로 그림 언어의 사용에 있어서 여러 차원의 역기능적 현상들을 살펴볼 필요가 있다.

먼저 그림 언어를 왜곡하여 사용하면 파괴적인 기능을 할 수도 있다. 인류 역사에서 가장 파괴적인 사람들은 주로 그림 언어를 통하여 피해를 입혔다. 그림 언어가 왜곡되게 사용되면 다른 사람을 지배하고 압제하고 해치고 속이는 죽음의 언어가 될 수도 있다. 제2차 세계대전이 일어나기 수년 전에 독일은 경제적으로나 정치적으로 어려운 상황에 직면해 있었다. 그와 같은 불안한 시기에 정치적 야망에 사로잡힌 히틀러가 그린 왜곡된 그림은 유대인들에 관하여 '악하고 중상모략하는' 종족으로 그린 것이었다. 그는 유대인을 가리켜 '라인랜드로 몰래 들어온' '더러운' 백성이며, 게르만 노동자들에게서 권력과 부를 갈취한 백성이라고 했다.[19]

히틀러가 유대인들을 공격하기 위해 아주 교활하게 사용한 그림 언어는 절망감 속에서 매일 빵을 사기 위해 투쟁하는 노동자 계급에게 지지를 얻어갔다. 히틀러가 독일 국민을 선동하기 위해 사용한 그림 언어의 예이다.

> 유대 종족은 우리 조국의 몸과 생산 노동자 위에 살고 있는 기생충입니다... 게르만 민족의 삶에 해를 끼치고 있는 이 유대인 바이러스가 제거될 때 비로소 지속적인 이해 위에 세워질 민족 간의 협동을 확립할 수 있는 한 가지 소망을 이룰 수 있습니다. 유대인들은 다음과 같이 말하기를 좋아합니다. "세계 연합의 노동자들!" 모든 계층의 그리고 모든 민족의 노동자들이여, 여러분에게 내가 말하노니 정신을 차리고 여러분의 공동의 적을 바로 아십시오![20]

어려움에 처해있던 게르만 노동자 계급은 그들의 경제와 사회적인 고통에 대한 히틀러의 대안을 어리석게도 받아들였다. 게르만 노동자의 마음을 왜곡시키는 히틀러의 능력은 그의 능숙한 말솜씨에 기인하였다.

성경에도 그림 언어 사용의 부정적인 예가 있다. 구약성경에 스루야의 아들 아비새는 게라의 아들 시므이를 가리켜 "이 죽은 개"라고 호칭하였다(삼상 16:9). 여기서 은유적 표현인 그림 언어는 경멸과 조롱을 담고 있는데, 말하는 사람의 정서적 태도를 보여 줄 뿐만 아니라 듣는 다윗에게도 동일한 감정을 불러일으켜 시므이를 죽이라는 허락을 받아내려는 데 그 목적이 있었다.

그림 언어의 순기능이 왜곡되는 경우도 인지할 필요가 있다. 그림 언어는 상징을 매개체로 하기 때문에 그 매개체가 소통하는 사람들의 기준과 토대 위에 서 있지 않으면 제 기능을 수행할 수 없다. "당신은 흰 눈처럼 순수해요"라는 그림 언어의 예를 들어 보자. 듣는 사람이 피부 색깔에 매우 예민한 아프리카에서 온 흑인이라면 그것이 칭찬이나 격려로 들리지 않을 수 있다. 또한 극단적인 예로 듣는 사람이 폭설로 인해 얼마 전에 가족을 잃은 사람이라면 그것은 오히려 그의 상처를 상기시키는 역할밖에 하지 못할 수 있다. 그림 언어가 일반적으로 통용되는 기준과 토대 위에 있다 할지라도 듣는 사람에 따라 혹은 그 사람의 현재 상황에 따라 다른 의미로 전달될 수 있다.

더 나아가 그림 언어의 과용으로 인하여 순기능의 역할을 제한하는 경우도 있다. 그림 언어는 듣는 사람의 정서와 인지를 자극하여 형성적 기능을 한다. 하지만 늘 햇빛 아래서 사는 사람들이 그 햇빛의 소중함을 간과하듯이, 너무 과도한 그림 언어의 사용은 그림 언어가 가지고 있는 창조적이고 형성적인 기능을 제대로 발휘하지 못하게 한다. "우리 공주 마마…"라는 그림 언어를 예로 들어 보자. 이 그림 언어는 소극적이고 낮은 자존감을 소유한 소녀에게는 용기를 북돋아 주고 자신감을 갖게 하는 놀라운 역할을 할 것이다. 하지만 이러한 그림 언어의 과용이 다른 아이에게는 그다지 인지되지 않으므로 그 순기능이 발휘되지 않을 수도 있다. 역설적으로 어떤 아이에게는 과대한 자아상을 형성하게 하여 이기적이고 자기애성이 매우 심한 아이를 만들 수도 있다는 점을 인지할 필요가 있다.

마지막으로 그림 언어 사용과 해석의 경직성으로 인한 문제를 인지할 필요가 있다. 만일 그림 언어 사용에서 상징 해석의 다양성을 허용하지 않는다면, 그것은 이미 그림 언어로서의 창조적 기능을 잃는 것이다. 예를 들어, "예수님은 왕이시다"라는 그림 언어에서 왕이 상징하는 의미가 권력과 힘의 상징으로만 해석되어야 한다면 그것은 하나의 경직된 '모델'로서 밖에 존재하지 않는다. 더 나아가 다양한 상징 사용을 허용해야 한다. 다양한 상징을 허용하지 않으면 하나의 상징은 '우상'이 되어버릴 수 있기 때문이다. 이는 상대주의를 숭상하게 하는 것보다 더 위험한 것이다. "예수님은 왕이시다"는 예를 다시 들어보자. 왕이라는 상징 하나로만은 예수님의 속성을 완전하게 나타낼 수 없다. 하지만 예수님은 목자요, 길이요, 진리요, 포도나무요… 와 같이 그림 언어가 다양하면 다양할수록 예수님에 대한 이해는 더욱 풍성해지며 더욱 진리에 근접해진다.

이처럼 그림 언어가 왜곡되게 사용되거나, 그림 언어의 순기능을 제한하는 식으로 사용되거나, 과용하거나, 다양성을 허용하지 않음으로써 발생하는 경직성의 문제 등 그림 언어 사용의 다양한 차원의 왜곡과 역기능은 쉽게 간과해서는 안 될 사안들이다.

그림 언어의 유형

직유적 그림 언어

그림 언어는 직유의 형태를 많이 취한다. 직유는 '같이' 또는 '처럼'과 같은 말을 사용하여 보통은 유사하지 않은 두 가지를 비교하는 특성을 취한다. 직유에서는 "덜 알려진 것이 더 알려진 것에 의해 더욱 명확해진다."[21] 직유적 그림 언어는 보조관념(image)이 원관념(non-image)을 간접적으로 표현하는 어법이다. 예를 들면, "누구든지 나의 이 말을 듣고 행하는 자는 그 집을 반석 위에 지은 지혜로운 사람 같으리니"(마 7:24)에서 보조관념은 "반석 위에 집을 지은"이고, 원관념은 "예수님의 말씀에 순종하는 사람들"이다. 보조관념은 주로 사물이나 실체의 그림의 형태를 통해서 원관념의 의미를 활성화시킨다. 직유적 그림 언어는 보편적인 사물이나 실체를 사용하여 사람의 사고를 자극하고 지속적인 인상을 심어 준다.

직유는 언어를 구체적이고 선명하게 만들어 효과를 나타내는 특성을 가지고 있다. 직유는 함축을 통해 개념이나 주제를 명확히 하고, 개념과 주제에 새로운 의미를 제시한다. 직유적 그림 언어는 성경에서 인간과 인간의 대화에서 하나님과 인간의 대화적 방법으로 자주 등장한다.

이스라엘 백성들은 여호와의 성실하심과 신실하심을 직유적 그림 언어를 통하여 구원을 요청한다. "그러므로 우리가 여호와를 알자 힘써 여호와를 알자 그의 나오심은 새벽 빛같이 일정하니 비와 같이 땅을 적시는 늦은 비와 같이 우리에게 임하시리라 하리라"(호 6:3). 드고아의 여인은 다윗을 가리켜 두 번이나 직유적 그림 언어를 사용한다. "이는 내 주 왕께서 하나님의 사자같이 선과 악을 분간하심이니이다"(삼하 14:17). "내 주 왕의 지혜는 하나님의 사자의 지혜 같아서 땅에 있는 일을 다 아시나이다"(삼하 14:20).

이스라엘 백성들이 사물이나 실체의 그림을 사용해서 직유를 만들어 호소한 것처럼, 하나님께서도 사물이나 실체의 그림을 통한 직유적 그림 언어를 이용하셔서 이스라엘 백성에게 말씀하신다. "에브라임아 내가 네게 어떻게 하랴 유다야 내가 네게 어떻게 하랴 너희의 인애가 아침 구름이나 쉬 없어지는 이슬 같도다"(호 6:4). 아침 구름이란 이슬처럼 땅 바닥에 깔렸다가 태양이 뜨면 사라지는 안개를 가리킨다.

이처럼 직유는 추상적인 개념이나 주제를 명확히 하고, 개념이나 주제의 새로운 국면을 드러내는 역할을 감당하는 언어 장치이다. 때문에 직유는 그림 언어의 특성을 활성화시키는 역할을 할 뿐만 아니라 중요한 매개체이기도 하다.

은유적 그림 언어

그림 언어는 본질적으로 은유적이다. 은유는 언어의 의미와 관계한다. 은유는 언어의 통사론이 아니라 의미론에 속하기 때문이다.[22] 다시 서술하면, "은유는 의미와 관계한다. 그것은 주장과 판단의 형태를 띤다."[23] 은유적 그림 언어는 창조적 사고를 자극한다. 의미의 함축과 변형적 특성이 있기 때문에 기존의 사고체계를 확장하고 변화시키며 새로운 세계로 인도하는 힘이 있다.

은유적 그림 언어는 사물이나 실체를 주로 사용한다. 은유적 그림 언어는 '사물 자체'를 주요 도구로 삼는다. 은유란 한 종류의 사물을 다른 종류의 사물의 관점에서 이해하고 경험하는 비유의 일종이다. 은유란 직유와는 다르게 '처럼' 또는 '같이'와 같은 연결어가 없는 비유이다. 다른 사물이나 실체를 원용하여 원관념을 표현하는 것에서는 은유와 직유가 동일하다. 그러나 직유는 "내 아내는 천사와 같다"와 같이 비교 형식을 취하지만, 은유는 연결어 없이 "내 아내는 천사이다"와 같은 형식이기 때문에 직유보다 더 강한 표현이라고 할 수 있다. 직유와 은유의 표현은 모두 어떤 사물이나 실체를 취하여 표현하기 때문에 모두 그림 언어적 특성을 지닌다. "어머니는 나의 마음의 고향이다"와 "아버지는 나의 삶의 큰 성이다"와 같은 이런 은유적 표현은 사물이나 실체를 통하여 표현되기 때문에 주로 그림의 형태로 표출된다.

은유적 그림 언어는 구체성의 힘을 가지고 있다. 추상적이고 영적인 진리들이 유한한 마음에 전달되려면 구체적인 보기와 일상적인 물건과 보이는 형상을 통해서 전달할 수밖에 없다. 때문에 언어는 근본적으로 그림 언어적 특성을 벗어날 수 없다. 예수님도 자신을 더 구체적으로 설명하시기 위하여 은유적 그림 언어를 많이 사용하셨다. "나는 생명의 빵이다"(요 6:35). "나는 생명의 빛이다"(요 8:12). "나는 양들이 드나드는 문이다"(요 10:7). "나는 선한 목자다"(요 10:11, 14). "나는 참 포도나무다"(요

15:1). "내가 곧 길이요, 진리요, 생명이다"(요 14:6).

은유적 그림 언어는 치환적인 특성이 있다. 은유란 어떤 것을 다른 식으로 바라보는 것이다. 은유는 렌즈와 같다. 어떤 사물을 보기 위해서 렌즈가 필요하듯이 대화에서 은유는 필수적인 요소와 같다.[24] 은유적 표현은 서로 유사하지 않은 두 가지 내용을 대상으로 하나가 다른 하나로 말해지거나 하나가 다른 하나처럼 말하는 것이다. 은유적 그림 언어는 표현하고자 하는 것을 어떤 다른 대상으로 치환하는 것이다. 예를 들면, "당신은 큰 바위이다"라는 표현에서는 '당신'을 '큰 바위'로 표현하는 것은 은유적 치환이다. '당신'에 대한 은유적 치환인 '큰 바위'라는 그림 언어의 형태이다.

대부분의 그림 언어는 은유적 형태와 특성을 지니고 있다. 그림 언어는 본질적으로 은유적 특성과 유기적 관계이다. 성경에도 이런 은유적 그림 언어들이 많이 나온다. 주님이 목자인 것처럼, 예수님이 포도나무인 것처럼 말한다. 은유는 언어를 의미 있게 하고 보다 더 활력 있게 한다. 예수님의 언어는 은유로 가득 차 있다. 예수님은 자기를 가리켜 포도나무, 길, 문, 양, 목자라고 하였다. 예수님은 시몬을 가리켜 반석이라고 하였고, 야고보와 요한을 가리켜 우레의 아들이라 하였다. 예수님은 은유를 통하여 진리를 말하고 사람들과 대화하였다. 예수님의 대화 언어에서 가장 중요한 언어 중의 하나가 은유였다. 예수님이 사용하신 은유는 거의 그림 언어였다. 은유적 치환을 사용한 그림 언어였다.

상징적 그림 언어

그림 언어는 상징성을 띤다. 그림 언어는 어떤 사물이나 실체의 그림이나 이미지를 통하여 표출되는데 상징도 이러한 매개체를 주로 사용한다. 상징은 은유와 유사한 특성이 있다. 보조관념이 가진 어떤 특징을 가지고 원관념의 특징을 표현하는 면에서는 상징은 직유나 은유와 유사하다. 하지만 은유는 형태적으로 원관념을 드러내지 않고 암시하는 반면, 상징은 전적으로 원관념을 은폐한다. 예수님께서 헤롯을 가리키면서 '가서 저 여우에게 이르되'(눅 13:32)라고 말씀하셨을 때, 헤롯이라는 원관념은 숨어 있다. 만일 직유로 사용하셨다면, '헤롯은 여우와 같다'고 했을 것이고, 은유로 사용하셨으면, '헤롯은 여우다'라고 하셨을 것이다. 이렇듯 상징적 그림 언어는 원관념을 누락시키고 보조관념만을 사용하는 것을 말한다. 성경에는 이러한 예들이 무수히 많다. 예수님은 자신을 '신랑'(마9:15; 막 2:15-20) 혹은 '빛'(요 12:35-36)이라고 지칭하셨고, 믿지 않는 자들을 '개들'과 '돼지들'(마 7:6)이라고 하셨고, 이스라엘 백성들을 '잃어버린 양'(마 10:6)이라고 하셨다.

상징적 그림 언어는 은유나 직유적 표현처럼 구체적인 자연 만물을 사용한다. 상징적 그림 언어는 추상적인 진리들을 구체적이고 회화적인 언어로 표현함으로써 듣는 사람들을 놀라게 하고 그들에게 의미의 풍성함을 제공한다. 상징은 한 가지의 의미만을 담고 있는 것은 아니기 때문에 듣는 이에 의해 다양한 해석이 가능하다. 예를 들면, "어머니는 나의 마음의 고향이다"에서 '고향'은 추억, 따뜻함, 사랑 등을 상징한다. 상징은 사고의 자료를 제공한다.[25] 상징적 그림 언어가 가지는 다양한 해석

가능성은 그림 언어의 기능을 바르게 사용하기 위해서는 상징을 잘 이해하는 것이 필수적이다.

> 인간은 어떻게 보면 상징의 세계에 태어나서 상징의 삼투 작용을 체험하며 성장한다. 우리의 두뇌는 우리가 배우고, 익히고, 체험하여 체화한 상징들의 보고이다. 그래서 많은 상징이 우리에게 어떤 의식과 정서를 불러일으킨다. "불러일으킨다"는 뜻은 우리의 이성에 앞서, 먼저 일어났던 기호의 작용이 이미 우리 안에 숨어 있다는 말이다. 상징의 자의성이나 규약 의존성에도 불구하고 상징은 매우 의미심장한 정념과 인식을 우리에게 불러일으킨다. "어머니"라는 세 음절의 말이나, 세 개의 글자 자체에는 "어머니다움"이 전혀 없다. 그런데도 "어머니"라는 말을 들으면 그 말은 우리에게 온갖 정념을 일으킨다. 시구들은 상징으로 되어 있는데도 우리의 가슴을 뒤흔들고, 음악은 상징들의 흐름인데도 우리를 열광케 한다.[26]

상징은 우리에게 의미, 상상, 직관, 감정, 사고, 가치 등 전인격에 영향을 끼치는 역할 또는 능력을 가지고 있다. 오직 인간만이 상징을 만들고, 상징을 사용하고, 상징의 숲 속에서 살기 때문에 인간은 상징적 동물이다. 상징은 언어의 의미를 전달하기 위한 중요한 요소이다. 언어는 상징을 통해서 그 의미가 더 깊어지고 활성화된다. 언어의 상징성은 대부분 그림 언어를 통해 표출된다. 예를 들면, 아가서의 "나의 누이, 나의 신부는 잠근 동산이요 덮은 우물이요 봉한 샘이로구나"(아 4:12)는 형식적으로는 은유적 그림 언어이다. 그러나 여기에서 "나의 신부"를 상징하는 "잠근 동산"은 상징적 그림 언어이다. 여기서 "나의 신부"의 의미를 제대로 이해하기 위해서는 그림 언어인 "잠근 동산"이 상징하는 의미를 이해할 필요가 있다. 왜냐하면 이 그림 언어는 상징적 의미로 표출되고 있기 때문이다. "잠근 동산"은 여인의 순결을 의미한다. 고대 근동의 연애시에서 동산은 사랑하는 연인의 몸에 대한 상징 또는 은유로 자주 사용된다.[27] 여기서 상징은 사물의 그림 언어를 통하여 표출되고, 그림 언어는 상징을 모체로 삼고 있다. 언어 표현에서 상징과 그림 언어는 상호 유기적인 관계 안에 있다. 때문에 그림 언어가 상징의 세계를 열어 주는 열쇠라면, 상징은 그림 언어의 활동의 장이라 할 수 있다.

> 상징의 신비한 세계를 여는 열쇠는 논리적 분석이 아니다. 오히려 우리는 요한계시록에 나오는 환상들을 볼 때 마치 그림책이나 장편 영화를 보듯이 그림 속에서 생각하는 훈련을 해야 한다... 이러한 훈련이 합리적 사고를 부인하는 것이 아니다. 하지만 분석을 하기 전에, 앞에 있는 것이 무엇인지 그대로 보아야 한다.[28]

상징적 그림 언어는 사물이나 실체의 그림의 형태로 표출되는 특성을 가지고 있다. 상징적 그림 언어는 단순히 사물이나 실체의 그림이 아니라 그것을 뛰어넘는 즉 상징을 꿰뚫어 볼 수 있는 회화적인 사고와 풍부한 상상력이 필요하다. 훌륭한 상징적 그림 언어는 논리적이고 분석적인 사고를 넘어 형성적이고 성찰적인 상상력을 불러일으킨다.

그림 언어의 관계적 특성

그림 언어와 뇌의 관계

뇌의 듣는 구조를 이해하는 것은 효과적인 멘토링 커뮤니케이션을 위해서 중요하다. 왜냐하면 멘티가 듣고 있다는 단순한 사실 때문에 그의 뇌가 경청하는 것은 아니기 때문이다. 멘토는 자신의 언어가 효과적으로 들려지기 원한다면, 뇌가 언어를 수용하는 과정도 알아야 하고 활용도 해야 한다. 어떻게 그 과정이 작동되는지를 모두 알 필요는 없지만, 그것을 활성화하는 방법을 이해하고 있어야 한다. 모든 뇌 활동은 뇌 에너지를 필요로 한다. 어떻게 뇌는 단어를 듣고, 그것을 개념으로 바꾸며, 그 개념을 결정으로 옮기고, 그 결정을 행동으로 옮기는지를 알아야 한다.

뇌는 외부의 자극이 있을 때 반응하게 되어 있다. 반응은 받아들여질 수도 있고, 거부할 수도 있고, 미래에 참고하기 위해 저장할 수도 있고, 그 즉시 결정할 수도 있다. 뇌는 언어로 인해 힘을 얻기도 하고, 스스로 논쟁과 혼란에 빠지기도 한다. 뇌는 안정과 평화와 희망을 제공해 주는 정보나 언어에 더욱 호의적으로 반응한다. 때문에 뇌가 어떻게 듣고 그 후에 어떻게 그 정보를 변환하고, 또한 그 후에 그 새 정보를 어떻게 할 것인지 결정하는 과정을 알면 더 바람직하고 효과적인 멘토링 커뮤니케이션을 할 수 있다. 한 연구에 의하면, 그림 언어를 들을 때에는 종래에 쓰던 말을 들을 때보다 우리 뇌가 훨씬 더 빠르게 작용되고, 에너지도 훨씬 더 많이 소모된다.[29]

제5부 /19장•그림 언어의 해석과 분별 ··· **541**

뇌는 뜬구름 잡는 것같이 막연한 것에 기초하거나 단순히 사고에 근거해서 과정을 진행하지 않는다.[30] 사고를 위해서 반드시 어떤 종류의 묘사가 있어야 한다. 융 학파 정신분석학자인 데오도르 앱트(Theodor Abt)는 인간이 외부세계를 지각하는 것 즉 뇌가 감각기관의 자극을 해석하는 것은 이미지를 통해서 드러난다고 하였다.[31] 우리가 의식하는 것은 무엇이든 우선 하나의 이미지로 나타난다는 말이다. 사물적인 또는 물질적인 것으로 묘사되는 것이 바람직하고, 최소한 현상학적으로라도 묘사되어야 한다. 예를 들어, 하나님은 "불붙는 떨기나무"(출 3:1-22), "낮의 구름 기둥"(출 13:21), "밤의 불기둥"(출 13:21) 등으로 이스라엘에게 자신을 알리셨다. 영이신 하나님께서는 사물적인 또는 물질적으로 보이시지 않으시고 청각적으로 인식되시지도 않기 때문에 하나님의 선포들이 물질적인 나타나심으로 구체화되었다. 하나님께서도 인류와의 대화에서 그림 언어를 사용하였다.

모든 그림 언어는 우리의 일상에서 익숙한 단어들을 사용함으로써 우리의 뇌가 빠르게 받아들일 수 있도록 구체화시킨다. 그림 언어는 진지하게 받아들여야 하며 '의미' 혹은 '진리'로 축소되어서는 안 된다. 그림 언어는 우리의 발이 굳건하게 땅을 딛게 해 주고, 우리 주변의 모든 것과 연결해 준다. 시인 큐민(Maxine Kumin)은 이렇게 썼다. "은유는 인생보다 작지 않다. 은유는 대단한 진리들 사이에서 매개자 역할을 한다. 은유는 본능적인 감정들로부터 발생하여 사용 가능한 이미지들을 제시해 준다. 따라서 어떤 의미에서 은유는 실제의 사실보다 더 진실하다."[32] 은유적 그림 언어는 추상적인 진리를 우리에게 구체적으로 알려주는 매개체이므로 뇌 작용을 활성화시키는 데 매우 중요한 역할을 한다.

인간의 뇌는 새로운 신경 경로를 만들 때와 같은 현상을 대화 과정에서 일으킨다. 즉, 대화 과정에서 어떤 말을 들을 때 뇌 스스로 다시 생각하게 하고, 다시 조직하게 하고, 다시 연결하게 하고, 다시 구성하게 한다. 뇌의 이러한 과정은 반복과 강화를 통하여 어떤 말을 우리의 의미 체계에 저장하고 그것을 바탕으로 사고하고 행동하도록 한다. 그림 언어는 대화 과정에서 뇌의 이러한 기능을 촉진하는 데 지대한 영향을 미친다. 이런 방식으로 그림 언어는 우리의 생각과 사고와 생활 방식에까지 영향을 준다.[33]

조지 라코프(George Lakoff)와 마크 존슨(Mark Johnson)은 "우리가 생각하고 행동하는 관점이 되는 일상적 개념체계의 본성은 근본적으로 은유적"이라고 하였다.[34] 인간의 사고의 많은 부분은 은유적이다. 왜냐하면 인간의 개념체계 안에 은유가 존재하기 때문이다. 그림 언어는 기본적으로 은유적 개념체계 안에서 의미를 만들어가는 뇌의 활동을 활성화시킬 수 있는 가장 알맞은 언어적 도구이다.

인간의 뇌는 항상 온전하고 건강한 상태를 갈망한다. 때문에 지속적으로 뇌는 소망을 생산하기 위해서 많은 양의 에너지를 사용한다. 하지만 뇌는 본질적이지 않은 정보에 대해서는 별로 관심을 갖지 않는다. 뇌는 에너지를 절약하기 위해서 노력한다. 뇌는 사람을 지켜주고 발전시키기 위한 필수적인 것만을 받아들인다. 뇌는 감정이 유발될 때 관심을 갖는다. 뇌는 강한 흥미를 주는 것과 평안과 안전 그리고 희망과 관련된 것들에 집중하는 경향이 있다. 대화의 과정에서 뇌는 자신의 삶에 직접 적용되지 않는 말은 객관화한다. 다시 서술하면, 그것은 '나를 위한 어떤 것'이 아니라 단지 '유용한 정보'의 범주로 간주한다. 많은 위대한 연설가들과 감동을 주는 말을 하는 사람들은 어떻게 기쁨과 즐거움을 제공하고 고통과 어려움을 막아주는지를 보여 주고 증명하는 데 탁월하다. 뇌는 생존과 만족과 성장을 위해 가장 긴급한 것에 응답한다.

그림 언어와 감정의 관계

언어는 인간의 폭넓은 감정을 전달하는 데 한계를 지니고 있다. 왜냐하면 감정을 표현하고 비교를 할 때, 동기와 가치 평가를 표현하는 것이 쉽지 않기 때문이다. 의미 있는 어떤 것들을 명명하고 묘사하는 하지만 감정 또는 정서는 어떤 것을 향하여 인간을 움직이는 혹은 어떤 것으로부터 인간을 멀어지게 하는 의미들을 포함하기 때문이다.

언어가 정확하게 어떤 사람의 신념을 전달할 수 있는 반면, 어떤 사람의 감정은 그 사람의 신념에 관한 평가와 헌신의 깊이를 나타낸다. '마음이 우러나오는' 분류 단계를 느끼는 감정을 표현해 낼 수 있는 어떤 것이 필요하다. 언어와 감정은 그들 중에 단지 한쪽만이 허용되는 것보다 더 충분한 범위의 정확한 묘사를 가능하게 하기 위해서는 두 요소 모두 필요하다. 언어와 감정은 서로를 풍요롭게 한다. 언어적 표현의 가득함 그리고 감정적 경험의 색깔 양쪽 모두 서로의 상호 작용에 의해 강화된다.

그림 언어는 이러한 언어의 한계성을 극복하게 한다. 그림 언어는 지성과 감성을 활성화시킨다. 그림 언어는 듣는 사람의 머리와 가슴을 연결시켜 주는 다리 역할을 한다. 그림 언어는 어떤 개념을 형성하고 새로운 실재를 창조할 뿐만 아니라 은유가 지닌 정서적 함축을 통해 정서를 전이시키는 역할을 한다. 그림 언어는 표현하고자 하는 것을 다양하고 풍성하게 하여 쉽고 오래 기억하게 한다. 아리스토텔레스(Aristoteles)는 "낯선 말들은 우리를 당혹스럽게만 한다. 일상적인 말들은 우리가 이미 알고 있는 것만을 전달해 준다. 무엇인가 신선한 것을 가장 잘 이해할 수 있는 것은 은유적 표현을 통해서이다"라고 하였다.[35] 리차드 베리만(Richard Berryman)은 훌륭한 은유의 중요성에 대해 언급하면서, "설명들은 잠시 잠깐 동안 만족을 주나 은유는 평생토록 따라 다닌다"고 하였다.[36] 그림 언어는 은유처럼 익숙한 옛 것을 사용하여 새롭고 알려지지 않은 세계를 포착하게 한다.

그림 언어는 우리의 주의를 끌어 모으고 우리로 하여금 생각하게 만들며 기억을 쉽게 해 준다.[37] 또한 전달하고자 하는 의미를 더욱 강조하고 강화한다.[38] 따라서 대화에서 사용되는 시적, 예술적, 음악적 언어나 상징적인 행동에 익숙하지 못한 사람들은 그 대화가 그저 낯선 언어와 행동이 되어 낯선 나라에서 대화하는 것처럼 보일 것이다.[39] 대화에서 사용하는 말에는 거기에 담긴 말 이상의 '무엇'이 사용된다. 때문에 대화에서 그림 언어는 언어적 한계를 극복하도록 도와 줄 뿐만 아니라 효과적인 대화를 위해서 필수적인 요소이다.

> 우리는 한 사물을 다른 것에 의해 이해함으로써 인간의 사상과 언어가 성장하고 변화해 간다는 사실을 상기한다. 인간의 사상과 언어는 본질적으로 은유적이다. 명백한 은유, 혹은 살아 있는 은유는 우리에게 이 세계 속에서 우리가 존재하는 방식의 역동성과 긴장을 깨닫게 한다. 살아있는 은유가 보여 주는 두드러진 특성을 이렇게 요약할 수 있다. 은유란 서로 영속적인

긴장관계에 있는 두 사상 사이의 유사성과 차이에 대한 주장이
나 판단이다. 그리고 이것은 결론을 열어놓고 실재를 재기술하
면서 구조적인 힘과 정서적인 힘을 가지고 있다.[40]

그림 언어는 대화에서 정서적 전이를 일으키는 역할을 한다. 그림 언
어는 우리에게 개념적 의미를 축조하고 새로운 실재를 창조할 뿐만 아
니라 은유가 가진 정서적인 함축을 통해 정서를 전이시키는 역할을
한다. 그림 언어는 새로운 방식으로 무엇인가를 드러내기 때문에 생동
적인 심상을 만들어 낸다. 그림 언어는 특정한 사실을 다른 것과 비교함
으로써 설명하는 데 목적이 있을 뿐만 아니라 특정한 정서를 불러일으
키는 데 목적이 있다.

그림 언어는 사람의 감성 또는 정서를 활성화하여 적극적인 방향으로
유도할 수 있다는 장점이 있다. 사춘기 전까지 어린이의 경험은 주로 직
접적인 교훈과 훈계를 통하여 바뀌어 간다. 그러나 일단 사춘기에 들어
서면 말로만 해서는 아이에게 별로 영향을 주지 못한다. 사춘기 청소년
과 어른들에게 있어서 인생의 변화는 주로 정서적으로 중요한 사건들에
의해 발생하게 된다.[41]

그림 언어는 '마음의 무대'를 만들어 냄으로써 사람의 지정의를 동시
에 자극한다.[42] 조사에 따르면 그림 언어는 우리의 감정을 활성화할 뿐
만 아니라 육체적으로도 영향을 미치는 것으로 나타났다.[43] 다시 서술하
면, 우리가 실제 사건에 관한 이야기를 들을 때 우리 오감은 마치 실제
로 그 사건을 경험하는 것처럼 반응한다. 우리가 공포 영화를 보고 나면
탈진한 기분이 드는 이유가 여기에 있다. 대부분의 여자들은 결혼할 때

감정적으로 흥분하기보다는 연예 소설들에 그려진 사랑의 그림에서 그런 기분을 느낀다. 이런 경험 속에서 여자들은 어느 정도는 사랑의 갈급한 느낌까지도 갖는다.

우리는 어떤 것을 배우거나 들을 때 보편적으로 30분 강의나 대화에서 7% 정도 기억한다. 하지만 연구자들에 의하면 그림 언어를 사용하였을 때 사람들은 더 오래 그리고 생생하게 배운 내용의 개념과 대화의 내용을 기억하는 것으로 나타났다.[44]

그림 언어는 사람의 긍정적인 감정을 불러일으키는 기능을 한다. 그림 언어는 우리의 감정을 각성시키는 기능을 한다. 우리에게 각성된 감정은 우리의 생각에 변화를 불러일으킨다.

그림 언어와 대화의 관계

'대화'(communication)란 말은 라틴어 '코뮤니스'(communis)에서 파생되었다. 이 라틴어는 '공통'(common)이란 말도 취하고 있다.[45] 다시 서술하면, 우리가 효과적인 대화를 하려면 반드시 그들의 차이를 이어 주는 '공통의 장'을 찾아야 한다. 이러한 차이를 이어 주는 가장 효과적인 방법 중에 하나가 그림 언어이다.

우리의 대화에서 그림 언어는 더욱 명료하고 생생하게 하고, 다른 사람으로 하여금 우리가 한 말을 기억하도록 하게 하는 역할을 한다. 그림 언어는 '머리의 언어'라기보다는 '마음의 언어'이기 때문이다. 그림 언어는 마음의 언어로서 서로의 공감을 일으키고 대화를 풍성하게 한다. 예를 들어, 대부분 남자와 여자는 똑같은 언어를 사용할지라도 서로 다른 뜻으로 말하는 경우가 많다. 이런 차이는 남자는 주로 논리적 관점에서 언어를 사용하는 경향이 있고, 여자는 관계적 관점에서 언어를 사용하는 경향이 있기 때문이다.[46] 대부분의 남자들은 '머리의 언어'로 말하지만 대부분의 여자들은 '마음의 언어'로 말하는 것이 보편적이다. 마음의 대화가 무조건 효과적인 것이라고 단정할 수는 없지만, 대화에서 머리의 언어보다 마음의 언어가 더 효과적인 것이 사실이다.

하나님께서 여자들에게 이러한 장점과 능력을 부여한 이유를 대화 언어의 관점에서 살펴볼 수도 있다. 창세기 2:18을 보면 여자는 남자를 온전하게 하는 '돕는 배필'이다. 구약성경에서 돕는 배필이란 뜻은 무엇을 할 수 있는 기술이 부족한 사람을 위하여 어떤 것을 해 준다는 개념이 담겨져 있다. 남자들은 대체로 실제적이고 논리적인 머리의 언어를 사용한다. 하지만 남자들은 성숙한 관계를 형성하는 데 중요한 역할을 하는 마음의 언어에는 부족한 경향이 있다. 바로 이런 기술을 여자는 남자가 터득하도록 도와줄 필요가 있다.[47] 이런 의미에서 가정에서 남자는 여자에게 마음의 언어를 배울 필요가 있고 그러한 필요를 중요하게 여길 필요가 있다. 여자는 정서적인 언어 사용에 있어서 남자들보다 더 뛰어나다. 그림 언어는 이러한 정서적 언어의 장점을 가장 잘 나타내는 언어의 유형이다.

대화에서 사실에만 초점을 두고 사람의 감성을 고려하지 않은 것은 지극히 빈약한 대화 방법이다. 예를 들어, 가정에서 부부 사이에 이루어지는 보편적인 대화에서 아내가 남편에게 "당신은 집안일을 한 번도 도와주질 않는군요"라고 말할 때가 있다. 실제로 가정 일을 많이 도와주었는데도 아내가 이렇게 말하면 남편의 마음은 불편할 수 있다. 남편은 아내의 말 속에 내포된 마음이나 감정을 배제한 채 아내가 말하는 실제 단어에만 관심을 두기 때문이다. 아내가 말하고자 하는 것은 집안일을 도와주지 않았다는 것을 말하고자 하는 데 목적이 있는 것이 아니라 집안일에 남편의 도움의 많이 필요하다는 자기 마음을 말하고자 하는 데 있다. 때문에 남편이 아내와 효과적인 대화를 하려면, 남편은 반드시 아내의 감정의 세계를 읽을 수 있어야 한다. 그리고 아내가 남편과 성숙한 대화를 하려면 남편의 머리가 아닌 그의 마음을 움직여야 한다. "당신은 우리 집에 온 손님 같아요"라는 직유적 그림 언어나 "당신은 우리 집의 왕이네요"라는 은유적 그림 언어를 사용하면 남편의 마음을 더 쉽게 움직일 수 있다.

이와 같이 그림 언어는 상대방의 마음을 상하게 하지 않으면서 대화를 부드럽게 풀어 나가고 전달하고 싶은 말을 효과적으로 전달하게 한다. 그림 언어는 지식을 위한 언어라기보다는 사람의 마음에 다가가는 언어이다. 그림 언어는 대화에서 '사실'만을 위한 언어가 아니라 마음에 호소하는 언어이다. 때문에 대화할 때 그림 언어를 사용하면, 대화가 '사실'만으로 끝나지 않고 공감을 이끌어내는 더 효과적인 대화가 될 수 있다.

멘토링에서 그림 언어의 기능

그림 언어의 다차원적 기능

언어는 인간관계를 형성하기도 하고 파괴하기도 한다. 그것은 단순하게 어떤 의미만을 전달하는 것이 아니라 듣는 이에게 강력한 이미지를 함께 전달할 수 있기 때문이다. 멘토는 사람을 세우는 화법을 사용할 줄 알아야 한다. 이러한 화법 중의 하나가 그림 언어이다. 그림 언어는 직설적인 언어가 아니라 은유적이고 직유적인 언어이다. 예를 들면, "멘토는 '호수'와도 같은 사람이다." 여기에서 '호수'는 그림 언어이다. 호수는 모든 것을 품어내고 수많은 생명들이 자라게 하는 기능을 하듯이, 멘토는 사람을 품어내고 성장하도록 돕는 역할을 할 수 있어야 한다.

멘토링에서 그림 언어는 중요한 역할을 할 수 있다. 멘토링의 중요한 목적 중의 하나가 사람을 세우는 일이다. 사람을 세우는 데 강력한 기능을 발휘하는 그림 언어를 포기하는 것은 매우 효과적인 도구 하나를 사장시키는 것이다. 멘토의 그림 언어는 '흐르는 강물'과도 같다. 굽이굽이 수천 리길을 달리며 생명을 피워 내는 강물처럼, 멘토는 그림 언어를 통해 멘티를 세우고 용기를 줄 수 있다. '흐르는 물'은 때로는 인간들의 이기심에 의해 더럽혀진 강물을 정화해 내는 그런 젖줄이다. 그림 언어는 사람들을 정화하고 생명의 언어로 작용할 수 있다.

그림 언어는 우리 주위에서 흔히 볼 수 있는 대상을 사용하는 것이 좋다. 이러한 그림 언어는 특별히 솔로몬의 아가서에 가득하다. 그는 일상적인 대상을 이용해서 사랑하는 사람의 신체적인 아름다움과 성품을 그려냈다. 솔로몬은 신부의 눈을 비둘기의 눈이라고 그린다. 비둘기는 우리의 일상생활에서 흔히 볼 수 있는 대상이다. 솔로몬은 이러한 그림 언어를 사용해서 효과적인 커뮤니케이션을 하였다. 우리가 흔히 하는 말의 언어는 일차원적이라고 한다면, 그림 언어는 다차원적인 기능을 가진다.

그림 언어의 칭찬의 기능

멘토링에서 멘티를 칭찬할 때 어떤 대상을 멘티의 장점과 연결시켜 감정을 담아 그림 언어를 사용하면 효과적이다. 솔로몬은 어떤 대상을 선택해서 술람미 여인의 아름다움을 칭찬한다. 이때 솔로몬은 술람미 여인의 특징을 드러내는 감정적인 표현을 그림 언어에 담고 있다. 솔로몬은 술람미 여인을 향해서 이렇게 말한다. "내 사랑아 너는 어여쁘고 어여쁘다 네 눈이 비둘기 같구나"(아 1:5). 솔로몬은 술람미 여인의 가치를 긍정해 주는 말을 한다. 솔로몬은 술람미 여인의 눈을 비둘기에 비유한다. 술람미 여인의 눈을 비둘기에 비유한 것은 여인의 순수함을 표현한 것이다. 눈이 내면세계의 거울이라면, 비둘기의 눈은 비둘기처럼 순수한 술람미 여인의 내면세계를 보여 준다고 할 수 있다. 그러나 '비둘기의 눈'은 또한 매력적으로 화장한 눈을 의미하기도 한다.[48] 여기서 솔로몬은 술람미 여인의 눈 또는 화장한 신부의 눈을 그림 언어를 통해 칭찬하고 있다.

아가서 2:1-3에서 솔로몬과 술람미 여인은 서로의 아름다움과 가치에 대해 그림 언어를 통해 서로 칭찬한다. 솔로몬은 술람미 여인을 "가

시나무 가운데 백합화 같구나"(아 2:2)라고 칭찬하고, 술람미 여인은 솔로몬을 "수풀 가운데 사과나무 같구나"(아 2:3)라고 칭찬한다. 백합화는 아름다울 뿐만 아니라 생명, 비옥, 풍요의 느낌을 주는 꽃이다.[49]

솔로몬은 자신의 여자가 예루살렘의 다른 여인들과 비교했을 때 훨씬 아름답고 생명에 충만하다고 격려해 준다. 솔로몬이 이렇게 말할 수 있었던 것은 그가 들에 핀 많은 백합화를 자주 보았기 때문이다. 자연에 대한 그의 이러한 경험이 그의 말에서 그림 언어로 더 풍성하게 표출될 수 있었던 것이다. 솔로몬의 여자는 실제로는 검게 그을린 피부였기 때문에 그녀가 다른 여인들보다 특별히 아름다운 것은 아니었다. 하지만 솔로몬은 그의 마음을 '백합화'라는 그림 언어를 통하여 격려와 칭찬을 하였다. 솔로몬으로부터 칭찬을 들은 술람미 여인도 솔로몬을 "사과나무 같다"고 칭찬해 준다. 사과나무는 유익한 열매를 제공한다. 술람미 여인은 솔로몬에게 그림 언어인 사과나무를 통하여 자기가 원하는 소망을 표현한다. 사과나무는 아가서에서 성적인 기쁨과 관련된 은유어이다.[50]

솔로몬과 술람미 여인은 그림 언어를 통하여 서로의 아름다움과 가치에 대한 칭찬을 주고받는다. 여기에서 솔로몬과 술람미 여인은 두드러진 신분적 차이가 있었다. 솔로몬은 사과나무처럼 존귀한 존재였고, 술람미 여인은 백합화처럼 평범하였다. 술람미 여인의 평범함에도 불구하고 솔로몬은 많은 여자들 가운데 그 한 여자에게 집중하고 술람미 여인을 격려하고 칭찬한다. 솔로몬의 술람미 여인에 대한 격려와 칭찬의 어법은 그림 언어였다. 술람미 여인을 향한 솔로몬의 어법은 그의 여자에게서 이런 고백을 이끌어 낸다. "내가 그 그늘에 거하기를 기뻐합니다.

그의 열매는 내 혀에 달콤합니다."

그림 언어의 치유의 기능

그림 언어는 상대방의 방어 본능을 푸는 데 효과적일 뿐만 아니라 변화와 치유의 기능도 할 수 있다. 술람미 여인이 솔로몬을 처음 만났을 때 "나를 쳐다보지 마세요. 나는 햇빛에 그을려 검기 때문입니다"라고 말하였다(아 1:6). 하지만 술람미 여인은 솔로몬과 얼마를 지내고 나서 스스로 이렇게 표현한다. "나는 샤론의 수선화요 계곡의 백합화구나"(아 2:1). 이는 커다란 변화이다. 어떻게 이런 일이 발생하였는가? 솔로몬은 술람미 여인에게 그림 언어를 사용하여 이렇게 말한다. "네 두 뺨은 땋은 머리털로, 네 목은 구슬 꿰미로 아름답구나"(아 1:10). "나의 사랑하는 자는 내게 엔게디 포도원의 고벨화 송이로구나"(아 1:14).

만약 솔로몬이 술람미 여인을 향해 "당신은 아주 아름다운 여인입니다"라고 직설적인 표현을 했다면 오히려 그녀의 불안감은 더 깊어졌을 것이다. 왜냐하면 그녀는 외적으로 보면 아름다운 여인이 아니었기 때문이다. 자신을 불안해하고 있는 사람은 다른 사람의 칭찬을 그대로 받아들이려 하지 않는다. 칭찬을 그대로 수용하지 않는 경향이 있다. 솔로몬의 그림 언어는 사랑하는 신부의 방어 본능을 완화시켰다. 솔로몬의 이런 언어는 신부의 언어와 고백의 변화를 이끌어내기까지 했다(아 2:1).

그림 언어의 잠재력 강화의 기능

그림 언어는 상대방의 잠재력을 이끌어내는 데 효과적이다. 예수님은 시몬이라는 이름을 베드로로 바꾸셨다. 베드로는 헬라어에서 '바위'를 뜻한다. 베드로는 원래 바위와 같은 사람이 아니었다. 베드로는 예수님의 고난의 현장에서 바위와 같이 강하고 담대하지 못했다. 예수님을 세 번이나 부인하고 저주까지 하였다. 그러나 예수님의 부활 후에 베드로는 드디어 바위와 같은 사람이 되었다. 예수님은 나약한 베드로였지만 그림 언어를 통해 베드로의 미래를 그려 주셨던 것이다.

이처럼 그림 언어를 사용해서 사람의 잠재력을 묘사해 주면 한때는 자신의 잠재 능력을 인정하지 않았지만 희망과 용기를 가지게 할 수 있다. 아마도 베드로는 자신이 실수하고 예수님을 배반하는 가운데에서도 예수님의 그림 언어인 '베드로'를 가슴에 품고 있었을 것이다. 그림 언어는 마치 우리의 어머니와 같은 특성이 있다. 그림 언어는 자녀를 사랑으로 품어서 길러내는 '어머니'와 같은 역할을 한다. 그림 언어는 어머니처럼 우리를 품어 주기도 하고 우리에게 용기를 주는 언어로 작용하기 때문이다.

그림 하나는 천 마디 말보다 낫다는 말과 백문이 불여일견이라는 말이 있듯이, 그림 언어는 비록 언어이지만 상대방으로 하여금 어떤 것을 마음에서 보도록 하는 기능을 하기 때문에 큰 위력을 발휘할 수 있다. 그림 언어는 전달하고자 하는 메시지를 더욱더 풍성하게 할 수 있다. 멘토링에서 그림 언어는 멘티를 세우는 데 아주 중요한 역할뿐만 아니라 멘티의 잠재력을 끌어내고 용기와 희망을 주는 기능을 할 수 있다.

나가는 글

그림 언어는 비유나 은유 혹은 상징이라는 말에 비하여 아직까지 그리 많이 보편화되지 않은 용어이다. 한편 그림 언어는 이 용어들을 모두 포괄하면서도 의미와 기능적인 면에서 더 풍성하고 효과적이다. 그림 언어는 우리의 표현을 풍성하게 하고 우리의 마음을 움직이는 역할을 한다. 그런 면에서 본 연구는 그림 언어의 이러한 특징을 멘토링 커뮤니케이션에서 적극 활용하는 관점에서 살펴보았다.

그림 언어는 매우 효과적인 대화의 도구로서 사물이나 실체의 그림을 직유, 은유, 상징 등의 방법을 사용하여 언어의 기능을 활성화시키고 의미를 경험하게 한다. 그것은 그림 언어가 사물이나 실체를 사용하여 추상적이고 관념적인 것을 구체적으로 전달하기 때문이다. 그림 언어는 특별히 사람의 지성과 감성을 활성화시키는 기능을 한다. 때문에 그림 언어는 의미를 효과적으로 전달하고 마음을 움직여 사고와 행동을 변화시키는 창조적 기능이 있다. 한편 본 논문은 그림 언어가 왜곡되게 사용되면 매우 부정적이고 파괴적인 기능을 할 수 있다는 점을 간과하지 않고 있다.

본 연구에서는 그림 언어의 유형으로 직유적 그림 언어, 은유적 그림 언어 그리고 상징적 그림 언어를 중심으로 각 유형들이 어떻게 다르고 어떤 특성이 있는지 그리고 그 효과들로는 어떤 점들이 있는지를 살펴보았다. 또한 그림 언어는 우리의 뇌의 활동을 활성화시키고, '마음의 무대'를 만들어 냄으로써 사람의 지정의를 자극하고, 우리의 대화를 풍성하고 효과적이게 한다는 것을 살펴보았다. 연구 결과 그림 언어는 뇌가 정보를 수집하고 저장하고 활성화시키는 데 중요한 역할을 하고, 우리의 사고와 정서를 연결하는 다리 역할을 한다는 것을 밝혔다.

그림 언어는 멘토링 커뮤니케이션에서 매우 효과적인 표현 방법이다. 그림 언어가 멘티의 장점을 격려하고 칭찬하는 기능을 할 뿐만 아니라 잠재력을 강화한다는 면에서 멘토링 커뮤니케이션에서 매우 중요한 역할을 한다는 것을 성경의 언어와 사례를 통해 밝혔다.

〈미주〉

1 이 글은 「복음과 실천신학」 제36권 (2015), 251-288에 실린 필자의 글을 수정 보완한 것이다.

2 Eric L. Johnson, *Foundation for Soul Care*, 전요섭 외 역, 『기독교 심리학』 (서울: CLC, 2012), 354.

3 W. Bucci, *Psychoanalysis & Cognitive Science: A Multiple Code Theory* (New York: Guilford, 1997), 177.

4 A. J. Greimas, *The Social Sciences: A Semiotic View* (Minneapolis: University of Minnesota Press, 1990), 13.

5 G. B. Caird, *The Language and Imagery of the Bible* (New York: Bloomsbury, 2013), 8.

6 M. H. Abrahams, *Dictionary of Literary Terms*, 최상규 역, 『문학 용어 사전』 (서울: 보성출판사, 1991), 303.

7 Danah Zohar, Ian Marshall, *SQ Spiritual Intelligence: The Ultimate Intelligence* (New York: Bloomsbury, 2000), 12에서 재인용.

8 Danah Zohar, Ian Marshall, *SQ Spiritual Intelligence*, 13.

9 Danah Zohar, Ian Marshall, *SQ Spiritual Intelligence*, 60.

10 Francis Brown, S. R. Driver and Charles A. Briggs, *A Hebrew and English*

Lexicon of the Old Testament (Oxford: Clarendon Press, 1974), "aph," 60.

11 Francis Brown, S. R. Driver and Charles A. Briggs, "kilyah," 480.

12 Gary Smalley & John Trent, *The Gift of the Blessing* (Nashville: Thomas Nelson Publishing, 1993), 72.

13 Gary Smalley & John Trent, *The Language of Love*, 서원교 역, 『사랑 언어 그림 언어』 (서울: 요단출판사, 2002), 36.

14 Eric L. Johnson, 『기독교 심리학』, 242.

15 Roy B. Zuck, *Teaching as Jesus Taught*, 송원준 역, 『예수님의 티칭 스타일』 (서울: 디모데, 2000), 280-81.

16 신성욱, "Jonathan Edwards의 설교에 나타난 로고스와 파토스 연구," 한국복음주의 실천신학회, 「복음과 실천신학」 제35권 (2015): 160.

17 Sallie McFague, *Metaphorical Theology: Models of God in Religious Language*, 정애성 역, 『은유신학』 (서울: 다산글방, 2001), 44.

18 F. W. Dillistone, *Christianity and Symbolism* (London: SCM, 2012), 161.

19 Theodore Abel, *Why Hitler Came into Power* (New York: Prentice Hall, 1948), Gary Smalley & John Trent, 『사랑 언어 그림 언어』, 245에서 인용.

20 Norman H. Baynes, *The Speeches of Adolf Hitler*, Vol. I and II (New York: Haward Fertig Publishing, 1969), Gary Smalley & John Trent, 『사랑 언어 그림 언어』, 245에서 인용. 이 연설은 1933년 3월 23일 베를린 크롤 오페라 하우스에서 행한 것이다.

21 Amos N. Wilder, *Early Christian Rhetoric: The Language of the Gospel* (New York: Wipf and Stock, 2014), 80.

22 통사론은 구문론이라고도 하며 문장을 형성하기 위해 단어가 배열되는 방식에 관한 것이다.

23 Sallie McFague, 『은유신학』, 77.

24 G. B. Caird, *The Language and Imagery of the Bible* (London: Bristol Classical Press, 1988), 152.

25 Alonso Schokel Luis, *A Manual of Hebrew Poetics* (Roma: Pontificio Istituto Biblico, 1997), 111.

26 김경용, 『기호학이란 무엇인가』 (서울: 민음사, 2010), 44.

27 김구원, 『가장 아름다운 노래: 아가서 이야기』 (서울: CLC, 2011), 221.

28 Joel B. Green, *How to Read Prophecy*, 한화룡 역, 『어떻게 예언서를 읽을 것인가』 (서울: IVP, 1984), 81.

29 Robert Hoffman, "Recent Research on Figurative Language," *Annals of the New York Academy of Sciences*, (December 1984): 137-66.

30 최창국, "그림자 투사 작용을 통해 본 영혼 돌봄의 패러다임 전환 모델과 과제," 한국복음주의 실천신학회, 「복음과 실천신학」 제33권 (2014): 203.

31 Theodor Abt, *Introduction to Picture Interpretation*, 이유경 역, 『융 심리학적 그림해석』 (서울: 분석심리학연구소, 2010), 15.

32 Maxine Kumin, *To Make a Prairie* (Ann Arbor: University of Michigan, 1979), 117.

33 김경용, 『기호학이란 무엇인가』, 66.

34 George Lakoff, Mark Johnson, *Metaphors We Live*, 노양진, 나익주 역, 『삶으로서 은유』 (서울: 서광사, 2006), 21.

35 Aristotle, *The Art of Rhetoric* (New York: HarperPress, 2012), 3. 10.

36 John Timmer, *The Kingdom Equation*, 류호준 역, 『하나님 나라 방정식』 (서울: 크리스챤 다이제스트, 1991), 17에서 인용.

37 Roy B. Zuck, 『예수님의 티칭 스타일』, 283.

38 William Bullinger, *Figures of Speech* (Grand Rapids: Baker Books, 2012), 5-6.

39 Joseph Gelineau, *The Liturgy Today and Tomorrow*, Translated by Dinah Livingston (New Jersey: Paulist Press, 1978), 98-9.

40 Sallie McFague, 『은유신학』, 83-4.

41 G. R. Potts, "Storing and Retrieving Information about Spatial Images," *Psychological Review*, vol. 75 (1978): 550-60.

42 김지혁, "Johnathan Edwards의 마음의 감각과 그의 설교학적 미학," 한국복음주의 실천신학회, 「복음과 실천신학」 제33권 (2014): 50.

43 Z. W. Pylyshyn, "What the Mind's Eye Tells the Mind's Brain: A Critique of Mental Images," *Psychological Bulletin*, vol. 80, n. 6 (1973): 1-24.

44 Gary Smalley & John Trent, 『사랑 언어 그림 언어』, 48.

45 *The Compact Edition of the Oxford Dictionary* (New York: Oxford University

Press, 2008), 485.

46 하지만 이러한 전형적인 남녀 차이가 모든 남녀관계에 적용되지는 않는다. 한 연구에 의하면, 약 15%의 가정에서 남자와 여자의 대화 방식에서 남자가 좀 더 '여성 특유'의 경향을 나타냈고, 그 반대로 여자가 '남성 특유'의 경향을 보이기도 했다. 이러한 경향은 대체로 왼손잡이 남녀에게 나타났다(John Levy, "A Model for the Genetics of Handedness," Genetics, vol. 72(1976): 117-28).

47 남자와 여자의 언어 사용과 능력에서 현저히 여자가 앞섰을 뿐만 아니라 보편적으로 언어 사용 기술이 남자보다 뛰어났다. 보통 남자들은 하루에 평균 약 12,500 단어를 사용하는 것으로 나타났다. 하지만 여자들은 하루 평균 사용하는 단어는 약 25,000 단어였다(J. Levy, "The Adaptive Advantages of Cerebral Asymmetry and Communication," *Annals of the New York Academy of Sciences*, vol. 229 (1987): 264-72).

48 김구원, 『가장 아름다운 노래: 아가서 이야기』, 124.

49 김구원, 『가장 아름다운 노래: 아가서 이야기』, 131.

50 김구원, 『가장 아름다운 노래: 아가서 이야기』, 133.

참고 문헌

Abrahams, M. H. *Dictionary of Literary Terms*. 최상규 역. 『문학 용어 사전』. 서울: 보성출판사, 1991.

Abt, Theodor. *Introduction to Picture Interpretation*. 이유경 역. 『융 심리학적 그림해석』. 서울: 분석심리학연구소, 2010.

Anderson, Paul N. and Macy, Howard R. eds. *Truth's Bright Embrace*. Newberg: Barclay, 1996.

Aristotle, *The Art of Rhetoric*. New York: HarperPress, 2012.

Aschenbrenner, George. *A God for A Dark Journey*. New Jersey: Dimension Book, 1984.

Au, S. J. Wilkie. *By Way of The Heart: Toward a Holistic Christian Spirituality*. New York: Paulist Press, 1989.

Axinn, William G. and Thorton, Arland. "The Relationship Between Cohabitation and Divorce: Selectivity or Casual Influence?" *Demography* 29(1992): 357–74.

Backus, William D. *What Your Counselor Never Told You: Seven Secrets Revealed—Conquer the Power of Sin in Your Life*. 전요섭 옮김. 『죽음에 이르는 7가지 죄를 극복하는 비결』. 서울: CLC, 2017.

Barlow, D. H. "Unravelling the Mysteries of Anxiety and Its Disorders from the Perspectives of Emotion Theory." *American Psychologist* 55/11 (2002): 1247−63.

Barr, James. *Biblical Faith and Natural Theology*. Oxford: Clarendon, 1993.

Barton, Ruth Haley. *Sacred Rhythms: Arranging Our Lives for Spiritual Transformation*. 황의무 역. 『영적 성장을 위한 발 돋음』. 서울: 살림, 2007.

Becvar, D. S. *Family Therapy: A Systemic Integration*. Boston: Allyn & Bacon, 2006.

Benner, David G. *Care of Souls: Revisioning Christian Nurture and Counsel*. 전요섭 김찬규 역. 『영혼 돌봄의 이해』. 서울: CLC, 2010.

Benner, David G. *Opening to God*. 윤종석 옮김. 『기도 숨』. 서울: 두란도, 2011.

Benner, David G. *Psychotherapy & Spiritual Quest*. Grand Rapids: Baker, 1988.

Berkhof, Louis. *Introduction to Systemetic Theology*. 권수경 이상원 옮긴. 『조직신학 상』. 고양: 크리스챤 다이제스트, 1992.

Blanke, Olaf T. Spinelli, Landis L. and Seeck, M. "Out−of−Body Experience and Autoscopy of Neurological Origin." *Brain* 127(2):243−58.

Boa, F. *The Way of the Dream: Conversations on Jungian Dream Interpretation with M. −L. von Franz*. Boston: Shambhala, 1994.

Bollas, Christopher .*The Shadow of the Objec Psychoanaysis of the Unthought Known*. 이재훈 이효숙 옮김. 『대상의 그림자: 사고되지 않은 앎의 정신분석』. 서울: 한국심리치료연구소, 2010.

Boulding, Maria. *The Coming of God*. London: SPCK, 1982.

Bourbeau, Lise. *Listen to Your Body Your Best Friend on Earth*. 이현경 역. 『몸의 지능』. 고양: 아시아코치센터, 2009.

Bowen, Murray. "Alcoholism as Viewed Through Family System Therapy and

Family Psychotherapy." *Annals of the New York Academy of Science* 233 (1974): 95.

Brown, Francis, Driver S. R. and Briggs, Charles A. *A Hebrew and English Lexicon of the Old Testament.* Oxford: Clarendon Press, 1974.

Bryant, Stephen. "What is Spiritual Discernment by Consensus?" in *Raising People to a Lifestyle.* Volume 2, Issue 1, 2.

Bucci, W. *Psychoanalysis & Cognitive Science: A Multiple Code Theory.* New York: Guilford, 1997.

Buchanan, Duncan. *The Counseling of Jesus.* London: Hodder & Stoughton, 1985.

Bullinger, William. *Figures of Speech.* Grand Rapids: Baker Books, 2012.

Burns, David D. *Feeling Good: The New Mood Therapy.* 『필링 굿』. 차익종 이미옥 옮김. 서울: 아름드리미디어, 2011.

Caird, G. B. *The Language and Imagery of the Bible.* London: Bristol Classical Press, 1988.

Caird, G. B. *The Language and Imagery of the Bible.* New York: Bloomsbury, 2013.

Calvin, John. *Calvin's New Testament Commentaries: Romans and Thessalonians.* Grand Rapids: Eerdmans, 1995.

Calvin, John. *Commentary on Luke.* GrandRapids: Baker Book House, 2005.

Calvin, John. *Commentary on The Psalms.* Edinburgh: The Banner of Truth Trust, 2009.

Calvin, John. *Institutes of Christian Religion.* 원광연 옮김. 『기독교 강요』. 고양: 크리스챤 다이제스트, 2003.

Calvin, John. *John Calvin's Sermons on Galatians.* Edinburgh: The Banner of Truth Trust, 1997.

Calvin, John. *Sermons on Acts of Apostles.* Edinburgh: The Banner of Truth Trust, 2008.

Calvin, John. *Sermons on Ephesians*. Edinburgh: Banner of Truth, 1973.

Calvin, John. *Sermons on Genesis*. Edinburgh: The Banner of Truth Trust, 2009.

Calvin, John. *The Bondage and Liberation of the Will: A Defence of the Orthodox Doctrine of Human Choice against Pighius*. Grand Rapids: Baker Academic, 2002.

Carpenter, William. *Principles of Mental Physiology*. New York: D. Appleton and Company, 1874.

Cassian, John. *Conferences*, Classics of Western Spirituality. New Jersey: Paulist Press, 1985.

Chambers, Oswald. *Shade of His Hand: Talks on the Book of Ecclesiastes*. 스데반 황 옮김. 『전도서 강해』. 서울: 토기장이, 2013.

Chung, H. K. *Struggle to Be the Sun Again: Introducing Asian Women's Theology*. London: SCM, 1991,

Clift, Wallace B. *Jung and Christianity*. 이기춘, 김성민 역. 『융의 심리학과 기독교』. 서울: 대한기독교출판사, 1984.

Coughlin, Patricia. "영혼의 이야기 듣기: 영적 지도 심리학." Buckley, Suzanne M. ed. *Sacred is the Call: Formation and Transformation in Spiritual Direction Programs*. 권희순 역. 『영적 지도와 영적여정』. 서울: 은성, 2008.

Crabb, Lawrence J. *Effective Biblical Counseling*. Grand Rapids: Zondervan, 1977.

Dallas, Willard. *The Spirit of the Disciplines*. San Francisco: Harper San Francisco, 1988.

Davis, Robert. *My Journey into Alzheimer's Disease*. Wheaton: Tyndale, 1980.

de Nicolas, Antonio T. *St. John of the Cross: Alchemist of the Soul*. New York: Paragon House, 1989.

Dillistone, F. W. *Christianity and Symbolism*. London: SCM, 2012.

Edwards, Denis. *Human Experience of God*. New Jersey: Paulist Press, 1983.

Edwards, Jonathan. *The Religious Affections*. Carlisle, PA: The Banner of Truth Trust, 1961.

Edwards, Jonathan. *The Religious Affections*. 서문 강 역. 『신앙과 정서』. 서울: 지평서원, 1994.

Edwards, Jonathan. *The Work of Jonathan Edwards*: Vol. 11, *Typological Writings*. New Haven: Yale University Press, 1993.

Edwards, Jonathan. *The Works of Jonathan Edwards*. Edited by Miller, Perry Smith, John E. and Stout, Harry S. New Haven: Yale University Press, 1957.

Ehrsson, Henrick H. "The Experimental Induction of Out—of the—Body Experiences." *Science* 317(2007):1048.

Faraday, Ann. *Dr. Ann Faraday's Dream Power*. 박태환 역. 『꿈의 힘』. 서울: 미리내, 1987.

Fisher, Robert B. *God Did It, But How?*. Grand Rapids: Zondervan, 1981.

Foley, Marc. *The Ascent to Joy*: *John of the Cross*. Hyde Park: New City Press, 2002.

Foster, Richard J., Beebe and Gayle D. *Longing for God*. 김명희, 양혜원 공역. 『영성을 살다: 기독교 영성 회복의 일곱 가지 길』. 서울: IVP, 2014.

Fowler, James. *Stages of Faith*: *The Psychology of Human Development and the Quest for Meaning*. New York: Harper and San Francisco, 1995.

Freud, Sigmund. *The Interpretation of Dream*. 김인순 역. 『꿈의 해석 상』. 서울: 열린책들, 1997.

Friedman, Edwin H. *Generation to Generation*: *Family Process in Church and Synagogue*. New York: Guilford Press, 1985.

Gelineau, Joseph. *The Liturgy Today and Tomorrow*. Translated by Dinah Livingston. New Jersey: Paulist Press, 1978.

Gerkin, Charles V. *The Human Living Document*: *Re—Visioning Pasteral*

Counseling in a Hermeneutical Model. 안석모 역. 『살아있는 문서: 해석학적 상담학』. 서울: 한국심리치료연구소, 1998.

Gibson, J. M. & Donigian, J. "Use of Bowen Theory." *Journal of Addictions and Offender Counseling* 14(1993): 28.

Goleman, Daniel, Boyatzis, Richard and McKee, Annie. *Primal Leadership: Realizing the Power of Emotional Intelligence.* 장석훈 역. 『감성 리더십』. 서울: 청림출판, 2003.

Greeley, Andrew. *The Religious Imagination.* New York: Sadlier, 1981.

Green, Joel B. "Resurrection of the Body: New Testament Voices Concerning Personal Continuity and the After Life." in *What About the Soul?* ed. Green, Joel B. Nashville: Abingdon, 2004.

Green, Joel B. *Body, Soul and Human Life.* Grand Rapids: Baker Academic, 2008.

Green, Joel B. *How to Read Prophecy.* 한화룡 역. 『어떻게 예언서를 읽을 것인가』. 서울: IVP, 1984.

Greenberg, L. S. & Paivio, S. C. *Working with Emotions in Psychotherapy.* 이홍표 역. 『심리치료에서 정서를 어떻게 다룰 것인가』. 서울: 학지사, 2008.

Greimas, A. J. *The Social Sciences: A Semiotic View.* Minneapolis: University of Minnesota Press, 1990.

Grun, Anselm. *Buch Der Lebenskunst.* 이온화 옮김. 『삶의 기술』. 경북 왜관: 분도출판사, 2007.

Hall, Calvin S. and Nordby, Vernon J. *Primer of Jungian Psychology.* 김형섭 역. 『융 심리학 입문』. 서울: 집문당, 2012.

Hall, J. A. *The Unconscious Christian: Images of God in Dreams.* New York: Paulist Press, 1993.

Happold, F. C. *Mysticism: A Study and an Anthology.* London: Penguin Books, 1979.

Helminiak, Daniel. *The Human Core of Spirituality: Mind and Psyche and Spirit*. Albany: State University of New York Press.

Hoekema, Anthony A. *Created in God's Image*. Grand Rapids: Eerdmans, 1986.

Hoffman, Robert. "Recent Research on Figurative Language." *Annals of the New York Academy of Sciences*. December (1984): 137-66.

Horney, Karen. *Neurosis and Human Growth: The Struggle Towards Self-Realization*. New York: W.W. Norton & Company, 1991.

Howard, Evan. *The Affirming Touch of God*. Lanham, MD: University of America, 2000.

Hume, David. *Of the Passions*. 이준호 역. 『정념에 관하여: 인간 본성에 관한 논고 2』. 서울: 서광사, 1996.

Hurding, Roger. *Root & Shoots*. London: Hodder and Stoughton, 1985.

John of the Cross. *The Collected Works of St. John Cross*. Washington DC.: The Institute of Carmelite Studies, 1979.

Johnson, Eric L. and Jones, Stanton L. eds. *Psychology & Christianity: Four Views* with contributions by Gary R. Collins, David G. Myers, David Powlison, Robert C. Roberts. Downers Grove, Illinois: IVP, 2000.

Johnson, Eric L. *Foundation for Soul Care*. 전요섭 외 역. 『기독교 심리학』. 서울: CLC, 2012.

Johnsons, P. E. *Psychology of Religion*. New York: Abindon-Cokesbury, 1945.

Jones, E. Stanley. *A Song of Ascents*. Nashville: Abingdon Press, 1979.

Jones, Stanton L. *Richard E. Butman, Modern Psychotherapies: A Comprehensive Christian Appraisal*. Dowers Grove, IL: IVP, 1991.

Jones, W. Paul. *The Art of Spiritual Direction: Giving & Receiving Spiritual Guidance*. 배정웅 옮김. 『영적 지도의 이론과 실천』. 서울: 은성, 2005.

Jung, C. G. *Psychological Types*. New Jersey: Princeton Unoversity Press, 1971.

Jung, C. G. *The Archetypes and the Collective Unconscious*. New Jersey: Princeton University, 1991.

Jung, Carl G. "General Aspects of Dream Psychology," in *The Structure and Dynamics of the Psyche: Collected Works of C. G. Jung* VIII. London: Routledge, 1979.

Jung, Carl G. *Dream Analysis: Notes of the Seminar Given in 1928-1930.* New Jersey: Princeton University Press, 1984.

Jung, Carl G. *Man and His Symbols*, 이부영 역. 『인간과 무의식의 상징』. 서울: 집문당, 1983.

Jung, Carl G. *Man and His Symbols.* New York: Doubleday, 1964.

Jung, Carl G. *Modern Man in Search of a Soul.* London: RKP, 1961.

Jung, Carl G. *Psychological Types: Collected Works of C. G. Jung* VI. London: Routledge, 1971.

Kaam, Adrian van. *Fundamental Formation.* New York: Crossroad: 1983.

Kast, V. *Traume.* 원석영 역. 『꿈: 융 심리학이 밝히는 무의식의 비밀』. 서울: 프로네시스, 2007.

Kelsey, Morton. *Dreams: A Way to Listen to God.* New Jersey: Paulist Press, 1977.

Kerr, Michael E. Bowen, M. *Family Evaluation: The Role of Family as an Emotional Unit That Governs Individual Behaviour and Development.* 남순현, 전영주, 황영훈 공역. 『보웬의 가족치료 이론』. 서울: 학지사, 2005.

Kim-Appel, D. Appel, J. Newman, I. & Parr, P. "Testing the Effectiveness of Bowen's Concept of Differentiation in Predicting Psychological Distress in Individual Age 62 Years or Older." *The Family Journal: Counseling and Therapy for Couples and Families* 15 (2007): 224.

Kleinginna, R. R. and Kleinginna, A. M. "A Categorized List of Emotion Definitions, with Suggestions for a Consensual Definition." *Motivation and Emotion* 5 (1981): 371.

Kumin, Maxine. *To Make a Prairie*. Ann Arbor: University of Michigan, 1979.

Kurtz, Ernst and Ketcham, Katherine. *The Spirituality of Imperfection*. New York: Bantam Books, 1992.

Kuyper, Abraham. "Common Grace in Science". in *Abraham Kuyper: Centennial Reader*. ed. J. D. Braat. Grand Rapids: Eerdmanns, 1998.

Lakoff, George and Johnson. Mark. *Metaphors We Live*. 노양진, 나익주 역. 『삶으로서 은유』. 서울: 서광사, 2006.

Langer, Susanne K. *Philosophy in a New Key*. New York: The New American Library of World Literature, 1948.

Lazarus, S. R. and Lazarus, B. N. *Passion & Reason: Making Sense of Our Emotions*. 정영목 역. 『감정과 이성』. 서울: 문예출판사, 1997.

Leech, Kenneth. *Soul Friend: A Study of Spirituality*. London: Sheldon Press, 1985.

Levy, J. "The Adaptive Advantages of Cerebral Asymmetry and Communication." *Annals of the New York Academy of Sciences*. vol. 229 (1987): 264-72.

Levy, John. "A Model for the Genetics of Handedness." *Genetics*. vol. 72 (1976): 117-28.

Lewis, C. S. *Mere Christianity*. 장경철 이종태 옮김. 『순전한 기독교』. 서울: 홍성사, 2014.

Luis, Alonso Schokel. *A Manual of Hebrew Poetics*. Roma: Pontificio Istituto Biblico, 1997.

Lynch, James. *Images of Hope*. New York: New American Library, 1965.

Marshal, Paul with Gilbert, Lela. *Heaven Is Not My Home: Learning to Live in God's Creation*. 김재영 옮김. 『천국만이 내 집은 아닙니다』. 서울: IVP, 2000.

Marshal, Paul. *A Kind of Life Imposed on Man: Vocation and Social Order from Tyndale to Locke.* Toronto: University of Toronto Press, 1996.

Mattoon, M. A. *Jungian Psychology in Perspective.* New York: The Pree Press, 1981.

May, Gerald G. *The Awakened Heart: Opening Yourself to the Love You Need.* 김동규 옮김. 『사랑의 각성』. 서울: IVP, 2006.

May, Gerald G. *Addiction & Grace: Love and Spirituality in the Healing of Addictions.* New York: HarperCollins Publishers, 1988.

May, Gerald G. *Care of Mind Care of Spirit: Psychiatric Dimensions of Spiritual Direction.* New York: Harper & Row Publishers, 1982.

McCullough, L., Kuhn, N., Andrews, S., Wolf, J. and Hurley, C. L. *Treating Affect Phobia: A Manual for Short—term Dynamic Psychotherapy.* New York: Guilford, 2003.

McDermott, Gerald R. *Seeing God: Twelve Reliable Singns of True Spirituality.* Dowers Grove: IVP, 1995.

McDonald, D. H. *The Christian View of Man.* London: Marshall, Morgan and Scott, 1981.

McFague, Sallie. *Metaphorical Theology: Models of God in Religious Language.* 정애성 역. 『은유신학』. 서울: 다산글방, 2001.

McGrath, Alister E. *Christian Spirituality.* London: Blackwell, 1999.

McGrath, Alister. *Roots that Refresh: A Celebration of Reformed Spirituality.* London: Hodder & Stoughton, 1992.

McIntosh, Mark A. *Discernment and Truth: The Spirituality and Theology of Knowledge.* New York: Crossroad, 1994.

McKee, Elsie. *John Calvin on the Diaconate and Liturgical Almsgiving.* Geneva: Librairie Droz, 1984.

Merton, Thomas. *Loving and Living.* London: Sheldon Press, 1979.

Meyer, Frederick B. *The Secret of Guidance.* Chicago: Moody Press, 1997.

Miller, Alice. *The Drama of the Gifted Child.* New York: Basic Books, 2008.

Mlodinow, Leonard. *Subliminal: How Your Unconscious Mind Rules Your Behavior.* 김명남 역. 『새로운 무의식』. 서울: 까치, 2013.

Moore, Thomas. *Care of the Soul: A Guide for Cultivating Depth and Sacredness in Everyday Life.* New York: HarperPerennial, 1994.

Moore, Thomas. *Care of the Soul: A Guide for Cultivating Depth and Sacredness in Everyday Life.* 김영운 옮김. 『영혼의 돌봄』. 서울: 아침영성지도연구원, 2007.

Myers, David G. *Psychology.* New York: Worth Publishers, 2010.

Myers, Isabel Briggs with Myers, Peter B. *Gift Differing.* Palo Alto, Calif: Counseling Psychological Press, 1980.

Neuger, Christie C. *Counselling Women: A Narrative, Pastoral Approach.* Minneapolis: Fortress Press, 2001.

Noll, Mark. "The Scandal of the Evangelical Mind." *Christianity Today.* October 25(1993): 30.

Nouwen, Henri with Christensen, Michael J. and Laird, Rebecca J. *Discernment.* 이은진 옮김. 『분별력』. 서울: 포이에마, 2016.

Oates, Wayne E. *The Psychology of Religion.* Texas: Word Books, 1984.

Oates, Wayne. *Behind the Masks.* 안효섭 옮김. 『그리스도인의 인격 장애와 치유』. 서울: 에스라서원, 1996.

Packer, James I. *Rediscovering Holiness.* 장인식 옮김. 『거룩의 재발견』. 서울: 토기장이, 2011.

Palmer, Parker J. *The Active Life: A Spirituality of Work, Creativity and Caring.* San Francisco: Jossey—Bass Publishers, 1990.

Palmer, Parker J. *To Know As We are Known: A Spirituality of Education.* London: Harper & Row, 1983.

Paquda, Bachya Ben Joseph Ibn. *Duties of the Heart.* New York: Feldheim Publishers, 1996.

Parks, Sharon. *The Critical Years: Young Adults and The Human Science.* Albany: State University of New York Press, 1986.

Parrot, W. Gerrod. *Emotions in Social Psychology*. San Fancisco: Taylor & Francis, 2001.

Pattison, Bonnie. *Poverty in The Theology of John Calvin*. Eugene: Pickwick Publications, 2006.

Pazmino, Robert W. *God Our Teacher*. Grand Rapids: Baker Academic, 2001.

Peterson, Eugene H. *Subversive Spirituality*. Grands Rapids: Eerdmans, 1997.

Pink, Arthur W. *Spiritual Growth*. Grand Rapids: Baker Book House, 1971.

Poslusney, Venard. *Attaining Spiritual Maturity for Contemplation: According to St. John of the Cross*. Locus Valley: Living Flame Press, 1973.

Potts, G. R. "Storing and Retrieving Information about Spatial Images." *Psychological Review*. vol. 75 (1978): 550–60.

Pylyshyn, Z. W. "What the Mind's Eye Tells the Mind's Brain: A Critique of Mental Images." *Psychological Bulletin*. vol. 80, n. 6 (1973): 1–24.

Reagan, Charles and Stewart, David. *The Philosophy of Paul Recoeur*. Boston: Beacon Press, 1978.

Reeve, Johnmarshall. *Understanding Motivation and Emotion*. 정봉교 외 역. 『동기와 정서의 이해』. 서울: 박학사, 2011.

Richardson, Donald. *Becoming a Healthier Pastor*. 유재성 역. 『목회는 관계 리더십이다』. 서울: 국제제자훈련원, 2009.

Richardson, Donald. *Creating a Healthier Church*. 유재성 역. 『교회는 관계 시스템이다』. 서울: 국제제자훈련원, 2015.

Riso, Don Richard. *Personality Types: Using the Enneagram for Self-Discovery*. Boston: Houghton Mifflin, 1987.

Rohr, Richard and Ebert, Andreas. "Sins are fixations." in *The Enneagram: A Christian Perspective*. Ian Morgan Cron, Suzanne Stabile. *The Road Back to You*. 강소희 옮김. 『나에게로 가는 길』. 서울: 두란노, 2017.

Samuelson, Paul. *The Collected Papers of Paul Samuelson*. Boston: MIT Press,

1986.

Sanford, John A. *Dreams: God's Forgotten Language*. New York: The Crossroad Publishing Company, 1968.

Sauber, S. R. L'Abate, L. & Weeks, G. R. *Family Therapy: Basic Concept and Terms*. Rockville, MD: Aspen, 1985.

Savary, L. M., Beme, P. H. & Williams, S. K. *Dream and Spiritual Growth*. 정태기 역.『꿈과 영적인 성장』. 서울: 예솔, 1993.

Scazzero, Peter L. *The Emotionally Healthy Church*. 최종훈 역.『정서적으로 건강한 교회』. 서울: 이레서원, 2004.

Segundo, J. L. *The Liberation of Theology*. New York: Orbis, 1976,

Slee, Nicola. *Women and Faith Development: Patterns and Processes*. Hants: Ashgate, 2004.

Smalley Gary & Trent, John. *The Gift of the Blessing*. Nashville: Thomas Nelson Publishing, 1993.

Smalley Gary & Trent. John. *The Language of Love*. 서원교 역.『사랑 언어 그림 언어』. 서울: 요단출판사, 2002.

Smith, Christian with Snell, Patricia. *Souls in Transition: The Religious & Spiritual Lives of Emerging Adults*. New York: Oxford University Press, 2009.

Smith, Christian with Snell, Patricia. *Souls in Transition: The Religious & Spiritual Lives of Emerging Adults*. New York: Oxford University Press, 2009.

Sobrino, John. *Christology at the Crossroads: A Latin American Approach*. New York: Orbis, 1978.

Solle, Dorothee. *The Silent Cry: Mysticism: and Resistance*. Minneapolis: Fortress Press, 2001.

Spykman, G. *Reformational Theology: A New Paradigm for Doing Dogmatics*. Grand Rapids: Eerdmans, 1992.

St. John of the Cross. *Ascent of Mount Carmel*. trans. E. Allison Peers. New York: Dover Publications, 2008.

St. John of the Cross. *Dark Night of the Soul*. trans. E. Allison Peers. New York: Dover Publications, 2003.

Stanford Reid, W. ed. *John Calvin: His Influence in the Western World*. 홍치모 이훈영 옮김. 『칼빈이 서양에 끼친 영향』. 서울: 크리스챤 다이제스트, 1993.

Stanley, Charles. *How to Listen to God*. Nashville: Thomas Nelson, 1985.

Stanley, Charles. *How to Listen to God*. 이미정 옮김. 『하나님의 음성을 듣는 법』. 서울: 두란노, 2008.

Stephen, Ellen and Shadel, Doug. *Vessel of Peace*. 최봉실 옮김. 『평화의 그릇』. 서울: SFC, 2008.

Stone, Lawson G. "The Soul: Possession, Part or Person? The Genesis of Human Nature in Genesis 2:7," in *What About the Soul*, ed. Joel B. Green. Nashville: Abingdon, 2004.

The Compact Edition of the Oxford Dictionary. New York: Oxford University Press, 2008.

Thiselton, Anthony C. "The Image and Likeness of God: A Theological Approach." in *The Emergence of Personhood*, ed. Malcolm Jeeves. Grand Rapids: Eerdmans, 2014.

Timmer, John. *The Kingdom Equation*. 류호준 역. 『하나님 나라 방정식』. 서울: 크리스챤 다이제스트, 1991.

Timpe, R. L. "Christian Psychology". in *Baker Encyclopedia of Psychology and Counseling*. eds. D. G. Benner and P. C. Hill. Grand Rapids: Baker, 1999.

Tomkins, S. S. "Affect as the Primary Motivational System." in *Feelings and Emotions*. ed. Arnold, M. B. New York: Academic Press, 1970.

Toner, Jules. *A Commentary on Saint Ignatius' Rules for the Discernment of*

Spirits. St. Louis: Institute of Jesuit Sources, 1982.

Tozer, A. W. *Born after Mindnight*. Harrisburg: Christian Publications, 1959.

Vaillant, George E. *Aging Well*. 이덕남 옮김. 『행복의 조건』. 서울: 프런티어, 2010.

van de Winckel, Erna. *De l'inconscient a Dieu*. 김성민 역. 『융의 심리학과 기독교 영성』. 서울: 다산글방, 1997.

von Franz, M.-L. *The Interpretation of Fairy Tales*. London: Shambhala, 1996.

Wallace, Ronald. *Calvin, Geneva and the Reformation*. Eugene: Wipf & Stock Publishers, 1998.

Ware, Kallistos. *The Power of the Name: The Jesus Prayer in Orthodox Spirituality*. Oxford: SLG Press, 1974.

Watts, Fraser. ed. *Spiritual Healing*. New York: Cambridge University Press, 2011.

Weaver, Glenn. "Embodied Spirituality: Experiences of Identity and Spiritual Suffering Among Persons with Alzheimer' Dementia." in *From Cells to Souls and Beyond*. ed. Jeeves, Malcolm. Grand Rapids: Eerdmans, 2004.

Wilder, Amos N. *Early Christian Rhetoric: The Language of the Gospel*. New York: Wipf and Stock, 2014.

Wilkinson, John. *The Bible and Healing: A Medical and Theological Commentary*. Grand Rapids: Eerdmans, 1998.

Willard, Dallas. *Hearing God: Developing a Conversational Relationship with God*. 윤종석 옮김. 『하나님의 음성』. 서울: IVP, 2010.

Willard, Dallas. *Renovation of the Heart: Putting on the Character of Christ*. 윤종석 역. 『마음의 혁신』. 서울: 복 있는 사람, 2005.

Willingham, Russell. *Relational Masks*. 원혜영 옮김. 『관계의 가면』. 서울: IVP, 2006.

Wolterstorff, Nicholas. *Lament for a Son*. Grand Rapids: Eerdmans, 1987.

Wright, N. T. *Surprised by Hope*. London: SPCK, 2007.

Zohar, Danah and Marshall, Ian. *SQ Spiritual Intelligence: The Ultimate Intelligence*. New York: Bloomsbury, 2000.

Zuck, Roy B. *Teaching as Jesus Taught*. 송원준 역. 『예수님의 티칭 스타일』. 서울: 디모데, 2000.

강경미. "분석심리학과 기독교상담의 접목 가능성에 대한 고찰." 한국복음주의 실천신학회. 「복음과 실천신학」 제21권 (2010): 39-68.

김경용. 『기호학이란 무엇인가』. 서울: 민음사, 2010.

김구원. 『가장 아름다운 노래: 아가서 이야기』. 서울: CLC, 2011.

김기태. "커뮤니케이션의 이해." 기독교커뮤니케이션 포럼 엮음. 『기독교 커뮤니케이션』. 서울: 예영커뮤니케이션, 2004.

김상봉. 『호모 에티쿠스: 윤리적 인간의 탄생』. 파주: 한길사, 2006.

김성민. 『분석 심리학과 기독교』. 서울: 학지사, 2012.

김지혁. "Johnathan Edwards의 마음의 감각과 그의 설교학적 미학." 한국복음주의 실천신학회. 「복음과 실천신학」 제33권 (2014): 42-73.

대한정신의학회 편. 『신경정신의학』. 서울: 중앙문화사, 2005.

박종수. 『융의 심리학과 정서』. 서울: 학지사, 2013.

신성욱. "Jonathan Edwards의 설교에 나타난 로고스와 파토스 연구." 한국복음주의 실천신학회. 「복음과 실천신학」 제35권 (2015): 138-189.

원재영. "한국 교회 봉사자의 심리 정서적 경험에 나타난 착한아이 콤플렉스 연구." 한국복음주의실천신학회. 「복음과 실천신학」 제21권 (2010): 215-45.

이철우. 『심리학이 연애를 말하다』. 서울: 북로드, 2008.

이충헌. 『성격의 비밀』. 서울: 더난, 2008.

정은심. "기독교 상담에서 전이와 역전이의 이해와 활용." 한국복음주의 실천신학회. 「복음과 실천신학」 제37권 (2015): 39-67.

정은심. "여성의 불안유형 분석을 통한 교육목회 실천 방안." 한국복음주의 실천신학회. 「복음과 실천신학」 제22권 (2010): 37-69.

조성호. "해석학적 영성이해와 21세기 목회리더십 형성." 한국복음주의실천신학회. 「복음과 실천신학」 제35권 (2015): 95-128.

조정옥. 『감정과 에로스의 철학: 막스 셸러의 철학』. 서울: 철학과 현실사, 1999.

최창국, "그림자 투사 작용을 통해 본 영혼 돌봄의 패러다임 전환 모델과 과제." 한국복음주의 실천신학회, 「복음과 실천신학」 제33권 (2014): 194-223.

최창국. "건강한 돌봄을 위한 자기 분화와 영성생활의 관계 연구." 한국복음주의 실천신학회. 「복음과 실천신학」 제39권 (2016): 206-235.

최창국. 『영혼 돌봄을 위한 기독교 영성』. 서울: CLC, 2013.

허성준. 『수도전통에 따른 렉시오 디비나』. 경북 왜관: 분도출판사, 2003.

http://www.divinecaroline.com/self/dreams/six-reasons-we-have-bad-dreams에서 인용. 2015년 1월 10일.

MSN뉴스, 2018년 1월 13일 기사.

영혼 돌봄을 위한 해석과 분별

Interpretation and Discernment for Care of the Soul

2018년 3월 31일 초판 발행

지 은 이 | 최창국

편   집 | 정희연, 곽진수
디 자 인 | 신봉규, 서민정
펴 낸 곳 | 사)기독교문서선교회
등   록 | 제16-25호(1980. 1. 18)
주   소 | 서울시 서초구 방배로 68
전   화 | 02) 586-8761~3(본사) 031) 942-8761(영업부)
팩   스 | 02) 523-0131(본사) 031) 942-8763(영업부)
홈페이지 | www.clcbook.com
이 메 일 | clckor@gmail.com
온 라 인 | 기업은행 073-000308-04-020, 국민은행 043-01-0379-646
             예금주: 사)기독교문서선교회

ISBN 978-89-341-1793-3 (93230)

* 낙장·파본은 교환해 드립니다.

이 도서의 국립중앙도서관 출판시 도서목록(CIP)은 서지정보유통지원시스템 홈페이지(http://seoji.nl.go.
kr)와 국가자료공동목록시스템(http://www.nl.go.kr/kolisnet)에서 이용하실 수 있습니다.
(CIP제어번호: CIP2018007380)